管理学基础

Foundation of Management

第3版

主　编　冯占春　吕　军
副主编　周成超　许才明

编　者（以姓氏笔画为序）

王素珍　江西中医药大学　　　　张　萌　杭州师范大学
孔凡磊　山东大学　　　　　　　张媛媛　大连医科大学
史孝志　齐齐哈尔医学院　　　　陈　春　温州医科大学
冯占春　华中科技大学　　　　　陈　莉　湖北中医药大学
吕　军　复旦大学　　　　　　　陈　羲　江苏大学
吕本艳　新乡医学院　　　　　　周成超　山东大学
许才明　浙大城市学院　　　　　孟　开　首都医科大学
许星莹　广州中医药大学　　　　赵　莉　四川大学
李　叶　哈尔滨医科大学　　　　韩雪梅　兰州大学
吴少龙　中山大学　　　　　　　韩彩欣　华北理工大学
吴胤歆　福建医科大学　　　　　熊巨洋　华中科技大学

编写秘书
熊巨洋（兼）

人民卫生出版社
·北京·

图书在版编目（CIP）数据

管理学基础 / 冯占春，吕军主编. —3 版. —北京：
人民卫生出版社，2023.6（2025.4重印）
全国高等学校卫生管理专业第三轮规划教材
ISBN 978-7-117-34860-7

Ⅰ. ①管… Ⅱ. ①冯…②吕… Ⅲ. ①管理学－高等
学校－教材 Ⅳ. ①C93

中国国家版本馆 CIP 数据核字（2023）第 095339 号

人卫智网	www.ipmph.com	医学教育、学术、考试、健康，购书智慧智能综合服务平台
人卫官网	www.pmph.com	人卫官方资讯发布平台

管理学基础
Guanlixue Jichu
第 3 版

主　　编：冯占春　吕　军
出版发行：人民卫生出版社（中继线 010-59780011）
地　　址：北京市朝阳区潘家园南里 19 号
邮　　编：100021
E - mail：pmph @ pmph.com
购书热线：010-59787592　010-59787584　010-65264830
印　　刷：人卫印务（北京）有限公司
经　　销：新华书店
开　　本：850×1168　1/16　　印张：21
字　　数：592 千字
版　　次：2006 年 3 月第 1 版　　2023 年 6 月第 3 版
印　　次：2025 年 4 月第 2 次印刷
标准书号：ISBN 978-7-117-34860-7
定　　价：82.00 元
打击盗版举报电话：010-59787491　E-mail：WQ @ pmph.com
质量问题联系电话：010-59787234　E-mail：zhiliang @ pmph.com
数字融合服务电话：4001118166　E-mail：zengzhi @ pmph.com

全国高等学校卫生管理专业
第三轮规划教材修订说明

我国卫生管理专业创办于 1985 年，第一本卫生管理专业教材出版于 1987 年，时至今日已有 36 年的时间。随着卫生管理事业的快速发展，卫生管理专业人才队伍逐步壮大，在教育部、国家卫生健康委员会的领导和支持下，教材从无到有、从少到多、从有到精。2002 年，人民卫生出版社成立了第一届卫生管理专业教材专家委员会。2005 年出版了第一轮卫生管理专业规划教材，其中单独编写教材 10 种，与其他专业共用教材 5 种。2011 年，人民卫生出版社成立了第二届卫生管理专业教材评审委员会。2015 年出版了第二轮卫生管理专业规划教材，共 30 种，其中管理基础课程教材 7 种，专业课程教材 17 种，选择性课程教材 6 种。这套教材出版以来，为我国卫生管理人才的培养，以及医疗卫生管理事业教育教学的科学化、规范化管理作出了重要贡献，受到广大师生和卫生专业人员的广泛认可。

为了推动我国卫生管理专业的发展和学科建设，更好地适应和满足我国卫生管理高素质复合型人才培养，以及贯彻 2020 年国务院办公厅发布《关于加快医学教育创新发展的指导意见》对加快高水平公共卫生人才培养体系建设，提高公共卫生教育在高等教育体系中的定位要求，认真贯彻执行《高等学校教材管理办法》，从 2016 年 7 月开始，人民卫生出版社决定组织全国高等学校卫生管理专业规划教材第三轮修订编写工作，成立了第三届卫生管理专业教材评审委员会，并进行了修订调研。2021 年 7 月，第三轮教材评审委员会和人民卫生出版社共同组织召开了全国高等学校卫生管理专业第三轮规划教材修订论证会和评审委员会，拟定了本轮规划教材品种 23 本的名称。2021 年 10 月，在武汉市召开了第三轮规划教材主编人会议，正式开启了整套教材的编写工作。

本套教材的编写，遵循"科学规范、继承发展、突出专业、培育精品"的基本要求，在修订编写过程中主要体现以下原则和特点。

1. 贯彻落实党的二十大精神，加强教材建设和管理 二十大报告明确指出，人才是第一资源，教育是国之大计、党之大计，要全面贯彻党的教育方针、建设高质量教育体系、办好人民满意的教育，落脚点就是教材建设。在健康中国战略背景下，卫生管理专业有了新要求、新使命，加强教材建设和管理，突出中国卫生事业改革的成就与特色，总结中国卫生改革的理念和实践经验，正当其时。

2．凸显专业特色，体现创新性和实用性　本套教材紧扣本科卫生管理教育培养目标和专业认证标准；立足于为我国卫生管理实践服务，紧密结合工作实际；坚持辩证唯物主义，用评判性思维，构建凸显卫生管理专业特色的专业知识体系，渗透卫生管理专业精神。第三轮教材在对经典理论和内容进行传承的基础上进行创新，提炼中国卫生改革与实践中普遍性规律。同时，总结经典案例，通过案例进行教学，强调综合实践，通过卫生管理实验或卫生管理实训等，将卫生管理抽象的知识，通过卫生管理综合实训或实验模拟课程进行串联，提高卫生管理专业课程的实用性。以岗位胜任力为目标，培养卫生领域一线人才。

3．课程思政融入教材思政　育人的根本在于立德，立德树人是教育的根本任务。专业课程和专业教材与思想政治理论教育相融合，践行教育为党育人、为国育才的责任担当。通过对我国卫生管理专业发展的介绍，总结展示我国近年来的卫生管理工作成功经验，引导学生坚定文化自信，激发学习动力，促进学生以德为先、知行合一、敢于实践、全面发展，培养担当民族复兴大任的时代新人。

4．坚持教材编写原则　坚持贯彻落实人民卫生出版社在规划教材编写中通过实践传承的"三基、五性、三特定"的编写原则："三基"即基础理论、基本知识、基本技能；"五性"即思想性、科学性、先进性、启发性、适用性；"三特定"即特定的对象、特定的要求、特定的限制。在前两轮教材的基础上，为满足新形势发展和学科建设的需要，与实践紧密结合，本轮教材对教材品种、教材数量进行了整合优化，增加了《中国卫生发展史》《卫生管理实训教程》。

5．打造立体化新形态的数字多媒体教材　为进一步推进教育数字化、适应新媒体教学改革与教材建设的新要求，本轮教材采用纸质教材与数字资源一体化设计的"融合教材"编写出版模式，增加了多元化数字资源，着力提升教材纸数内容深度结合、丰富教学互动资源，充分发挥融合教材的特色与优势，整体适于移动阅读与学习。

第三轮卫生管理专业规划教材系列将于 2023 年秋季陆续出版发行，配套数字内容也将同步上线，供全国院校教学选用。

希望广大院校师生在使用过程中多提宝贵意见，为不断提高教材质量，促进教材建设发展，为我国卫生管理及相关专业人才培养作出新贡献。

全国高等学校卫生管理专业
第三届教材评审委员会名单

主编简介

冯占春

二级教授，博士研究生导师。华中科技大学同济医学院医药卫生管理学院院长，湖北省重点人文社科基地农村健康服务研究中心主任，湖北省卫生技术评估研究中心主任。中国卫生经济学会常务理事兼基层卫生经济专业委员会副主任委员，中国卫生信息与医疗健康大数据学会卫生信息标准专业委员会副主任委员，残疾人事业发展研究会残疾人健康管理专业委员会副主任委员，湖北省卫生经济学会会长，武汉市医学伦理专家委员会主任。

主要研究领域为卫生政策与管理、卫生服务管理、医院管理、医疗保障。先后主持国家重点研发计划项目1项、国家重点研发课题或子课题3项、国家自然科学基金项目7项。发表中英文论文300余篇，出版专著和教材近10部，先后获中华医学科技奖卫生管理奖、湖北省科技进步奖等7次。长期担任本科生"管理学基础"、硕士研究生"当代管理学""公共卫生与应急管理""卫生服务质量管理"以及博士研究生"公众健康与公共管理"改革课程负责人，是华中科技大学本科生管理学基础责任教授并组织了研究生当代管理学校级教学团队，被评为华中科技大学教学名师，荣获师表奖、我最喜爱的导师、师德先进个人、湖北省优秀博士论文指导教师等；2021年获"全国科技系统抗击新冠肺炎疫情先进个人"。

吕　军

教授，博士研究生导师。复旦大学公共卫生学院卫生事业管理学教研室主任，复旦大学中国残疾问题研究中心主任，上海市曙光学者。中国残疾人事业发展研究会常委及副会长，中华预防医学会卫生事业管理分会常委及副主任委员，中国残疾人康复协会常务理事，残疾人事业发展研究会残疾人健康管理专业委员会主任委员，上海市残疾人康复协会副会长。

主要研究领域是人群健康策略、卫生系统优化与公共政策等。自1989年从教以来，主讲过"管理学基础""组织行为学""卫生事业管理学""卫生政策学""医院绩效管理"等本科生及研究生课程，带领教学团队获复旦大学"钟扬式"教学团队、复旦大学本科教学成果奖一等奖等。以促进人群健康为使命，曾主持国家自然科学基金、国家社会科学基金以及科技部、教育部、国家卫生健康委员会、中国残疾人联合会等资助的100余项研究项目。出版专著4部，参编教材10余部，其中主编《管理学基础》《全球妇幼健康》《组织行为学：卫生视角》等。发表论文100余篇。注重技术与管理结合、研究者与决策者互补，获国家科技进步奖二等奖1项，上海市科技进步奖一等奖1项、二等奖1项，上海市决策咨询研究成果奖1项及局级成果奖多项。

周成超

教授，博士研究生导师。现任山东大学本科生院副院长、山东大学齐鲁医学院本科教育管理办公室副主任、国家卫生健康委员会卫生经济与政策研究重点实验室副主任。主要研究方向为健康老龄化、卫生政策评价等。兼任中华预防医学会卫生事业管理分会常委、中国卫生经济学会青年卫生经济委员会副主任委员、*BMC Public Health*、*BMC Family Practice*、《中国公共卫生》编委等职。

2004 年开始从事教学工作，主讲本科生"管理学基础""卫生事业管理学"，研究生"卫生管理研究设计与方法前沿"等课程。主持国家自然科学基金 5 项，国际机构项目 3 项。出版专著 1 部，主编教材 1 部。以第一作者或通讯作者在 *PLoS Medicine*、*BMC Medicine*、*Age Ageing*、*Health Affairs*、*Social Science & Medicine*、*Health Policy and Planning* 等 SSCI/SCI 收录期刊发表论文近 90 篇，获"农村贫困地区乡镇卫生院卫生服务质量改进策略研究"及"我国农村贫困人口医疗救助研究评价"省级成果奖二等奖 2 项。

许才明

教授，博士研究生导师，浙江省高校中青年学科带头人。先后任教于江西财经大学和浙江中医药大学，并于 2022 年 9 月入职浙大城市学院。曾任浙江中医药大学人文与管理学院院长等职务，现兼任浙江省公共管理学会副会长、浙江省卫生经济学会副会长、浙江省哲学社会科学规划"十四五"学科专家组成员、国家社科基金同行评议专家等 10 余项社会职务。

从事教学工作至今 20 余年，为健康服务与管理"国家级一流本科专业"及公共事业管理"省级一流本科专业"建设点负责人。现已公开发表学术和教研论文近百篇，主持国家级、省部级课题 15 项，出版专著 2 部，主编、副主编教材 6 部，获全国优秀 MPA 教师、浙江省教育系统"三育人"先进个人等各类荣誉和奖项 30 余项。

前　言

2016年10月，中共中央 国务院印发了《"健康中国2030"规划纲要》，这是中华人民共和国成立以来首次在国家层面制定的健康领域中长期战略规划。规划中提出，以人的健康为中心，以深化医药卫生体制改革为动力，以健康促进和提高生命全程的质量为目标，通过将健康融入所有政策的路径，建设健康中国。《"健康中国2030"规划纲要》成为我国全面推进健康中国建设的行动纲领。党的二十大又明确提出，要推进健康中国建设，把保障人民健康放在优先发展的战略位置，完善人民健康促进政策。人民健康是民族昌盛和国家强盛的重要标志。这不仅为医疗卫生事业发展指明了方向，也给新时代医药卫生管理人才的培养提出了更高的要求。

新时代医药卫生管理人才不仅要具备扎实的医学知识和管理知识，还需要把握"健康中国建设"和医药卫生事业发展的内在规律，拥有较强的医药卫生事业管理技能和创新能力。"管理学基础"是社会医学与卫生事业管理专业的一门重要的专业基础课，本教材系统介绍了管理学的基本原理和基本方法，并重点介绍了管理的四大职能，即计划、组织、领导和控制。通过本教材的讲授和自学，社会医学与卫生事业管理专业的学生可以为进一步学习专业课程奠定基础。考虑到各学校的地域和院校的差异，本教材分为导论篇、计划篇、组织篇、领导篇、控制篇和拓展篇，其中前五篇为必修内容，拓展篇为选修内容。

本教材是在第2版的基础上，经过新的编委会多次讨论，由新的编者基于第2版的框架重新修订完善编写而成。本教材除凝聚着新的编委会成员的辛勤劳动外，也凝聚着第2版全体编委的辛劳付出。在本教材即将出版之际，感谢本教材第2版的主编、副主编及全体编写人员，感谢本教材的全体编委，以及为本教材提供了大量服务的幕后工作人员。尽管在本轮教材修订过程中，全体编委尽心尽力，但本教材肯定仍存在某些不足与不妥之处，望广大读者不吝指正。

本书可供社会医学与卫生事业管理专业本科生学习使用，也可供预防医学、劳动与社会保障等相近专业选用，同时也可以作为各级各类医疗卫生管理人员自学和培训的参考教材。

冯占春　吕　军

2023年6月

目 录

导 论 篇

计　划　篇

组　织　篇

领　导　篇

控　制　篇

拓　展　篇

导　论　篇

第一章　管理与管理学

　　在本章中，我们将学习和了解管理的基本内涵、管理的过程、管理的价值、管理的职能、管理学的概念及价值、管理的基本问题、管理者的作用和角色、管理学的基本原理、管理方法和管理学的研究方法，获得对管理学及其与其他学科关系的初步认识。管理是在特定环境下，通过计划、组织、领导、控制等行为活动，对组织拥有的资源进行有效整合，以达到组织目标的过程；管理的基本问题是如何在变动的环境中激发人的潜力，将组织有限的资源进行有效配置，从而实现组织既定目标；作为一种知识体系，管理学是管理思想、管理原则、管理技能和管理方法的综合体，学习和掌握上述管理学的基本知识对我们以后的工作和学习均会很有帮助。

第一节　管理与管理学概述

　　管理是人类最为重要的活动之一。人类在适应、征服和改造自然的实践中早已意识到了集体的力量，也早已观察到集体活动可以实现人们分别孤立地工作所无法取得的成果。随着社会、经济和科学技术的快速发展，人类日益意识到任何人类的集体活动都需要进行管理。管理学是系统研究和阐明管理活动基本规律的科学，从社会普遍存在的管理活动中概括出来的基本原理和方法，对指导各层次、各类型不同组织的管理活动都具有较强的普适性。

一、管理的内涵

（一）管理的意义

　　在人类社会中，管理的实践和思想由来已久。在群居狩猎时期，人类就知道集结个人的力量，"合群"抵御危险、征服自然。古埃及修建金字塔时，每一个金字塔的建造要动用 10 万多名工人，且历时 20 年。如何确保每一个工人各尽其责，如何确保每一块石头及时到达工作场所，这一切都需要管理。管理是协作劳动的必然产物，是人类一切有组织的社会劳动所不可缺少的活动过程。

　　管理活动是保证有效实现组织目标的手段。通过计划、组织、领导、控制等一系列工作，每个成员的个人努力方向都被引向组织目标，从而可以提高组织活动效率和效益。如果管理不善，组织就会成为一盘散沙，不仅没有活力，甚至会惨遭淘汰。高水平的管理，可以用较少的投入和资源，获得更多的产出。

自出现群体活动开始，管理活动应运而生。但在工业革命之前的几千年中，管理始终只是一种零散的经验和某种闪光的思想。随着社会经济的发展和组织规模的不断壮大，对管理的需要也日益明显，管理活动的重要性也随之突出。工业革命之后，随着工业技术的广泛应用和工商企业的大量出现，管理才得到系统的研究和普遍的重视。特别是第二次世界大战后，管理的重要性日益凸显。工作质量、服务质量、生活质量的提高越来越依赖于管理水平的提高。据专家分析，在现有的科技和设备条件下，通过改善管理，可提高生产力水平1/3以上。管理越来越成为影响组织存亡和社会经济发展的关键因素。

关于管理工作的重要性，国内外专家从不同的角度归纳了一些形象化的观点，如"三分七分"说、"两个轮子"说、"三大支柱"说、"社会责任"说等等。"三分七分"说认为，一个组织的成败，"三分靠技术、七分靠管理"，组织发展得好坏，关键在于管理。人们把先进的管理和科学技术看作是推动社会与经济发展的两大车轮，即"两个轮子"说。所谓"三大支柱"说，是指管理再加科学和教育，共同构成了当代社会进步和文明的三大支柱。而"社会责任"说，是从人类生存的角度来看管理的重要性。随着工业生产的飞速发展，环境污染、生态平衡的破坏，越来越严重地威胁到人类的生存和健康。因此，治理污染，维护生态平衡，保护人类生存环境，不仅是自然科学的一项重要社会责任，也是管理科学必须承担的社会责任。

（二）管理的概念

认识管理应该从管理的源头开始。人类文明程度及其社会发展到一定阶段便出现了管理。最初的管理主要是指掌管事务。传说黄帝时代设百官，"百官以治，万民以察"，百官就是负责主管各方面事务的官员。关于管理的定义，不同的学者研究的角度不同，给出的定义也不一样。美国管理学家福莱特曾将其描述为"通过其他人来完成工作的艺术"。该定义将管理视为艺术，强调了管理者的重要性。但从对管理概念的整体把握角度看，该定义并不全面。

科学管理理论（scientific management theory）创始人弗雷德里克·温斯洛·泰勒（Frederick Winslow Taylor）认为：确切了解你希望工人干些什么，然后使他们用最好、最节约的方法去完成它（《科学管理原理》）。这说明管理是一种明确目标，并授予被管理者工作方法，以求最好地达到目标的活动。

诺贝尔奖获得者赫伯特·西蒙（Herbert A. Simon）对管理的定义是：管理就是制定决策（《管理决策新科学》）。这一定义虽然未能全面反映管理的内容，但它突出了决策在管理中的主导地位，并强调决策贯穿于管理全过程，表明决策与管理的内在联系。

现代管理学之父，彼得·德鲁克（Peter F. Drucker）认为：管理是一种工作，它有自己的技巧、工具和方法；管理是一种器官，是赋予组织以生命的、能动的、动态的器官；管理是一门科学，一种系统化的并到处适用的知识；同时管理也是一种文化（《管理：任务、责任、实践》）。

亨利·法约尔（Henri Fayol）在其名著《工业管理与一般管理》中给出管理概念之后，对西方管理理论的发展具有重大的影响。法约尔认为：管理是所有的人类组织都有的一种活动，这种活动由五项要素组成的：计划、组织、指挥、协调和控制。法约尔对管理的看法颇受后人的推崇与肯定，形成了管理过程学派。哈罗德·孔茨（Harold Koontz）是第二次世界大战后这一学派的继承与发扬人，使该学派风行全球。其在《管理学》一书中指出：管理就是设计和保持一种良好环境，使人在群体里高效率地完成既定目标。

斯蒂芬·罗宾斯（Stephen P. Robbins）给管理的定义是：所谓管理，是指同别人一起，或通过别人使活动完成得更有效的过程。

我国一些学者和教科书中也给管理下了一些定义，如杨文士和张雁认为，管理是"组织中的管理者通过实施计划、组织、人员配备、指导与领导、控制等职能来协调他人的活动,是他人与自己一起实现既定目标的活动过程"。

综合诸多各具特色的定义和观点,管理(management)就是在特定环境下,通过计划、组织、领导、控制等行为活动,对组织拥有的资源进行有效整合,以达到组织目标的过程(图1-1)。其具体包含以下四层含义。

1. 管理作为组织的一种有目的的活动,必须为有效实现组织目标服务,是一个有意识、有目的进行的活动过程。

2. 管理工作要通过计划、组织、领导、控制等一系列活动体现和完成,但它们仅仅是帮助有效整合资源的部分手段或方式。

(1)计划:组织环境的预测、建立目标,制定方针、政策以及具体实施方案,以保证组织目标的实现。

(2)组织:决定需要做什么,怎么做,由谁去做。

(3)领导:主要涉及人的问题。激励下属,调动工作积极性;指导他们的活动;选择有效的沟通渠道,解决冲突;保证部门单位之间信息渠道畅通无阻。

(4)控制:对活动进行监控以确保其按计划完成。制定标准,检查是否按计划进行,纠正偏差等。

3. 管理的重点在于对组织资源(包括人力、财力、物力、信息、技术、时间等)的有效整合,而有效性则包括效率与效果两个概念,同时符合效率与效果这两方面要求的管理行为,才能称之为良好的管理。效率意味着实现组织目标所用资源的多少,即"正确地做事",是一个"投入 - 产出"概念,使达到目标所需的资源成本最小化,涉及的是活动方式。效果意味着决定的组织目标是否正确,即"做正确的事",与活动的完成,即与目标的实现相联系,涉及的是活动结果。

效率与效果其实是密切联系在一起的。管理不仅关系到使活动达到目标,而且要做得尽可能有效率。但是,无论多高的效率都无法弥补效果的缺失,效果实际上是组织成功的关键。"做正确的事"远比"正确地做事"重要。

4. 管理活动是在一定的环境中进行的。环境给管理创造了一定的条件和机会,同时也对管理形成一定的约束和威胁,有效的管理必须充分考虑组织内外的特定条件。

管理就是设计和保持一种良好环境,使人在群体里高效率地完成既定目标。本书所阐述的管理定义,就是针对这一全过程来说的。

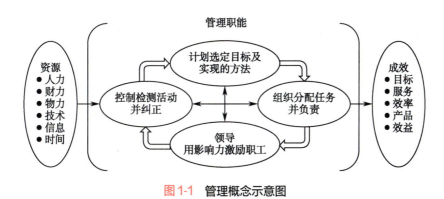

图1-1　管理概念示意图

二、管理的性质

(一)管理的二重性

管理的二重性是马克思主义关于管理问题的基本观点。所谓管理的二重性是指管理既具有合理组织生产力的自然属性又具有为一定生产关系服务的社会属性。自然属性是管理的最根本属性，它反映了管理是组织共同劳动和协作的一系列科学方法的总结。只有应用了这些科学方法才能促进生产力的发展和社会的进步；同时，管理又是特定社会形态的产物，其社会属性是显而易见的。管理的效率和作用受到生产关系和上层建筑的双重制约和影响。

1. 管理的自然属性　管理的自然属性是为了组织共同劳动而产生的，它反映了社会协作劳动过程本身的要求，力求用先进的科学方法合理地组织生产力，以保证社会生产过程的顺利进行。如果没有管理，一切生产、交换、分配活动都不可能正常进行，社会劳动过程就要发生混乱和中断，社会文明就不能继续。人类社会经过几千年的演变发展，出现了许多军事家和军官，专门从事军队的管理；出现了许多社会活动家，专门从事各种社会团体的管理；出现了许多商人、厂长、企业家，专门从事商店、工厂、企业的管理等。这些都说明管理职能是社会劳动过程中不可缺少的一种特殊职能。

任何社会和组织，其生产力是否发达，都取决于它所拥有的各种经济资源以及各种生产力是否得到有效的利用，取决于从事社会劳动者的积极性是否得到充分的发挥，而这两者都有赖于管理。科学技术是生产力，但科学技术的发展本身需要有效的管理，并且也只有通过管理，科学技术才能转化为生产力。

管理的自然属性反映了管理的必要性。它不因人的意志而转移，也不因社会制度、意识形态的不同而有所改变，管理是一种客观存在。这种与社会生产力相联系的客观存在具体表现在以下几方面。

（1）是一种对人、财、物、信息等资源加以整合与协调的必不可少的过程。

（2）是社会劳动的必然要求，资源整合利用与人的分工协作都离不开管理。

（3）管理有着很多客观规律，管理活动只有尊重和利用这些规律才能取得成效。

2. 管理的社会属性　管理的社会属性是由社会生产关系决定的，它反映了一定社会形态中统治阶层的要求，受到生产关系或经济基础的影响和制约，按统治阶层意志调整人们之间的相互关系，维护和完善生产关系。

管理是为了达到预期目的所进行的具有特殊职能的活动，实质就是"为谁管理"的问题。在漫长的人类历史中，管理从来都是为统治阶层、为生产资料占有者服务的，管理是一定社会生产关系的反映。现实世界发生的新变化深刻影响到管理的社会属性，在我国，许多组织管理的形式正在发生变化，但管理的预期目的都是使人与人之间的关系以及国家、集体和个人的关系更加协调。在社会主义条件下，管理的社会属性体现为任何组织、任何个人在实行管理时都要从全社会、全体人民的利益出发，并且自觉地让局部利益服从整体利益，个人利益服从集体利益。所以，管理的社会属性并没有发生根本性质的变化。

3. 两者的联系　管理的自然属性离不开其社会属性，它总是存在于一定的生产关系和社会制度中，不然，它就成了没有形式的内容；而管理的社会属性也离不开其自然属性，不然，它就成了没有内容的形式。

二者又是相互制约的，管理的自然属性要求社会具有一定的生产关系和社会制度与其相适应，而管理社会属性的不断变化必然使管理活动具有不同的性质。

管理的自然属性和社会属性是管理特性的两个方面，它们是二位一体的，不能截然分开，任何社会关系、任何组织、任何情况下均是如此。但对不同的管理，自然属性和社会属性的反映程度不同，如技术管理、企业管理较政府管理、社会管理更多地反映了其自然属性。在实际管理中管理者要把握好管理的这两个方面，使实际管理工作遵循和顺应管理的规律和性质。

认识管理的二重性，有助于正确总结我国管理经验和正确对待外国管理理论和方法，建立具有中国特色的管理体制和管理理论。就自然属性而言，各种不同社会形态的管理，具有继承性和连续性，尤其是世界主要卫生问题，有其共同的规律。因而，管理者和研究者应该积极、大胆地学习和吸收国外管理（包括国外卫生管理）的技术和方法；明确管理的社会属性，可以防止照抄照搬国外理论和方法，注意从国情出发，结合国内主要卫生健康问题，加以借鉴和创新。

（二）管理的特性

管理活动既要遵循管理过程中客观规律的科学性要求，又要体现随机制宜的艺术性要求，还需要适应时间和环境的变化，最终还得满足经济性的要求，这些要求便体现出管理的综合特性，即科学性、艺术性、动态性、创造性和经济性。

1. 管理的科学性　管理的科学性是指管理作为一个活动过程，其存在着一系列基本的客观规律。人们经过无数次的失败和成功，通过从实践中收集、归纳、检测数据，提出假设，验证假设，从中抽象归纳出一系列反映管理活动过程中客观规律的管理理论和一般方法。人们利用这些理论和方法来指导自己的管理实践，又以管理活动的结果来衡量管理过程中所使用的理论和方法是否正确、是否行之有效，从而使管理的科学理论和方法在实践中得到不断的验证和丰富。管理是一门科学，它以反映管理客观规律的管理理论和方法为指导，有一套分析问题、解决问题的科学的方法论。

2. 管理的艺术性　这里所讲的艺术，既不是通常意义上文学、绘画、音乐、舞蹈等用形象来反映现实的社会意识形态，又不是指事物的形状独特而美观，而是指富有创造性的方式和方法，强调管理的实践性和灵活性。即管理是一种随机的创造性工作，它不像有些科学单纯通过数学计算就可以求得最佳答案，也不可能为管理者提供解决问题的固定模式，它只能使人们按照客观规律的要求，实施创造性管理。从这个意义上讲，我们说管理是一种艺术。同时，管理中还存在着许多未知的、模糊的因素，即靠人的经验、感觉、魄力、权威等都无法度量甚至无法言传，被人们称为"艺术"的部分，这部分也正是管理学应该开发的新领域。随着科学技术的发展和管理科学的发展，那些未知的、模糊的领域会越来越少（但不会没有），但对人们从事管理的艺术水平的要求却越来越高。

3. 管理的动态性　世界是动态发展的，因受内部条件和外部环境的影响，管理系统在运行过程中也在不断变化。因此，管理者在管理过程中必须以动态的观点把握管理系统运动变化的规律性，及时调节管理的各个环节和各种关系，以保证管理活动不偏离预定的目标，这就是管理的动态性原理。这一原理在运用中具体体现出相关性原则和弹性原则。相关性原则要求管理者把管理系统看作是一个运动过程，防止用凝固的、静止的观点去看待管理系统，并充分认识和掌握系统内部各要素之间以及各要素与系统之间的相关程度、作用大小和变化方向，以保证管理系统的有效运行。弹性原则既要求管理者在决策和计划制订过程中，设有备选方案，使决策和计划具有可调整性；也要求管理者必须具有敏锐的反应能力和灵活机动的应变能力，随着环境的变化及时调整管理。

4. 管理的创造性　系统及其要素都是随着内部条件和外部环境的变化而变化的，所以，管理思想、管理方式和管理技术也应随之改变，而每一次改变，都将把管理系统推向新的运行状态，这就体现了管理的创造性。创造性就是淘汰旧的东西、创造新的东西，它是一切事物向前发展的根本动力，是事物内部新的进步因素通过矛盾斗争战胜旧的、落后的因素，最终发展成为新事物的过程。管理系统没有唯一的万能的管理模式，那么为达到预期的目的，管理者就必须具备一定的创新性。面对特定的管理环境，为了实现特定的目标，创造性地对特定资源进行不同的管理。管理的创造性就是管理系统从量变到质变的过程，就是管理思想、管理方式、管理技术从低水平到高水平的发展过程。

5. 管理的经济性　相对于人的需要，多数资源都是稀缺的。资源的稀缺性就使管理产生了如何利用稀缺资源最大限度地去满足人类需要的问题。要解决这个问题，就必须注意在管理中体现经济性，即管理人员面对不同的管理环境和资源，需要选取适宜的管理手段实现"用最小的资源投入，得到最大的效益产出"（所谓的"**最大最小原则**"）。

管理的五大特性相互依赖,相互补充(图1-2)。管理的科学性揭示管理活动规律,反映了管理的共性;管理的艺术性、动态性、创造性、经济性则揭示管理的特殊规律,反映了管理的个性。共性存在于个性之中,即管理的科学性包含在各种不同的管理实践之中。每一个管理活动除了体现管理的一般要求,还有自己的特点。管理的五大特性从不同方面体现了管理的复杂性以及不同的要求。

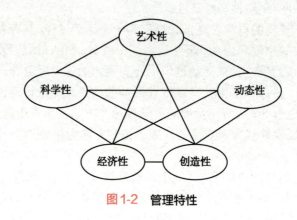

图1-2　管理特性

管理的五大特性相互作用。掌握了管理的五大特性,可以使管理者从把握管理的本质着手,发挥源源不断的创造力,使管理科学完成由理论到实践、由抽象到具体的转变,在各种场合得到灵活运用,充满生机和活力。从而有助于管理者从完善自我着手,最终实现有效的管理。

三、管理的过程

(一)管理的职能

管理任务的完成,需要发挥各项管理职能的作用。管理职能(management function)是对管理职责与功能的简要概括。管理是由一系列相互关联、连续进行的基本工作职能——计划、组织、领导和控制等所构成。这些职能具有普遍性,所有管理人员不管身在什么岗位、处于哪一层级、具有什么职位头衔,都要执行这些基本管理职能。

1. 计划(planning)　计划是确定组织未来一定时期的目标以及如何实现目标。计划要为组织确定未来的业绩指标和任务,并且使用必要的资源来达成这些目标。计划决定着整个组织活动的方向,计划职能是管理的首要职能。管理活动按逻辑顺序总是先从计划开始,组织、领导和控制工作都应遵循计划的安排,因此,从广义上讲,它们属于计划的执行。一般而言,计划工作的程序和内容主要包括如下三个方面。

(1)分析环境:组织的业务活动是利用一定条件在一定环境中进行的。为了使计划切合实际,使计划的行动所提供的产品和服务符合社会需要,计划工作必须首先分析内外环境。内部能力研究主要是分析组织内部在客观上对各种资源的拥有状况和主观上对这些资源的利用能力。分析内部环境主要是为了认清组织的优势与劣势。外部环境研究是分析组织活动的环境特征及其变化趋势,了解环境是如何从昨天演变到今天的,找出环境的变化规律,并据以预测环境在明天可能呈现的状态,分析外部环境可能提供的机会或造成的威胁。

(2)制定决策:在外部环境和内部条件研究基础上,根据研究揭示的环境变化中可能提供的机会或造成的威胁,以及组织在资源拥有和利用上的优势和劣势,需要对未来行动的方向、目标和路径作出选择,这是计划职能中的决策工作。决策虽然贯穿管理的全过程,但计划阶段的决策特别重要,它从根本上决定着计划工作的质量,决定着管理的整体水平高低。

(3)编制行动方案:在确定了未来的活动方向和目标后,还要详细分析为了实现这个目标,需要采取哪些具体的行动以及这些行动对组织的各个部门和环节在未来各个时期的工作提出了哪些具体的要求。制定行动方案，是形成书面形式计划的主要内容，它的实质是将决策的内容在时间和空间上分解到各个部门、各个层次和各个环节，使各种目标配有相关措施，落到实处。

2．组织（organizing）　再好的计划方案也只有落实到行动中才有意义。要把计划落实到行动中，就必须有组织工作。组织职能是指为实现预定目标，根据计划，对组织拥有的各种资源进行制度化安排，保证计划任务得以全面落实的过程。组织工作的具体程序和内容包括组织设计、人力资源管理、组织变革与组织文化三部分。

（1）组织设计：为确保目标和计划的有效实现，管理者必须设计合理的组织架构。根据计划安排的事务设置相关的岗位和职务，然后按一定标准组合这些岗位和职务，形成不同工作部门。并且根据组织活动和环境特点，规定不同部门之间的相互关系。因此，组织设计即在职务设计的基础上进行横向的管理部门设计和纵向的管理层级设计。

（2）人力资源管理：根据各个岗位活动的要求以及组织成员的素质和技能特点，选拔适当的人员安置在相关的岗位上，使各项工作由适当的人承担，并对其进行有效的管理。

（3）组织变革与组织文化：根据组织活动及其环境的变化，对组织机构和结构做必要的调整。这是消除组织老化、克服组织惰性、优化资源配置、实现组织中人与事动态平衡的需要，也是确保组织活力、有效实现组织目标的需要。

3．领导（leading）　管理的领导职能是指通过指导、沟通和激励等工作，指导和协调组织中的成员，选择最有效的沟通渠道，解决组织成员之间的冲突等，从而使组织中的全体成员以高昂的士气、饱满的热情为实现组织目标而努力。

每一个组织都是由人力资源和其他资源有机结合而成的，人是组织活动中具有能动性的因素，组织目标的实现要依靠组织全体成员的共同努力。配备在组织机构各种岗位上的人员，由于各自的个人目标、需求、性格、偏好以及价值观等方面存在较大差异，在相互合作中不可避免会产生各种矛盾和冲突。因此就需要领导者进行指导、协调与沟通，增强相互间理解，统一人们的思想和行为，激励每个成员投入到组织活动中去。

4．控制（controlling）　控制职能是指管理者根据既定计划要求，检查组织活动，发现偏差，查明原因，采取措施给予纠正，或者根据新的情况对原计划做必要调整，保证计划与实际运行相适应。

为了保证组织目标的实现和既定计划的顺利进行，管理必须监控组织的绩效，必须将实际的表现与预先设定的目标进行比较。如果出现偏差，管理的任务就是使组织回到正确的轨道上来。控制工作的内容包括行动偏离目标和标准时对组织活动的纠正，以及对目标和标准的修改与重新制定两个方面。控制过程包括确定控制标准、衡量工作绩效、纠正偏差三个步骤。控制不仅是对以前组织活动情况的检查和总结，而且可能要求对未来组织业务活动进行局部甚至全局的调整。

纵向看，各个管理层次都必须充分重视控制职能。越是基层的管理者，控制要求的时效性越短，控制的定量化程度也越高；越是高层的管理者，控制要求的时效性越长，综合性越强。横向看，各项管理活动、各个管理对象都必须进行控制，没有控制就没有管理。因此，控制在整个管理活动中起着承上启下的连接作用，随着人类有组织活动的规模不断扩大，加强和改善控制显得格外必要。一个有效的控制系统可以保证各项活动朝着组织目标的方向前进，而且，控制系统越完善，组织目标就越易实现。

（二）管理职能的联系和发展

1．管理职能之间的联系　管理的四项基本职能，计划、组织、领导、控制之间是相互联系、相互制约的关系。它们共同构成一个有机的整体，其中任何一项职能出现问题，都会影响其他职能的发挥乃至组织目标的实现。正确认识四项职能之间的关系应当把握两点。

第一，从理论上讲，按照管理流程管理的职能是按一定顺序发生的。计划是首要职能，因为管理活动首先从计划开始,而且计划职能渗透在其他各种职能之中,或者说,其他职能都是为执行计划职能(即实现组织目标)服务的。为了实现组织目标和保证计划方案的实施,必须建立合理的组织机构、权力体系和信息沟通渠道,因此产生了组织职能;在组织得到保证的基础上,管理者必须选择适当的领导方式,有效地指挥、调动和协调各方面的力量,解决组织内外的冲突,最大限度地提升组织效率,于是产生了领导职能;为了确保组织目标的实现,管理者还必须根据预先制订的计划和标准对组织成员的各项工作进行监控,并纠正偏差,即实施控制职能。可见,管理过程是先有计划职能,之后才依次产生了组织职能、领导职能和控制职能,这体现出管理过程的连续性。

第二,从管理实践来考察,管理过程又是一个各种职能活动周而复始地循环进行的动态过程。例如,在执行控制职能过程中,往往为了更好地达成管理目标、纠正执行偏差而需要重新编制计划或对原有计划进行修改完善,从而启动新一轮管理活动。

2. 管理职能的发展 人们对管理职能的认识和应用,随着管理理论研究的深化和客观环境对管理工作要求的变化而发展。这表现在对上述四项职能的进一步认识与发展和管理新职能的提出两个方面。

(1) 管理职能的进一步认识与发展:在计划职能方面,人们越来越重视对环境的分析和预测。这是环境复杂多变对计划的要求,也是人们不断提高计划工作质量的表现。就计划的类型而言,人们更重视战略计划的制订和实施,包括战略愿景和使命陈述、战略环境分析、战略方案设计、战略评价和战略实施等内容,由此形成系统地对组织发展起决定作用的战略管理。而且随着计算机技术的发展和应用,网络计划技术和滚动计划等有了实质性的发展。

在组织职能方面,从强调细化分工转向重视合作,建立能适应环境变化,鼓励员工参与管理的多样化组织形式,提出以客户为中心设计和优化组织结构。同时,把组织工作的重心移向人力资源开发与管理,特别是管理人员的选聘、任用、考核和培训。

在领导职能方面,经历了由领导素质理论向领导行为理论,再向领导权变理论的转变,重视环境对领导作用的影响。同时,普遍把沟通和激励作为领导工作的重要内容,重视组织文化和团队建设,大大扩充了领导的作用,使之与现代人的需要紧密相连。

在控制职能方面,现代控制理论提倡适度原则,注重培养组织成员的自我控制能力,使控制活动更趋人性化。在控制技术的发展方面,重视管理信息系统建设,充分利用现代科技手段完善控制系统。同时,强调前馈控制的应用,把管理、控制与可持续发展要求结合起来,扩大控制范围,延伸管理对未来发展的影响。

(2) 新的管理职能:近半个世纪以来,人们普遍认识到决策对组织发展的决定性作用及其在管理中的重要地位,从而把决策作为管理的一个重要职能,因为无论是计划、组织、领导还是控制,其工作过程说到底都是由决策的制定和决策的执行两大部分活动所组成的,决策渗透到管理的所有职能中。甚至有人提出"管理就是决策"的论点。围绕决策,研究决策的类型、决策准则、决策过程和决策方法,形成系统的决策理论,这不仅大大丰富了管理理论,而且为广大管理者提高决策水平提供了有益的指导。

所谓创新,顾名思义,就是使组织的作业工作和管理工作不断有所革新、有所变化。管理界对于创新职能的重视始于 20 世纪 60 年代。因为当时的市场正面临着急剧的变化,市场竞争日益激烈,社会活动空前活跃,新能源、新技术、新材料不断涌现,新产品、新行业、新市场高速成长,管理者每天都会遇到一些新情况、新问题,如果因循守旧、墨守成规,就难以应对新形势的挑战、无法完成肩负的管理任务。所以,管理创新职能已成为增强组织活力的源泉和决定组织兴衰成败的关键因素。对于管理创新的研究,涉及观念创新、制度创新、组织创新、技术创新、产品和服务创新等内容,以及创新过程不同环节及其相互关系的研究,创新型组织及其创新能力培养的研究等。创新不仅成为管理的一个职能,而且渗透到现代管理的各个方面。

四、管理的价值

管理的重要作用与价值是不言自明的。通常来说，管理的价值是确保"有效"实现组织目标、提高系统效率、控制风险，使组织建立持续竞争力和竞争优势。其中"有效"，包含效率与效果两层含义。

（一）效率

效率（efficiency）是一个经济的概念，是指输入与输出的关系，即投入与产出之比（效率＝产出／投入）。资源配置是需要成本的，因此管理就具有经济特性：相对于一定的投入，如果能获得更多的产出，即表明效率的提高；同样地，相对于获得同样的产出，更少的投入也表明效率的提高。因为组织投入的人员、资金和设备等资源是稀缺的，所以对有限资源的有效利用即为管理价值的体现之一。

（二）效果

效果（effectiveness）是指活动的结果，即预期的目标。如果说效率意味着"正确地做事"，也就是说用正确的方法把事情做好，效果则意味着做"正确的事"，即做对事情。因此，效率涉及的是活动的方式，效果涉及的是活动的结果。显然，相较而言效果较为重要。正如一项医疗技术，无论其自身如何完美无缺，如果没有对症使用就没有任何意义，甚至有反作用。当然，如果目标选对了，但实施成本过高，不讲效率也不行。所以，管理行为中，只有当效率和效果同时达到时，才是管理价值的完美体现。

需要强调的是，在体现效率与效果的同时，面对所有管理对象，无论是国家、企业还是家庭，管理都具有整体推动作用。一项新技术、一个新发明，其作用主要发挥在某一点或某一条线上，如蒸汽机的发明仅使运输业及其相关行业得到长足的发展。但管理却不同，它首先是一种思想、一种观念和意识，如果作为最具有能动性和创造性的人掌握了这种思想或观念，便可以在其所处的位置上发挥作用，从而对整个组织或社会有整体推动作用。

另外，管理的作用需要通过管理人员以及所制定的政策和所建立的机制来调动所有人的积极性，激发更多的人去创造更多的新技术和新发明，这使得管理的整体推动作用表现得更为充分。无论一个国家还是一个组织，若要谋求发展，都必须在管理上狠下功夫，寻求植入本土文化的管理理念、管理模式，进行管理创新，并逐渐形成具有本土文化特色的完整的管理知识体系。这对于具有几千年悠久历史的中华文明且处于转型时期的中国，尤其具有现实意义。

五、管理学概述

（一）管理学的概念

管理学作为在自然科学和社会科学基础上建立的一门综合性学科，是系统研究和阐明管理活动基本规律的科学，从社会普遍存在的管理活动中概括出来的基本原理和方法对指导各层次、各种类不同组织的管理活动都是适用的。涉及概率论、统计学、运筹学、政治学、经济学、社会学、心理学、人类学、决策科学等多种学科。现代管理学来源于人类的真实活动，随着人类社会实践的发展和科学技术的进步不断发展与完善。管理学发展至今，已经发展成为一个庞大的体系，各个专业领域都已形成了各自的专业管理学。同时，构建和发展了以管理的性质、方法、职能和过程为基本框架的理论体系，对管理实践产生了巨大的、积极的指导作用。

（二）管理学的价值

管理学与科学、技术被看作促进现代社会文明发展的三大支柱；先进的科学技术与先进的管理能够推动现代社会发展，缺一不可。经济的发展，尤其是中国改革开放后经济的快速发展，无一不表明现代管理技术和管理水平在推动经济增长和社会发展中的巨大作用。管理学是研究管理活动过程和规律的学科，其理论体系严谨、知识规范、形态稳定，是人类管理实践经验的结晶。管理学能够帮助管理者掌握现代管理理论和管理方法，是培养优秀管理者的必经之路。通过管理知识、管理原理和管理方法来指导管理的实践，可以大大地提高管理者的管理能力和管理水平。管理学是学习经济与管理类专业课程的基础，一切其他专业领域的管理都离不开管理学的基本思想、基本原理和一般方法的指导。管理学作为整个管理科学知识学习的基础，可以为专业知识积累和能力提升打下扎实的基础。

（三）管理学的发展

管理理论的发展阶段根据不同的划分标准而有所差异，基于对国外学者和我国学者不同划分标准的综合比较分析，本书把管理理论的发展阶段按照时间来区分，分为古典管理理论阶段、人际关系与行为科学阶段、现代管理理论阶段和当代管理理论阶段。

1. 古典管理理论阶段（19 世纪末—20 世纪 20 年代）　自文艺复兴运动以来，资本主义从萌芽到 18 世纪的建立，再到 20 世纪初在世界范围内占据统治地位，历时 500 余年。而以市场经济为基础的古典管理思想，也经历了近 500 年萌芽与发展，最终以弗雷德里克·温斯洛·泰勒、亨利·法约尔、马克斯·韦伯的管理理论为代表，形成了古典管理理论。古典管理理论试图从个人、组织和社会三个不同角度来解答整个资本主义社会宏观和微观的管理问题，为现代管理理论的进一步发展开启了思想之门、智慧之窗。

2. 行为科学理论阶段（20 世纪 20 年代—20 世纪 70 年代）　20 世纪 20 年代末，美国哈佛大学心理学教授梅奥通过著名的"霍桑试验"创立了行为科学理论即人际关系学说。霍桑试验是从 1924—1933 年在美国芝加哥郊外的霍桑工厂进行的。其目的是研究工作环境的物质条件与产量的关系，以发现提高劳动生产率的途径。研究发现，工人的行为与情绪有密切关系；群体对个人的行为（绩效）有显著影响；金钱不是决定个人产量的唯一因素，群体标准、群体情感和安全感对个人产量的影响更大。也就是说，工作场所管理和福利好坏与生产效率并不构成完全的因果关系，相反，职员的心理因素对生产的积极性的影响更大；工人拥有非正式的社会网络，有自己的价值、理想、标准、领导和指令，相对独立于正式的管理之外。而且，工人的"社会面"似乎比科学管理更能提高生产率。通过霍桑试验，梅奥等人完成了《工业文明中的人类问题》一书，建立了人际关系学说，其主要观点是职工是"社会人"，正式组织中存在着"非正式组织"，新的领导能力在于提高职工的满意程度。霍桑试验修正了古典管理理论的局限，开始关注群体与人性对绩效的影响，开辟了管理理论研究的新领域，为现代行为科学理论奠定了基础。

3. 现代管理理论阶段（20 世纪 40 年代—20 世纪 80 年代）　现代管理理论的形成标志着管理学理论进入了第三个发展阶段。第二次世界大战后，随着世界经济环境的发展变化，信息技术产业的迅猛发展以及信息技术在各个产业的广泛应用，市场竞争日益激烈和国际化，促使人们对管理和组织进行了多种角度、多种形式的探索，形成了众多新的管理理论，美国管理学家哈罗德·孔茨形象地称之为"管理理论的丛林"，包括管理过程理论、系统管理理论、管理决策理论、经验管理理论、管理科学理论、权变管理理论、社会系统理论、管理信息理论等。

4. 当代管理理论阶段（20 世纪 60 年代至今）　20 世纪 60 年代后，管理科学从理论到实践都发生了很大变化，又出现了一批新的管理理论，影响比较大的有托马斯·彼得斯（Thomas Peters）的人本管理思想、彼得·圣吉（Peter M. Senge）的学习型组织、迈克尔·哈默（Michael Hammer）与詹姆斯·钱皮（James Champy）的流程再造理论、迈克尔·波特（Michael E. Porter）的竞争战略思想、约翰·科特（John P. Kotter）的管理新规则、彼得·德鲁克（Peter F. Drucker）的知识管理等。

当然，还有其他一些管理方面的理论，各有侧重、各有所长。所有这些理论都是在管理实践和相关的管理理论研究基础上形成的。

六、管理学与其他学科的关系

（一）管理学研究与其他学科的关系

虽然管理学已成为一个独立的研究领域，但它的产生和发展与其他社会科学和自然科学的发展有着密切的联系。一方面，管理学的研究已经渗透到其他各相关学科中；另一方面，由于管理过程的复杂性、管理对象的复杂性和动态性，决定了管理学研究所借助的知识、方法和手段也是多样化的。因此，了解管理学的学科基础，有助于更好地理解和开展管理学研究。

1. 社会学　社会学是从社会整体功能的视角出发，通过社会关系和社会行为来研究社会的结构、功能、发生、发展规律的学科。它既研究社会良性运行和协调发展的条件和机制，也研究人与人之间的关系。管理学在正式组织理论、信息沟通等管理领域借用了社会学方法，特别是通过研究复杂组织中的小组行为，发展了管理学理论。此外，社会学发展了一套比较严格的社会研究方法，强调社会调查和经验证明，重视数量分析等，这些方法也是管理学研究中的常用方法。

2. 心理学　心理学是一门从事测度、解释与改变人和其他动物行为的科学。心理学研究试图理解个体行为，提供管理者有关个人差异的洞察。心理学的研究也让管理者更清楚掌握激励、领导、信赖、招募员工、绩效考核和训练的方法。随着心理学的研究进展，管理学研究领域也增加了以下研究内容，包括：学习心理、个性管理、咨询心理、语言心理和组织心理，并在管理实践中得到广泛应用。

3. 经济学　经济学家通过他们在预测和决策方面的研究对管理学发展作出了贡献。他们在优化资源配置方面给管理者提供了有效方法去改进内部投入的决策和调整外部条件。经济学家已给管理学研究提供了许多有用的思想、概念和工具，如不变成本和可变成本、机会成本、边际成本、边际效用、弹性系数等。经济学研究的是稀缺资源的分配和分散，可以帮助管理者了解变动的经济以及在全球的竞争和自由市场中的角色。例如：为什么墨西哥的汽车工厂比底特律还多？经济学有关比较优势的研究，提供了这些问题的答案。

4. 哲学与伦理　哲学探究的是事物的本质，特别是价值和伦理。伦理是人类行为的规范。伦理直接影响组织的存在及其中的正确行为。它是对各学科具有指导意义的哲学科学，同样是管理学产生和发展的思想理论基础。我国古代哲学思想就对管理学的发展产生重大影响，同样，马克思主义哲学思想为管理学提供了重要的思想武器。可见，哲学思想是管理学研究重要的思想理论基础。

5. 系统理论　系统理论是现代科学发展的重要基础理论，也是现代管理理论的一个重要基础。系统理论以系统为研究对象，从横向综合的角度来研究物质运动的规律，通过反馈、控制、模拟等方法与手段使系统整体效应优化。它为管理学研究提供了新的理论基础、方法与手段。

6. 计算机科学与控制论　计算机是现代管理的有效工具，随着管理现代化的不断推进，计算机在管理中的应用已越来越广泛，是管理不可缺少的手段。控制论中的反馈原理，为管理学中的决策科学化提供了正确决策的基础，特别是为管理决策中模型与模拟的应用提供了理论基础。

7. 数学与统计学　数学与统计学也对管理学研究提供了方法论，如不确定性与风险、评价系统、排队论、线性规划等数量决策技术。

8. 工程学　早期的管理学研究，特别是20世纪初的20多年，集中于提高工效、工作的设计与业绩的优化。工程学在改善环境、提高人的能力方面作出了重大贡献。他们通过改善工作设计、工作流程和程序、选择厂址和工厂设计，减轻了人们的疲劳程度，提高了劳动者的效率——劳动生产率。

9. 人类学　研究文化如何影响人们的行为是人类学对管理学研究作出的重要贡献。文化区别不仅存在于国与国之间，在同一个国家内部也存在文化上的差异。在基本价值观、士气和接受行为的规范方面均存在文化差异的影响。个人价值系统会影响人们的士气、工作态度和行为。人类学家有关文化和环境的研究，可以应用于了解不同国家的员工在价值、态度和行为上的差异等管理学领域。

10. 公共管理学　公共管理学是以公共部门管理活动，尤其是政府管理活动为研究对象的综合性应用学科。公共管理学是管理学的一个重要分支学科，以公共部门的组织管理活动为研究对象，具体包括对政府组织管理活动、第三部门组织管理活动、两者的复杂互动关系以及它们与市场部门的相互作用关系的研究。作为管理学分支学科之一的广义公共管理学，其学科基础除了管理学之外，主要还有政治学、经济学等。

（二）管理学研究内容与其他学科的关系

进入现代以来，随着学科分化弊端的愈益显露，学科交叉迅速发展，学科间不断相互联系、横向融合。而管理活动的独特性质决定了管理学研究内容必然是多学科交叉的。管理活动是复杂的（按系统论的说法是一项复杂的系统工程），影响这一活动的因素众多，除生产力和生产关系的基本因素外，还有自然因素以及政治、法律、社会、心理、历史、文化等社会因素。这就决定了普遍存在的复杂的管理问题必须用多学科研究出来的各种知识和分析方法进行研究和解决；这亦决定了管理学作为一门学科必然是一门综合性学科和交叉学科；这一切最终决定了管理学发展的方法论的多学科交叉性。

通过考察管理学的发展脉络可以发现，多学科交叉的跨学科方法几乎贯穿了整个管理学的历程，管理学的发展就是不断吸收、借鉴其他学科的研究方法。管理学对其他学科的典型方法进行成功移植和使用，是管理学科发展的方法论基础，使管理学成为一个多学科组合的独立的交叉学科，这些学科不仅包括自然科学，还包括人文科学和社会科学。当前的管理学研究已经融合了数理科学、系统工程、心理学、经济学、信息论及心理学等多种其他学科的思想、原理及方法。

需要特别指出的是，管理学在吸收其他学科的知识来充实自己时，并不是把各门学科的知识进行简单汇总，而是以管理学自己的核心知识为基础，吸收其他相关学科中的有用知识和方法，形成管理学自己的学科理论和方法学体系。

第二节　管理问题与管理者

一、管理的基本问题

从管理的定义可知：人、组织与管理构成不可分割的整体。自古以来有人存在的地方都存在管理，都需要管理。因此，任何人和组织都存在管理问题。管理的基本问题就是如何在变动的环境中，从不同的管理层次，不同的管理过程中，选取适用的管理方式和方法，激发人的潜力，将组织的有限资源进行有效的配置，以达到组织的既定目标。

（一）基于宏观－中观－微观的管理问题

在现实生活中，组织往往由一个复杂的系统所构成。受管理者时间、精力、能力等多方面制约，常常将管理分成不同的层次各司其职。通常依据管理所涉及的范围，将管理分为以下三个层次：宏观管理、中观管理和微观管理。

1. 宏观管理（macro management）　宏观管理主要是指国家或政府一级面上的管理，以确定方针、制定政策、进行规划为主。宏观管理必须统一、集中、相对稳定；切忌政出多门，权力分散和政策多变。

2. 微观管理（micro management）　微观管理主要是指具体单位在统一方针指引下，根据政策许可范围，从本单位实际情况出发，在"小系统"上进行管理。微观管理应该强调从实际出发，灵活、能动、多样;切忌不顾实际,管理过死,搞一刀切。

3.中观管理(middling management)　从实际工作来看,还存在一个介乎上述两者之间,承上启下,具有两者共同特点的管理层次——中观管理。一般来说中观管理具有以下特点:一是中介性。即它具有过渡联结的性质。它不只是对一个单位,而是对多单位的管理。在中观管理中,不能单纯考虑个体的特点,而需要注意各单位的共性。二是两重性。中观管理对宏观来讲,它是微观,对微观来讲,它是宏观。对上,它要"吃透"精神,坚持统一,相对稳定。它的任务是贯彻执行、具体落实。对下,要"熟悉"情况,给予充分、灵活、多样的机动性。它的工作是指导、组织、服务、协调。三是相对独立性。在计划领域内,它有权确定重点,包括布局的安排,局部政策的制定等;在组织领域内,它有权调配力量,包括人员组织、结构调整,物资调拨等;在控制领域内,它是对上反馈、对下协调的关键部位。

三者相互关联,互相依存。宏观管理对中观管理和微观管理起引导、指导和向导的作用。前者是后两者的保证,后两者是前者的基础,它们之间缺一不可,相互促进。如果没有科学的中观、微观管理的顺利实施,宏观管理做得再好,也难以达成预期目标。

(二)基于结构-过程-结果的管理问题

结构-过程-结果管理思路是在近几十年中逐渐形成和完善的,基于该思路可以将管理问题分为结构、过程、结果三大类。此种分类最鲜明的特点是:①将整个管理过程看成是一个系统,该系统由结构、过程和结果三部分构成。②管理除了要考虑管理资源和管理目标以外,还必须要重视资源整合和提高利用效率,以体现管理的科学性和艺术性。以下以我国妇幼卫生领域存在的管理问题为例进行分析。

1.结构层的管理问题　结构反映了管理系统提供服务的能力,是指系统中相对稳定的特性,其问题主要包括管理的技术配备、资源分布结构和组织结构等。如:我国妇幼保健中存在的人员总体素质较低,专业人才的培养缺乏,难以胜任承担的保健任务;人员数量不足,人员不稳定,保健任务无法落实;人力资源结构不良等问题。结构特征的变化,常常会影响到服务的质量和结果。因此,一定条件下,通过解决结构层的管理问题,寻求适宜的组织结构,是维持和提高管理效率的重要手段之一。

2.过程层的管理问题　过程是指管理活动的顺序和协调,反映着系统内复杂多变的特性,包括管理主体如何实行管理和管理客体怎样获得管理两大方面,是管理主体和客体交互作用的过程。作为结构和结果之间的中间环节,过程是联系两者的桥梁。过程特征的变化,将直接影响着管理的质量和效果。结构层的管理问题与过程层的管理问题相结合,可以敏感而准确地反映管理结果问题——最终管理目标的达成,同时也反映系统内的管理水平。合理解决过程层的管理问题,探索合理的管理过程,是提高现有资源利用率,从而实现管理目标的有效途径。

3.结果层的管理问题　结果是指管理的最终目标的达成情况。它通常可以用两大类指标来衡量。一类为客观状态的指标,如发病率、病死率、伤残率、期望寿命等;另一类是主观状态的指标,如供需双方的满意度等。结果层的管理问题如:我国妇幼保健中存在的影响妇女儿童健康的主要问题仍未得到有效解决;出生缺陷干预措施的开展效果不理想等问题。结果层的管理问题直观、明确且广受重视,是衡量管理过程的重要标志。

(三)基于管理要素的管理问题

人、组织与管理是不可分割的整体,任何一个组织的生存与发展,都必须依赖一定的资源,并能够采取相应的措施对资源进行有效整合。而这些组织必需的资源,则构成了一个组织存续发展所必需的管理要素。因此,基于不同的管理要素,管理问题又可分为以下几个类型。

1.人力资源管理问题　人力资源管理问题是指基于一定时期内组织中成员所拥有的能够为组织所用的知识、能力、技能以及他们的潜能和协作力等方面问题的总称。人力资源是管理要素中的基本元素,是任何一个组织必需的,最重要的资源。尤其是在知识经济时代,社会经济的发展对资本资源的依赖程度越来越低,而对知识和人才的依赖程度越来越高,人力资源管理问题日益成为现代管理部门关注的焦点问题。一般而言,人力资源管理的主要问题包括:人力资源的预测与规划,工作分析与设计,人力资源的维护与成本核算,人员的甄选录用、合理配置和使用,还包括对人员的智力开发、教育培训、调动人的工作积极性、提高人的科学文化素质和思想道德觉悟等。

2. 财力资源管理问题 财力资源管理问题(又称财务管理问题)是现代管理问题中的一项重要内容,指的是基于一定时期内组织中的财力资源,包括货币资本和现金,进行管理的问题的总称。在现实的社会中,由于货币资本和现金可以用来购买物质资源、人力资源等,故一个组织拥有的金融资源的多寡实际也反映了组织拥有资源的多寡。组织的成功以至于生存,在很大程度上取决于它过去和现在的财务政策。财力资源管理问题的目标是追求财富最大化或组织价值最大化,即,使资金在其流转过程中为组织所有者创造最大收益,也即组织对所拥有或控制的财务要素进行充分开发、合理配置、有效利用以实现组织价值最大化的过程。一般而言,财力资源管理问题主要包括资产管理、资金管理、投资管理、筹资管理、债权债务管理、预算管理、会计信息管理等问题。

3. 物力资源管理问题 物力资源管理是对现代组织存续发展所需要的诸如土地、厂房、办公室、机器设备等物质进行计划、采购、使用和节约等组织和控制的问题总称。物力资源是人类社会经济活动用以依托的客观存在物,是人类社会生存和发展的基础。对一个组织而言,物力资源是指组织从事生产管理活动所需的一切生产资料,其构成状况可按物力资源在生产经营过程的作用划分为劳动对象和劳动手段,且物力资源的多寡也可以直接显示其拥有财富的多少。因此,物力资源管理问题是组织生产经营活动的物质基础和前提条件,在某种意义上决定了组织的生产力水平和生存发展能力。解决好物力资源有利于提高管理质量、提高资源利用率和产出率、推动科技进步,促进社会生产力发展。

4. 信息资源管理问题 信息资源管理问题是指对人类特定组织中的信息活动所产生的信息进行管理的问题总称,其中信息和信息活动都是信息管理的客体。随着社会的不断发展,信息资源对国家和民族的发展,对人们工作、生活至关重要,成为国民经济和社会发展的重要战略资源,因此信息与能源、材料并称为当今世界三大资源。实践管理中,组织拥有足够的信息资源对组织的存续而言是非常重要的,一个组织没有一定的信息资源就等于一个盲人,会使组织发展面临困境。因此,信息资源管理问题不仅是信息工作的一部分,而且已被认为是现代管理的重要组成部分。一般而言,信息资源管理问题包括对信息进行管理和对信息活动进行管理的问题。只有全面考虑到信息资源和信息活动的管理,才能充分开发和有效利用信息资源。

5. 技术资源管理问题 技术是自然科学知识在生产过程中的应用,是直接的生产力,是改造客观世界的方法、手段。组织中技术包括两个方面,其一是与解决实际问题有关的软件方面的知识;其二是为解决这些实际问题而使用的设备、工具等硬件方面的知识。两者的总和就构成了这个组织的特殊资源,即技术资源。技术资源管理问题是指组织通过对技术能力的计划、开发和实施,完成组织的战略性和操作性目标的问题总称。对于一个组织来说,它是涉及如何有效地开发、利用技术,创造财富和竞争优势的专门知识学科,包括研究开发等技术活动的管理、相关知识与成果的管理以及技术组织与人员的管理等问题在内的知识系统。一般而言,按照组织管理的职能及层次来划分,技术资源管理的问题主要包括:技术活动的管理(创造发明活动、新技术、新产品及新服务开发计划与实施活动、技术交易与合作等)、组织战略层次的管理(技术战略、相关战略协同、新兴技术管理等)、组织相关职能的管理(技术组织、工艺设备、知识管理、技术标准、风险管理等)。

6. 时间资源管理问题 时间资源管理问题是指在同样的时间消耗的情况下,为提高时间利用率和有效性而进行的一系列控制工作的问题总称。它包括:增强时间观念,自觉珍惜时间;确定目标，制订计划，决定时间消耗标准；利用多种方法，千方百计地节约时间，总结时间节约经验，运用现代科学和定量方法控制时间等。"时间就是金钱，时间就是财富"，对时间的合理利用，直接影响着组织目标的实现。一般而言，时间资源管理问题的内容包括对生产时间（即从生产资料和劳动力投入生产领域到产品完成的时间）的管理和对流通时间（即产品在流通领域停留的时间）的管理。

除上述六种资源管理问题外，现实中的某些组织可能还存在其他特别的资源所构成的管理问题。相对于茫茫宇宙和人类的无穷欲望，任何组织所拥有的资源都是有限的，这就要求管理过程中必须解决有限资源的有效整合、利用问题。

二、管理者的职责与角色

（一）管理者的职责

根据管理者在组织中所处的层次不同，可以将其分为高层管理者、中层管理者和基层管理者三类，不同层次的管理者承担着不同的职责。

1. 高层管理者（top manager）　高层管理者是站在组织的整体立场上，对整个组织的活动进行综合管理并负全面责任的管理者。如医院里的院长、疾病控制机构的主任、卫生行政部门的局长、学校的校长等。他们对外代表组织，对内执掌重大问题决策权，主要负责制定组织的总目标、总战略及其方针、政策，并评价整个组织的业绩。

2. 中层管理者（middle manager）　中层管理者是指处在组织中间层次的管理者，是直接负责或协助管理基层管理人员及其工作的人。如医院里临床业务科室的科主任、行政职能科室的科长等。他们的主要职责是贯彻高层领导的决策，监督和协调基层组织的活动，在组织中起着承上启下的作用。

3. 基层管理者（first-level manager）　基层管理者又称一线管理者（first-line manager），他们是面向基层作业人员，负责管理基层组织日常活动的人员，如企业中的作业班长、工长，大学中的教研室主任等。他们的主要职责是直接指挥和监督现场作业人员，保证上级下达各级任务和计划的完成。他们是整个管理系统的基础。

以上三个层次的管理者统一领导，分级管理，共同保证组织正常运行，实现组织目标。

比较而言，高层管理者在组织的开拓发展、计划和决策方面起关键作用。基层管理者在落实作业计划，保证产品或服务质量，解决矛盾和冲突，提高作业效率等方面发挥重要作用。中层管理者除了上传下达外，还需要组织协调所属基层单位的活动。三个层次管理者的工作都包含计划、组织、领导和控制等基本职能，但侧重点不同。高层管理者应重点搞好规划和控制，中层管理者主要负责组织和协调工作，基层管理者则应重点做好对作业人员的指导、沟通和激励工作。

（二）管理者的角色

长期以来，人们一直在探讨和界定管理者应该做什么以及怎么做这一问题。20世纪70年代初期，加拿大学者亨利·明茨伯格（Henry Mintzberg）对五位总经理的工作进行了跟踪研究，提出了著名的管理者角色理论。他认为，管理者在组织中通常扮演十种不同但却高度相关的角色。归纳起来，这些角色主要分为三大类：人际关系的角色、信息传递的角色、决策制定的角色。管理者在实践中往往同时扮演数种角色，并且不同的管理者扮演的角色各有侧重。

1. 人际关系的角色（interpersonal roles）　人际关系方面的角色是指管理者履行的礼仪性和象征性义务的角色。主要通过挂名首脑、领导者和联络者三个具体角色来体现。

（1）挂名首脑：挂名首脑或头面人物是指管理者作为组织的象征，要履行一些诸如接待重要访客、参加颁奖仪式或各种典礼等活动，这对组织正常运转十分重要，不能忽视。

（2）领导者：管理者作为组织的正式领导，必须对组织成员进行引导和激励，以及协调好成员个人需要与组织需要的一致。表现为对员工的招聘、激励、培训和考核等,这些构成了领导者角色。这一角色在组织内部的作用极为重要。

(3) 联络者:因为组织所具有的社会性,它与周围环境有着千丝万缕的联系。管理者同其领导的组织以外的个人或组织维持关系所扮演的角色就是联络者。通过这种重要的联络,可以获得有利于组织发展的有用信息,可扩大组织信息来源和提升组织的地位。尽管这些联络有时是非正式的、私人的,但对组织而言也十分重要。

2. 信息传递的角色(informational roles) 信息传递方面的角色是指管理者对信息的收集、接收以及传递。信息监听者、信息传播者和发言人三方面是信息传递方面角色的具体表现形式。

(1) 信息监听者:所有管理者每天都要通过外部大众媒体、内部董事会和各种报告等渠道,接收和收集大量的信息,不断收集信息来审视组织所处的环境,成为内外部信息的监听者。也就是说管理者相当于组织的神经中枢,负责采集、获得和筛选对组织有用的信息的工作。

(2) 信息传播者:管理者还扮演信息传播者角色,将从外部或下属那里获得的信息与组织内部更多人员分享。这些信息不仅包括组织需要的一般信息,还包括对组织具有较大影响的各种有价值的观点。

(3) 发言人:当管理者把组织的计划、政策、行动、结果等信息向外界发布时,他便扮演发言人的角色。以使得那些对组织有重大影响的人能够及时得到组织的内部信息。

3. 决策制定的角色(decisional roles) 决策是管理者要做的最基本的工作。管理者在决策制定方面的角色一般与其必须进行选择和采取行动的事件有关,决策制定的角色渗透到全部管理职责和过程中。明茨伯格据此将管理者划分为企业家、混乱处理者、谈判者和资源分配者四种类型。

(1) 企业家(创新者):企业家角色的主要任务是激发组织的创新和变革,并能监督和控制它。通过确定组织的经营哲学、宗旨和使命,从组织生存的环境中寻找机会和规避风险,发起变革以使其适应组织的发展战略和外部环境。

(2) 混乱处理者(危机处理者):组织内外时刻处于变化之中,任何事情不可能都在掌控之中,管理者常常面临各种突发事件和危机。作为混乱处理者,管理者应及时采取纠正行动以应对突发事件或偶发事件,避免情况的进一步恶化。

(3) 谈判者:组织要不停地与外界的其他组织发生业务往来,各种重大的、非正式的谈判经常发生,管理者作为组织的代表参与谈判,争取组织或部门的利益,这时,管理者便扮演谈判者角色。

(4) 资源分配者:管理者还要扮演资源分配者角色。因为组织的资源是有限的,管理者在运用组织资源实现组织目标时,就必须对组织中的人、财、物等资源以及管理者自己的时间进行分配。

随着组织层次等级的变化,不同管理者在各角色上的侧重点有所不同,一般而言,高层管理者更多地扮演挂名首脑、信息传播者、谈判者、联络者和发言人等角色,而基层管理者则更多地扮演领导者角色。

(三) 管理者的技能

管理者在管理实践活动中,要履行好管理职能和扮演好管理者的角色,就必须掌握和具备一定的技能和能力。概括而言,所有管理者必须具备以下三种主要管理技能:概念技能、专业技术技能以及人际关系技能。

1. 概念技能(conceptual skill) 概念技能是指管理者应具有的抽象思考、整合组织资源和活动的能力。即管理者面对纷繁复杂的环境,通过分析、判断、抽象和概括,洞察事物,分辨各种因素的作用,认清主要矛盾,抓住问题实质,形成正确的概念,从而作出正确决策的能力。由于管理者面对的工作并不都是具有固定程序和固定解决模式的,面对错综复杂的环境和影响因素,管理者如何快速准确地找出各种因素间的相互关系，抓住问题实质，认清组织优劣势，评估不同方案，作出正确决策，需要很强的概念技能。这种技能在管理实践中往往是最为重要也是最难培养的。缺乏概念技能的管理者，常常表现为主次不分，眉毛胡子一把抓，被表象所迷惑，就事论事，解决问题拆东墙补西墙，治标不治本。

2.专业技术技能（technical skill）　专业技术技能是指管理者完成某一特别技术领域的工作所需要的能力。比如卫生管理者不仅需要掌握基本的管理技能，还需要具备一定的医疗卫生知识。如果卫生管理者对医疗卫生领域所需知识了解甚少，就难以对医疗卫生活动进行科学的计划、组织、领导和控制，更难在该领域发展和创新。管理者不是技术专家，因此，一般要求他们能熟悉相关知识和方法，不苛求精通。一般情况下，管理层次越低，越需要具有技术职能。

3.人际关系技能（human skill）　人际关系技能是指管理者与各类人员协作、沟通和交流的能力。现实中，不少管理者在技术上是出色的，但处理人际关系方面却存在欠缺，如不善于倾听和理解他人的诉求，或不善于处理人际冲突等。管理，从一定意义上是借用他人力量来实现组织目标的一种活动。靠自己单干，就无所谓管理。要使组织成员高效地工作，取得他们的合作与支持，管理者必须注意提高自己的人际关系技能，理顺与上级、下级、同事之间的关系。

上述三种技能为各个层次、各种领域管理者所必需。当然，不同层次管理者对这三种技能的要求有所不同。一般来说，对于高层管理者而言，概念技能尤为重要。因为管理者所处的层次越高，面临问题越复杂，越需要高瞻远瞩，统领全局，善于去粗取精、去伪存真、由此及彼、由表及里地分析和判断问题。反之，对于基层管理者，技术技能更为重要，只有熟悉作业技术和方法，甚至通晓作业原理，才能应对各种具体作业问题。即使自己不能亲自解决技术难题，也应该把握通过何种途径去解决相关问题。

而人际关系技能是各个层次的管理者都应具备的重要技能。因为无论哪个层次的管理者都必须处理好与他人的关系。高层管理者提高这一技能，有助于增加领导魅力；中层管理者协调人际关系是上传下达，避免"两头受气"的有效方法；基层管理者直接工作在群众中，当然更应重视搞好人际关系。

美国《幸福》杂志对美国一些大型企业单位经理人员的定量研究显示：高层管理人员需要最多的是概念技能，中层管理人员更依赖人际关系技能，基层管理人员主要需要技术技能。图1-3表示不同层次管理者对三种管理技能的不同要求。

基层管理	中层管理	高层管理
概	念　技	能
人	际　技	能
技	术　技	能

图1-3　管理层次与管理技能

第三节　管理学基本原理

管理原理是指对具体的管理思想、管理方法、管理经验共性的抽象，是对管理活动中带有普遍性规律的总结。人们在对管理实践和对管理活动的不断探索和研究中逐渐发现了一些规律，这些规律被总结归纳，并经过概括提炼上升为理论，就形成了管理的基本原理，并在管理实践活动中被用来指导管理行为,强化管理工作,提高管理工作的效率和效益。

管理原理有狭义和广义之分:广义的管理原理包括管理的性质、过程、职能、方法等内容;狭义的管理原理是指管理活动的指导思想和基本原则。本节主要从狭义角度阐述管理的基本原理,包括系统原理、人本原理、动态原理、效益原理等主要管理原理。这些原理既相互独立,但又互相联系,构成一个有机整体。

一、系 统 原 理

(一)系统原理的含义

系统原理(principle of system)是由美籍奥地利生物学家路德维希·冯·贝塔朗菲(Ludwig Von Bertalanffy)首先提出并逐渐发展起来的一种管理的基本理论。在这个理论中,系统是指由若干事物间互相依赖、相互作用的各种要素组合而成的、具有特定功能的有机整体。其中,"要素"是指系统内部相互联系、相互作用的各个组成部分,包括信息、人、财、设备、材料、能源、任务等,而"功能"是指系统所能发挥的作用和效能。如人体的循环系统是由心脏、血管等组成,而其功能是促进血液的循环。

(二)系统原理的主要观点

所谓系统原理指人们在从事管理工作时,要从组织整体的系统性出发,按照系统特征的要求从整体上把握系统运行的规律,运用系统的观点、理论和方法对管理活动进行充分的系统分析和系统的优化,并根据组织活动的效果和社会环境的变化,及时调整和控制组织系统的运行,最终实现目标。系统原理有以下几个主要观点。

1. 整体性观点 整体性观点就是指要从系统的整体出发,达到整体效果的最优化。这是系统原理的最基本的观点。系统是由若干要素构成的,但并不是简单地叠加和拼凑而成,而是一个有机的组合,形成一个整体。系统中各要素有其各自的功能,一个系统的功能不是各要素功能的相加,而是这些要素功能的放大,也就是说整体的功能要远大于系统内各要素的功能之和。这种功能上的放大并不仅仅是数量的增加,还包括质量的提高。然而,如果系统中各要素功能不协调,这种放大就会大打折扣,有时还会使整个系统的功能降低。所以为了实现系统功能的放大,必须要考虑系统各要素之间的协调状况。比如,一个团队中,各成员之间缺乏团队意识,互相拆台,就很难形成一个合力,也就不能放大团队的力量。同时,还要考虑系统内部结构的优化,从系统的整体功能出发来调整系统的结构,统筹处理局部与整体的关系,达到整体的最优化。

2. 动态性观点 任何一个系统都不是静止不变的,而是处于不断运动、不断变化的状态。系统的变化会受客观和主观环境的影响。看待一个系统要用历史的、运动的、发展的眼光,正确掌握系统的过去、现在和未来的变化规律,要明确和认真处理好系统的内部和外部状况与环境的动态适应关系。

3. 开放性观点 任何一个系统都不是一个完全封闭的系统,它与外界不断进行着物质、能量和信息的交流。在交流过程中,只有当系统从外部获得的能量大于系统内部散失的能量时,系统才能不断发展壮大。所以,对外开放是系统的生命。在管理工作中任何试图把本系统封闭起来与外部隔绝的做法,只会导致管理工作的失败。因此,管理者不能将系统完全封闭起来,从开放性原理出发,充分估计到外部对本系统的种种影响,努力从开放中扩大本系统从外部吸入的物质、能量和信息,只有这样才能促进系统的发展。

4. 环境适应性观点 任何系统都是存在于特定的环境当中,这些环境包括外部环境和内部环境。国家的政策法令、行业的竞争、消费者的需求都属于环境的范畴。环境与系统之间存在着相互作用。首先,环境对系统具有制约性,这就要求系统要适应环境,采取的行为和措施应当以适应环境的要求为前提。其次,系统对环境具有一定的能动性,也就是改变环境的能力,环境对系统施加作用和影响，系统也可以对环境施加影响和作用。

5. 综合性观点 综合性是指任何系统都是由其内部诸要素按一定方式构成的综合体，系统产生和形成于综合，并由此而使自己具有整体性质和功能。系统的综合性观点就是要求一方面应将系统的各部分、各方面和各种因素联系起来，考察其中的共同性和规律性；另一方面任何复杂的系统又都是可分解的。因此，管理者既要学会把许多普通的东西综合为新的构思、新的产品，创造出新的系统，又要善于把复杂的系统分解为简单的单元加以分析和应对。

二、整分合原理

（一）整分合原理的含义

管理学中的整分合原理（whole-divide-compound principle）是指为实现高效的管理，必须在整体规划条件下进行明确分工，在分工基础上做好有效的综合，这就是整分合原理。

（二）整分合原理的主要观点

1. 整分合原理是系统管理中必须经历的活动过程 根据系统论的观点，任何一个系统都是由诸多相互联系的要素、子系统组成，任何一项管理目标的实现都必须把握系统的总体，在把握系统总体目标的基础上，对目标进行分解，并据此对各子系统进行分工，在分工的基础上进行协作。如载人航天工程是一项复杂的系统工作，如果没有科学的分工和协作，这样一个伟大的工程根本就无法完成。

2. 每项管理职能在执行过程中都有整分合 管理的每项职能的执行必须从总体出发，通过分工、协作来实现该职能的目标。总之，整分合贯穿在每项管理活动的全过程，贯穿在每项管理职能的执行之中。

3. 整分合原理由把握整体、科学分解和组织综合三个环节组成 把握整体是要对系统的全局做到心中有数，即对系统的目标、系统的全局及各子系统的组成、工作运转、本系统在更大系统中的地位、作用都确切掌握，就是要有全局观点。特别是要把握系统的整体目标，因为一切工作都是为实现系统的整体目标服务的，不明确这一点，工作就会出现很大的偏差。科学分解是要运用科学方法将系统的总体目标分解成一个个具体的组成单位，据此进行分工。也就是把系统总目标分解为各个具体的子目标，并将其分别落实到各个子系统，建立明确的责任制，使每项工作规范化。整分合原理的关键是做好科学分解。因为目标分解正确，分工才能合理，系统成员承担的任务才能恰当；目标分解准确，工作规范才能科学，人、财、物的使用才能合理；目标分解恰当，才能建立有效的目标责任制，使员工职责明确，并据此对工作成果做到奖罚分明，奖罚有据。组织综合是整分合原理的重要一环。分工不是管理的终结，分工更不是万能的。分工不当常常会带来各自为政、互不协调、相互脱节。因此，管理实践中要强调做好组织综合，即抓住各个环节间的同步协调，促使各子系统间相互协作，有计划地综合平衡发展。

三、封 闭 原 理

（一）封闭原理的含义

管理的封闭是相对的，所以又称为相对封闭原理，封闭原理（closed principle）是指在任何一个系统内部，管理手段、管理过程必须相对构成一个连续封闭的回路，只有这样才能形成有效的管理运动。这个原理强调组织系统内各种管理机构之间，各种管理制度、方法之间，必须具有相互制约的管理，以便提高管理效果。

（二）封闭原理的主要观点

1. 管理活动本身也是一种各要素、各环节相互影响、相互制约的一个封闭过程 构成管理封闭的组织要素有决策中心、执行机构、监督机构、反馈机构、接受单位。决策中心又称指挥中心,是管理系统的司令部,是管理工作的起点。指挥中心发出指令一方面通向执行机构,同时发向监督机构,监督执行情况。指令执行效果输入反馈机构。反馈机构对原始信息进行处理,比较效果与指令间的差距后,返回指挥中心,根据情况需要发出新的指令。这就形成了管理的封闭回路。管理运动在封闭回路中不断振荡,并循环下去,形成管理的有效运动,从而推动了系统整体功能的有效发挥(图1-4)。

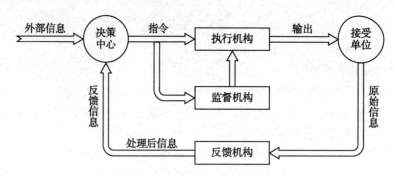

图 1-4　管理机构封闭回路示意图

2. 在这个相对封闭的回路中,监督机构和反馈机构起着相当重要的作用　因为,如果没有监督机构,执行机构准确无误地执行决策中心的指令就得不到保证;没有监督机构,执行结果一旦出现偏差就无法得到及时的纠正。如果管理系统缺少反馈机构,就会出现其职能只能由执行机构代为行使,变成自己执行、自己检查、自己反馈,或者不去检查、不反馈,这样会带来很多的问题,决策中心也会因得不到准确的执行情况而失去调节系统运转方向和速度的机会,甚至会在盲目估计下发出错误的指令,结果导致整个系统的失败。这样即便由决策中心制定的管理制度和方法再合理,也无法发挥其应有的效力,只能贴在墙上,写在纸上,无法落实在管理实践之中。

3. 落实封闭原理需要的条件　一是管理机构健全、分工明确。管理机构健全是实现封闭管理的基本条件,各机构分工明确、各司其职才能在管理过程中实现封闭。二是管理机构工作有效、协调一致。管理过程中实现封闭,不仅要有健全的机构和明确的分工,还要求各部门工作有效并且在整个系统内各子系统密切配合,工作衔接紧密,信息传递畅通。如果监督机构、反馈机构不能够有效地发挥其作用,也就达不到封闭的效果。

四、人 本 原 理

(一)人本原理的含义

所谓人本原理(principle of humanism),就是以人为本的管理原理。它要求人们在管理活动中坚持一切以人为核心,以人的权利为根本,以调动人的积极性、创造性为根本,力求实现人的全面、自由发展。即管理活动中的一切工作都离不开人,人在管理中居于核心地位,尊重人、依靠人、为了人、发展人、做好人是管理工作的根本。所以在管理活动中,处理好人与人之间的关系,调动人的积极性,发挥人的主观能动性和创造性尤为重要。

(二)人本原理的主要观点

1. 人是组织的主体　管理是人的活动,管理的主体是人,管理的客体主要也是人。要做好管理工作,管理者必须要明确人在管理中的作用,通过研究人的需要、动机和行为,激发人的积极性、主动性和创造性,实现管理的高效益。

2. 员工参与是有效管理的关键　组织的成功需要员工的共同努力。员工如果能够参与组织决策,就会使他们具有"主人翁感",产生无限的力量和动力,对组织所制定的计划等决策,一方面能够深深地领会其真正的内涵,减少偏差的出现;另一方面也能主动地、自觉自愿地去做好工作。人本原理强调员工参与,目的是提高管理的成效。

3. 管理是为人服务的　管理是为人服务的,这个人包括组织内的人,也包括组织外的人,如原料的供应商、产品的用户等。正如国内某著名家电集团所强调的:要一只眼盯着企业内部员工,关心员工的生活与事业,使员工满意度最大化;另一只眼睛盯着外部顾客,为顾客创造价值,使顾客满意度最大化。这充分体现了"以人为本"的企业文化与管理理念,也是该企业成功的重要因素。

4. 运用人本原理进行管理时应注意的问题　人本原理要求实现以人为核心的管理。这就要求管理者在管理工作中,重视人、理解人、关心人和爱护人。在运用人本原理时,要注意以下几方面:一是关心员工个人需要。人到组织中来工作是为了满足某些需求的,这种需求是多方面的。按照美国心理学家马斯洛的需求层次理论,人的需求由低到高分成五层。有生理的、物质的、精神上的需求,这些需求当被满足后,就会产生新的需求。只有当员工需求能够被满足,才能产生工作的动力。二是让员工感到受重视。员工有被尊重和被重视的需求,这是激发和维持其工作热情很重要的方面。要让员工得到这方面的满足,要让他们感觉自己是组织、团队不可或缺的一部分,同时也让他们感受到自己是适合这个组织系统的。因此,管理者在日常管理中要体现出对他们的重视,比如让他们参与决策,多听他们的意见等。三是采取积极主动的管理。管理就是对被管理者施加影响,唤起他们对工作的兴趣。有效的管理就是使被管理者自觉把组织的利益和需要变成个人的利益和需要,把组织的信念变成个人的信念。这样,被管理者在工作时,就不会有被强迫的感觉,工作动力产生于自身的需求。

五、能 级 原 理

(一)能级原理的含义

能是物理学中的一个重要概念,是指做功的本领。管理学中的能是指人们从事组织活动和管理活动的能力。级是指不同事物做功的大小的层次级别。任何一个机构、法人和自然人都有能量,并且有大、小之分。能量有大、有小,在客观上就可以分级,分级就是确立一定的秩序,建立一定的规范,确立一定的标准。因此,在管理过程中应该根据不同的能级建立层次分明的组织机构,赋予不同的权力和利益,安排与职位能级要求相适应的人去担负管理任务。这就是管理的能级原理(principle of grading energy)。

(二)能级原理的主要观点

1. 一个组织一般划分为三个能级　一是机构能级。任何一个管理系统都有一个稳定的组织形态。如传统的组织管理体系呈现一个封闭的正三角形,从上至下分别为:经营层、管理层、执行层和操作层。二是岗位能级。岗位能级与岗位的责任、权力和利益应该是一致的。责任、权力和利益是能量的一种外在的体现,只有互相对应才符合能级原理。三是人员能级。由于人员的学识、经历、性格等存在着差异,因而每个人的能级亦有所差别。在岗位能级明确的条件下,必须选拔适宜的人员承担岗位责任,称之为能级对应。一般来说,岗位能级与人员能级有如下对应关系。

(1)指挥人员:指高层领导,应具有高瞻远瞩的战略才能和出众的组织能力,善于识人用人,善于判断、决断,有永不衰退的事业心和进取心。

(2)执行人员:对于指令、计划、任务永远是忠实坚决,埋头苦干、实干、任劳任怨、善于领会领导的意图,坚定地执行领导制定的方案,结合实际创造性地完成职责。

(3)反馈人员:思想活跃、敏锐、知识兴趣广泛,吸取新事物快捷,综合分析能力强,敢于直言,具有追求和坚持真理的思想品格,没有权力欲望。

（4）监督人员：应是公道正派，铁面无私，熟悉业务，联系群众，坚持实事求是，忠于职守，无私无畏，敢作敢为的人。

2. 能级原理在运用中需要关注三点 在管理活动中运用能级原理，重点在于如何盘活人这一宝贵资产。首先需要从组织结构上划分好合理的层次结构，然后科学有效地评估组织成员的能力，再将其进行能级划分，最后通过组织建立完善的人事管理制度去选人用人，使有相应能力的人处于相应的能级岗位上。在实际工作中运用能级原理，应该做到以下三点。

一是能级的确定必须保证管理结构具有最大的稳定性，即正立三角形结构，上面尖，下面宽。它可分为四个层次：最高层次是经营层，其主要任务是确定一个系统的大政方针；第二层是管理层，它是运用各种管理技术来实现经营方针的；第三层是执行层，它是贯彻执行管理指令，直接调动和组织人、财、物等管理内容的；第四层为操作层，是从事操作和完成各项具体任务的。这四个层次的能级有差异，不能混淆。管理组织的正三角形态属于一种稳定的能级结构系统，其组织层次及其比例控制最符合能级原理，能满足管理智力和权力在质上递增、在量上递减的要求。

二是管理能级与权力、利益相对应。权力、责任和利益是能量的一种外在体现，必须与能级相对应。要提高管理系统的效率，必须使系统的各个不同的能级与不同的权力、物质利益和荣誉相对应，使系统中处于不同能级上的管理者都能在其位、谋其政、行其权、尽其责、取其酬、获其荣、惩其误，充分调动大家的积极性，发挥每个人的作用。

三是按层次需要选人用人，使各种人才处于相应的管理能级。在人员选用时，管理层次需与人才在动态中相对应，即管理岗位不同，能级不同，每个人也有不同的才能。现代化管理必须使相应才能的人处于相应能级的岗位，使人尽其才，各尽所能。要通过每个能级的实践、发展、锻炼和检验人们的才能，使之各得其位。人的才能也是不断变化的，通过学习和实践锻炼，才能会不断提高，或者年迈力衰，知识老化，才能有所降低。此时，就需要按才能的变化更换不同能级的岗位，实现能级的动态对应。只有这样才可以发挥最佳的管理效能。

六、动力原理

（一）动力原理的含义

任何运动的起始都需要有足够的推动力，管理也不例外。在管理过程中，必须有强大的动力推动，才能驱动和维持管理的运转。研究驱使被管理者工作的动力，正确地掌握和运用动力，使管理运动持续而有效地进行，这就是管理的动力原理（dynamics principle）。

（二）动力原理的主要观点

管理动力是指在管理活动中可导致人们的活动朝着有助于实现组织整体目标方向做有序、合乎管理要求的、定向活动的一种力量。管理的基本动力有三种，即物质动力、精神动力和信息动力。

1. 物质动力 物质动力是指通过一定的物质手段，推动管理活动向特定方向运动的力量。物质动力是管理的根本动力。物质动力不只是物质刺激，也包括物质处罚。物质是第一性的。物质的存在决定人们的意识，物质需求是人们的最基本的需求，对这种需求满足的追求就使人们产生了工作的动力。当然，物质动力不是万能的，需要正确地应用，避免其副作用。正确办法是克服单纯重视物质动力，注意合理运用物质动力并充分发挥其他两种动力的作用。

2. 精神动力 精神动力是客观存在的，它包括信仰（如理想、信念、爱国主义精神等），精神鼓励（奖状、先进荣誉称号），还包括日常思想教育工作。管理是人的活动，人不仅有物质上的需求，也有精神上的需求，有需求就会产生动力。在一定时期和条件下，精神动力可以起到补偿物质动力的缺陷的作用。在特定的情况下，精神动力可以发挥出物质动力无法比拟的巨大的威力。

3. 信息动力 信息动力是指信息的传递所构成的反馈对组织活动发展的推动作用。信息作为一种动力是现代管理的一大特色，它有超越物质和精神的相对独立性。在信息化社会，信息冲击产生的压力会转变成你追我赶的竞争动力，它对组织活动起着直接的、整体的、全面的促进作用。现代社会，各级组织都是处在不同层次上的信息系统，要求生存和发展，必须认真地、广泛地收集信息，经过分析、加工、处理，作出正确的决策，采取正确的措施，同时，又向外部提供信息。对个人也是如此，一个人掌握的知识越多、越广，越有活力。如科学工作者从信息中找到攻关的方向并激发出力量。所以说，信息的传递与交流是推动事物发展的巨大动力。

七、动　态　原　理

（一）动态原理的含义

动态原理（dynamic principle）是指必须注意现代科学管理的动态特性，遵循在动态中做好管理工作的规律。管理系统是一个动态的系统，且组织的内外部环境也处于不断变化中。不存在固定的管理模式，也不存在普遍适用于任何组织的管理手段与管理方法。动态原理要求管理者要不断更新观念，在处理管理问题时避免僵化的管理思想和方法，不能凭主观臆断行事，而应根据环境条件的变化权宜行事。

（二）动态原理的主要观点

1. 管理环境处于动态变化之中　世界上的一切事物都是不断运动和变化的。对于任何系统的正常运转，不但受系统本身条件的限制和制约，还要受到有关系统的影响和制约。时间、地点不同，人们的努力不同，结果也会不同。系统目标的制定与选择也如此，随着系统内外条件的变化以及事情的发展，人们对问题的认识也在不断地深化，不仅会提出目标的更新与变换问题，对目标的衡量准则也会截然不同。所以，系统的管理工作同其他事物的发展过程一样，静止是相对的，运动是绝对的。

2. 管理对象处于动态变化之中　动态原理要求每个管理者从认识上明确：管理的对象、目标都在发展、变化，不能一成不变地看待它们，用一个不变的老框架去套。管理过程的实质，就是要在把握管理对象在运动、变化的情况下，不断调节，实现整体目标。这就是现代管理复杂、多变的特点。管理者要重视收集信息，重视信息反馈，随时进行调节，保持充分弹性，及时适应客观事物各种可能的变化，有效地实现动态管理。

八、反　馈　原　理

（一）反馈原理的含义

反馈是控制系统把信息输送出去，又把其作用结果返送回来，并对信息的再输出发生影响，以达到预定目标的过程。原因产生结果，结果又构成新的原因、新的结果反馈在原因和结果之间架起了桥梁。这种因果关系的相互作用，不是各有目的，而是为了完成一个共同的功能目的，所以反馈又在因果性和目的性之间建立了紧密的联系。面对着永远不断变化的客观实际，管理是否有效，关键在于是否有灵敏、准确和有力的反馈。这就是现代管理的反馈原理（feedback principle）。

（二）反馈原理的主要观点

1. 依据其对管理系统运动状态的影响，可分为正反馈和负反馈　正反馈是反馈使系统的输入对输出的影响增大，也就是说反馈信息加强了管理系统正在进行的运动，并促使其趋于或者破坏其稳定状态。负反馈是反馈使系统的输入对输出的影响减小，也就是说反馈信息阻止管理系统正在进行的运动，反馈信号使系统的行为偏离目标的程度减小，使系统趋向稳定状态。

2. 有效反馈具备的条件　有效的管理依赖于有效的信息反馈，而有效的信息反馈表现为灵敏、准确和有力。有效反馈应具备下述条件：一是感受器要灵敏。管理机构和管理过程中必须有灵敏的感受器，以便及时发现管理目标与客观实际之间的矛盾和变化的信息，即及时发现偏差。灵敏的信息依赖敏锐的感受器。二是分析系统要高效。只有高效的分析系统才能及时完成经感受器而得来的各种信息的过滤和加工，只有经过高效的分析系统的加工，才能得到"准确"的信息。三是指挥中心要有力。有力的指挥依赖灵敏准确的信息，经过判断转化为有力的行动。

九、弹 性 原 理

（一）弹性原理的含义

管理的弹性原理（elastic principle）是指管理者对组织的内外环境进行全面了解后，在制定目标、计划、策略时，留有余地，以增加组织管理系统的应变能力，适应客观事物各种可能的变化，有效地实现动态管理。

（二）弹性原理的主要观点

增强管理弹性可以从增强组织的弹性，增强计划、目标、战略的弹性和增强管理者随机应变、灵活管理的能力三个方面入手。

1. 增强组织的弹性　组织系统的弹性主要是指组织系统能迅速地对外部环境的变化作出反应，并积极采取行动，从而适应环境的变化，能动地达成组织目标的一种应变能力。组织系统的弹性必须通过富有弹性的管理来实现，它既包括增强组织内各组成部分的局部弹性，也包括增强组织系统的整体弹性。

2. 增强计划、目标、战略的弹性　这就要求在制订计划时，既要充分考虑各种有利条件，又要充分考虑各种不利因素。正所谓计划永远赶不上变化快，一个合理的目标、战略在被制定之初必然考虑了一定的弹性，首先其指标不宜过低也不宜过高，要在敢于争取的同时充分估计困难。并且在实施过程中应该有一定的阶段性和灵活性，根据实际情况的变化进行调整修正：如果压力过大，应该及时调低目标，采取相对保守的策略，防止组织断裂；而在有余力的时候则可以适当加码，扩大战果，防止资源的浪费。

3. 增强管理者随机应变、灵活管理的能力　"兵熊熊一个，将熊熊一窝"，管理者素质的提高对于提高一个团队的管理弹性是举足轻重的一环。管理活动似兵而无常势，似水而无常形；没有万能的金科玉律，在管理活动中谁也不知道什么时候会出现新的问题，新的机会。这时候就要靠管理者的经验和智慧来审时度势、随机应变。

作为组织或者国家，重点在于选择能力优秀，适合领导该部门或者该项目的管理者。而作为管理者本身，则重点在于提高自己的应变能力：首先应该不断提高自身专业科技知识水平，懂专业的人才能带大家搞好专业；其次在管理实践中，要理论和实践相结合，有意识地锻炼自己的灵活开放思维、提高处理管理问题的应变力，从而提高自己及所管理部门的管理的弹性水平。

十、效 益 原 理

（一）效益原理的含义

效益是某种活动所要产生的有益效果及其所达到的程度，是效果和利益的总称。它可分为经济效益和社会效益两类，其中经济效益是人们在社会经济活动中所取得的收益性成果；社会效益则是在经济效益之外的对社会生活有益的效果。效益原理（principle of benefit）是指组织的各项管理活动都要以实现有效性、追求高效益作为目标。它表明现代社会中任何一种有目的的活动，都存在着效益问题，它是组织活动的一个综合体现。

影响组织效益的因素是多方面的，如科学技术水平、管理水平、资源消耗等。从管理的这一具体因素来看，管理的目标就是追求高效益。有效地发挥管理功能，能够使资源得到充分的利用，带来更多效益。反之，落后的管理就会造成资源的损失和浪费，降低组织活动的效率，影响组织的效益。向管理要效益，从管理出效率，已成为人们的共识。

效果、效率与效益是三个既有联系又有区别的概念。效益、效率与目标的关系可用下面的公式来表示。

$$效益 = 正确的目标 × 效率$$

由此公式可以看出，提高现代管理效益不仅要有高的工作效率，而且必须有正确的工作目标。可见，效益体现了效果与效率的统一。

（二）效益原理的主要观点

1.提高管理工作的有效性　管理学家彼得·德鲁克认为：作为管理者，不论职位高低，都必须力求有效。管理的有效性是指管理效率、效果和效益的统一。提高管理工作的有效性，关键是建立基于结果的运行机制。

2.确立可持续发展的效益观　自然资源的短缺与自然环境的恶化已成为整个人类社会生存和发展的重大威胁，因此，组织管理者在提高效益的过程中，必须确立可持续发展的效益观。将可持续发展与效益原理结合起来，在讲究经济效益的同时，保持与生态环境和社会环境的协调发展，即：既要注重技术的先进性、经济上的合理性，又要注重对社会的效用性与天人合一的和谐性。社会必须通过经济、法律、行政和教育等方法为企业创造出一种具有一定强制性和约束力的激励环境，使各组织能够正确处理好经济效益和社会效益、局部效益和全局效益、短期效益和长远效益、间接效益和直接效益等方面的关系，把过程与结果、动机与效果有机地结合起来。

3.处理好局部效益和全局效益的关系　全局效益是一个比局部效益更为重要的问题。如果全局效益很差，局部效益的提高就难以持久。不过，局部效益是全局效益的基础，没有局部效益的提高，全局效益也是难以提高的。局部效益和全局效益是统一的，有时又是矛盾的。因此，当局部效益与全局效益发生冲突时，管理必须把全局效益放在首位，做到局部效益服从整体。

4.追求组织长期稳定的高效益　追求组织长期稳定的高效益，不仅要求管理者要"正确地做事"，更要"做正确的事"。这是因为效益与组织的目标方向紧密相连，如果目标方向正确，工作效率越高，获得的效益越大；如果目标方向完全错误，工作效益越高，效益反而会出现负值。因此，管理者在管理工作中，首要的问题是确定正确的目标方向，做好组织的战略管理，并在此前提下讲究工作的高效率。追求组织长期稳定的高效益，还要求组织管理者必须具有创新精神，通过创新来保证组织有长期稳定的高效益。

第四节　管理方法与管理学研究方法

管理学是一门综合性、智能性、实践性和工具性极强的科学学科。由于它的时空跨度大，涉及的因素众多而且关系复杂，单靠人们的主观因素实在难以驾驭，必须讲究其研究方法。现代管理方法同人类的知识一样，来源于人类的实践活动，随着人类社会实践的发展和科学技术的进步不断发展与完善。尤其是在大科学时代，许多传统方法均开始升级，上升到定理化、理论化和方法论的高度。因此，人们在探讨现代管理学的内在规律时，必须借助各种方法，才能获得比较理想的效果。

一、管理的基本方法

管理的基本方法是指运用管理原理，能够实现管理职能，达到管理目标，确保管理活动顺利进行的手段、途径和措施的总和。管理方法是在管理过程中为实现管理目标,管理者积极履行管理职能,并采取一定的方式、手段和途径来提高管理功效从而实现管理目标的总和,管理方法是管理理论、原理的自然延伸和具体化、实际化。对于管理学来说,不仅要解决认识论的问题,还要解决方法论的问题,管理原理必须通过管理方法才能在管理实践中发挥作用。所以,管理方法是管理原理指导管理活动的必要中介和桥梁,是实现目标的手段。

管理的方法有很多,按照不同标准可以分出许多类别。目前较为常用的分类方法是按照管理方法的内容和对管理对象施加影响的性质、方式进行分类。根据这一分类,可以将管理方法分为经济方法、行政方法、法律方法、教育方法和技术方法。

(一)经济方法

1. 经济方法的内容与实质 经济方法就是遵循经济学的规律,把行为人或组织看作单个的经济主体,运用价格、税收、信贷、工资、利润、奖金、罚款以及经济合同等经济手段调节不同经济主体之间的关系,刺激主体之间的组织行为,以谋取较高的经济效益与社会效益的管理学方法。

经济方法的实质是为促进社会经济发展、提高生产力,以物质利益为中心,运用各种经济手段正确地处理国家、集体与劳动者个人三者间的经济关系,协调三者间的经济冲突,平衡三者间的经济利益,最大限度地调动各经济主体的积极性、主动性、创造性和责任感,履行相应的经济职责与义务,以达到管理者预期目标的途径、方法。

2. 经济方法的作用

(1)有利于国家对经济活动进行宏观调控:经济方法可以有效地调节经济活动和各方面的经济利益关系,从而有利于国家对经济活动进行宏观调控。

(2)有利于组织和管理者更好更快发展:有效地运用经济方法进行管理,可以促使经济主体遵循客观经济规律,履行经济职能、维护经济环境的稳定性,提高生产力,从而为社会创造更多的价值。同时还有助于提高管理者的管理水平,完善管理技能,丰富管理思想,从而提高组织的市场经济地位和管理者个人管理技能。

(3)有利于调动广大职工的工作积极性和创造性:经济方法把管理对象的工作付出与绩效成果,物质利益与其劳动所得进行紧密结合,按照奖惩分明的原则开展绩效考核,可以有效激励职工的工作积极性和创造性,调动职工的工作热情,提高生产力,创造更多的社会效益。

3. 经济方法的应用 经济方法与其他方法一样,需要正确运用才能充分发挥其价值。

(1)在应用经济方法时不仅要本着公正公开、奖惩分明的原则,更要注意将经济方法和法律方法、教育方法等方法有机结合起来。单纯运用经济方法,容易导致一切向钱看的不良倾向,容易助长本位主义、个人主义思想。为避免出现类似现象,在满足人们物质需求的基础上合理地应用经济方法时,更要不断地加强人们精神和社会方面的需要。物质文明,精神文明两手抓,实现社会的协调发展,实现职工物质生活水平和精神生活水平的稳步提高。

(2)要注意经济方法的综合、恰当运用。既要发挥各种经济杠杆各自的作用,更要重视整体上的协调配合。如果忽视综合运用,孤立地运用单一杠杆,往往不能取得预期效果;且在实践中,要按照已计划好的经济办法,予以正确实施。

(3)遵循客观经济规律。管理的经济方法是通过使用各种经济手段把组织目标与个人目标协调起来,使个体在追求个人利益的同时为组织作出贡献,至少不损坏组织的利益。

(二)行政方法

1. 行政方法的内容和实质 行政方法是指依靠行政组织的权威,使用命令、规定、指示、条例等行政手段,按行政系统和层次,以权威和服从为前提,直接指挥和影响下属工作的管理方法。

行政方法的实质是通过行政组织中的职务和职位来进行管理,它特别强调职责、职权、职位,而并非个人的能力或特权。任何单位、部门总要建立起若干行政机构来进行管理。它们都有着严格的职责和权限范围,上级指挥下级、下级服从上级的指挥都是由管理的权限决定的。

2.行政方法的作用

（1）行政方法使管理系统集中统一。行政方法的运用有利于组织内部统一目标，统一意志，统一行动，能够迅速有力地贯彻上级的方针和政策，对全局活动实行有效的控制。尤其是在需要高度集中和适当保密的领域，更具有独特作用。

（2）行政方法是实施其他管理方法的必要手段。在管理活动中，经济方法、法律方法、教育方法、数理方法，多需要以行政系统为中介，才能得以贯彻实施。

（3）行政方法可以强化管理作用。行政方法可以强化管理，便于发挥管理职能，使全局、各部门和各单位密切配合，前后衔接，并不断调整它们之间的进度和相互关系。

（4）行政方法便于处理特殊问题。行政方法时效性强，它能及时地针对具体问题发出命令和指示，可以快刀斩乱麻，较好地处理特殊问题和管理活动中出现的新情况。

3.行政方法的应用　行政方法是实现管理功能的一个重要手段，但只有正确运用，不断克服其局限性，才能发挥它应有的作用。

（1）行政方法的管理效果受领导者水平所制。行政管理更多地依赖人治，其效果基本上取决于领导者的领导艺术和心理素质，以及执行者的理解能力和执行能力。

（2）管理者必须充分认识行政方法的本质是服务。服务是行政的根本目的，这是由管理的实质、生产的社会化以及市场经济的基本特征决定的。

（3）重视信息的重要作用。科学的行政管理以领导者及时准确全面地掌握有关信息为基础，这是保证正确决策，避免指挥失误的基本要求。同时，上级要把行政命令、规定或指示迅速而准确地下达，要把各种信息发送给下级，供下级决策时使用。

（4）重视和其他方法的综合运用。把行政方法和管理的其他方法，特别是经济方法有机地结合，相互配套、取长补短，综合运用，才能最大限度地发挥行政方法自身的优越性，使得团体（单位、部门）的管理水平与效率日益提高。

（5）尊重客观规律、实事求是。在行政方法的使用上，一定要遵循客观规律，科学地、实事求是地加以运用，切忌头脑发热，感情用事，凭个人主观愿望盲目使用。

（三）法律方法

1.法律方法的内容与实质　法律方法是指国家为保证和促进社会经济发展，保护公民的根本利益，通过各种法律、法令、条例和司法、仲裁工作，调整社会经济的总体活动和各级各类组织在微观活动中所发生的各种关系的管理方法；其实质是维护全体人民的根本利益，实现人民的意志，代表人民对社会经济、政治、文化活动实行强制性的、统一的管理。法律方法具有严肃性、规范性和强制性三大特点。

法律方法的内容主要包含立法和司法仲裁两个相辅相成的环节，首先国家需要建立健全各种法规，做到"有法可依"，之后司法仲裁工作就要做到"有法必依、执法必严、违法必究"，通过司法制裁强制执行法规。

2.法律方法的作用　管理的法律方法的作用，主要体现在下述几个方面。首先，法律的运用，有利于让人们在管理活动中有章可循，使行之有效、符合客观规律的管理制度和方法以法律的形式固定下来；其次，无规矩不成方圆，有了法律方法的运用，管理系统内外的各种社会经济管理才能够被公正合理并有效地规范、调整，为管理活动提供良好的外部环境；第三，各管理因素之间的关系，只有在法律的调解下，才能根据自身的特点和任务，明晰各自应尽的义务和应起的作用。

3.法律方法的应用　任何事物都具有两面性。法律方法如果运用得当，对社会经济的发展将起到极好的保障作用，如果运用不当，如法律过于宽松或者执法不严会有很多企业和个人钻空子，而如果过于严格或者管理僵化，缺少弹性，则会限制企业和个人的主观能动性和创造性。

任何组织都是多方面的、复杂的。企业作为法人，一方面受到法律的保护，一方面也具有守法经营的义务。这就要求我们在管理活动中，要有机结合各种法律法规，比如在企业管理中，首先要掌握运用好与企业经营活动直接相关的企业法、合同法等法律，但同时还需要注意运用民法，而企业自身所处行业的不同还决定了不同的企业要掌握的法律也不同。国家要坚持依法治国，企业也应该合法经营。

天下没有万能的良药，法律方法也不例外，在管理活动中，很多经济关系、社会关系是在法律的作用范围之外的，需要其他的方法来进行管理，要达到最有效的管理目标，必须将法律方法和其他方法有机结合，才能取得良好的效果。

（四）教育方法

1. 教育方法的内容　教育方法是在对被管理者的思想和行为进行了解和分析的基础上进行说服教育，启发觉悟，从而使其自觉地按照管理者的意志行动的管理方法。教育是实施各种管理措施的先导。通过教育不断提高人们的道德思想素质、文化知识素质、专业水平素质，这是管理工作的重要任务。一个组织要使其成员成熟和成长，也要重视教育。实践证明，命令、政策、法律、制度与各种经济手段运用得好坏，与对群众的宣传教育是否得力密切相关。

2. 教育方法的应用　教育方法是管理的最好方法，因为教育能使人的思想品德、思维方法、知识水平、知识结构、文明程度、劳动态度发生根本性的变化。但如果应用方式不当，不仅起不到应有效果，甚至产生抗拒和反作用。常用的教育方式有以下四种。

（1）专业式教育：所有强制性教育和专业性教育都应尽可能外包给专业机构，请有资格的权威人士来进行。

（2）情景式教育：可结合实际的现场情景或模拟现场情景进行教育，也能起到较好的效果。

（3）启发式教育：采用晓之以理、动之以情的启发式教育，让职工听过讲话后会自己受到感染、受到启发、受到鼓舞、受到教育。

（4）互动式教育：采取平等的、开放的、讨论的、互动的方式对管理中存在的问题进行沟通。

（五）技术方法

技术方法是指组织中各个层次的管理者根据管理活动的需要，自觉运用自己或他人掌握的各类技术，以提高管理的效率的管理方法。技术方法包括信息技术、决策技术、计划技术、组织技术、控制技术。管理的技术方法的实质是把技术融进管理中，利用技术来辅助管理。

1. 技术方法的作用　技术方法的运用，对于组织的有效运行有着十分重要的作用。

（1）信息技术的采用可以提高信息获取的速度与信息的质量。信息时代一个显著特征就是信息技术在组织活动中的广泛应用，尤其是管理信息在组织中地位日趋显著。

（2）决策技术的采用可以提高决策的速度与质量。由于决策是管理的本质工作，决策速度与质量的提高对组织的重要性不言而喻。

（3）计划、组织和控制技术的采用可以提高有关职能的执行效率，促进管理过程的良性循环。

（4）技术在组织中的运用和被重视为技术创新创造了良好的氛围和条件，而只有那些一直致力于技术创新的组织才有可能长盛不衰。

2. 技术方法的应用　管理者要想正确运用技术方法，必须注意以下几点。

（1）技术并不是万能的，并不能解决一切问题。某些技术在某些场合可能很适用，但在其他场合却不适用。如对单只股票价格的预测，技术有时就没有经验判断和直觉来得准确。这就是说，技术是有一定局限性的，它是有一定适用范围的。管理者既不能否定技术的重要性也不能盲目迷信技术。

（2）既然技术不是万能的，管理者在解决管理问题时，就不能仅仅依靠技术方法。相反，应该把各种管理方法结合起来使用"多管齐下"，争取收到较好的效果。

（3）管理者使用技术方法是有一定的前提的。即他本人必须或多或少掌握一些技术，知道技术的价值所在和局限所在，并在可能的情况下，让组织内外的技术专家参与进来，发挥他人的专长，来弥补自身某些方面的不足。

二、管理学的基本研究方法

虽然管理学的具体研究方法多种多样，但和其他社会学科一样，管理学基本的研究方法主要有以下几种。

（一）归纳法

归纳法是由特殊到一般的推理方法，由实践到理论的过程。它是通过对客观存在的一系列典型事物进行观察分析，把握事物之间的因果关系，找到事物变化的内在规律。在管理学研究中，归纳法是应用最广的研究方法。在运用归纳法进行管理问题的研究时，应当注意以下几点。

1. 要弄清与研究事物相关的因素，包括各种外部环境和内部条件，以及系统的或偶然的混杂因素，并通过设立对照等方法，尽可能排除各种干扰因素。

2. 选择代表性强的样本，并且对样本进行合理分类，分类标志应能反映事物的本质特征。

3. 按照研究所要求的精度和所容许的误差，合理抽样，尤其注意保证足够的样本含量。否则，归纳出的结论就难以反映出事物的本质。

4. 调查提纲或问卷的设计要涵盖所需要的信息，并力求包括较多的信息数量；对调查资料的分析整理，应采取历史唯物主义和辩证唯物主义的方法，客观公正地去寻找事物之间的因果关系。

（二）演绎法

与归纳法相反，演绎法是一种由一般到特殊的系统推理方法，是从一般性原理出发，得出对某思维对象的个别性结论的思维方法。在管理学研究中，演绎法从现有的理论入手，运用演绎推理得出假设，然后到现实中去观察、收集资料，以检验（证实或否定）该假设。由此可以看出，演绎法是由一般引申出个别，用理论原则指导我们获取对具体事物认识的一种极为重要的思维方法。演绎法的主要特点有以下几项。

1. 作为演绎法前提的一般性知识和结论的个别性知识之间要具有必然的联系，结论蕴含在前提中，没超出前提知识范围。

2. 演绎法是由一般到特殊的、由理论到实践的推理方法，即演绎的前提是一般性知识、是抽象性的，但它的结论却是个别性知识、是具体的。

3. 演绎法的结论是否正确，既取决于作为出发点的一般性事理是否正确反映客观事物的本质，又取决于前提和结论之间是否正确地反映事物之间的联系。

（三）比较研究方法

有比较才有鉴别，比较研究作为一种研究方法已广泛应用于各种管理要素的研究之中。当代世界各国都十分重视管理和对管理的研究，各自形成了带有特色的管理科学。借鉴、应用他国的管理理论与方法，不能简单地照搬。我们必须通过比较分析国外的管理实践与管理理论，分辨出一般性的和特殊性的管理规律，才能做到兼收并蓄，丰富我国管理学的内容。

比较管理学是建立在比较分析的基础上对管理现象进行研究的一个管理学分支，其研究范围往往是跨国度的，它主要分析不同体制、不同国家之间管理的差异以及管理的影响因素，探索管理发展的模式和普遍适用于先进国家和发展中国家的管理规律。

（四）试验研究方法

试验研究的方法是指在设定的环境条件下，有目的地观察研究对象的行为特性，并有计划地变动实验条件，反复考察管理对象的行为特征，从而揭示管理的规律、原则和艺术的方法。著名的"霍桑实验"就是运用试验研究方法研究管理学的典范之一。在管理活动中，试验方法已成为摸索经验、进行决策的强有力的工具。除了传统的对比试验外，可行性试验和模拟试验得到越来越普遍的应用。

1. 可行性试验 又称可行性论证。在管理实践中，拟订出政策方案后，常常要先做小规模的试验以验证方案的可行性，或者根据出现的问题适当修改方案。可行性试验有时也用在最终决策方案拟订之前，以此比较众多可行方案之间的优劣，选择出最佳决策方案。

2. 模拟试验 又称为模拟验证，即依据已取得的关于管理对象的事实材料，运用已知的客观规律，建立起一个与管理对象的某些方面相似的模拟模型，然后对模拟模型进行试验，再把试验结果类推到实际管理对象上去的管理方法。其特点是利用管理对象的替代物（模拟模型）进行试验，人们可通过对模拟模型进行多次的、多方面的试验来得到许多有关实际管理对象的有用信息。

（五）定性定量结合的方法

任何事物（包括管理现象）不仅有其质的规定性，还有其量的规定性。定性分析和定量分析是相互结合，互为补充的。现代管理离不开数量分析的方法。以卫生事业管理来说，定性分析对于明确卫生事业的理论基础等具有重要的意义；而定量分析对于研究管理理论的具体运用，寻求卫生事业的运行规律，探索卫生管理的发展方向，研究卫生发展的可行性等具有重要的作用。所以不能只重视定性分析，而忽视定量分析，更不能以定性分析代替定量分析。

管理活动是一种复杂的人类活动，上述各种研究方法，必须综合应用，才能真正概括和总结出管理的规律性。

本章小结

管理是人类各种活动中最普遍和最重要的一种活动，是在特定环境下，通过计划、组织、领导、控制等行为活动，对组织拥有的资源进行有效整合，以达到组织目标的过程。人们把研究管理活动规律所形成的管理基本理论与方法，统称为管理学。作为一种知识体系，管理学是管理思想、管理原则、管理技能和管理方法的综合体。管理职能是对管理职责与功能的简要概括，计划、组织、领导和控制是管理的四大职能，各个职能之间互相联系和渗透，并且随着人们的认识和应用而发展。管理者是管理活动的主体，管理学的全部理论都是为广大管理者更好地进行管理服务的。根据在组织中所处的层次，管理者可以分为高层管理者、中层管理者和基层管理者三类，并且对三类管理者有着重点不同的技能要求。鉴于资源的有限性和组织所处环境的变动性，管理的基本问题是如何在变动的环境中激发人的潜力，将组织有限的资源进行有效配置，从而达成组织既定目标。此外，本章还从狭义角度阐述管理的基本原理，尤其是系统原理、人本原理、动态原理、效益原理；管理的法律方法、行政方法、经济方法、教育方法、技术方法等基本方法；管理学的归纳法、演绎法、比较分析方法、试验研究方法、定性定量结合的方法等研究方法。

（孔凡磊　吕　军）

思考题

1. 简述何谓管理，如何理解管理的具体含义？
2. 简述管理的基本特性及管理的基本方法。
3. 组织中的管理通常包括哪些职能活动？每种职能活动是如何表现其存在的？它们之间的相互关系又是如何？
4. 运用系统原理进行管理时应注意什么问题？
5. 你认为管理学重要吗？你认为管理学很简单吗？你认为管理学是科学吗？请比较一下上课前后的感受并跟同学们分享。

第二章　管理思想的发展

在几千年人类文明的发展历程中，管理思想不断孕育、闪现，但直到100多年前才开始步入成熟，逐渐定型。学习和了解管理思想发展的基本脉络，尤其是各不同阶段管理理论产生的背景与现实需求，将有助于我们深入理解后续各章节对管理职能以及管理理论内涵的阐述。本章首先引入中国与西方古代主要的管理思想及著名的管理实践；然后重点分析管理理论形成最为重要的两个时期：古典管理理论阶段与行为科学理论阶段各自的代表性人物和主要管理思想的衍生过程；最后着重介绍现代管理理论阶段的代表性学派及其主要观点。学习本章节内容需特别注意，并不是所有的管理理论都是完美的，理论有其适用的场景，也有其局限性，应辩证看待、灵活应用。

第一节　管理实践及管理思想

人类社会产生后，人们的社会实践活动表现为集体协作劳动的形式，而有集体协作劳动的地方就有管理活动。在漫长而重复的管理活动中，逐步形成了管理思想。而随着社会生产力的发展，人们把各种管理思想加以归纳和总结，就形成了管理理论。人们反过来又运用管理理论去指导管理实践，以取得预期的效果，并且在管理实践中修正和完善管理理论（图2-1）。

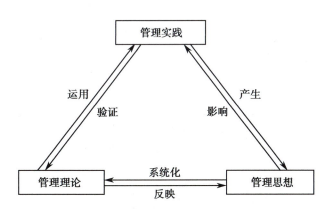

图 2-1　管理实践、管理思想、管理理论三者关系示意图

一、中国古代的管理思想

中国是世界上历史最悠久的文明古国之一，古代中国的管理思想时至今日依然为世人所看重，并对当今的管理理论与方法产生了重要影响。

1. 社会管理思想　社会管理思想主要体现在《论语》和《老子》（又称《道德经》）等书籍中。

（1）孔子的管理思想：孔子，名丘，字仲尼，春秋末期著名的思想家、政治家、教育家，儒家学派创始人。《论语》是孔子生前言论的汇编，集中反映了孔子的思想。孔子的管理思想大部分是与治理国家或社会的主张紧密联系在一起的,围绕"人"这个中心来展开。孔子心目中的管理最高境界是"仁",他认为"仁"符合"君君,臣臣,父父,子子"的伦理规范,符合社会尊卑贵贱秩序。这包含在管理国家、稳定统治秩序及统治者的地位的管理活动中,人们要有各自的地位和层次、责任和任务。孔子倡导"为政以德,譬如北辰,居其所而众星共之",是说管理者统治组织如果以德治为法,他就会像北极星一样位于组织的中心,组织成员都自觉地围绕他而行动,这样的管理才算是处于最佳状态。孔子对人才的管理思想是"志于道,据于德,依于仁,游于艺"。志于道就是信仰坚定,坚持不懈地追求自己的理想与组织的目标;据于德就是道德修养高尚,行事符合社会伦理规范,符合组织与社会的利益;依于仁就是要爱人,处理好与他人的关系;游于艺就是精通专业技术。这几个方面涵盖了品格、道德、技术、能力等,是一个全面的理想的人才评估标准。

(2)老子的管理思想:老子,姓李名耳,字聃,被尊为道家始祖。《老子》是道家学派最著名的经典文献,对中国传统文化的影响非常深远。《老子》哲学的最高范畴是道。道本义指道路,后来引申为法则、规律的意思。关于道的性质,《老子》讲:"道法自然""道常无为而无不为"。"无为"是《老子》的宇宙法则。自然界无为,道法无为,人循道便也要无为。于是,"无为"成为道家管理思想的最高准则。作为老聃管理思想最高原则的"无为"具有下述几个特点。

1)"无为"是一个普遍运用于任何管理过程的原则,不论是政治管理、经济管理、军事管理或社会文化管理,概莫能外。

2)"无为"作为一个宏观的管理原则,意味着国家对私人生活采取不干预、少干预的态度,也即采取放任的态度。

3)"无为"绝不是要人们什么都不干,而是指人的行动及其指导思想必须顺其自然,必须符合自然的要求,而不是主观随意地蛮干、胡为。

4)"无为"不是教人们什么事都不干,而是对做事要求非常认真、审慎和严格。

5)"无为"对管理者而言,还包含管理方法的要求。"无为"要求管理者要善于抓大事,把具体的工作分配给具体的机构和人员去做,无须事必躬亲。这样,分工协作,权责分明,各展其长,各尽其力,管理者看似比较清闲,却能把各方面工作做得井井有条,取得最佳效果。这也正是"无为而无不为"。

6)"无为"还包含政策要有稳定性,不可朝令夕改的意思。《老子》里有句话:"治大国若烹小鲜。"意思是说,治理大国要像烹煎小鱼一样,少搅动。治理国家若政策没有稳定性,就会造成严重的混乱和烦扰。

2. 战略管理思想　中国的战略管理思想可在《孙子兵法》中窥见一斑。《孙子兵法》是中国也是世界上最古老的军事理论著作。作者孙武,字长卿,也称孙武子,春秋末期齐国人,因著《孙子兵法》而被称为"兵圣"。

《孙子兵法》是一部包含着丰富的战略性决策与管理思想的巨著。"未战先算""知己知彼""先知敌情,制胜如神"等论断就是战略决策思想的具体表现。"经五事""校七计"则是管理活动应遵循的基本原则。而"先胜后战,量敌论将"探讨的是组织与用人方面的问题。在管理方式方面,则提出"仁""严"结合,以及"择人而任势""因形而错胜"的权变方法。在领导素质的重大问题上也提出"智、信、仁、勇、严"是一个领导者应具备的气质和才能;"知诸侯之谋"是一个领导者应具有的政治头脑;"知三军之事"是一个领导者应具有的业务素质;"料敌制胜""通于九变"是一个领导者应具有的指挥才能;"进不求名,退不避罪"则是领导者应具有的高尚品德。此外,通过"治心"来管理下级、通过"五问"获取信心等均是管理思想的具体表现。可见《孙子兵法》蕴藏着极为丰富的战略管理思想。

3. 人才管理思想　"用人"在历代的统治者中受到不同程度的重视。春秋战国时期就出现了"养士"现象。当时有名的平原君、信陵君等都拥有大量的门客,聚集天下智谋之士,为自己的统治服务。管仲说过:"士农工商四民者,国之石民也。"曹操的《度关山》一诗中说:"天地间,人为贵，立君牧民，为之轨则。"唐太宗对人才选拔的原则是"选贤之义，无私为本"。这些均体现出中国古代"知人善任，尊贤重士"的人才管理思想。

4. 系统管理思想　早在《孟子》一书中，就记载着有关朴素的整体化思想的内容。在"万里长城"和"丁渭修皇城"的实例中，也都体现了古代系统管理的思想。

二、西方古代的管理思想

西方文明起源于古希腊、古罗马、古埃及和古巴比伦等文明古国，它与以中国为代表的东方文明相互影响和补充，是人类文明的重要组成部分。西方古代的管理思想为早期管理理论的形成奠定了重要基础。在奴隶制时代，管理思想与实践主要体现在指挥军队作战、治国施政和管理教会等活动中。直到18世纪中期英国产业革命开始，管理思想不仅在技术上，而且在社会关系上也引起了巨大的变革，标志着一个新时代的到来。

1. 社会管理与国家管理的思想　公元前200年左右，古巴比伦在国王汉谟拉比的统治下建立起了强大的中央集权。为了治理国家，从中央到地方设立了一系列法庭，设有官吏管辖行政税收和水利灌溉。国王总揽国家的司法、行政和军事权力。在汉谟拉比统治时期，其颁布的著名的《汉谟拉比法典》可称为最早有文字记载的有关社会管理思想的著作，它以法律的形式来调节全社会的商业交往、个人行为、人际关系、工薪、惩罚及其他社会问题。

在古埃及，值得称道的管理实例是金字塔式的管理机构。在法老之下设置了各级官吏，最高为宰相，辅助法老处理全国政务，总管王室农庄、司法、国家档案，监督公共工程的兴建。宰相之下设有一大批大臣，分别管理财政、水利建设以及各地方事务。上自宰相，下至书吏、监工，各有专职，形成了以法老为最高统治者的金字塔式的管理机构。

古代文献《出埃及记》第18章记载希伯来人领袖摩西的岳父耶特鲁曾批评摩西处理事务事必躬亲的做法。他提出了三点建议：第一是制定法令，昭告民众；第二是建立等级，委任管理人；第三是责成管理人员分级管理，只有最重要的政务才提交摩西处理。这一切已经基本上具有了管理组织与程序思想的雏形。

古罗马在征服希腊后，经过连年征战和吞并，逐渐成为一个庞大的帝国，管理这样一个庞大的帝国，需要高超的管理方法与技能。罗马共和时期，在管理体制上，已出现了行政、立法和司法的分离。古罗马人最有效的管理实例，是当时统治者戴克里先（公元284年）对罗马帝国的重组。他上台后看到帝国组织庞大，事务繁杂，人浮于事，为此他重新设计了帝国的组织机构，把军队和政府分为不同的权力层次，对每一层次规定了严明的纪律，以保证组织职能的发挥。他把帝国分为100个"郡"，归为13个"省"，进一步把"省"组成4个"道"，从而建立起了专制的组织结构。

2. 组织与分工管理的思想　希腊历史学家希罗多德在他的著作中对古埃及人的组织与分工思想进行了描述：在建造金字塔的工作中，埃及国王"强迫所有的埃及人为他做工，指定一些人在阿拉伯山中的采石场把石头运到尼罗河岸，另一些人则运石头到利亚山，劳动力每10万人被分为一大群，每大群要工作3个月"。

罗马帝国的行政组织机构和罗马天主教会的宗教事务组织结构的建立，也充分反映了他们在组织管理方面的思想和原则。

公元8—9世纪，西欧大部分地区的统治者法兰克王国加洛林王朝国王查理大帝在组织管理思想上也有许多贡献。他首先改造了帝国的行政机构，重新设立了新的机构和官员，并且这一体制相继被西欧各封建国家沿袭和发展。特别重要的是他为司法管理制度的改革所确定的陪审作证制度，不仅成为中世纪普通法发展的开端，也使"法治"管理思想在组织上有所保证。

以上述及的只是西方古代众多管理实践与管理思想的代表，实际上从西方古代管理思想的产生到 19 世纪末 20 世纪初的泰勒科学管理理论的形成,其中还经历了近代管理思想发展阶段,其间产生的思想为管理理论的形成奠定了坚实的理论基础。这一时期有影响力的代表性人物包括:亚当·斯密、查尔斯·巴比奇、罗伯特·欧文等。

19 世纪末 20 世纪初,资本主义的自由竞争开始向垄断阶段过渡。随着企业规模不断扩大,生产技术更加复杂,市场迅速扩张,西方经济发展面临如何提高劳动生产率和管理水平以促进生产的问题,这迫切要求管理者用"科学管理"代替"传统的经验管理",从而促进了古典管理理论的形成与发展。

第二节　古典管理理论阶段

19 世纪后半叶,工业革命发展到一个全新的阶段。美国南北战争以后,其资本主义经济得到较快发展,但由于企业管理落后,其经济获得的发展和劳动生产率得到提高的程度,远远低于当时的科学技术成就和国内外经济条件所给予的可能性。在当时,传统管理还没有摆脱小生产经营方式的影响,仍然靠个人经验进行管理;工人则凭经验进行操作,没有统一的操作规程。工人和管理人员的培养,也只是靠师傅传授自己的经验,没有统一的标准和要求。此时,传统管理已不适应生产发展的需要,客观上要求向科学管理转变。美国的一位工程师为此作出了巨大贡献,他就是弗雷德里克·温斯洛·泰勒。

一、科学管理理论

弗雷德里克·温斯洛·泰勒(Frederick Winslow Taylor,1856—1915)出生于宾夕法尼亚州,父亲是一位知名律师,非常富有。泰勒受过良好的早期教育,父母都希望他子承父业。泰勒不负所望,于 1874 年考入哈佛大学法律系。但由于长期的刻苦学习而导致的眼疾,他不得已而辍学。1875 年,他进入费城恩特普里斯水压工厂当模具工和机工学徒。1878 年,转入费城米德维尔钢铁公司(Midvale Steel Works)工作。泰勒从机械工人做起,历任车间管理员、小组长、工长、总技师,最后成为总工程师——前后只用了 6 年时间。1890 年,泰勒离开米德维尔,到费城一家造纸业投资公司任总经理。

由于长期的工作实践,泰勒对车间的生产活动和工人的劳动状况非常熟悉,由此进行了大量技术工作的发明以及对管理活动的研究。在工作中,泰勒对当时米德维尔钢铁公司的管理方法产生了不满,认为该公司权责不明,标准不清,工人积极性低,士气消沉,磨洋工现象普遍存在。对此,他提出了一系列方案进行改革,并取得了很好的效果。1911 年,泰勒出版了《科学管理原理》一书,提出通过科学研究来提高生产效率的基本理论和方法,由此泰勒被尊称为"科学管理之父"。

(一)《科学管理原理》的主要内容

1. 通过动作研究和时间研究对工人工作过程的每一个环节进行科学的观察与分析,制定标准的操作方法,用以规范工人的活动和日工作量。

2. 细致地挑选工人,并对他们进行专门的培训,使他们能按照标准工作方法进行操作,提高劳动生产率。

3. 实行"差别工资制",根据工人完成工作定额的情况来计算和发放工资,通过金钱激励,促使工人最大限度地提高生产效率。在生产率提高幅度超过工资增加幅度的情况下,雇主也从"做大的蛋糕"中得到了更多的效益。

4. 明确管理者和工人各自的工作和责任,实现管理与操作的分工,实行职能制组织设计,并贯彻例外管理原则。具体内容是：第一，把计划职能从作业职能中分离出来，由专门的部门来承担。第二，将管理工作予以细分，使每个管理者只承担一两项专门化的职能。计划职能和作业职能分离后，企业共设立8个职能工长，其中4个设在计划部门，负责工艺流程、指示卡片、工时成本、纪律，另外4个设在车间，负责工作分派、工作速度、修理、检验。第三，实行例外管理，主张高层管理者将一般事务授权给下级处理，自己只保留对例外事项（如企业重大政策的制定和重要的人事任免等）的决策权和例外状态的监督权。

泰勒提出科学管理思想，目的是要改变传统的一切凭经验办事（工人凭经验操作，管理者凭经验管理）的落后状态，使经验管理转变成为一种"科学"的管理。泰勒的主张被认为是管理思想史上的一次"革命"，它使劳资双方关注的焦点从盈余的分配比例转向了"如何通过共同努力把盈余的绝对量做大"，从而消除盈余分配比例的争论。同时，泰勒还提出了提高劳动生产率的一系列科学的作业管理方法。

（二）科学管理理论的其他代表人物

泰勒的科学管理理论（scientific management theory）在20世纪初得到了广泛的传播和应用，影响很大。在他同时代和后续的年代中，许多人也积极从事管理实践与理论的研究，丰富和发展了科学管理理论。其中比较著名的有以下几位。

1. 亨利·劳伦斯·甘特（Henry Laurence Gantt，1861—1919） 甘特是美国机械工程师，26岁时进入一家钢铁公司任工程部助理工程师。他作为泰勒的助手，同泰勒一起工作多年，为泰勒创建和推广科学管理理论作出了巨大贡献，并进一步发展了科学管理理论。他的"甘特图"是当时计划和控制生产的有效工具，并为当今现代化方法PERT（计划评审技术）奠定了基石。他还提出了"计件奖励工资制"，即除了按日支付有保证的工资外，对超额部分给予奖励；完不成定额的，可以得到原定日工资，此制度弥补了泰勒差别计件工资制的不足。此外，甘特还重视管理中人的因素，强调"工业民主"和更重视人的领导方式，这对后来的人际关系理论有很大的影响。

2. 吉尔布雷斯夫妇 弗兰克·吉尔布雷斯（Frank Bunker Gilbreth，1868—1924）是一位工程师和管理学家，科学管理运动的先驱者之一，莉莲·吉尔布雷斯（Lillian Moller Gilbreth，1878—1972）是他的妻子，被称为"管理第一夫人"，夫妇俩在动作研究方面作出了卓越贡献。吉尔布雷斯用照相的方法分析研究了砌砖工人的动作，把原来砌一块砖的十八个动作，减少为五个动作（双手作业），使生产效率提高了2.7倍。莉莲·吉尔布雷斯在弗兰克去世后对动作研究做了进一步的拓展，并在管理心理学领域也取得了巨大成功。

3. 亨利·福特（Henry Ford，1863—1947） 亨利·福特在泰勒的单工序动作研究基础之上进一步对如何提高整个生产过程的效率进行了研究。他充分考虑了大量生产的优点，规定了各个工序的标准时间定额，使整个生产过程在时间上协调起来。福特创建了世界上第一条流水生产线——福特汽车流水生产线，使生产成本明显降低。同时，福特还进行了多方面的标准化工作，包括产品系列化，零件规格化，工厂专业化，机器、工具专业化，作业专门化等。

泰勒及其追随者的理论与实践共同构成了"泰勒制"，人们称之为以泰勒为代表的科学管理学派。从上述可见，这个时期泰勒等人所研究的科学管理，主要是以工厂内部生产管理为重点，以提高生产效率为中心，解决生产组织方法科学化和生产程序标准化等方面的问题。

（三）对科学管理理论的评价

泰勒的科学管理主要有两大贡献。

第一是科学管理理论在历史上第一次使管理从经验上升为科学，泰勒在研究过程中表现出来的讲求效率的优化思想、重视实践的实干精神、调查研究的科学方法都是难能可贵的。

第二是积极主张劳资双方的精神革命。科学管理理论认为劳资双方的立场并不是对立的，双方的利益恰恰是一致的。对于雇主而言，追求的不仅是利润，更重要的是事业的发展。事业的发展不仅给雇员带来丰厚的工资报酬，更意味着充分发挥其个人潜质，满足自我实现的需要。只有雇主和雇员双方互相协助，才会达到较高的绩效水平，这种合作观念非常重要。正如1912年泰勒在美国众议院特别委员会听证会上所作的证词中强调的，科学管理是一场重大的精神变革，每个人都要对工作、对同事建立起责任观念，每个人都要有很强的敬业精神和事业心，这样劳资双方才能把注意力从利润分配转移到增加利润数量上来。当双方友好合作，互相帮助，就能够生产出比过去更大的利润，从而使雇员工资上涨，满意度提升，并使雇主利润增加，企业规模扩大。

当然，科学管理理论也存在缺陷，如过于重视技术、强调个别作业效率、忽视企业的整体功能等，所以，科学管理不是万能的。同时，把人看成单纯追求金钱的"经济人"，仅重视技术因素，而不重视人的社会因素，这也使科学管理理论表现出了很大的局限性。

二、一般管理理论

亨利·法约尔（Henri Fayol，1841—1925），法国人，1858年毕业于圣艾蒂安国立矿业学院，1860年进入一家采矿冶金公司工作并在那里奋斗了一生。法约尔的一生可以分为四个阶段：第一阶段（1860—1872），在这12年间，他作为一个年轻的管理人员和技术人员，职位还不是很高，主要关心的是采矿工程方面的事情。1866年被任命为公司矿井矿长。第二阶段（1872—1888），这时他已经是一个有较大职权的矿井主管，主要考虑的是影响矿井经济情况的各种因素，不仅要从技术方面考虑，更要从管理和计划方面来考虑。第三阶段（1888—1918），1888年，法约尔被任命为总经理，当时公司处于破产的边缘。他按照自己的管理思想对公司进行了改革，把原来濒临破产的公司整顿得欣欣向荣。第四阶段（1918—1925），这期间法约尔致力于宣传和普及他的管理理论。他退休后不久就创建了一个管理研究中心，并担任领导工作。

法约尔在管理方面的著作很多，主要有《管理的一般原则》（1908）、《工业管理和一般管理》（1916）、《国家管理理论》（1923）等。因为法约尔对经营管理理论的杰出贡献，他被尊称为"现代经营管理理论之父"。

法约尔和泰勒研究管理问题的视角不同，泰勒是从"车床前的工人"开始逐步向上发展，主要局限在生产作业领域；法约尔大部分时间里都在从事管理工作，其中在总经理的位置上一干就是30年，他是从"办公桌的总经理"开始而向下发展，具备从整体考虑问题的条件。法约尔的管理理论站在高层管理者的角度研究整个组织的管理问题，主要针对一般性经营管理，适用于各种类型的组织。

（一）一般管理理论（general management theory）的主要内容

1. 企业活动分类 法约尔认为经营与管理是不同的概念。经营比管理内涵更广泛，工业企业中的各种经营活动可以划分为六类：①技术活动——生产、制造、加工；②商业活动——购买、销售、交换；③财务活动——资金筹集和运用；④安全活动——设备和人员的安全保护；⑤会计活动——存货盘点、成本核算、统计；⑥管理活动——计划、组织、指挥、协调、控制。

企业中几乎所有人都要从事这六项活动，因而都需要有这六种能力，但对每种能力的要求因职务高低和企业规模大小的不同而各有侧重。

2. 管理的五要素 法约尔认为，管理的五要素是计划、组织、指挥、协调、控制五个管理职能。他认为：计划就是预测未来并制定行动方案；组织就是确定企业在物质资源和人力资源方面的结构；指挥就是保证企业人员能履行所赋予的职能；协调是指使企业中所有人员、活动和努力得到协调统一；控制就是保证一切活动符合原定的计划、原则和命令。

3. 管理的十四条原则

（1）劳动分工原则（division of work）：法约尔认为，劳动分工属于自然规律。劳动分工不只适用于技术工作，也适用于管理工作。但是，法约尔又认为："劳动分工有一定的限度，经验与尺度感告诉我们不应超越这些限度。"

（2）权力与责任原则（authority and responsibilities）：有权力的地方，就有责任。责任是权力的孪生物，是权力的当然结果和必要补充，这就是著名的权力与责任相符的原则。法约尔认为，要贯彻权力与责任相符的原则，就应该有有效进行奖励和惩罚的制度，即"应该鼓励有益的行动而制止与其相反的行动"。实际上，这就是权、责、利相结合的原则。

（3）纪律原则（discipline）：法约尔认为，纪律应包括两个方面，一是企业与下属人员之间的协定，二是人们对这个协定的态度及其对协定遵守的情况。法约尔认为纪律是一个企业兴旺发达的关键，没有纪律，任何一个企业都不能兴旺繁荣。

（4）统一领导原则（unity of direction）：统一领导原则是指，对于力求达到同一目的的全部活动，只能有一个领导人和一项计划。"人类社会和动物界一样，一个身体有两个脑袋，就难以生存。"

（5）统一指挥原则（unity of command）：统一指挥原则要求，一个下级人员只能接受一个上级的命令。如果两个领导人同时对同一个人或同一件事行使他们的权力，就会出现混乱。任何情况下，能适应双重指挥的社会组织都不会出现。

注意，统一领导原则与统一指挥原则之间既有联系又有区别。统一领导原则指一个下级只能有一个直接上级，讲的是机构设置的问题，即在设置组织机构时，一个下级不能有两个直接上级；统一指挥原则指一个下级只能接受一个上级的指令，讲的是机构设置以后运转的问题，即当组织机构建立起来以后，在运转过程中，一个下级不能同时接受两个上级的指令。

（6）个体服从整体利益原则（subordination of individual interest to the general interest）：在企业中，总目标是至高无上的，个人利益不应超越公司的利益。为保证这一点，管理人员要树立良好的榜样，并与雇员签订公平合理的协定，此外还要进行认真的监督。

（7）报酬原则（remuneration）：法约尔以"经济人"假设为前提指出，人员的报酬是其服务的价格，薪酬制度应当公平，对工作成绩和工作效率优良者应有奖励。但奖励不应超过某一限度，即奖励应以能激起员工的热情为限，否则将会出现副作用。薪酬制度合理，才能让企业中的雇主和雇员都满意。

（8）集中原则（centralization or decentralization）：法约尔认为，组织权力的集中或分散，关键在于找到该企业的最适尺度。在小型企业中，上级领导者可以直接把命令传达给下级人员，权力相对比较集中；而在大型企业里，高层领导者与基层人员之间有许多中间环节，权力比较分散。按照法约尔的观点，影响组织权力是集中还是分散的因素有两个，一个是领导者的权力；另一个是领导者对发挥下级人员积极性的态度。"提高部下作用重要性的做法就是分散权力，降低这种作用重要性的做法则是集中权力。"

（9）等级制度原则（scalar chain/line of authority）：等级制度就是从最高权力机构到低层管理人员的领导系列。贯彻等级制度原则就是要在组织中建立一个不中断的等级链。这个等级链说明了两方面的问题：一是表明了组织中各环节之间的权力关系，谁可以对谁下指令，谁应该对谁负责。二是表明了组织中信息传递的路线。贯彻等级制度原则，有利于组织加强统一指挥，保证组织内信息联系的畅通。但是，一个组织如果严格按照等级系列进行信息的沟通，则可能由于沟通的路线太长而花费过长的时间，同时容易造成信息在传递的过程中失真。

（10）秩序原则（order）：秩序原则包括物品的秩序原则和人的社会秩序原则。法约尔认为，每一件物品都有一个最适合它存放的地方，坚持物品的秩序原则就是要使每一件物品都在它应该放的地方。而每个人也都有长处和短处，贯彻社会秩序原则就是要确定最适合每个人能力发挥的工作岗位，然后使每个人都能在相应的岗位上工作。

（11）公平原则（equity）：法约尔把公平与公道区分开来。他说："公道是实现已订立的协定。但这些协定不能什么都预测到，要经常地说明它，补充其不足之处。为了鼓励其所属人员能全心全意和无限忠诚地执行他的职责，应该以善意来对待他。公平就是由善意与公道产生的。"也就是说，贯彻公道原则就是要按已定的协定办事。但是在未来的执行过程中可能会因为各种因素的变化使得原来制定的"公道"的协定变得"不公道"，这样一来，即使严格地贯彻"公道"原则，也会使职工的努力得不到公平的对待，从而不能充分地调动职工的劳动积极性。因此，在管理中要贯彻"公平"原则。所谓"公平"原则就是"公道"原则加上善意地对待职工，也就是说在贯彻"公道"原则的基础上，还要根据实际情况对职工的劳动表现进行"善意"的评价。

（12）人员的稳定原则（stability of tenure of personnel）：法约尔认为，一个人要适应新职位，并能很好地完成工作，需要一定的时间。这就是"人员的稳定原则"。按照此原则，要使一个人的能力得到充分的发挥，就要使他在一个工作岗位上相对稳定地工作一段时间，使他能熟悉自己的工作，了解自己的工作环境，并取得别人对自己的信任。但是人员的稳定是相对而不是绝对的，年老、疾病、退休、死亡等都会造成企业中人员的流动。对于企业来说，要把握好人员稳定和流动的度，以使成员的能力得到充分的发挥。

（13）首创精神（initiative）：法约尔认为：想出一个计划并保证其成功是一个聪明人最大的快乐之一，也是人类活动最有力的刺激物之一。这种发明与执行的可能性就是人们所说的首创精神。建议与执行的自主性也都属于首创精神。法约尔认为，人的自我实现需求的满足是激发人们的工作热情和工作积极性的最有力的刺激因素。对于领导者来说，"需要极有分寸地，并要有某种勇气来激发和支持大家的首创精神。"一个企业的成功，不仅其领导者要富有首创精神，其全体人员都需具有首创精神。

（14）团队精神（esprit de corps）：人们往往由于管理能力的不足，或由于自私自利，或由于追求个人的利益等而忘记了组织的团结。管理人员应当积极鼓励职工紧密团结，发扬团队精神。即协调各种内部力量，激发人员的工作热忱，发挥每个人的才能，奖励每个人的功绩而不引起其他人的嫉妒，以免破坏企业人员之间的和谐关系。

（二）对一般管理理论的评价

1．一般管理理论的贡献

（1）法约尔的管理思想同泰勒的管理思想都是古典管理思想的代表，但法约尔管理思想的系统性和理论性更强，他对管理五大要素（计划、组织、指挥、协调、控制）的分析为管理科学提供了一个科学的理论构架。后人根据这个构架建立了管理学，并把它引入了课堂。

（2）法约尔是以大企业最高管理者的身份自上而下地研究管理，虽然他是以企业为研究对象，但由于他强调管理的一般性，使得他的理论适用于许多领域。

（3）多年的研究和实践证明，法约尔提出的管理原则总的来说仍然是正确的。这些原则过去曾经给管理人员带来巨大的帮助，现在仍然为许多人所推崇。

2．一般管理理论的缺陷
法约尔一般管理理论的主要不足之处是：管理原则过于僵硬，以致有时在实际管理工作中无法遵守；忽视对"人性"的研究，仍将人视为"经济人""机器人"；过分强调企业内部的管理，忽视外部环境对管理的影响。

三、行政组织理论

马克斯·韦伯（Max Weber，1864—1920），德国社会学家。他于1882年进入海德堡大学读法律，后来就读于柏林大学和哥廷根大学，曾三次参加军事训练，因而对军事生活和组织制度相当了解，这对他提出组织理论有较大影响。他在社会学、宗教学、经济学和政治学上都有非常高的造诣，在管理思想方面，他在《社会和经济组织理论》一书中提出了理想行政组织体系理论，由此被人们称为"组织理论之父"。

（一）行政组织理论（theories of bureaucracy）的内容

韦伯认为，传统组织以世袭的权力或个人的超凡权力为基础，而理想的行政性组织应当以合

理 - 合法权力作为组织的基础。所谓合理 - 合法权力，就是一种按职位等级合理分配，经规章制度明确规定，并由能胜任其职责的人依靠合法手段而行使的权力，通称职权。以这种权力作为基础，韦伯设计出了具有明确的分工、清晰的等级关系、详尽的规章制度、非人格化的相互关系、人员的正规选拔及职业定向等特征的组织系统，并称之为"行政性组织"（或"官僚组织"，无贬义）。

（二）对行政组织理论的评价

韦伯提出的行政组织结构（也称作"官僚组织结构"）在精确性、稳定性、纪律性和可靠性方面优于其他组织，这一理论为分析实际生活中各组织的形态提供了一种范式，使得 20 世纪初的欧洲企业从不正规的业主式管理向正规的职业化管理过渡成为可能，对当时新兴资本主义企业制度的完善起到了划时代的作用。

四、对古典管理理论的评价

（一）古典管理理论的意义

第一，古典管理理论确立了管理学是一门科学。通过科学的研究方法能发现管理学的普遍规律，古典管理理论的建立使得管理者开始摆脱传统的凭经验和感觉来进行管理的局限。

第二，古典管理理论建立了一套有关管理理论的原理、原则和方法。古典管理理论提出了一些管理原则、管理职能和管理方法，并且认为这些原则和职能是管理工作的基础，对管理实践有着重要的指导意义。

第三，古典管理学家同时也建立了有关的组织理论。韦伯提出的官僚组织理论是组织理论的基石，今天的组织结构虽然变得更加复杂，但是古典管理理论设计的组织基本框架仍然在发挥作用。

第四，古典管理理论为后来的行为科学和现代管理学派的产生奠定了理论基础，当代许多管理技术与方法皆来源于古典管理理论。古典管理学派所研究的问题有一些仍然是当今管理上需要研究的问题，当今的许多技术与管理方法也都是对古典管理思想的继承和发展。

（二）古典管理理论的局限

第一，没有对人性进行深入研究，对人性的探索仅仅停留在"经济人"的范畴之内。泰勒对工人的假设是"磨洋工"，而韦伯把职员比作"机器上的一个齿牙"。在古典管理理论中没有把人作为管理的中心，没有把对人的管理和对其他事物的管理完全区别开来，忽视"人"的因素及人的需要和行为，所以有人称这些管理思想下的组织实际上是"无人的组织"。

第二，对组织的理解是静态的，没有认识到组织的本质。韦伯认为纯粹的官僚体制应当是精确的、稳定的、具有严格纪律的组织。法约尔认为："组织一个企业，就是为企业的经营提供必要的原料、设备、资本、人员。"法约尔的组织概念还停留在对组织的表象和功能的表述上，并没有抓住本质。在古典管理思想认识下的人们认为，组织就是人的集合体。例如，一个企业组织，被认为是经营管理者与职工的集合体；一个医院，就是医生与病人的集合体等。这一观点同当代对组织的定义——"为实现共同目标而相互协作的有机整体"相比具有局限性。

第三，都没有看到组织与外部的联系，关注的只是组织内部的问题，是处于"封闭系统"中的管理。

古典管理理论研究的着力点是企业的内部，把如何提高企业的生产率作为管理的目标。然而任何一个组织系统都是在一定的环境下生存发展，随着社会环境的不断变化，企业的经营管理必须要研究外部环境因素和企业之间的相互适应关系，使管理行为和手段都随着社会环境的变化而变化，而这些在古典管理理论中都没有涉及。正是由于以上这些共同的局限性，20 世纪初在西方建立起来的这三大管理理论才被统称为"古典管理理论"。

第三节　行为科学理论阶段

一、人际关系学说

（一）梅奥及霍桑实验

乔治·埃尔顿·梅奥（George Elton Mayo，1880—1949），出生在澳大利亚的阿得莱德，在阿得莱德大学取得逻辑学和哲学硕士学位后应聘至昆士兰大学讲授课程，后赴苏格兰爱丁堡研究精神病理学。在第一次世界大战期间，梅奥在业余时间用心理疗法治疗被炸弹震伤的士兵，成为澳大利亚心理疗法的创始人。1922 年在洛克菲勒基金会的资助下，梅奥移居美国，在宾夕法尼亚大学沃顿商学院任教。1923 年，梅奥在费城附近一家纺织厂就车间工作条件对工人的流动率、生产率的影响进行实验研究。1926 年，梅奥进入哈佛大学工商管理学院从事工业研究，此后一直在哈佛大学工作直到退休。1927 年冬，梅奥应邀参加了开始于 1924 年但中途遇到困难的霍桑实验，有关霍桑实验的结论主要集中在他的两部著作——《工业文明中的人的问题》（1933 年）和《工业文明中的社会问题》（1945 年）中。

霍桑实验是一项以科学管理的逻辑为基础的实验，从 1924 年开始到 1932 年结束。在将近 8 年的时间里，前后共进行过两个回合：第一个回合是从 1924 年 11 月至 1927 年 5 月，在美国国家科学委员会赞助下进行的；第二个回合是从 1927 年至 1932 年，由梅奥主持。整个实验前后经过了四个阶段。

1. 工场照明实验（1924—1927）　实验目的是研究照明强度对生产效率的影响。研究人员把工人分为两组，一组为"实验组"，先后改变工场照明强度，另一组为"控制组"，照明始终维持不变。研究人员希望由此推测出照明强度变化对产量的影响，但实验结果却出乎意料，两组产量都大为增加，而且增加数量相差无几。照明强度变化与工人的产量之间似乎不存在因果关系。这个结果令当时的专家们都迷惑不解，许多人后续退出了实验。

此阶段梅奥并未参与，但他和哈佛大学的同事后来回顾分析认为，导致两组生产效率都上升的主要原因是：在实验期间，参与实验的工人们得到了专家的尊重而提高了工作积极性。

2. 继电器装配室实验（又称为"福利实验"）（1927—1928）　在此阶段，梅奥参与了进来，并组织了一批哈佛大学的教授成立了一个新的研究小组，该阶段实验目的是了解福利待遇、各种工作条件的变动对小组生产效率的影响。为了能够更有效地控制影响工作效果的因素，他们选定 5 名女装配工和 1 名画线工，安置在一间与其他工人隔离的继电器装配室内。同时指定一名观察员，专门记录室内发生的一切，并与工人保持友好的气氛。

实验发现，不管福利待遇如何改变（包括工资支付办法的改变、优惠措施的增减、休息时间的变化等），都不影响产量的持续上升，甚至工人自己对生产效率提高的原因也说不清楚。后来进一步分析发现，导致生产效率上升的主要原因有两点：其一，参加实验的光荣感。实验开始时，6 名参加实验的女工曾被召进部长办公室谈话，她们认为这是莫大的荣誉。这说明被重视的自豪感对人的积极性有显著的促进作用。其二，成员间良好的相互关系以及工人们得到了专家的尊重，即社会条件和督导方式的改变导致了女工们态度的变化和生产效率的提高。为了掌握更多的信息，管理部门决定通过一个访谈计划，来调查职工的态度。

3. 大规模访谈计划（1928—1930）　既然实验表明管理方式与职工的士气和劳动生产率关系密切，那么就应该了解职工对现有的管理方式有什么意见，为改进管理方式提供依据。于是梅奥等人实施了一个征询职工意见的访谈计划，在 1928 年 9 月至 1930 年 5 月不到两年的时间内，研究人员与工厂中的两万名左右的职工进行了访谈。

梅奥等人事先制订了一个访谈提纲，但工人对事先规定的访谈内容不感兴趣，效果不理想。了解到这一情况后，访谈者及时把访谈计划改为事先不规定内容，每次访谈的平均时间也从 30 分钟延长到 1～1.5 小时，多听少说，详细记录工人的不满和意见。在两年多的大规模访谈期间，工人的产量大幅提高。工人们长期以来对工厂的各项管理制度和方法存在诸多不满，访谈为他们提供了发泄通道，发泄过后心情舒畅、士气提高，进而使产量得到提升。

根据这些分析，研究人员认识到，工人会由于关心自己个人问题而影响到工作的效率，所以管理人员应该了解工人的这些问题。为此，需要对管理人员，特别是基层的管理人员进行训练，使他们能够倾听并理解工人，重视人的因素，这样能够促进人际关系的改善和职工士气的提高。

4．电话线圈装配工实验（又称为"团体实验"）（1931—1932） 这是一项关于工人群体的实验，研究人员在车间中挑选了 14 名男职工，其中绕线工 9 名，焊接工 3 名，检验工 2 名。为了系统观察群体中工人之间的相互影响，他们将其中的绕线工和焊接工分成 3 组（每组 3 名绕线工、1 名焊接工），2 名检验工则分担 3 组的检验工作，这是正式组织的情况。工人的工资报酬是按小组刺激计划计算的，以小组的总产量为基础付酬给每个工人，强调他们在工作中要协作以便共同提高产量和工资报酬。

实验期间，研究人员注意到的第一件事情是：工人们心目中"合理的日工作量"低于管理当局所拟订的产量定额，工人们认为，如果他们的产量超过了心目中的合理日工作量，工资率就会降低，或者产量定额就会提高，而如果他们的产量低于他们心目中的合理日工作量，又会引起管理当局的不满。所以，他们就"制定"了这个非正式的产量定额，并运用群体的压力使每个工人都遵守这个定额。所运用的群体压力有：讽刺、嘲笑、拍打一下等。工人们为避免挫伤同伴对自己的感情，都采取各种手段来维持自己在这个非正式团体中的地位。

研究人员注意到的第二件事情是，在正式组织结构中存在着两个小集团，即正式组织和非正式组织，如图 2-2 所示。

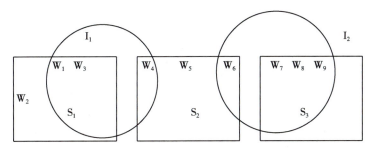

图 2-2　正式组织与非正式组织关系图

图中的方框代表正式组织的三个小组，W 代表绕线工，S 代表焊工，I 代表检验工，圆框代表两个小集团，其中一个小集团由 W_1、W_3、S_1、W_4 和 I_1 共 5 名成员组成，另一个小集团由 W_6、W_7、W_8、W_9 和 S_3 共 5 名成员组成，W_2、W_5、S_2、I_2 由于种种原因被排斥在两个小集团之外（据说 W_2 过于自信，同人合不来；W_5 爱向工头打小报告；S_2 在语言沟通上有困难；I_2 则在检验工作中过于认真）。对两个小集团进一步观察发现，在工作中有许多行为准则会影响工人的行动，这些准则包括工作的干多干少、与管理人员的信息交往、和"局外人"的关系约定等。如不应干太多的活，也不应做得太少；不应向上级告密有关同事中发生的事情等。

（二）人际关系学说的建立

霍桑实验是管理思想的一个历史转折，为管理学的发展开辟了崭新领域。行为科学也由此成为管理学的一个重要分支，管理思想进入了一个丰富多彩的新世界。霍桑实验的研究结果否定了传统管理理论对于人的假设，表明了工人不是被动的、孤立的个体，他们的行为不仅仅受工资的刺激。影响生产效率的最重要因素不是待遇和工作条件，而是工作中的人际关系。1933 年，梅奥的《工业文明中的人的问题》一书出版，标志着人际关系学说的建立，在该书中梅奥对霍桑实验的结果进行了系统总结，主要观点包括以下几点。

（1）员工是"社会人"而不是"经济人"。梅奥认为，人们的行为并不单纯出自追求金钱的动机，还有社会、心理方面的需要，即追求友情、安全感、归属感和受人尊敬等，而后者更为重要。每一个人都有自己的特点，个体的观点和个性都会影响个人对上级命令的反应和工作的表现，因此，应该把职工当作不同的个体来看待，当作社会人来对待。

（2）企业中除了正式组织外，还存在非正式组织。正式组织的存在是为了实现企业目标，需要明确规定各成员相互关系和职责范围，非正式组织是人们在接触过程中自发形成的，非正式组织的成员不取决于工作性质、工作地点的相近与否，而完全取决于人与人之间的关系。

梅奥指出，非正式组织与正式组织有重大差别。在正式组织中，以效率逻辑为其行为规范，而在非正式组织中，则以感情逻辑为其行为规范，如果管理人员只是根据效率逻辑来管理，而忽略工人的感情逻辑，必然会引起冲突。非正式组织对于生产效率、工作满意度都具有强大的影响。非正式组织对管理人员的支持很可能使协调更融洽、生产效率更高，有助于工作任务的圆满完成。管理者必须重视非正式组织的作用，注意在正式组织效率逻辑与非正式组织的感情逻辑之间保持平衡，使得管理人员与工人能够充分协作。

（3）新的领导能力在于提高员工的满意度。在决定劳动生产率的诸因素中，位于首位的因素是工人的满意度，而生产条件、工资报酬只是第二位的。员工的满意度越高，士气就越高涨，生产效率就越高。高的满意度来源于员工个人需求的有效满足，包括物质需求和精神需求。所以，新型的管理人员应该认真分析员工的需要，以便采取相应的措施，这样才能适时、充分地激励员工，达到提高劳动生产率的目的。

二、行为科学理论

人际关系学说是行为科学理论（behavior science theory）的早期思想，为后期行为科学的发展奠定了基础。人际关系学说只强调要重视人的行为，而行为科学还要求进一步研究人的行为规律，找出产生不同行为的影响因素，探讨如何控制人的行为以达到预定目标。

行为科学有广义和狭义两种理解。广义的行为科学是指包括类似运用自然科学的实验和观察方法，研究在自然社会环境中人的行为的科学。狭义的行为科学是指有关工作环境中个人和群体行为的一门综合性学科。

行为科学的研究，基本上可以分为两个阶段。第一阶段以人际关系学说（或人群关系学说）为主要内容，从 20 世纪 30 年代梅奥的实验开始，到 1949 年在美国芝加哥讨论会上第一次提出行为科学的概念。第二个阶段是在 20 世纪 50 年代以后，在 1953 年美国福特基金会召开的各大学科学家参加的会议上，正式定名为行为科学。20 世纪 60 年代以后，又出现了组织行为学的名称。组织行为学是由行为科学进一步发展起来的，它是研究在一定组织中人的行为的发展规律，重点研究企业组织中的行为。组织行为学分三个层次：个体行为理论、团体行为理论和组织行为理论。

（一）个体行为理论

个体行为理论主要包括两方面内容：一是有关人的需要、动机和激励的理论；二是有关企业中人性的理论。

1. 激励理论

（1）需要层次理论：由美国心理学家亚伯拉罕·马斯洛于 1943 年在《人类激励理论》论文中提出。该理论将人的需要分为五种，像阶梯一样从低到高，按层次逐级递升，分别为：生理需要、安全需要、社交需要、尊重需要和自我实现需要。每个人在某一特定时期总有某一层次的需要占据主导作用（称为主导需要），其他需要则处于从属地位。因此，领导者的激励工作应主要针对主导需要采取措施。

（2）双因素理论：20世纪50年代后期，美国心理学家费雷德里克·赫茨伯格为了研究人的工作动机，对匹兹堡地区的200名工程师、会计师进行深入的访问调查，提出了许多问题，如：在什么情况下你对工作特别满意？在什么情况下对工作特别厌恶？原因是什么等等。调查发现，使他们感到满意的因素都是工作性质和内容方面的，使他们感到不满意的因素都是工作环境或者工作关系方面的。赫茨伯格把前者称作激励因素，后者称作保健因素。该理论告诉管理者，对下属实施激励时，一方面要认识到保健因素不可缺少，以免引起员工对工作产生不满；另一方面应提供真正起作用的激励因素，使员工产生对工作的满足感和内在动力。

2. 人性假设理论　美国麻省理工学院教授道格拉斯·麦格雷戈在《企业的人性面》一书中提出了著名的X-Y理论。麦格雷戈认为，管理者对员工有两种截然不同的看法，他将这两种不同的人性假设概括为"X理论"和"Y理论"。

"X理论"的主要内容是：大多数人在工作中都很懒惰，尽可能地逃避工作；缺乏进取心，不愿负责任，而宁可让别人领导；以自我为中心，漠视组织的要求；缺乏理智，容易受他人煽动等等。根据X理论的假设，管理人员的职责和相应的管理方式如下。

（1）应用职权，发号施令，使对方服从，让员工适应工作和组织的要求。

（2）强调组织的严密性，制定具体的规范和工作制度，如工时定额、技术规程等。

（3）应以金钱报酬来激励员工效力和服从。

麦格雷戈认为传统管理方式的理论基础是X理论，但实际上X理论是建立在错误观念之上的，人们的行为动机实际上是追求更高级的需要而不是生理、安全等基本需要。所以他提出了Y理论，其主要内容是：一般人并不是天生就不喜欢工作的；人们愿意通过自我管理和自我控制来完成应当完成的目标；在适当条件下，一般人是能主动承担责任的，不愿负责、缺乏雄心壮志并不是人的天性；大多数人都具有一定的创造力；在现代社会中，人的智慧和潜能都未得到充分发挥。

基于这种对人性的乐观认识，持有Y理论观点的管理者主张在行为管理上实行以人为中心的、宽容的、民主的管理方式，以使员工个人目标与组织目标很好地结合，为员工发挥其智慧和潜能创造有利的条件。

（二）团体行为理论

团体行为理论主要研究团体发展的各种因素的相互关系，代表人物是德国社会心理学家库尔特·卢因。他借用物理学中场论和力学的概念，说明了团体成员之间各种力量相互依存、相互作用的关系。这一理论的宗旨是寻找和揭示团体行为以及团体中个体行为的动力源问题。

卢因认为，人的心理、行为决定于内在的需要和周围环境的相互作用。当人的需要尚未得到满足时，会产生内部力场的张力，而周围环境因素起着导火索的作用。人的行为动向取决于内部力场和情境力场（即环境因素）的相互作用，但主要的决定因素是内部力场的张力。

团体行为理论强调重视人的因素，把团体与其成员间的相互作用看成团体行为的动力，把如何提高团体绩效的问题看作充分调动人的积极性问题。

（三）组织行为理论

1. 支持关系理论　该理论由美国现代行为科学家伦西斯·里克特提出，其主要观点是，对人的领导是管理工作的核心。它必须使每个人建立起个人价值的感觉，把自己的知识和经验看成个人价值的支持。所谓"支持"，是指员工置身于组织环境中，通过工作交往亲身感受和体验领导者各方面的支持和重视，从而认识到自己的价值。这样的环境就是"支持性"的，这时的领导者和同事也就是"支持性"的。

该理论把组织领导方式分为专权命令式、温和命令式、协商式和参与式四种。其中参与式效率最高,能最有效地发挥经济激励、自我激励、安全激励和创造激励的作用。参与程度越高,管理越民主,组织的效率越高,越反对单纯的以工作或以人为中心。

支持关系理论要求组织成员都认识到组织担负着重要使命和目标,每个人的工作对组织来说都是不可或缺、意义重大的。组织里的每个人都受到重视,都有自己的价值。如果在组织中形成了这种"支持关系",员工的态度就会很积极,各项激励措施就会充分发挥作用,组织内充满协作精神,从而提高组织效率。

2. 管理方格论　管理方格论是研究组织的领导方式及其有效性的理论,由美国得克萨斯大学的罗伯特·布莱克和简·莫顿在 1964 年出版的《管理方格》一书中提出。他们认为,管理人员的领导方式有两种,一种是对任务的关心,一种是对人的关心。以前者为横轴,以后者为纵轴,将横轴和纵轴各 9 等分,形成 81 个方格。方格图表示了"关心人"和"关心任务"这两个基本因素以不同比例结合的领导方式,其中 9.9 型对任务和人员都很关心,能使组织的目标和个人的需要有效结合,是最理想的管理方式,是每一位管理者努力的方向。

第四节　现代管理理论阶段

第二次世界大战以后,科学技术发展日新月异,生产规模急剧扩大,生产力迅速发展,生产社会化程度不断提高,引起了人们对管理理论的普遍重视。许多学者结合前人的经验、理论,从各自的角度,结合本专业的知识,例如数学、经济学、社会学、心理学等学科,去研究现代管理问题,形成了学派纷呈的局面,美国管理学家哈罗德·孔茨称之为"管理理论丛林"。管理理论丛林的出现反映了管理理论的复杂性和渗透性,也反映了现代管理理论的繁荣和发展。

一、管理科学理论学派

管理科学理论学派(management science theory school)又称数理学派,强调应用定量和数学工具来解决管理问题。管理科学产生于第二次世界大战期间,当时,英美军队为了解决战争中的一些问题,建立了由各种专家组成的运筹研究小组,取得了巨大成就。例如,英国通过数学家建立的资源最优分配模型,有效地解决了如何以有限的皇家空军力量来抵抗强大的德国空军的问题。定量研究所取得的成效,在战后引起了企业界的关注,特别是当运筹学研究专家在战后纷纷到公司就业以后,定量研究方法在企业管理中得到推广应用。

所谓管理科学理论,是指以现代科技成果为手段,运用数量模型对管理领域中的人、财、物、信息资源做系统定量的分析,进行优化规划和决策的理论。它的主要内容包括:运筹学、系统工程、作业管理与定量决策。管理科学理论学派有如下论点。

(1)力求减少决策的个人艺术成分,重视定量分析在管理过程中的应用,依靠建立一套决策程序和数学模型来提高决策的科学性。他们将众多方案中的各种变数加以数量化,利用数学工具建立数量模型研究各变数之间的相互关系,寻求一个用数量表示的最优化答案。决策的过程就是建立和运用数学模型的过程。

(2)各种可行的方案均是以经济效果作为评价的依据。例如成本、总收入和投资利润率等。

(3)组织、决策的人均是理性人,不仅有明确的目标,还有理性的方法来追求最优目标的实现。

(4)广泛地使用电子计算机。现代企业管理中影响某一事务的因素错综复杂,建立模型后,计算任务极为繁重,依靠传统的计算方法获得结果往往需要若干年时间,致使计算结果无法用于企业管理。电子计算机的出现大大提高了运算的速度,使数学模型应用于组织成为可能。

管理科学理论的局限在于,其以定量分析为核心,但在现实中,并不是所有管理问题都是能够定量的。有些管理问题往往涉及许多复杂的社会因素，比如解释和预测组织中成员的行为，组织所面临的情境等，这些因素大都难以定量，难以采用管理科学的方法去解决。

二、社会系统学派

社会系统学派（social system school）从社会学的观点来研究管理，认为社会的各级组织都是一个协作的系统，进而把企业组织中人们的相互关系看成是一种协作系统，管理人员有些什么职能以及应当如何行使这些职能，是由组织的本质、特性和过程决定的。

社会系统学派的创始人是美国管理学家巴纳德（C.L.Barnard，1886—1961）。在 1938 年出版的《经理人员的职能》一书中，巴纳德认为社会的各级组织，包括军事、宗教、学术、企业等都是一个协作的系统，它们都是社会这个大协作系统的某个部分和方面。

组织作为一个社会协作系统，其存在取决于：①协作效果，即组织目标的达成；②协作效率，即在实现目标的过程中，协作的成员损失最小而心理满足较高；③组织目标应和环境相适应。在一个正式组织中建立这种协作关系需要三个要素：①共同的目标；②组织成员有协作的意愿；③组织中有一个能彼此有效沟通的信息系统。所有的正式组织中都存在非正式组织。正式组织是保持秩序和一贯性所不可缺少的，而非正式组织是保持组织活力所必需的，两者相互作用、相互依存。所有的协作行为都是物的因素、生物的因素、人的心理因素和社会因素这些不同因素的综合体。

在组织这个社会协作系统中，管理者应处于相互联系的中心，并致力于获得有效协作所必需的协调，因此，经理人员要招募和选择那些能为组织目标的实现作出最大贡献并能协调地工作在一起的人员。为了使组织的成员能为组织目标的实现作出贡献和进行有效的协调，巴纳德认为应该采用"维持"的方法，包括"诱因"方案的维持和"威慑"方案的维持。前者是指采用各种报酬奖励的方式来鼓励组织成员为组织目标的实现作出贡献，后者是指采用监督、控制、检验、教育和训练的方法来促使组织成员为组织目标的实现作出贡献。

因此，作为一个管理者，需要完成以下各项职能：①设定组织目标。②筹集所需资源，使组织成员能为实现组织目标作出贡献。为此，管理者应带头工作，以使其权威为组织成员所接受。③建立并维持一个信息联系系统。此外，任何在行政职位上的管理人员都应充分运用各种基本的管理原则。

巴纳德在组织管理理论方面的开创性研究，奠定了现代组织理论的基础，后来的许多学者如德鲁克、哈罗德·孔茨、明茨伯格、西蒙、利克特等人都极大地受益于巴纳德，并在不同方向上有所发展。

三、决策理论学派

决策理论学派（decision theory school）的代表人物是美国的赫伯特·西蒙（H.A.Simon），其代表作为《管理决策新科学》，基于他对决策理论的杰出贡献，西蒙教授荣获了 1978 年诺贝尔经济学奖。决策理论学派认为管理的关键在于决策，因此，管理必须采用一套科学制定决策的方法。决策理论的主要观点有以下几方面。

（1）决策是一个复杂的过程。决策不是一瞬间就能完成的一种活动，它至少应该分成四个阶段：①提出制定决策的理由；②尽可能找出所有可能的行动方案；③在诸行动方案中进行抉择，选出最满意的方案；④对方案进行评价。

（2）程序化决策和非程序化决策。西蒙根据决策的性质把决策分为程序化决策和非程序化决策。程序化决策是指反复出现和例行的决策，非程序化决策是指那种从未出现过的，或者其确切的性质和结构还不很清楚或相当复杂的决策。

（3）有限理性和满意化行为准则。西蒙提出了"管理人"的主张，认为：现实中的决策者是"意图上理性，但实际上有限理性"，即管理者的理性是有局限的，由于组织处于不断变动的外界环境影响之下，搜集到决策所需的全部资料是困难的，而要列举出所有可能的行动方案就更加困难，况且人的知识和能力也是有限的，在制定决策时难以求得最佳方案。另外，即使可以求得最佳方案，可能也要付出极高的成本。所以在实践中，人们不应该遵循最优化准则，而应该根据满意化行为准则进行决策。

（4）组织设计的任务就是建立一种制定决策的人机系统。计算机的广泛应用对管理工作和组织结构产生了重大影响，组织变成了一个由人与计算机所共同组成的组合体，组织设计的任务就是要建立这种制定决策的人机系统。

四、经验主义学派

经验主义学派（empirical management school），又称经验学派，以向大企业的经理提供管理企业的成功经验和科学方法为目标。代表人物有欧内斯特·戴尔和彼得·德鲁克，前者的代表作是《伟大的组织者》，后者的代表作是《管理：任务、责任、实践》。《洛杉矶时报》称德鲁克为"现代管理学之父"。

经验主义学派认为，管理学就是研究管理经验，认为通过对管理人员在个别情况下成功的和失败的经验教训的研究，会使人们懂得在将来相应的情况下如何运用有效的方法解决管理问题。因此，这个学派把对管理理论的研究放在对实际管理工作者管理经验教训的研究之上，强调从企业管理的实际经验而不是从一般原理出发来进行研究，强调用比较的方法来研究和概括管理经验。他们认为成功管理者的经验是最值得借鉴的，因此，他们重点分析许多管理人员的经验并加以概括，找出他们成功经验中具有共性的东西，使其系统化、理论化，并据此向管理人员提出建议。

经验主义学派的具体研究内容主要包括以下几方面。

（1）管理应侧重于以知识和责任为依据的实际应用，而不是纯粹理论的研究。

（2）管理者的任务是了解本组织的特殊目的和使命，使工作富有活力并使成员有成就，承担相应的社会责任。

（3）实行目标管理的管理方法。

经验主义学派的方法在实践中发挥了巨大的效用，但同时也受到了许多管理学家的批评。经验主义学派由于强调经验而无法形成有效的原理和原则，无法形成统一完整的管理理论，管理者可以依靠自己的经验，而无经验的初学者则无所适从；而且，过去的经验未必能运用到将来的管理中。管理学家哈罗德·孔茨在他的书中指出："没有人能否认对过去的管理经验或过去的管理工作'是怎样做的'进行分析的重要性。未来情况与过去完全相同是不可能的。确实，过多地依赖于过去的经验，依赖历史上已经解决的那些问题的原始素材，肯定是危险的。其理由很简单，一种在过去认为是'正确'的方法，可能远不适合于未来情况"。这段话说明，由于组织环境一直处于变化之中，过分地依赖未经提炼的实践经验来解决管理问题是无法满足需要的。

五、系统管理理论学派

20 世纪 60 年代中期到 70 年代中期，从系统角度分析组织与管理问题的思想、理论和方法得到了迅速发展。所谓系统即由相互联系和相互依存的一组事物构成，来达成特定的目标，或按计划与设计发挥其功能。

系统管理理论侧重于用系统的观念来考察组织结构及管理的基本职能,它来源于一般系统理论和控制论。代表人物为卡斯特(F. E. Kast),其代表作是《系统理论和管理》。

系统管理理论学派(system management theory school)认为,组织作为一个转换系统,是由相互依存的众多要素组成的,一个组织的管理人员必须理解构成整个系统的每一个子系统是如何发挥作用的,以及每一个子系统对整个系统的贡献。当任何一个子系统发生变化时,通常都会对其他子系统产生影响。管理者必须要有一个系统观念,当他们决定改变某一子系统时,需考虑将会对其他子系统乃至整个系统产生怎样的影响。例如,一个企业是由生产部门、市场营销部门、采购部门、财务和人事部门等组成的。生产部门生产产品质量的好坏会直接影响产品在市场上销售的情况;采购部门所采购的原辅材料质量的好坏和成本的高低,会影响到生产部门的产品质量和产品成本,进而影响销售和利润等。局部最优不等于整体最优,管理人员的作用就是确保组织中各部分能得到相互协调和有机整合,以实现组织的整体目标。

系统管理理论学派还认为,组织是一个人造的开放系统,同外部环境之间存在着动态的相互作用,能够不断地自行调节,以适应环境和本身的需要;组织是一个完整的系统,同时也是一个管理信息系统。现代管理者必须把组织视为一个开放系统,与周围环境相互影响、相互作用。以企业为例,外部劳动力市场中供应的劳动力的素质和期望工资水平、外部资金的供给情况、政府的政策、用户的需求变化等,都会影响到其经营状况。因此,一个组织的成败往往取决于其管理人员能否及时察觉环境的变化并作出正确的反应。

六、权变理论学派

权变理论是 20 世纪 70 年代形成并在西方风行一时的管理理论,可以看作系统管理理论向具体管理行动的延伸与应用。其代表人物是伍德沃德(J.Woodward),卢森斯(F.Luthans),弗雷德•菲德勒(Fred E.Fiedler)等人,伍德沃德的代表作为《工业组织:理论和实践》。

权变理论学派(contingency theory school)强调,管理者的实际工作取决于所处的环境条件,管理者应根据不同的情境及其变量来决定采取何种行动和方法。它试图寻求最为有效的方式来处理一个特定的情境或问题。权变理论家们广泛地应用了古典理论、管理科学和系统观念来分析解决问题,有人甚至认为真正的权变学派是一个综合各家理论的学派。在有的情形中需要"人治"(由人来寻求答案),换种情形则可能需要"法治"(按逻辑程序解决问题)。他们汲取在某种情境中行为学家的经验,也学习在另一种形势下数理学派所用的知识。

权变理论学派处理问题的方法是:首先分析问题;然后列出当时主要的情况和条件;最后提出可能的行动方案(可获得的),即各行动路线的结果。由于没有两种情境是完全一样的,所以对任何情形来说,其解决办法总是独一无二的。

权变理论包括以下三个方面内容。

(1)以何而变:即说明可用以视机而变的管理方式或手段有哪些。比如,是采取 Y 行动还是 Z 行动。这里,Y、Z 代表了两种可供选择的管理方案。至少要有两个备选方案存在,否则,权变管理就难以进行。

(2)因何而变:即明确影响管理方案选择的权变因素。《三国演义》中诸葛亮建议刘备对曹营采取火攻之策,风向是影响这一策略有效性的权变因素。就前述的 Y、Z 管理之策来说,是否采取 Y 行动,取决于 f 这一情境状态是否出现。

(3)如何匹配:权变管理主张没有最优的管理方式,只有最适合的管理方式。"匹配"就强调了这种合适性。管理决策过程中,对多个备选方案的理性的选择就是谋求特定方案与情境状态的最优或最满意的匹配。

总的来说,权变理论是在继承以前各种管理理论的基础上,把管理研究的重点转向了对管理行动有重大影响的环境（情境）因素上，希望通过对环境因素的研究找到各种管理原则和理论的具体适用场合。权变理论的产生实际上是适应当代复杂多变的新形势而提出的对管理方式多样性和灵活性的要求。它告诉管理者，不仅需要掌握处理问题的多种模式和方法，还必须清楚它们在什么样的条件下使用才会取得最好的效果。任何管理模式和方法都不可能是普遍最佳的，而只可能是最合适的。适合的才会是有效的。

七、管理过程学派

管理过程学派（management process school），又叫管理职能学派、经营管理学派。当代管理理论的主要流派之一，致力于研究和说明"管理人员做些什么和如何做好这些工作"，侧重说明管理工作实务。创始人是法约尔，代表人物有哈罗德·孔茨。

管理过程学派的主要特点是将管理理论同管理人员所执行的管理职能，也就是管理人员所从事的工作联系起来。该学派认为，无论组织的性质多么不同（如经济组织、政府组织、宗教组织和军事组织等），组织所处的环境多么不同，管理人员所从事的管理职能却是相同的，管理活动的过程就是管理的职能逐步展开和实现的过程。管理过程学派把管理的职能作为研究的对象，他们先把管理工作划分为若干职能，然后阐明每项职能的性质、特点和重要性，论述实现这些职能的原则和方法。管理过程学派认为，应用这种方法就可以把管理工作的主要方面加以理论概括并有助于建立起系统的管理理论，用以指导实践。

管理过程学派确定的管理职能和管理原则，为训练管理人员提供了基础。管理过程学派认为，管理存在着一些普遍适用的原则，这些原则是可以运用科学方法发现的。管理的原则如同灯塔一样，能使人们在管理活动中辨明方向。

相对于其他学派而言，它是最为系统的学派。该学派首先从确定管理人员的管理职能入手，并将此作为他们理论的核心结构。哈罗德·孔茨认为管理学这样分类具有内容广泛、能划分足够多的篇章、有利于进行逻辑性分析等优点。该学派对后世影响很大，当前大多数管理学原理教科书都是按照管理的职能来编写的。

第五节 当代管理理论阶段

20 世纪 60 年代后，管理科学从理论到实践都发生了很大变化，各个管理学派相互渗透融合，管理领域又出现了一批新的管理理论，其中影响比较大的有托马斯·彼得斯的人本管理思想、彼得·圣吉的学习型组织、迈克尔·哈默与詹姆斯·钱皮的流程再造理论、波特的竞争战略思想、约翰·科特的管理新规则、彼得·德鲁克的知识管理等。

一、人本管理思想

1977 年，时任美国著名咨询公司员工的托马斯·彼得斯（Thomas Peters）被分配去从事关于"卓越公司"的调研计划，5 年后，他和罗伯特·沃特曼（Robert Waterman）的研究成果《追求卓越》一书出版，二人也名声大振。

《追求卓越》第八章的标题是"以人为本"（people oriented），即所谓的"人本管理"。人本管理思想可概括为两个方面：一是人受"二重性"的驱动，他既要作为群体的一员，又想要突显自己；他既要成为成功队伍中的一个可靠成员，又想要通过努力而成为队伍中的明星。二是只要人们认为某项事业从某种意义上说是伟大的，那么他们就会心甘情愿地为了这个事业付出艰辛。从这两个基本的思想中可以看出，彼得斯从管理中发现了"人性"，并把"人本"当成了他整个管理思想的基石。

彼得斯认为人性是一个矛盾的综合体，他在建构自己的管理思想时应用了大量心理学的研究成果。从"人本管理"的理念出发，管理者应该把"人"视为管理的主要对象和组织唯一真正的资源，强调管理就是充分开发人力资源，围绕人的积极性、主动性和创造性实施管理活动。彼得斯的全部管理思想可以浓缩为两条原则，即尊重人、激励人，人是管理的关键。人的因素是管理的第一因素：管理的一切问题都将归于一个问题——人的问题；管理的根本问题就是你的管理是激发还是抑制了人的主动性和创造力。

"以人为本"已经成为现代管理的一个基本的价值观念。一个优秀的企业更应该体现这样的人文情怀：关爱员工、以人为本，激发员工发自内心的共同追求和为组织奉献的力量。

二、学习型组织

美国麻省理工学院教授彼得·圣吉（Peter M. Senge）是学习型组织理论的奠基人，他对数千家企业进行研究和案例分析，于 1990 年完成《第五项修炼——学习型组织的艺术与实务》一书。他指出，现代企业欠缺系统思考的能力，组织分工和负责的方式将组织过度切割，使组织无法有效学习。而在新的经济背景下，企业要持续发展，必须提高整体素质，要设法构建能使各层级人员全身心投入并有能力不断学习的组织——学习型组织。

彼得·圣吉在他的著作中提出以"五项修炼"为基础的学习型组织的构建方法：第一项修炼——自我超越（personal mastery），即培养成员的自我超越意识。第二项修炼——改善心智模式（improving mental models），即每个人的心智并非完美，通过不断学习能弥补心智模式的缺陷。第三项修炼——建立共同愿景（building shared vision），即团队成员之间通过相互沟通形成共同认可的愿景，为组织学习提供目标和能量，也使组织形成强大的凝聚力。第四项修炼——团队学习（team learning），即团体学习比个人学习更重要，通过每个成员都深度参与会谈和讨论，可以实现团体智慧大于个人智慧叠加之和的效果。第五项修炼——系统思考（system thinking），即用系统的观点来研究问题、解决问题，这是一种不断学习之后才能形成的综合能力。《第五项修炼》提供了一套使传统企业转变成学习型企业的方法。

三、企业文化理论

企业文化理论发源于日本，形成于美国。20 世纪 70 年代，石油危机下的美国遭遇了日本的挑战，由于美国产品竞争力处于劣势，带来了一系列问题，如国外市场萎缩、工人失业率提高、国内通胀率升高、经济处于停滞状态。而彼时的日本尽管国内资源稀缺，但国民经济几乎没有停顿，且在国际市场上发展态势强劲，这引发了美国管理学界对日本企业研究的兴趣。

威廉·大内（William Ouchi）于 1973 年开始研究日本企业管理，1981 年出版《Z 理论——美国企业界如何迎接日本的挑战》，标志了企业文化理论的诞生。在书中，他提出 Z 理论和企业文化的概念，并认为日本企业成功的秘诀是他们的企业组织和文化，这种企业文化的核心是重视人的因素。因此，大内强调美国企业应该结合本国的特点，向日本企业学习管理方式，并形成自己的管理方式，这种管理方式被归结为 Z 型管理方式，理论上概括为"Z 理论"。

四、知识管理理论

20 世纪 60 年代初，彼得·德鲁克（Peter F.Drucker）首先提出了知识工作者和知识管理的概念,指出知识工作者在现代社会中将发挥主要作用。20 世纪 80 年代以后,德鲁克继续对知识管理进行了拓展性研究,提出未来的典型企业应该以知识为基础,并由各种各样的专家组成,专家根据来自各方的信息进行自主决策与自我管理。20 世纪 90 年代中后期,美国波士顿大学教授托马斯·H·达文波特(Thomas H. Davenport)提出了知识管理的两阶段论和知识管理模型。同时期,日本管理学教授野中郁次郎出版《创造知识的企业》一书,其对西方的管理人员和组织理论家片面强调技术管理而忽视隐性知识的观点提出了一些质疑,并系统论述了隐性知识和显性知识之间的区别,强调隐性知识更为重要。21 世纪初,被誉为知识管理基础理论开拓者的瑞典学者卡尔 - 爱立克·斯威比(Karl-Erik Sveiby)将对知识管理的理论研究引向了与实践活动紧密结合并相互比照的道路,他从企业管理的具体实践中得出要进一步强调隐含知识的重要作用的结论,并指出个人知识的不可替代性。近年来,知识管理已经成为企业管理的一项重要内容并备受关注。

本章小结

　　管理思想对管理实践的进行和提高起着指导促进的作用。管理者要进行有效的管理,就必须了解人类管理思想的发展过程。中国古代的社会管理思想、战略管理思想、人才管理思想、系统管理思想至今仍散发着光辉,西方国家的社会管理与国家管理的思想、组织与分工管理的思想为古典管理思想的萌芽提供了条件。19 世纪末 20 世纪初西方国家开始形成系统化的管理思想,泰勒的科学管理理论、法约尔的一般管理理论和韦伯的行政组织理论力图打破传统的经验管理,实现对作业与组织的科学的、理性的管理,但这些思想都忽视了人的因素、组织的本质和环境的影响,因而被称为古典管理理论。20 世纪 20 年代中期,在霍桑工厂进行的实验宣告了另一种管理思想的诞生。梅奥在总结霍桑实验的结果后提出的人际关系学说弥补了前期管理理论的不足,使人们看到了"人"的因素的重要性与特殊性,从而激发了行为管理思想的蓬勃发展。第二次世界大战后,管理学界涌现出了许多管理学派,从不同角度解决了不同问题,呈现出百花齐放的局面。无论管理实践还是管理理论,都是随着社会的发展而发展的,一定的管理理论反映了一定社会的管理要求。上述从不同侧面说明管理工作本质与内容的各种管理思想,都有其一定的适用范围。在现代的管理实践中,我们需要注意根据管理实际而灵活地运用各种管理理论。

(吴胤歆)

思考题

1. 你认为产生于 20 世纪初的科学管理思想在现代社会中还具有实践的价值吗?具体体现在哪些方面?
2. 法约尔提出的管理五大职能与本书中对管理职能的介绍有什么主要的不同?
3. 在经济人、社会人、自我实现人和复杂人四种人性假设中,你认为麦格雷戈提出的 X 理论和 Y 理论分别与哪种人性假设相当?
4. 学习管理思想史,你得到的最大启示或收获是什么?

第三章　管理与社会

在本章中,我们将学习和了解管理与社会发展及文明进步的互动作用关系,熟悉管理伦理、管理道德、社会责任和社会响应的概念。管理的社会环境是指存在于组织内部和外部的,影响管理实施和管理功效的各种力量、条件和因素的总和。管理的社会环境包括政治、法律、经济、文化、科技、教育等组织外部宏观的、一般的社会环境因素和诸如生产要素供应者、服务对象、竞争对手等具体的行业环境因素。了解如何进行管理的社会环境分析,主动地选择环境,研究分析社会环境及其变化的一般规律与趋势,以更好地适应并利用环境,避开环境威胁,改变甚至创造适合组织发展所需要的新环境。

第一节　社会发展与管理实践

社会是自然界发展到一定阶段的产物,是随着人类的产生而出现的。随着社会的发展,劳动分工的细化和生产的专业化,管理便成为一种特殊职能,从一般社会劳动过程中分离了出来。管理已越来越成为社会发展过程中不可缺少的一种职业化、专业化职能。

一、社会发展对管理的需求和作用

社会发展和文明进步始终与人类管理思想的演进发展联结在一起。人类的管理实践活动已经有超过六千年的历史。中国作为一个人类社会历史悠久的文明古国,早在五千年前,就有了人类社会最古老的组织——部落和王国。在夏朝时期就已逐渐形成了古代中国的行政管理机构和官僚集团。到了公元前17世纪的商、周时代,中国已经形成了组织严密的奴隶制和封建制的国家组织,构建了从中央到地方,高度集权、等级森严的权力结构。

封建社会制度在中国延续了两千多年,在世界历史上曾多次出现过较长时间国力强大、经济繁荣、社会稳定的盛世时期,比如从"文景之治"到"武帝极盛"再到"昭宣中兴"的西汉盛世、从"贞观之治"到"开元全盛"的大唐盛世和清代的"康雍乾盛世"。究其原因,虽然与政治、经济、文化等多种因素有关,但更重要的是建立了一套与当时社会生产力发展相适应的、结构严谨、运作有序的国家行政管理体制。历经各代王朝的更替变迁,这种包括行政机关的职能分工和权力配置、行政官员的使用和管理以及施政过程中的决策、执行和监督等方面的管理体制逐渐得以完备。

与此同时,以古巴比伦、古埃及、古希腊、古罗马等为代表的西方文明古国,与以古代中国为代表的东方文明,社会进步和管理发展相互影响和补充。比如,古巴比伦曾建立并颁布了世界上现存的第一部比较完备的成文法典《汉谟拉比法典》,从中央到地方设置了一系列法庭,以法律作为管理工具来调节和控制社会和商业事务。古埃及形成了以法老为最高统治者、设立宰相及大臣管理社会事务的一整套的金字塔字式的中央集权专制政权。西方文明发源地古希腊开启了"城邦"式的西方民主管理政治制度之先河。古罗马帝国时期建立了行政、立法和司法相分离,行政授权和军事控制相结合的集权型等级组织管理体制。

从中世纪后期到18世纪至19世纪中期，世界封建社会制度逐渐被资本主义制度代替，英法等欧洲国家经历资产阶级大革命、工业大革命和商业城市的大发展，家庭工场手工业向机器大生产工业快速转变，工厂规模和数量不断扩大，商品市场迅速扩展。由于社会、政治、经济、技术以及人们的价值观、思想、意识等方面发生的变化，人们越来越重视管理。19世纪中后期至20世纪初，美国以资本主义企业的社会分工和劳动价值为基础，通过商品经济和自由竞争规律以及兴起大规模的"管理运动"，极大地提高了劳动和社会生产效率，形成并促进了企业科学管理制度和手段的革命性发展。

第二次世界大战后，世界形成了东西对峙、美苏争霸的两极格局。20世纪80年代末90年代初，随着东欧剧变和苏联解体，世界格局呈现由两极抗衡向多极化方向及全球化发展的趋势，军事对峙逐步让位于以经济、政治、军事、科技等为代表的综合国力的竞争。与此同时，立足于本国和全球化发展环境的管理理论与实践也发生了相应的变化。主要表现在以下几个方面。

1. 组织的所有权与经营权分离　科学技术的飞速进步促进了经济的加速发展，工厂、公司及各种组织规模不断扩大，社会分工更加细密，信息传播速度和数量都空前增加，使管理的复杂性大大提高，于是一批受过良好专业训练的职业经理人应运而生，促进组织的终极所有权与经营权分离。

2. 政府规模的扩大和政府角色的多样化　伴随着社会需求的多元化以及公共服务领域的拓宽，政府的权力和职能范围不断扩张，政府通过大量立法和政策制定对本国的经济和社会发展采取了不同形式、不同程度的干预，政府角色越来越多样化，各种组织的经营管理活动也随之发生变化。

3. 解决社会突出问题由政府管理向社会治理的转变　随着工业化和科技的发展，在社会转型与进步的同时，也引发了如社会治安、环境恶化、消费者权益、贫困差距、公民教育与健康等诸多社会问题。迫使原有单一组织以实现其绩效为基础的专业管理，向由政府、社会组织、企事业单位、社区以及个人等相关利益的多元主体转变，通过平等的合作型伙伴关系及公共责任机制，共同参与管理解决社会事务转变，以提高公共管理效率和质量，最终实现公共利益最大化和促进社会公正和谐的发展目标。于是，一批由不同社会阶层的公民自发成立的，并具有非营利、非政府性、志愿公益性和社会性特征的各种公民社会组织、第三部门应运而生，如基金会、协会、学会、商会等。

4. 全球化与后工业化浪潮的冲击　随着区域性合作组织如欧盟、北美自由贸易区、亚太经合组织等产生，以及基于互联网的商务活动、交易活动、金融活动和相关的综合服务活动的新型商业运营模式的出现，国与国、组织与组织、管理者与管理者之间的界限开始变得越来越模糊，地区经济乃至全球经济正日益成为一个不可分割的整体。也随着一些发达国家走出"工业时代"，进入了"后工业化"的新的发展时期，20世纪80年代以来出现了后工业化浪潮。其"后工业经济"的核心是以产品创新为主导、以高端制造业和服务业为主体、以社会成员共同治理为手段和以人为本的城市化为目标的发展模式。这些新的发展变化不仅推动了科学技术和社会文化的相互了解与融合，也给管理者带来诸如不同国籍、不同文化背景、不同管理制度和工作价值观的组织成员如何进行有效沟通、密切合作，以及适应新技术发展需要等管理问题。

5. 风险社会　1986年，德国著名社会学家乌尔里希·贝克（Ulrich Beck）出版了德文版的《风险社会》一书，该书首次使用了"风险社会"的概念来表征当今世界正在从传统工业社会形态向一种后工业社会形态——风险社会的转变进程。1992年该书被马克·里特（Mark Ritter）译成英文后，"风险社会"作为一个概念和理论被更多的西方学者以及公众所接受。在全球化、知识经济、科技革命的浪潮冲击下，人类社会正在发生重大变化，我们正逐渐进入一个风险社会。风险社会对管理人员提出了严峻的挑战。建立符合风险社会需要的新型管理机制已成为一项紧迫的任务。

二、管理对社会发展的促进

管理是在人类征服自然、改造自然、创造人类社会文明的过程中产生和出现的。一方面,管理要适应社会的发展,另一方面,管理又不断通过适应和创新组织的经营活动推动社会的前进。管理存在和发展的价值就在于它能在一定的社会条件下,极大地促进生产力水平的提高、推动社会的不断发展。

(一)促进生产力发展,提高生产效率

管理的发展过程就是生产力不断发展,人类社会持续进步的过程。任何组织都有其既定的目标和任务。这些目标和任务的完成要求组织管理者掌握科学的管理方法,具备丰富的管理经验,运用先进的管理知识和方法进行管理工作。只有这样才能保证组织的有效运行,顺利完成既定目标和任务,提高生产效率。科学有效的管理既能够完成任务,同时也能增强员工的自我管理意识和责任感,进而提高组织的竞争力和经济效益。如在医院管理过程中,医院管理者需要完善管理制度,引导医院发展回归公益性质,促进医院重视医疗质量和服务质量管理,提升医院的核心竞争力。

(二)促进组织有效运行

丰富的管理知识和有效的管理是每个组织发挥作用的前提和基础。任何一个组织都是由人构成的,而人自身又具有复杂性和多样性的特点,所以只有对其进行科学有效的管理,才能使其按照所规定的方向发展,符合组织的利益和要求,促进组织有序健康地运行和发展。组织的规模越大,越需要高水平的管理,只有这样才能保证组织正常运营,规范组织运行秩序。如在医院的运营管理过程中,医院应当将运营活动各环节的人、财、物、技术通过流程管理有机结合,形成统一的管理体系。以患者为中心,以公益性和事业发展战略为导向,以精细化和提质增效为目标,综合运用管理系统思维统筹优化运营管理流程,保障其有序运行。

(三)提高人的素质

管理的发展有力地推动了各项事业的发展进步,使人们的各项素质不断提高,为人类社会向更先进文明前进提供强大动力。原始社会进行习俗化管理,采用习惯性管理方式;农业社会进行农牧业的精耕细作,采取系统化管理;工业社会则进行工业化大生产,采取科学化管理;现代社会进行信息化劳动,采用人本管理。医院高质量发展,需要加强医院文化建设,以建设有温度与精度的学习型医院为发展主题,不断推进医院高质量发展,全面提升团队执行力,进而建设一支高效的服务团队。

第二节　管理的社会环境

任何组织的管理活动都是在一定的社会环境中进行的,环境的特征及其变化必然会影响和制约着组织的管理者履行计划、组织、领导和控制等管理职能的方向和内容选择。随着知识经济时代的发展、科学技术的进步,社会环境的变化是绝对的,而且变化的速率越来越快,程度也越来越大,可以说管理的基本问题就是要在变动的社会环境中对组织进行有效的管理。

对于一个组织来说,管理的社会环境(social environment)是指存在于组织内部和外部的,影响管理实施和管理功效的各种力量、条件和因素的总和。对于管理者来说,为了提高管理效率,实现组织的目标,不仅要了解诸如政治、法律、经济、文化、科技、教育等组织外部宏观的、一般的社会环境因素和诸如生产要素供应者、服务对象、竞争对手等具体的行业环境因素,而且也要把握员工的价值观、团队意识、组织所拥有的资源及能力等组织内部环境的变化,以便综合作出正确的管理决策。本节主要是探讨管理的外部社会环境(图3-1)。

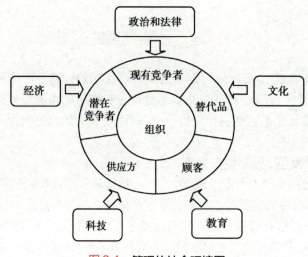

图 3-1　管理的社会环境图

一、管理的外部社会环境

（一）政治与法律环境

政治环境（political environment）是指一个组织所在国家或地区的社会制度、政治结构、党派关系、政治形势、方针政策等因素。这些因素都会对一个组织产生重大的影响。政治环境主要表现在地区的稳定性和政府对各类组织或活动的态度倾向上。地区稳定性是一个组织在制定其发展战略时必须要考虑的。一个对外开放的国家，组织不但要重视国内政治环境的变化也必须重视国际政治环境的变化。政治环境主要具有三个特点。第一，政治制度的多元化，即不同的国家有不同的社会制度及发展道路，不同的社会制度对组织的管理活动有着不同的限制和要求。第二，政府与企事业组织之间关系的变化，即政府的执政理念及政策倾向会不同程度地影响各类组织的发展。第三，政策的多变性，即各个国家或地区在不同的时期为了保证自身的利益和发展，常常补充或修改、制定新的政策。

法律环境（legal environment）是指组织所在的国家或地区与其运行有关的法律、法令、条例、规章制度以及执法机构、执法力度和公民法律意识等因素。在现代市场经济条件下，政府主要通过制定法律和法规间接影响组织的经营活动，任何组织的活动都要受到相应法律规范的强制性制约。如我国针对企业经营管理的法律法规有《中华人民共和国公司法》《中华人民共和国中外合资经营企业法》《中华人民共和国专利法》《中华人民共和国商标法》《中华人民共和国税收征收管理法》《中华人民共和国企业破产法》等。为了预防、控制和消除对环境的破坏和传染病的发生与流行，很多国家颁布了环境保护法和传染病防治法。

对管理者来说，诸多政治因素与众多的法律和规章制度构成了复杂的环境，因此组织的管理者要了解国家和政府目前允许干什么、鼓励干什么、禁止干什么，从而使组织的管理活动既符合有关的法律和规章制度，又受到法律的保护和政府的支持，以避免不必要的管理障碍。

（二）经济环境

经济环境（economic environment）是指组织所在国家或地区的经济制度、经济结构、经济发展水平、物质资源状况、消费结构及消费水平等因素。国民生产总值（GNP）、国内生产总值（GDP）、消费价格指数（CPI）、存贷款利率、通货膨胀率、居民可支配收入、股市指数和经济周期通常可作为反映经济环境的重要指标。经济环境是影响组织，特别是影响经济组织的企业活动的重要环境因素。在经济环境诸因素中，起决定作用的是这个组织所在国家或地区的经济体制。我国的基本经济制度是"以公有制为主体、多种所有制经济共同发展"的社会主义市场经济体制，而西方资本主义国家是建立在生产资料私有制基础上的资本主义市场经济体制。经济环境主要包括宏观和微观两个方面的内容。

1. 宏观经济环境　宏观经济环境主要是指一个国家或地区的人口数量及其增长趋势，经济发展阶段、国民收入、国内生产总值、市场规模及其变化情况，以及通过这些指标能够反映的国民经济发展水平和发展速度等因素。人口数量既决定着能够为政府、企事业单位及社会组织等提供的人力资源的数量，也影响着社会市场及经济发展的规模。宏观经济的繁荣发展必然为各类组织的发展提供了机会，而宏观经济的衰退则可能给所有组织带来困难，特别是从事企业活动的经济组织。由于卫生事业与经济之间的相互作用，宏观经济环境的好坏，会直接或间接影响着医药卫生事业及产业组织发展的规划、筹资及技术应用等。

2. 微观经济环境　微观经济环境主要是指组织所在地区或所需服务地区消费者的收入水平、消费偏好、储蓄情况、就业程度等因素。这些因素直接决定着组织目前及未来的市场大小。假定其他条件不变，一个地区的就业越充分，收入水平越高，那么该地区的购买能力就越强，对某种组织的经营活动及其产品的需求就越大。一个地区的经济收入水平对其他非经济组织的活动也是有重要影响的。比如，在人们温饱没有解决之前，很少会主动关注环境保护、食品安全及公众健康问题和支持相关组织的活动。

（三）文化环境

文化环境（cultural environment）是指组织所在国家或地区人们的信念态度、宗教信仰、风俗习惯、道德规范、行为准则、处事方式、审美与价值观念等因素。由于文化环境是某一特定民族或区域在长期历史发展过程中形成的，具有相对稳定性特征，其对组织的影响通常是间接的、潜在的和持久的。文化环境虽不像法律条文强制性制约着人们的行为，但它是社会组织的普遍共识和认可，代表了社会群体的集中意志，反映和控制着社会舆论，在一定程度上影响、约束和规范着个人或集体的行为处事方式，调节着人与人之间的关系。处在一定地域的组织，会因其成员同时兼有其他社会群体成员的身份而把这种文化的影响带进组织，潜移默化地影响着组织的微观文化。不同文化环境背景下，人们的价值观念往往有着很大的差异，它往往影响和制约着人们的消费观念、需求欲望及特点、购买行为和生活方式，消费者对商品的色彩、标识、式样以及促销方式都有自己褒贬不一的意见和态度，企业经营管理必须根据消费者不同的价值观念设计产品或提供服务。

特有的文化环境会营造一种社会心理氛围，影响和制约着组织成员对于成功、竞争、责任等方面的工作态度以及易接受、执行什么方式的管理。比如：美国是西方文化类型的国家，长期流动的狩猎生活养成了具有"自由流动""个人主义""冒险竞争"的"狩猎"特征的文化环境，其企业管理中便形成了一种倾向个人主义价值观的理性科学的硬管理模式；而日本是一个东方文化环境类型的单一民族，人们长期密集定居在岛国从事耕种，形成了日本社会崇尚团体、注重和谐安定的"岛国农耕"文化环境特征。第二次世界大战之后，美国先进的硬科学管理方法被吸收进入日本文化环境之后，经历了融合、改造、变成了特有的建立在人与人之间的信任、亲密、微妙关系基础上的非理性软管理模式。日裔美籍管理学家威廉·大内（William Ouchi）1981年提出的"Z理论"即强调分析了管理中美日两国不同的文化环境特性。第二次世界大战后，日本企业既严格科学管理，又强调"和"文化价值观、集团主义竞争意识和以终身雇佣制为主的灵活灵性主义管理方式，无疑是日本经济突飞猛进的主要原因之一。

众所周知，儒家思想文化是中国传统文化的核心和主流，也是中华民族几千年来传统美德和行为规范的重要基础。它倡导的"仁者爱人"的道德观，"义利并举"的价值观，"克己奉公"的工作观，"和为贵"的人际观以及兼收并蓄的实用理性等思想，强调的"为人君止于仁，为人臣止于敬，为人子止于孝，为人父止于慈，与国人交止于信"等社会及组织关系准则，提出的"修身、齐家、治国、平天下"等把政治与伦理文化相结合、国家和家庭及个人相联系的社会管理思想，在中国封建社会形成长达数千年的超稳定组织的过程中起了极其重要的作用，也与现代管理的发展趋势相吻合。

中国的儒家思想文化实际上不仅在中国有着深远的影响，并且至少早在一千多年前的唐朝就已越出国界，传播到了日本、朝鲜和东南亚各国，成为世界东方文化的渊源之一。在近一百年来，特别是最近三十多年间，如日本、韩国、新加坡等许多深受儒家文化影响的国家都相继走上了现代化的道路，社会经济得到了高度发展，组织管理也达到了世界先进水平。这些国家和地区均成功地借鉴并吸收了东西方有益的思想文化，把儒家文化中最核心的家庭观引进了组织的现代科学管理中，把"建造大家庭"以增进"员工归属感"作为现代组织追求的管理文化及理想目标，把"仁、义、礼、智、信"作为塑造组织文化的精髓，形成了与世界西方组织文化环境截然不同的管理特色和风格。因此，任何组织的管理都不得不考虑文化环境的作用和影响，每个组织在学习、吸收国内外先进管理经验时，都必须考虑跨文化的移植改造等问题。

（四）科技环境

科技环境（science technical environment）是指一个组织所在国家或地区的科技人才、科技水平、科研能力及潜力、科技政策、科技发展动向等因素。管理之所以从经验走向科学，科学技术的发展对管理理论的演变发展提供了强有力的环境支持，又为管理技术的更新提供了新的工具。在一般社会环境的组成要素中，科技是20世纪下半叶社会发展变化最为关键迅猛的要素，为各行各业的组织管理方式都带来新的变革。互联网数字化智能化、新材料、新能源、生物与医药等方面的高新科技的广泛应用，在很大程度上改变了原有组织与其服务对象、组织内部结构等诸多要素及关系，也影响了组织及其管理者。只有那些能快速适应科技进步、应用新科技手段、主动参与科技创新与开发的组织，方可在未来社会竞争中占据优势。现代社会中，科技越来越在管理的计划、组织、领导、控制等职能方面发挥重要的作用，组织的发展和管理方式的改变无不与科技的发展相联系。

科技环境对企业的影响尤为显著。当今世界各国，都把发展科学技术当作促进国民经济的基础手段，从而使企业之间的科技竞争表现为科技成果应用及研发能力的竞争。企业生产同一类产品或服务，不同档次科技水平的应用，工艺技术含量的差异，都会造成经济成果的差异。企业越来越要求具备良好的科技及创新环境。企业生产经营以满足社会需要的不同产品或服务，代表了不同的科技发展水平，对生产者或生产条件也有着不同的科技要求。科技进步发展了，可能使企业生产的产品或服务被反映新科技的替代品所竞争或淘汰，其生产工艺和作业人员的操作技能和知识结构不再符合要求。任何一种新科技的出现都可能引出新的行业，为企业带来发展的机会。因此，各行各业的企业必须及时关注国家对科技开发的投资和支持重点、该行业领域科技发展动态、科技转移和商品化速度、科技专利及保护等科技环境的变化，分析新的科技环境对企业经营及管理活动产生的影响，以便及时地调整企业的发展战略、经营结构、营销策略及管理方案，以科技进步为契机，不断开发新产品，使企业在市场经济中获得和保持竞争优势。

（五）教育环境

教育环境（educational environment）是指一个组织所在国家或地区的教育思想与理念、教育体系，人们的教育普及程度、教育文化程度和教育水平，以及社会对教育和人才的重视程度、教育对社会所需的科技与人才的满足与适应程度等因素。教育是科技持续健康发展的坚实支撑，对科技进步具有决定性作用。组织的效率和品质在很大程度上取决于组织成员的科教和文化素质。人才是各级各类组织内诸多资源中的最关键和能动性要素，其受教育水平、素质和能力的高低，无疑会时刻影响着组织的目标实现和管理效率。

教育是一种有目的、有计划、有组织、系统地传授知识和专业技术等的社会活动，其根本价值就是给国家或各类组织提供具有崇高信仰、道德高尚、诚实守法、技艺精湛、博学多才、多专多能的人才，培养经济与社会组织发展需要的劳动力，培养身心健康的合格公民。家庭教育、学校教育、社会组织教育等持续的终生教育环境对促进一个人的素质、能力、科技水平，以及社会组织发展起着显著的推动作用。

一个国家教育的普及和发达程度往往与其科技、文化、生产力发展水平和组织绩效密切关联。古代中国因先进的教育环境而荣耀过，如以世界公认杰出的大教育家孔子为代表的儒家教育思想，以老子为代表的道家教育思想，以韩非子为代表的法家教育思想，不仅对中国古代社会发展、朝代更替、当朝统治者及组织的管理有着深刻的影响，而且对许多东西方国家都产生过不同程度的影响。美国自建国起，就对教育抱有强烈的信念与极大的热情，已形成世界最发达的教育体系，其注重"独立思考、积极创新和敢于质疑"的教育发展观念深入社会民众，并希望通过教育把来自全球的多元文化融合成美国文化，培养出认同美国价值观的合格美国公民。第二次世界大战后日本能够在短期内创造出让世界惊叹的经济奇迹，其主要原因就是日本长期重视教育。正如原日本文部大臣荒木万寿夫说的那样："明治至今，我国的社会和经济发展，特别是战后经济发展的速度惊人，为世界所注视，造成此种情况的重要原因，可归结为教育的普及与发达。"日本著名经济学家大来佐武郎也认为："发展教育、培养人才是建立现代化经济强国的第一要素。"

教育环境和文化环境相互包含、相互作用。教育总是在一定的文化环境背景下进行的，而文化的传递和发展又依赖于教育环境，教育是文化繁荣和发展的重要手段和基本途径。随着文化的发展，人们对教育的需求也随之提升；教育通过培养人才来传承和积累人类文化，具有筛选、整理、传递和保存文化的作用。教育培训在改变组织管理者工作信念、态度和感知角色与责任方面所施加的影响是最大的。文化环境会促进教育的发展，而教育环境的不断探索前进也会推动文化的发展，教育和文化发展是相辅相成的，其对组织的影响是持久、深远的。

二、组织的具体行业环境

组织不仅在宏观的、一般的社会环境中生存和发展，而且还在具体的行业领域内活动。不同的组织有不同的行业环境，与一般社会环境相比，行业环境对组织的影响更为直接和具体。行业环境的特点直接影响着组织的竞争能力。20 世纪 80 年代，美国管理学家迈克尔·波特（Michael E. Porter）根据组织的行业特征提出，影响组织行业内竞争结构及竞争强度的主要五种力量为：现有竞争者、潜在竞争者、替代品（服务）、服务对象（顾客）以及资源供应者，即著名的"波特五力模型"（图 3-2）。

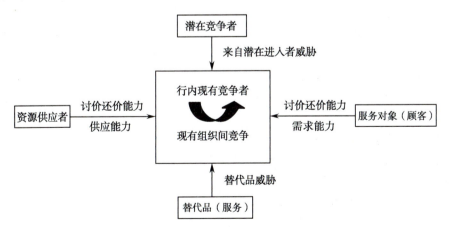

图 3-2　影响组织行业竞争的"波特五力模型"图

（一）现有竞争者

现有竞争者是指与某特定组织生产或提供同种类似服务（产品）的其他组织或个人。任何一个组织都会不可避免地有一个或多个竞争者，即使是垄断组织也不例外。如铁路运输公司有公路、水路、航空运输公司与之竞争。现有竞争者的数量、规模和技术力量、市场占有率、发展实力及动向等，都会影响特定组织的管理决策。多个生产或提供相同的产品或服务的竞争者，必然会与特定组织采取各种措施争夺资源和顾客。资源的竞争一般发生在许多组织都需要同一有限资源的时候，最常见的资源竞争是人才竞争、资金竞争和原材料竞争。对经济资源的竞争可能来自不同行业不同类型的组织。顾客的竞争一般发生在同类型的组织之间。如航空与铁路部门之间、高等学校之间、医院之间就可能为争夺顾客或服务对象而展开竞争。现有企业竞争者之间的竞争常常使用的方式包括价格折扣、新服务（产品）推介、广告和售后服务改进等，其竞争强度与许多因素有关。

（二）潜在竞争者

潜在竞争者是指暂时对某特定组织未构成威胁但具有潜在威胁的竞争对手。一种服务（产品）的开发成功，往往会引来许多组织的加入。这些可能新加入的潜在竞争者既可给行业注入新的活力，促进组织努力提高技术和管理水平，降低运营成本，也会给原有组织带来价格下降、市场份额和利润减少等生存和发展的威胁。潜在竞争者进入行业的可能性及威胁，取决于进入行业的规模经济、品牌忠诚、销售渠道、资金需求、转换成本、政府限制、专利保护等方面的障碍程度以及行业内部现有组织的反应强度。组织往往关注现有的竞争者，易忽略潜在的竞争者。为了能够在激烈的市场竞争中生存并发展，组织应该具备从行业和市场两方面识别潜在竞争者的能力，以随时准备和积极应对，因为潜在竞争者突然转变成现实竞争者时往往会给特定组织带来极大的冲击。

（三）替代品（服务）

替代品（服务）是指那些与本行业的产品（服务）具有同样功能的其他产品（服务）。组织生产或提供的产品（服务），能够满足人们某种需要的使用价值或功能。组织向市场提供的实际是一种抽象的使用价值或功能。能满足相同使用价值或功能的不同产品或服务是可以互相替代的。不同的产品或服务，虽然其外观形状、物理特性、使用方式可能不同，但使用价值或功能却可能相同。如有些疾病的治疗服务方案往往有多种，药物治疗、物理治疗、手术治疗等等，但它们都能够治愈疾病。如果产品（服务）的使用价值或功能相同，能够满足的顾客需要相同，那么在使用过程中就可以相互替代，生产或提供这些产品（服务）的组织之间就可能形成竞争。

（四）服务对象（顾客）

服务对象（顾客）是指一个组织为其提供服务（产品）的人或单位，如政府组织服务的公民、高校中的学生和毕业用人单位、医院的病人、图书馆的读者、商店的购物者、企业的客户等。组织提供或生产的每一个服务（产品），都是为了满足服务对象的实际需求，组织的一切活动都必须以服务对象为中心。服务对象是影响组织生存和发展的主要因素，而任何一个组织的服务对象的需求是多方面且不断变化的，存在潜在的不确定性。因此，组织及管理者就必须深入服务市场，分析服务对象的心理行为，把握其需求的变化，研判其讨价还价或谈判的能力，及时推出新服务或新产品，以促进组织绩效的高效率实现。

（五）资源供应者

资源供应者是指向特定组织提供服务（产品）所需资源的人或单位。这里所指的资源不仅包括人、财、物等，也包括信息、技术和服务等。对大多数组织来说，学校毕业生就业部门、政府劳动人事部门、各类人员培训机构、人才市场、职业介绍所是其主要的人力资源供应者，金融机构、政府部门、股东是其主要的资金供应者，各情报信息中心、咨询服务机构、政府部门及新闻机构是其主要的信息供应者。组织要生存发展依赖于上述资源的有效保障，组织必须源源不断地从外界获得这些要素。因此，组织及管理者必须前瞻性地针对资源供给渠道的选择、所处行业的集中程度、寻找替代品的能力、组织向后一体化的可能性等方面进行供应者分析，以便及时作出科学决策。

三、管理的国际化环境

管理的国际化（managing internationalization）是指在跨文化条件下克服任何异质文化的冲突，并据以创造出企业独特的文化，从而形成卓有成效的管理。国际化是当今世界各国经济、政治和社会发展所造成的一个客观的管理环境。特别是现代交通、通信技术的迅速发展促成了全球经济一体化，大大小小的组织越来越多地跨国界、跨地区、跨行业及跨文化进行复合经营，形成了管理的国际化时代环境，迫使组织及管理者须面对世界市场及国际化竞争，把相关的管理要素放置在国际的大环境之中进行考量，动态、及时地应对瞬息万变的国际条件和激烈的国际竞争，在灵活、迅速的反应中寻求组织生存和发展的机遇。

需要强调的是跨文化管理问题。跨文化管理（cross-cultural management）是指在跨国界、跨地区、跨行业公司经营中，对不同种族、不同文化类型及发展阶段的子公司所在东道国或地区的文化采取包容的管理方法，其目的在于在不同形态的文化氛围中设计出切实可行的组织结构和管理机制，在经营管理方式及过程中寻找超越文化冲突的公司目标，以满足不同文化背景下顾客的需求及维系员工共同的行为准则。可见，组织跨国经营必须了解当地文化，并实施针对性的跨文化管理。在特定国家内部各组织间的合作有时也需要跨文化管理，以解决各组织间因不同民族风俗习惯、宗教信仰和文化氛围等所产生的矛盾和问题。

任何跨国界、跨文化组织的管理者到一个新的国家管理组织的业务，都会面临所处东道国陌生社会环境的诸多挑战。现代跨国界及跨文化管理既告别了组织传统管理模式的"自我中心主义"，也不同于管理的"国土本位主义"或"民族中心主义"。跨国公司的母公司不再以所在国政治、经济、文化环境的主体观点对待东道国子公司的管理，而是给子公司适应东道国经济文化和政策法规的经营自主权。一方面，由于它们同属于一家跨国公司，能够利用不同国家中的商业机会，在经营和生产中相互合作，在国际范围内筹募资金和获取资源；另一方面，由于母公司与子公司之间的组织结构关系相对松散，子公司拥有经营自主权，能够根据东道国环境及变化及时调整自己的经营内容和管理方式，增强生存能力和获得更多的发展机会，实现组织经营利益或效益最大化。

管理的国际化趋势，必然会反映在对管理者的素质要求，以及计划、组织、领导和控制整个管理职能或过程的创新方面。跨国界、跨文化的组织管理者需要与拥有不同教育和文化背景以及价值观念的组织成员分工协作与相互交流、作用和影响；还必须研究应对不同的法律、政治、经济、科技等环境因素对组织管理方式、职能和员工行为的影响；开发设计并实施按职能、产品或区域分部等多维立体混合式的组织结构；在选聘管理者方面，高层管理者或职业经理人尽可能选拔熟悉跨国发展战略和经营政策方针的组织总部所在国的国民以及有着不同国家工作经验和灵活反应能力的第三国国民，中层和基层管理者则侧重选取熟悉东道国法律、政治、教育、文化等环境及本地员工行为特征、资源供应者和公众状况的国民；在管理经营上，采用"本土化"与"文化相容、规避、渗透和创新"相结合的发展策略，等等。世界正变得越来越小，而每个组织受到国际多元、复杂环境因素的影响则越来越大。这就要求，涉及国际经营的组织必须在管理制度、组织结构、决策程序、人员配备要求与激励等方面采取相应的管理创新，主动迎接和适应国际化的发展环境。

四、管理的社会环境分析

充分了解组织面临的社会环境的各种构成因素对组织经营管理的影响，对组织管理者来说显然是非常重要的。在此基础上，通过一定的技术和工具对管理环境的特点和发展趋势进行评价和管理,可以帮助组织发挥优势、弥补劣势,避开不利于组织经营的威胁,抓住有利于组织实现经营目标的机会。组织的最高管理层可以用环境威胁矩阵和市场机会矩阵来进一步评价管理的社会环境。

(一)环境威胁和市场机会分析

组织社会环境的发展趋势基本分为两大类:一类是环境威胁;另一类是市场机会。社会环境评价的主要目的就是寻找机会及最小化威胁。

1.环境威胁矩阵 威胁是一种对组织经营不利的发展趋势,如果不能识别面临的威胁的程度,这种不利趋势将很快侵蚀组织的业绩和利润。环境威胁可以按照威胁严重性的发生概率来分类。

环境威胁矩阵的纵轴代表潜在严重性,表示盈利减少程度,横轴代表出现威胁的可能性(图3-3)。对于第Ⅰ象限的威胁,组织应处于高度警惕状态,并制定相应的措施,尽量避免损失或使损失降低到最小,因为它的潜在严重性和出现的概率均很高;对于第Ⅱ、Ⅲ象限的威胁,组织也不应该掉以轻心,要给予充分的重视,制定好应变方案;对于第Ⅳ象限的威胁,组织一般应注意其变化,若有向其他象限转移的趋势,应制定对策。

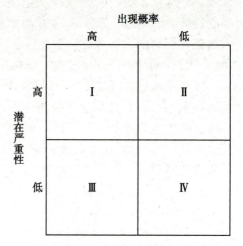

图3-3 环境威胁矩阵

2.市场机会矩阵 机会是指管理环境中对组织经营有利的因素,是可以帮助组织获得竞争优势及差异化利益的外部机会。通过市场机会分析矩阵,可以明确组织的机会和发展方向。这些机会可以按照潜在的盈利能力及可能获得成功的概率来加以分类。组织的每个特点机会中,成功的概率取决于组织自身的优势是否与行业所需要的成功条件相符合。

市场机会矩阵的横轴代表成功的可能性,纵轴代表潜在利润机会,代表潜在的吸引力(图3-4)。第Ⅰ象限的环境机会,属于机会潜在利润和组织成功概率都高的状态,组织在这一市场条件下应全力去发展;第Ⅱ象限的环境机会属于机会潜在利润高和成功概念低的环境条件,组织应设法改善自身的不利条件,使第Ⅱ象限的环境机会逐步移到第Ⅰ象限而成为有利的环境机会;第Ⅲ象限的环境机会属于机会潜在吸引力低和成功概率高的环境机会,对大组织,这种环境往往不予重视,对中小组织来说,可以不失时机地捕捉这样的机会;第Ⅳ象限的环境机会属于机会潜在吸引力低和成功概率低的环境条件,对这样的环境状态,组织应一方面积极改善自身条件,另一方面静观市场变化趋势,随时准备利用转瞬即逝的机会。

3.环境综合分析矩阵 在组织实际面临的客观环境中,单纯的威胁环境和机会环境是少有的。一般情况下,组织环境都是机会与威胁并存、利益与风险结合在一起的综合环境。根据综合环境中威胁水平和机会水平的不同,组织所面临的环境可以分为四种情况(图3-5)。

理想环境是机会水平高、威胁水平低、利益大于风险的环境。这是组织难得遇上的好环境。冒险环境是市场机会和环境威胁同在,利益与风险并存的环境。成熟环境下机会和威胁水平都比较低,是一种比较平稳的环境。困难环境下风险大于机会,组织处境十分困难。

4.组织对评价的反应

(1)组织对环境威胁的反应:一般来说,组织对环境威胁可选用以下四种对策,包括反攻策略、减轻策略、合作策略和转移策略。反攻策略即试着限制或扭转不利因素的发展,通过法律诉讼等方式促使政府通过某种法令或政策等保护自身合法权益不受侵犯,改变环境的威胁。减轻策略即通过改变营销策略,以减轻环境威胁的程度。由于环境因素对组织营销形成了一定的威胁,并且这一威胁的后果不可避免,此时,减轻策略就是对付威胁的策略之一。合作策略是指组

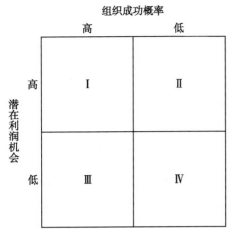

图3-4　市场机会矩阵

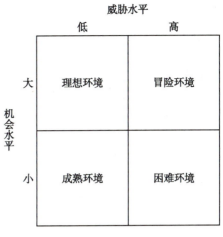

图3-5　环境综合分析矩阵

织通过各种合作手段，由更多的社会组织组成联合体，充分利用资金、技术、设备，取长补短、分散风险，共同保护自身利益。转移策略是指受到威胁程度严重的组织无条件继续经营原来业务时，可逐步转移原来业务或调整业务范围，以减轻环境对组织的威胁。

（2）组织对机会的反应：组织管理者对发现的机会，须认真对待，慎重应对。一是重点机会先行，根据市场机会的优劣次序，首先选择和占领对组织最有价值的市场；二是准确把握面临的机会，对于看准的机会，及时把握，迅速决策，抢在竞争对手之前夺得先机；三是先选择一个区域精耕细作，迅速做强、做透，成功后立即复制到其他区域，滚动发展。

（3）组织对综合环境评价的反应：在环境综合分析和评价的基础上，组织对不同机会和威胁构成的4种情况，可以分别采取不同的方法应对。理想环境下，必须抓住难得的机会，迅速行动，否则好环境稍纵即逝。冒险环境下，组织首先要认真审视自身的优势和劣势，切忌盲目冒进。在自身有能力把控风险的前提下，扬长避短，创造条件，审慎争取新的突破和发展。成熟环境下，组织主要将其视为常规业务，在组织正常运转的同时为开展理想环境业务做好准备。困难环境下，组织必须尽力去改变环境，走出困境或减轻威胁；否则就立即转移，摆脱无法扭转的困境。

（二）社会环境的不确定性和复杂性分析

组织所处的外部社会环境往往具有不确定性和复杂性。不确定性是指环境的不可预测性，根据环境的变化程度，可以把环境分为动态环境和稳定环境。复杂性是指环境受多个外部要素数量和种类的影响程度，根据环境的复杂程度，可以把环境分为复杂环境和简单环境。一般来说，组织在应对复杂性方面的能力要比应对不确定性方面的能力强。用环境的变化程度和复杂程度来评价反映，可形成四种不同的典型的管理环境，见图3-6。

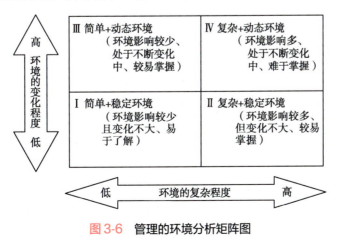

图3-6　管理的环境分析矩阵图

象限Ⅰ：在"简单＋稳定"的环境中，组织处于相对稳定的状况。这种环境情境下，管理者需强调对内部采用强有力的组织权责结构形式，注重通过计划、规章制度和标准化工作流程实现有效的管理。

象限Ⅱ：在"复杂＋稳定"的环境中，组织处于较为复杂但相对稳定的状况。这种环境情境下，管理者通常强调采用分权的形式组织各自的活动，并注重根据组织所在具体行业的现有竞争者、潜在竞争者、服务对象以及资源供应者等条件作出相应的改变。

象限Ⅲ：在"简单＋动态"的环境中，组织处于相对缓和的不稳定状况。这种环境情境下，管理者一般采用调整内部组织管理的方法来适应变化中的环境。

象限Ⅳ：在"复杂＋动态"的环境中，组织处于复杂而又动荡的不稳定状况。这种环境情境下，管理者必须强调加强组织内部各方面及时有效的相互联络，采用权力分散下放和各自独立决策的经营方式。

社会环境的种种变化，一方面可为组织的生存和发展提供新的机会；另一方面在环境变化过程中可能为组织生存造成某种不利的威胁。任何一个组织要想继续生存和不断发展，就必须设法主动地选择环境，研究分析社会环境及其变化的一般规律与趋势，以更好地适应并利用环境，避开环境威胁，改变甚至创造适合组织发展所需要的新环境。

第三节　管理道德与社会责任

管理者在组织中从事的管理工作，受到组织所处在社会环境、内部因素和外部竞争环境的影响，组织在社会中生存和发展，也必然受到整个社会、行业、社区的法律法规、道德观念、社会规范及公众舆论等众多因素的制约和影响。近年来，一些组织特别是企业，为了获取高额利润，缺乏应有社会责任的担当和起码道德规范的约束，时有发生污染公共环境、伤害公众健康、制假售假、哄抬物价、商业诈骗、侵犯消费者权益、歧视员工等违背社会公德行为、不信守组织及职业道德等问题，迫使人们重新思考和审视组织的道德基础和社会责任。现代社会中，人们越来越要求组织不仅提供满足顾客（服务对象）需求的产品（服务），而且还要考虑社会公众的长远利益和长期社会福利。

一、管理伦理

（一）伦理与道德的概念

伦理与道德是两个相互联系又相互区别的概念。"伦"是指人的关系，即人、群体与自然之间的关系，这一关系包括个人与他人、与群体、与社会、与自然的关系，以及群体与群体、群体与社会、群体与自然的关系等；"理"是指道德律令和原则。所以"伦理"是指人与人相处应遵守的道德和行为准则，"伦理"的概念蕴含着西方文化的科学、理性、公共意识等属性。

"道德"概念蕴含着更多的东方文化的性情、人文、个人修养等色彩。根据施泰因曼（Steinmann）教授的观点，道德是指在一定的文化领域占实际支配地位的规范，而伦理则是对这种道德规范严密性的思考。道德这一概念包含了社会的道德原则和个人的道德品质两个方面的内容。

"道德"与"伦理"这两个概念，在一般情况下并不做严格的区分，它们经常可以互换使用，特别是作为"规范"讲时，"道德规范"与"伦理规范"是等同的。但是严格来讲，"道德"与"伦理"是有区别的。比如，当我们形容一个人是"有道德的"的时候，一般不会说这个人是"有伦理的"。因此，不难发现，"伦理"侧重于反映人伦关系以及维持人伦关系所必须遵循的规则，"道德"侧重于反映道德活动或道德活动主体自身行为的应当；"伦理"更具客观、外在、社会性意味，"道德"更多地或更有可能用于个人，更含主观、内在、个体性意味。

（二）管理伦理的概念

企业的存在是以社会的存在为条件，企业应该建立在企业家的社会责任观念上，而不应建立在企业家的权利观念上。因此，企业在追求利润最大化的同时，必须考虑社会责任，不考虑与企业生存和发展有关的社会群体的利益，最终受影响的还是企业。这就要求企业的自身经营和管理必须体现公正和人道，信守企业伦理，这是企业的灵魂，是企业形象塑造的根本，也是企业市场信誉取胜的保证。

管理伦理（management ethics）是指组织在调节与社会、与其他组织的关系以及在调节生产与营销的关系等管理活动中所应遵循的职业原则和道德规范。在生产经营活动中，管理伦理作为组织的重要精神资本，可以从两个方面体现其价值：一方面，管理伦理可以从宏观上起到协调社会和组织关系的作用；另一方面，它作为一种内在的精神力量，可以激励员工积极性和创造性的发挥，减少组织的管理成本，提高组织的内在效率。管理伦理通常包括三方面的关系：组织与员工的关系，如雇用与解聘、薪资与工作条件、隐私权；员工与组织的关系，如利益冲突、秘密、诚实；组织与其他组织的关系，如顾客、竞争者、股东、供货商、工会。

管理伦理作为组织文化的一部分，渗透到各个方面，既包括民主与集权、公平与效率等普遍原则问题，也包括组织现场管理中的伦理、财务会计工作中的伦理、人力资源开发与管理中的伦理、市场营销中的伦理等职能管理中的伦理问题。它体现了组织所确立的价值观，反映了组织对某些事件、某些问题的观点和态度，并在很大程度上决定了组织在承担社会责任方面的意愿。

（三）管理与伦理结合带来的管理变革

1. 从追求利润最大化到通过合乎法律和伦理的方式，提供增进社会福利的产品和服务　传统企业管理以利润最大化为目的，实际上是单纯从企业追求利益而非社会整体看待企业目的。管理与伦理结合，要求企业从社会整体角度，重新审视企业目的，把通过合乎法律和伦理的方式提供增进社会福利的产品和服务作为企业的根本目的。

2. 从以所有者为中心到注重利益相关者　传统管理一向奉行所有者至上的思想，顾客、员工、供应商等利益相关者只是充当了实现所有者利益的手段。他们的利益没有得到切实保证。管理与伦理结合，促使人们对组织经营中的各种"关系"重新认识。组织的所有决策，大到建新厂、开发新产品和服务、开拓新市场等战略决策，小到选择促销方案、处理消费者投诉等日常决策，不仅会给组织及其所有者带来利益或损失，而且会对其他利益相关者产生正面或负面的影响。组织与利益相关者之间存在着相互依赖关系，组织离不开顾客、员工、供应商、社区、政府、公众，甚至组织竞争者，竞争可以促使组织更快地发展。利益相关者也能从与组织的合作中获得好处。这就要求组织管理者从只考虑所有者一方的赢，不管利益相关者是输是赢，转变到努力创造一种共赢的结局，在实现所有者利益目标的同时，能合乎道德地对待其他利益相关者，使他们的需要也能得到满足。

3. 从手段人到目的人　人类的一切活动归根结底是为了人类自身的生存与发展。德国哲学家康德（Kant）早就提出："人是目的而不是手段。"人应该永远把他人看作目的，而不是把他人看作实现自身目的的手段。管理中对人的认识从早期的"机器人""经济人"，发展到"社会人""复杂人""自我实现人"，取得了明显的进步。然而，在传统管理中，人被看作是实现企业和利润最大化的手段，管理者试图通过满足人的某一方面的需要来激发员工的积极性，提高生产率。视人为目的的思想随着管理与伦理结合而逐渐进入管理领域。肯尼斯·E. 古德帕斯特（Kenneth·E. Goodpaster）认为："尊重人，把人看作目的，而不仅仅是实现目的的手段，是企业社会责任观念的核心"，视人为目的最重要的是尊重每个人的尊严、权利、价值和愿望，视人为目的不局限于企业员工，而且包括所有的人。

4. 从遵守法律到法律与道德并重　通常认为，只要不违法，无论做什么或者怎么做都是可以的。管理与伦理结合对管理带来的最显而易见的变化——仅仅是守法是不够的。这是因为一个组织如果奉行"只要守法就行"的原则，就不大可能积极从事那些应该的、应予鼓励的行为，实际上也就放弃了对卓越的追求。道德可以弥补法律的不足，道德除了对违法者予以谴责外，对虽不违法但仍属不道德的行为也予以批评、谴责，而对道德的行为，尤其是高尚的行为予以鼓励、褒奖。道德通过对人深层心理的渗透，直接影响人的内部精神世界。因而其范围更广，作用更深刻、持久。因此，现代组织管理既要遵守法律，又要遵守基本的伦理规范。

二、管理道德

（一）道德与管理道德的概念

道德（morality）是一种社会依靠人们的社会舆论、传统习惯、价值体系、教育和人的信念的力量去调整人与人、人与社会之间关系的一种特殊的行为规范，是维护公众利益而约定俗成的辨别人们意识和行为是非的准则或原则。道德代表着社会发展的正面价值取向，人们通过道德规范来判断善和恶、正当和不正当、正义和非正义、荣和辱、诚实和虚伪、权利和义务等道德准则。道德教导人们认识自己对家庭、对他人、对社会、对国家应负的社会责任和应尽的社会义务，教导人们正确地认识社会道德生活的规律和原则，从而正确地选择生活道路和规范行为。

当前我国社会主义核心道德价值体系是由社会公德、职业道德、家庭美德和个人品德四方面构成的，它们之间相互联系、相互交叉、相互渗透和相互影响。社会公德简称"公德"，是指在人类长期社会实践中逐渐形成的、要求每个社会公民在履行社会义务或涉及社会公众利益的活动中应当遵循的道德准则，如遵守公共秩序、讲文明、讲礼貌、诚实守信、见义勇为、救死扶伤等。职业道德，是同人们的职业活动紧密联系的符合职业特点所要求的道德准则、道德情操与道德品质的总和，它既是对本职人员在职业活动中行为的要求，同时又是职业对社会所负的道德责任与义务，如爱岗敬业、遵守承诺、诚信经营、公平竞争、办事公道、服务群众、奉献社会等。社会公德、职业道德是现阶段我国社会主义公民道德建设的基础和重点，为社会公民的家庭美德、个人品质等"私德"指明了价值方向和追求。

管理道德（moral management）作为一种特殊的职业道德，是人们有目的、有意识地从事经营活动的组织及其管理者的经营理念、价值取向、工作作风、为人处世、管理准则与规范的总和，也反映组织、管理者及其员工对社会所负的道德责任和义务要求。对组织而言，管理道德是组织经营的法律法规、内在价值、服务理念、文化形象、重大决策的导向，是组织可持续健康发展所需的一种重要资源，是提高组织绩效、提升综合竞争力的源泉。一个缺乏管理道德的组织是不可能生存下去的。不同组织的道德准则可能不一样，即使同一组织在不同时期也可能具有不同的道德准则。此外，组织的道德准则要与社会的道德准则兼容，否则这个组织很难为社会所容纳。对管理者及员工而言，管理道德则反映了处理自己与组织、自己与员工、员工与顾客（服务对象）、员工与员工等关系的职业操守以及个人品质修养，是其立身之本、行为之基、发展之源。

（二）道德对管理的作用

管理就是通过计划、组织、领导和控制，协调以人为中心的组织资源与职能活动，以有效实现组织目标的过程。现代管理越来越强调"以人为中心"的管理，以及组织的自我管理能力。因此，组织中的管理不管是自我管理的能力还是管理他人的能力，道德都在其中发挥着重要的积极作用。一个人只有拥有了正向价值取向的道德力量才能塑造出健康的人格力量不断提升自己，同时也感染或传递给他人，用道德精神的正能量影响着人们的意志、行为和品格，协调着人与人、人与组织、组织与组织、组织与社会之间的关系，往往比用纯粹的经济手段、行政手段乃至法律法规手段的作用更广泛、更深刻、更持久，更能达到管理的效果。随着现代社会的文明进步，管理道德的价值及在此基础上形成的组织文化成了现代管理的精神核心与灵魂。

管理道德作为指导和约束组织、管理者及其员工工作行为的标准，是伴随组织的产生、发展而自然形成的一种深刻影响组织的无形管理力量,大量的管理实践证实,以纯功利或违反管理道德的理念和行为来管理组织的经营活动,很难达到理想的组织目标,甚至迟早会使组织陷入困境,难以生存和发展。因此,在管理战略、政策的制定和方案的实施中,都必须遵循和体现某种价值文化观念和道德原则。管理道德与管理制度即人们常说的"德治"与"法治",是管理不可缺少的两种基本手段,管理道德不仅是组织生存和发展的内在需求,而且它发挥着管理制度手段不可替代的管理效能,这种效能主要表现在以下两个方面。

第一,管理道德具有教化及自组织功能,能唤起和激励员工的热情,达到提高组织绩效的最佳目的。追求绩效是组织经营活动的重要目标,只有取得最佳绩效,才能切实保障组织的生存和发展。管理道德具有很强的自组织功能,不仅反映而且还发挥着自身的各种功能,去积极辅佐组织的经营发展。因为组织绩效的提高,无疑会增加社会财富,促进社会发展,而这正是管理道德的最高目标之一。为此,必须通过协调各种利益相关者的关系,强化管理道德自身的教育功能,使热爱本职、忠于职守、遵纪守法、诚实劳动、公平竞争、团结协作、敢于创新和追求社会价值等共同理念,通过管理道德的意识暗示,深入员工的内心,以释放并强化自我控制和约束的自我管理能力,使其变成每位组织员工的信念和自觉行为,激发其集体荣誉感和对组织与社会的责任感,形成促进组织绩效提高的强大精神凝聚力和推动力。

第二,管理道德能够阻止和抑制组织的负面效应,保证组织的正确发展方向。管理道德通过对组织的行为提供正确的价值导向,可以较好地防止组织行为的负向投射,把组织纳入持续发展的健康轨道。比如,在经济效益与社会效益的关系上,管理道德在重视经济效益的同时,还强调必须对人的生命价值、社会活动、消费者利益、社会精神面貌及自然生态平衡等方面负有高度的社会责任。在竞争与协作的关系上,社会主义道德核心价值体系主张通过提高技术与服务水平、改善经营管理、提高产品或服务质量、降低成本等手段来加强竞争能力,反对采取不正当手法去损害他人和社会的利益。在组织与国家、个人利益关系上,管理道德强调兼顾三者利益,保证国家利益的权威性,保证组织员工的个人利益及组织的再生产需求。只有这样按照道德法则去行事,才能保证组织的正确方向和持久发展。

(三)管理道德的四种观点

管理道德的困惑或问题的产生通常来自个人与组织的矛盾、组织与组织之间的矛盾、组织与整个社会的矛盾等。组织及管理者在处理这类棘手的问题时,决策的依据通常是建立在价值观及社会舆论基础上的道德准则。这些准则指导着组织及管理者如何与其他个人、组织、社会交往和相处,并向人们提供一种判断自己行为是否正确或恰当的基础标准。道德标准体现了正义感、自由度、合理性和平等性等方面的观点。

1. 功利主义的道德观 功利主义的道德观是完全按照行为引起的后果或结果进行管理决策的一种道德观点。功利主义倡导追求为绝大多数人带来最大利益及最大幸福,并以此来判断行为的道德性。接受功利主义道德观的管理者会认为,组织解聘20%的员工是正当的,因为这将增强组织的盈利能力,使剩下的80%的员工的工作更有保障。此观点强调促进组织及管理者不断追求自身效率、效益及幸福等本没有错,但事事、时时以功利主义为目标、为目的,就会导致组织资源配置的扭曲,一些利益相关者的权利受到忽视或侵害,可能发生一些见利忘义、唯利是图、损人利己、虚假伪善、圆滑市侩的道德问题。

2. 权利至上的道德观 权利至上的道德观认为管理决策必须在尊重和保护个人基本权利的前提下作出,具体包括个人的隐私权、思想自由、言论自由、生命与安全,以及法律法规规定的各种权利。例如,当员工或管理者告发上级管理者违法违规时,应当保护其言论自由的权利。该观点在保护个人自由、隐私等基本权利方面起到了积极的作用,但接受这种观点的管理者易因过分强调个人权利的保护从而影响了组织工作的完成,这种墨守成规的工作氛围,会阻碍组织经营及工作效率的提高。

3. 公正主义的道德观　公正主义的道德观要求管理者公平和公正地制定、贯彻和实施组织规则，具体包括组织资源分配的公正、工作程序及过程的公正、人际及信息互动的公正等方面。持有这种观点的管理者可能会决定给那些在技能、职责或绩效方面处于相似水平的员工支付同等级别的薪水，其决策的基础并不是性别、个性、种族、个人关系及爱好等；也可能会支付给新员工高于最低限度工资的薪金，因为管理者认为最低工资不足以满足员工的基本生活开销。按公正主义道德准则行事同样会有得有失，它在保护那些其利益可能未被充分体现或被忽视的利益相关者，但不利于培养员工的风险意识、进取和创新精神，也会降低组织经营的效率。

4. 社会契约整合的道德观　社会契约整合的道德观要求管理者在决策时综合考虑实证因素（是什么）和规范因素（应当是什么）两个方面。这种观点以两种"契约"的整合为基础，一种是组织处理并确定可接受的经营参与人之间基本规则的一般社会契约，这种契约规定了经营的程序；另一种是处理社区中特定成员之间可接受的行为方式的一种更为具体的契约。这些现实的但通常是非正式书面合约的社会契约达成一致时，并且其提出的规范与更广泛的道德准则相一致时，就成为了强制性的社会契约。

实证研究表明，大多数企业管理者对道德行为持功利主义的态度，因为这一观点与企业提高生产效率、追求高额利润的目标相一致。随着管理社会环境的变化，维护个人基本权利和社会公平日益被各级政府组织、社会事业及公益性等各类组织的重视，过分强调功利主义的道德观遭到了越来越多的非议，因为它在照顾多数人利益的时候忽视了少数人甚至是弱势人群的利益。这种新趋势要求各级各类组织及管理者需要以非功利主义的标准作为基础重视审视和调整自己的道德准则。这对现代管理者来说无疑是个严峻的挑战，因为依据这些准则进行管理决策比依据效率和利润等功利标准进行决策有更多的模糊性和复杂性，让管理者经常在道德困境中艰难前行。

（四）管理道德的改善途径

管理道德借助于一系列的职业价值、工作理念、原则和准则，依靠无形的社会舆论教化及自组织管理能力，规范和约束着每一个组织、管理者及其员工的行为。因此，管理道德的改善也应该从组织、管理者及其员工三个层面展开。具体来说，主要包括以下七个方面。

1. 甄选高道德素质的员工　组织中的员工，特别是管理人员，无疑是最重要的资源，管理者素质，特别是道德素质，往往是决定一个组织成败的最重要因素，组织能否在求职者和候选人当中，剔除道德考察不合格的人员，科学甄选出具有较高道德品质并认同组织道德价值理念的员工及管理者，至关重要。组织选聘员工及处在不同岗位和不同层次的管理者时，首先必须明确职位的具体要求，明确此职位的道德、知识、技能和未来潜在业绩等方面的具体要求，通过审查申请材料、面谈、笔试、背景测试、履历调查等科学程序严格地甄选，确保最终入选者必须都具有良好的社会道德和管理道德。事实上，仅仅通过甄选这一控制措施，是很难把道德标准有问题的求职者拒之门外的，通常还得辅之以其他控制措施。但科学甄选过程仍然被视为当前了解并掌握员工道德发展阶段、个人价值准则、自我管理强度的一个有效途径和方法。

2. 建立管理道德准则和决策规则　管理道德准则是一个组织基本价值观和组织期望员工遵守的道德规则的正式文件，其建立与不断完善是减少管理道德问题、改善管理道德的一项有效办法。美国《幸福》杂志曾评出的全美最好的1 000家公司中，其中90%的公司都有一套明文规定的道德准则。某企业近年来在组织结构再造时专门设立了道德规范部，以体现加强并改善组织道德准则的建设。我国大多数组织都在不同程度上探索或建立自己的道德准则或道德公约。

管理道德准则不能太抽象或笼统，应尽可能具体，应使员工明确以什么样的精神面貌从事工作，以什么样的工作态度对待职位；同时，还应当有足够的宽松度，允许员工在不违反原则前提下有足够的判断和自由思考的空间。如某公司曾明确向员工提出以下九项道德准则：①在我们所有的交往中要诚实和守信；②可靠地完成所分派的任务和职责；③我们所说的和所写的一切要真实、准确；④在所从事的所有工作中要相互协作并富有建设性；⑤对待同事、顾客和其他人要公平、体贴；⑥在我们的所有活动中要守法；⑦始终以最好的方式完成全部任务；⑧经济地利用公司的资源；⑨为公司服务并努力提高人类的生活质量。

决策在管理过程无处不在，且经常处于主导地位，正确决策是保障组织高效实现目标的重要前提。因此，有必要从道德层面建立决策规则，以提高科学决策的程度及质量。决策规则的制度应包括对决策的范围、主体、原则、纪律、方式、方法等作出的具体规定，确保决策的合法性、民主性和系统性，力争把不道德行为制止在决策过程中。近年来各级政府组织不断完善决策规则，在决策事项的提出、论证、确定、执行、反馈和监督等规则方面进行了规范，已普遍实行了政务公开制度，通过网上信息发布、政务论坛、新闻发布会、听证会等方式为公众提供信息，以及公开电话、信箱、接待日以及投诉热线等拓宽公众参政议政及参与决策的渠道，在很大程度上避免了出现官员腐败、形式主义、官僚主义以及重大决策的失误。

3. 发挥高层管理者的道德引领作用　道德准则要求高层管理者以身作则。俗话说"打铁还需自身硬""正人先正己、做事先做人""要求下属做到的自己首先得做到""身教重于言教"，这些人生哲理告诉我们，管理者，特别是高层管理者以身作则、身体力行的道德行为，会在无形中对员工起着重要的引领示范作用，正所谓"上行下效"。高层管理人员在言行方面是员工的表率。比如，高层管理者将组织资源据为己有，虚报费用开销，或者优待亲朋好友，这无疑给员工暗示这些行为都是可以接受的。高层管理人员可以通过奖惩机制来影响员工的道德行为。选择什么人和什么事作为提薪和晋升的对象，会向员工传递强有力的信息。比如，当某人以不正当的手段取得重大成果时，如果他被提升，就表明那些不正当的手段是可取的；当某人揭发错误行为时，管理者必须惩罚做错事的人，并且要公布结果。这也同时传递了一条信息：做错事要付出代价，行为不道德理应要受到惩罚。

4. 设定科学的工作目标和综合绩效评价标准　每一个组织都有自己的工作目标，且必须是明确的和现实的。组织目标是一个相关利益者共同体和一个系统的整体目标，每一个员工也应该有自己明确又现实的工作目标。组织与员工的工作目标间相互作用、相互依赖和相互影响。员工要实现自己的目标，必须参加到某个特定的组织中去；组织目标的实现是员工目标实现的前提，员工目标只能是在实现组织目标的过程中得到实现。正可谓组织好、员工才会好。组织与员工的目标设定是否科学合理同管理道德密切关联。缺乏明确的目标要求和包含管理道德准则的综合绩效评价标准，一定程度上有利于敷衍塞责、文过饰非、投机取巧现象的发生。员工的工作目标与综合绩效评价必须反映现实和一定社会价值，否则即使很明确也会引起道德问题。在不现实目标及片面绩效评价考核的压力下，即使有道德的员工也可能采取不正当的手段。

5. 加强对员工职业道德的教育与培训　越来越多的组织意识到对员工进行及时适当的职业道德教育与培训的重要性，并积极采取研讨会、研修班、专题讨论会、警示教育和类似的道德培训项目等多种形式来提高员工的道德素质。除一般社会公民所遵循的社会道德要求外，各级各类组织还应按照组织特征及员工职业道德规范的具体要求，针对性地开展职业道德教育与培训工作。我国各级政府正不断加强和完善对公务员"全心全意为人民服务"、各高等学校正不断加强对教师"为人师表"、各医疗机构正不断加强对医务人员"救死扶伤"、各企业正不断加强对员工"诚信合法经营"等职业道德教育与培训工作。只有整个社会形成良好道德教育、人人遵守道德准则的社会风尚，各级组织和社会才会健康持续发展。

6. 开展独立的社会审计与监察　道德教育与培训不能保证每个员工都按管理道德准则办事，现实中总有一些道德准则差的管理者利用手中的权力以权谋私。根据存在不道德行为的人都有害怕被发现或抓住的心理原则，独立的社会审计按照管理道德准则评价决策和管理行为，提高了发现非道德行为的可能性，可有效地避免不道德行为的产生及蔓延。当然，基于财产所有权和管理权分离的社会审计独立性须获得法律和行业执业条例的双重保证。独立的社会审计与监察执行得越严格，不道德行为产生的可能性就越小。开展独立的社会审计，其形式类似财务审计一样定期例行实施，或者是在没有预先通知的情况下随机检查。审计员应向组织的最高管理层负责，并向其呈交审计结果，这不仅避免了审计员的不合理行为，而且减少了那些被审计的组织报复审计员的机会。

7. 建立正式的道德保护机制　当人们面临道德困难，即处于两难选择时，究竟是坚持道德准则，勇于和不道德行为做斗争，还是放弃准则，同流合污？这不仅取决于每个人的道德素质，还和组织与社会是否提供正式的道德保护机制有关。为了保证管理道德工作的有效进行，组织必须设计建立正式机构及工作机制，以减少处于道德困境中的员工的种种疑虑，或者为他们指明或提供应当采取的方法和措施。组织还可以设立专门的渠道，使员工能够利用该渠道放心地举报道德问题或告发践踏道德准则的人。

三、管理的社会责任

（一）社会责任的概念

现代组织生存和发展的目的，已不仅是追求组织利润或利益，更是为了满足社会需求并提供某种特定的产品或服务，所以现代组织必须存在于社会之中，并与其他利益相关者打交道。不可避免地会对社会产生相关的作用和影响，必然需要承担一定的社会责任。比如，石油化工企业的存在目的不是制造噪声或排放有害气体，而是为工业、农业、交通、军事、科技等社会多行业和社会公众制造或提供高质量的能源材料和日常生活用品；但为了达到这个目的，必然会产生噪声、高温和有害气体。医院的目的不是聘用医务人员，也不是获取经济利益，而是治病救人和促进公众健康。近年来，美国著名的《财富》《福布斯》和《幸福》杂志在全球企业排名评比中加上了社会责任这一标准。组织的社会责任问题已经越来越引起人们的关注。

工商企业社会责任这一概念最早是英国学者奥列佛·谢尔顿（Oliver Sheldon）于1924年提出的。在这之前，西方商人普遍认为企业的责任就是追求利润最大化并一切应为企业、为股东服务。20世纪30—50年代，多数企业管理者认为企业的主要社会责任是调解股东、资源供应者、顾客和公共社会利益伙伴之间的关系，这种"主观为企业，客观为社会"的社会责任观中已经体现企业的行为对社会存在的客观影响。比如，在企业为自己追逐利润的同时，供应商的利润也会增加，顾客会获得优质的消费品，政府税收可以得到增加。20世纪50年代以后，广大管理者开始逐渐地认识到企业与社会之间并非仅是伙伴关系，企业追求利润还必须服从于和服务于社会的利益，这种"为了本企业，必须为社会"的社会责任反映了当时社会公众对导致其生活及工作环境日趋恶化的企业管理行为的不满。特别是在美国，"反污染""反欺骗""保护环境""保护消费者的利益"的社会呼声越来越强烈。

直到1953年，美国经济学家霍华德·R·鲍恩（Howard R.Bowen）出版了《商人的社会责任》一书，首次完整提出了商人及工商企业社会责任的明确概念，即"具有按照社会的目标和价值观去确定政策、作出决策和采取行动的义务"。这个概念的提出大大推动了有关社会责任的讨论。

在企业承担社会责任方面，通常存在两种截然相反的观点。一个是诺尔贝经济学奖获得者米尔顿·弗里德曼（Milton Friedman）作为代表人物提出的古典经济观，他认为当今的大多数管理者是职业经理人，他们并不拥有所经营的企业，其主要责任就是最大限度地满足股东的利益，即实现经济利润最大化。另一个是阿基·B·卡罗（Archie B.Carroll）作为代表人物提出的社会经济观，这种观点认为企业管理者的社会责任不只是利润最大化，还包括保护和增进社会福利。后一种观点越来越得到大多数人的认同和支持。

"现代管理学之父"彼得·德鲁克（Peter F. Drucker）曾在1973年出版的巨著《管理：任务、责任、实践》一书中提到，企业管理必须首先考虑对社会产生了什么影响以及能为社会作出什么贡献两个问题，如果企业不尽社会责任，政府一定要强制企业去履行这个责任。当代著名管理学家斯蒂芬·P·罗宾斯（Stephen P. Robbins）认为"企业社会责任是指超过法律和经济要求的、企业为谋求对社会有利的长远目标所承担的责任。"这种"首先为社会，同时也为本企业"的社会责任观增强了其合法性，使企业能够获得更好的、可持续的发展前景，也是现代企业管理的最高境界。

近年来，世界银行把企业责任定义为"企业与关键利益相关者的关系、价值观、遵纪守法以及尊重人、社区和环境有关的政策的集合。它是企业为改善利益相关者的生活质量而采取的贡献于可持续发展的一种承诺"。

尽管关于社会责任的讨论最初多集中在工商企业组织。社会责任现在正逐渐扩展到政府组织、公共事业组织、志愿公益性公民组织等各种社会组织。

综合诸多各具特色的定义和观点，所谓组织的社会责任（social responsibility）就是使组织的经营行为符合人们的价值观念和道德准则，组织的目标是合法的、能够实现的，并且履行组织对社会发展和文明进步应尽的义务。组织的社会责任是以管理道德为基础。组织对于社会负有的责任主要包括经济责任、持续发展责任、法律责任、道德责任、环保责任、慈善责任、公益责任等多个方面。

与社会责任密切关联的还有两个概念：社会义务和社会响应。社会义务（social duty）和社会责任意思相近，社会责任偏向于组织的主观性，是组织应该承担但没有法律指令强制规定的，社会义务则是受法律法规要求所必须去做的。社会响应（social responsiveness）是指一个组织为满足某种普遍的社会需要或解决特定社会问题而从事的社会活动，它强调的是一个组织对社会呼吁的反应及应对能力。一个社会反应能力强的组织，通常会主动识别促进社会文明进步、主流的社会准则（而不是法律），并改变其社会参与方式，从而对变化的社会状况作出反应。社会响应与社会责任两者之间的主要区别在于前者包含着组织的反应措施和怎么样作出反应。

（二）社会责任的履行

大量实践及研究证明，组织社会责任的履行和组织的绩效增长之间存在着正相关关系。组织勇于担当和履行社会责任，不仅体现一个组织的价值取向，更是组织经营品牌影响力和核心竞争力的显著标志，是组织长久、健康、可持续发展的根本保证。一个没有社会责任的组织是没有生命力的。组织往往在利他的同时也在利己。组织坚持履行好社会责任，必然会在公众心目中展现良好形象，促进组织及管理者更长远地思考战略、经营目标及管理策略，有利于潜移默化地对员工进行社会责任感的教化和引导，也会获得政府或社会的更多支持。

1. 满足社会和公众的需求是组织管理的首要社会责任　尽管各种组织所担负的使命各不相同，但是，它们都直接或间接地担负着为社会、为公众创造物质财富或精神财富的重任。因此，满足社会和公众的需求是各类组织管理必须承担的首要社会责任。比如，各级政府组织有为所在区域社会群体和各阶层提供普遍、公平和高质量的公共产品或服务的责任；宣传、文化、教育等行业组织直接为社会和公众创造精神财富，丰富着人们的文化生活；医疗卫生组织则促进公众健康地生活；军队和保卫组织在保卫着公众和平安全地工作和生活；而企业组织则直接为社会和公众创造着物质财富。

要履行好这一首要的社会责任，政府、企业、公共事业以及志愿公益性公民组织等各类组织都必须深化改革、不断探索创新管理方法，以提高组织绩效。例如，政府要满足社会公众组织生产并做好公共品供应；企业要生产出社会及公众利益需要的优质产品或服务；教育事业组织要为社会培养出高质量的人才；文化事业组织要为社会创造出高质量的文艺作品等。事实表明，"产品或服务"及其质量是组织能否真正履行好社会责任的关键。政府公共服务效率低下、企业生产不合格产品、学校培养人才质量低劣、医院诊疗服务质量不高等，都会给国家和社会造成极大的浪费。提供的产品或服务低劣的组织，不但不可能在社会竞争中取胜，还会给社会和公众造成巨大的伤害、损失和负面效应，也势必会影响本组织的声誉、形象和绩效目标的实现。

2. 要自觉地为社会、为公众多作贡献　首先要严格遵守和执行国家的各项法制、法规和政策。无论市场社会是在稳定还是变化的情况下，组织都要自觉自律依法守法、诚信经营，根据组织内外部社会环境特征及变化创新经营理念和管理方法，以推动社会发展和进步。工厂、商店等企业组织不能肆意哄抬商品的价格和生产、出售低劣产品；学校、医院等公共事业组织不能给学生、病人随便增收名目繁多的各种费用。总之，各种组织都要为规范市场经济、稳定市场和构建和谐社会作出自己的自觉努力和行动。其次，要以国家战略及社会全局利益为重，处理好国家与组织、组织与组织、组织与个人之间的关系。政府在提高公共服务质量水平上，企业在产品结构调整及创新的谋划上，学校在招生、教学和科研的组织上，医院在服务流程及为社会突发事件应急救援上，都要把组织自身的利益同社会利益结合起来考量安排。社会是组织利益的来源，组织在享受社会赋予的自由及机会时，应履行社会责任，以道德的行为及履行社会责任作出贡献和回报。

3. 积极参加各种社会公益活动　各级各类组织主动地参加各种社会公益事业或有益活动也是其应尽的社会责任。组织应根据自身及员工的情况、特点和优势，确定参与的方式和内容。如在净化空气、减少噪声、防止污染等环境保护公益活动，扶贫帮困、社会捐助、抗震救灾、突发事件、保护弱势人群等社会救援活动，无偿献血、志愿者服务、慈善行动等社会公益活动，以及为公众提供专业教育和技能培训、创造就业机会等社会服务活动中，积极承担应尽的社会责任。

本章小结

管理与社会发展及文明进步有互动作用关系。

管理的外部社会环境主要包括政治与法律、经济、文化、科技、教育等因素；具体行业环境包括组织的现有竞争者、潜在竞争者、替代品（服务）、服务对象（顾客）以及资源供应者等因素。

管理伦理是指组织在调节与社会、与其他组织的关系以及在调节生产与营销的关系等管理活动中应遵循的职业原则和道德规范。

管理道德是人们有目的、有意识地从事经营活动的组织及其管理者的经营理念、价值取向、工作作风、为人处世、管理准则与规范的总和，也反映组织、管理者及其员工对社会所负的道德责任和义务要求。

（张　萌）

思考题

1. 20 世纪 80 年代末 90 年代初，我国和全球化发展环境的管理理论与实践发生了怎样的变化？
2. 管理的外部社会环境主要包括什么？
3. 管理道德的效能主要体现在哪两个方面？
4. 组织为什么要履行社会责任？

计　划　篇

第四章　预测与决策

随着科学技术的进步及社会的发展，人类社会各个领域的发展及变化更加迅速，人们对于未来的关注程度越来越高，计划活动的重要性日渐凸显。计划是对未来的事进行安排，而未来存在着很大的不确定性。为了充分考虑未来不确定因素的发生、发展及变化，就必须进行预测。预测是计划的前提，没有科学的预测就不会有成功的计划。此外，计划活动的全过程都存在着决策问题，决策的正确性对于计划的实施及活动的结果显得尤为重要。决策的错误不仅会让我们走很多弯路，浪费宝贵的资源，甚至会影响计划职能发挥的有效程度。预测揭示事物发展趋势，为决策者提供关于未来可能性信息；而决策的科学与否，主要取决于对未来分析与判断是否正确，即预测所提供的信息是否准确。本章将重点介绍预测与决策基本理论与方法。

第一节　预　　测

一、预测的概念

（一）预测的产生

"凡事预则立，不预则废。"预测是一个古老的话题，自从人类诞生以来，预测活动就已经存在了。远古时代，人们利用龟甲或兽骨占卜，以预测收成好坏、战争胜负等。早期的预测行为常常被赋予神秘的色彩，但也不乏某些让人们叹为观止的成功的预测。

预测思想萌芽于人类早期社会实践中，并随着生产力和生产关系的发展而不断发展，但预测技术和预测学科产生于20世纪。20世纪20—40年代，预测科学才在西方兴起。至20世纪60年代，预测研究开始从初期的纯理论研究发展到应用研究。这个时期的预测技术，主要在欧美传播和发展，特别是在美国得到了广泛应用。自改革开放以来，我国积极借鉴和学习西方预测科学理论及技术，并结合国情，加以应用和推广，逐步形成具有我国特色的预测理论与方法体系。

（二）预测的定义

预测（forecast）是指根据客观事物的发展趋势和变化规律，运用科学的方法与手段，对特定对象未来发展的趋势或状态作出科学的推测与判断。简言之，预测就是根据已知事物对未知事物作出的科学推测与预估。预测行为，既表现为一个过程，也表现为某种结果。

预测不是"未卜先知"的唯心主义，也不是随心所欲的主观臆断，而是"鉴往知来"的智慧表现，是一种科学活动，但预测也并非一定都是正确的。预测是面向未来的，只有对环境进行科学分析，才能对未来预期环境进行有效推测。

二、预测的作用

预测为决策系统提供所必需的未来信息，是进行科学决策的依据。政府或企业制定发展战略、编制计划以及日常管理决策，都需要以科学的预测工作为基础。具体来说，预测的主要作用可以简单概括如下。

（1）帮助人们认识和控制未来的不确定性，提高管理的预见性，使对未来的预知减少到最低程度。

（2）使计划的预期目标与可能变化的环境和约束条件相互协调。

（3）事先估计计划实施可能产生的后果。

（4）促使各级管理人员向前看，面向未来，做到有备无患。

（5）发现当前存在的问题，从而集中力量加以解决。

三、预测的分类

按照不同标准，形成了不同的预测分类体系。

（一）按预测范围或层次分类

按照预测范围或层次，分为宏观预测和微观预测。

宏观预测是指针对国家、部门或地区的活动进行的各种预测。它以社会经济发展的整体或全部为考察对象，如对国家物价水平的整体变动趋势进行的预测等。对于卫生健康行业来说，国家卫生总费用变化趋势就是宏观预测的内容。

微观预测是针对基层单位的各项活动进行预测。它以企业生产经营发展的前景作为考察对象，如对企业所生产的具体商品的生产量、需求量和市场占有率进行的预测等。对于卫生健康行业来说，某医院服务规模的预测就是微观预测的内容。

宏观预测与微观预测之间相辅相成，关系密切。宏观预测以微观预测为参考，微观预测以宏观预测为指导。

（二）按预测时间长短分类

按预测时间长短，分为长期预测、中期预测、短期预测和近期预测。

长期预测主要是指周期在 5 年以上的预测。它是制订长期发展规划，提出长期发展目标和任务的依据。

中期预测是指周期在 1 年以上 5 年以下的预测。它是制订 5 年计划、中期发展规划、目标和任务的依据。

短期预测是指周期在 3 个月以上 1 年以下的预测。它是制订季度计划、年度计划的依据。

近期预测是指周期 3 个月以下的预测。它是制订周计划、月计划等的依据。

也有学者将短期预测和近期预测统一归为短期预测。一般来说，短期预测要求具体，不可控因素较少，风险程度较低；长期预测难度较大，不可控因素较多，风险程度相对较高。

（三）按预测方法或性质分类

按预测方法或性质，分为定性预测和定量预测。

定性预测是指依靠预测者丰富的经验和综合分析判断能力，利用已掌握的直观材料和历史资料，对事物的未来发展作出性质、方向和程度上的判断。定性预测适用于数据资料掌握不充分、主要影响因素难以进行数量分析等情况。

定量预测是利用比较完备的数据资料，运用数学模型和统计方法找出预测目标与其他因素的规律性联系，从数量上推算事件未来的发展趋势和程度。

定性预测和定量预测是互为补充的关系，在实际预测过程中可以结合起来使用。

此外，还有其他的分类体系。例如：按照预测内容，可以分为社会预测、经济预测、科技预测、军事预测、气象预测等；按照采用模型的特点，可以分为经验预测模型及规范预测模型等。

四、预测的基本原则

（一）连贯性原则

事物的发展具有一定的延续性，过去的行为会影响现在，也会影响未来，此即"连贯现象"。连贯性原则，就是研究事物的过去和现在状态，依据其连续性，预测其未来状态。连贯性的强弱取决于事物本身的动力和外界因素的强度。连贯性越强，越不易受外界因素的影响，其延续性越强。

在实际应用中，有两点值得注意：其一，连贯性的形成，需要足够长的历史，且历史发展数据所显示的变动趋势具有规律性；其二，对预测对象演变规律起作用的外界因素必须保持在适度的变动范围之内，否则该规律的作用将随条件的变化而失效。

（二）类推原则

特性相近的事物，在发展规律上常有类似之处。通过分析寻找相近事物的类似规律，根据已知事物的发展变化特征，推断类似的预测对象的未来变化趋势，就是所谓的类推原则。类推是一种从已知领域过渡到未知领域的探索，不仅适用于预测，同样也适用于决策。

（三）相关性原则

任何事物发展变化都不是孤立的，都是在与其他事物的发展变化相互联系、相互影响的过程中确定其轨迹的。深入分析预测对象与相关事物的关系及其程度，是揭示其变化特征及规律的有效途径。为此，通过研究预测对象与相关事物间的相关性，并建立相应的数学模型（如回归模型），可以推断预测对象的未来状况。

（四）概率推断原则

预测对象的未来状态受社会、经济等因素影响，具有一定的随机性，其实质是一个随机事件，可以用概率来表示这一事件发生的可能性大小。在进行预测时，常采用概率统计方法求出随机事件出现各种状态的概率，当被推断的预测结果能以较大概率出现时，则认为该结果可能成立。

五、预测的程序

预测作为一个过程，一般包括归纳、演绎两个阶段。归纳阶段，旨在对资料处理后提炼与概括，用恰当的形式描述预测对象的基本规律；演绎阶段，利用所归纳的基本规律，推测预测对象在未来某个时间的状态及水平。一般来说，预测程序包括如下几个步骤。

1. 确定预测目标　进行一项预测，首先必须要确定预测的具体目标。只有目标明确，才能根据预测目标去收集所需资料，选择预测方法。确定预测目标就是从决策与管理的需要出发，紧密联系实际需要与可能，确定预测要解决的问题。

2. 拟订预测计划　预测计划是根据预测目标制定的预测方案，包括预测的内容、目标，预测所需要的资料,准备选用的预测方法,预测的进程和完成时间,编制预测的预算,组织实施等。没有周密的计划,预测就会迷失方向。

3. 收集和整理有关资料 预测是根据相关历史资料去推测未来,资料是预测的依据。应根据预测目标的具体要求,收集所需要的资料。预测所需的资料一般包括:①关于预测对象本身的历史和现实资料;②影响预测对象发展过程的各种因素的历史和现实资料;③形成上述资料的历史背景、影响因素等在预测期间内可能表现的状况。对收集到的资料还需要进行分析、加工和整理,判别资料的真实程度和可用度,去掉那些不够真实的、无用的资料,供预测使用。

4. 选择预测方法 对不同的预测对象,选用不同的预测方法。选择预测方法时,应根据预测对象的种类和性质、预测结果精度的要求、资料完整及可靠程度等,合理选择经济、方便、效果好的预测方法。

5. 建立预测模型 预测的核心是建立科学的符合客观规律的模型。要建立数学模型,必须对模型参数进行估计,并进行统计检验。经过检验后,如果模型是有效的,则可利用模型进行预测。

6. 估计预测误差 由于预测事物的发展受诸多因素影响,存在着不确定性,预测误差是不可避免的。预测误差是预测结果与实际结果的离差。通常可以根据常识和经验,检查、判断预测结果是否合理,与实际结果之间是否存在较大偏差,以及未来条件的变化对实际结果产生多大影响等。在条件允许的情况下,可以采用多种方法进行预测,再经过比较或综合,确定出可信的预测结果。

7. 修正预测模型 在预测过程中,随着时间的推移,要经常将已经出现的观察值与预测值进行比较。如发现不符,应分析产生差异的原因,并进一步修正预测模型,提高预测的精度。

六、预测的方法

(一)预测常用方法

由于预测的对象、目标、内容和期限的不同,形成了多种多样的预测方法。据不完全统计,目前世界上有近千种预测方法,其中较为成熟的有 150 多种,常用的有 30 多种。这些预测方法大致可以分为两类:一类是定性预测方法,另一类是定量预测方法。

1. 定性预测方法 定性预测方法又称经验判断预测方法。它是指预测者根据历史与现实的观察资料,依赖个人或集体的经验与智慧,对未来的发展状态和变化趋势作出判断的预测方法。常用的有头脑风暴法(brain-storming)、德尔菲法(Delphi method)、市场调研预测法(market research and forecast method)、类推法(analogy method)等。

(1)头脑风暴法:头脑风暴法分为直接头脑风暴法和质疑头脑风暴法两种。前者是邀集专家内行,针对一定范围的问题,敞开思想,畅所欲言,产生尽可能多的设想的方法。后者则是对前者提出的设想、方案逐一质疑,分析其现实可行性的方法。这两种方法一正一反,运用得当可以起到互补作用。

(2)德尔菲法:即专家意见函询调查法,该法采用函询方式将需要解决的问题发送到各个专家手中,征询意见,然后回收汇总专家意见并整理出综合意见。而后将该综合意见分别反馈给各专家再次征询意见,各专家依据综合意见修改自己原有意见。如此多次反复,逐步取得比较一致的结果。

(3)市场调查预测法:是指预测者深入实际进行市场调查研究,获取必要的资料,并以此为基础,结合自己的经验和专业知识,经分析判断,推算市场未来需求(或销售)量的预测值。其中有几种常用的方法,包括市场试销预测法、联测法及购买意向调查法等。

(4)类推法:又称类比法。世间万事万物中,有些事物的发展变化规律具有类似性,尤其是同类事物之间。类推法是指利用两事物发生的时间差异和形式上的相似性,借用相似的先行事物的有关参数,来推断预测目标未来发展趋势及可能水平的一种预测方法。类推法一般用于开拓新市场、预测购买力和需求量等。

2.定量预测方法　定量预测方法是依据调查研究所得的数据资料,运用统计方法和数学模型,近似地揭示预测对象及其影响因素的数量变动关系,建立对应的预测模型,据此对预测目标作出定量测算的预测方法。常用的定量预测方法可分为时间序列预测及因果分析预测方法两大类。

（1）时间序列预测方法（time series forecasting method）:这是以连贯性预测原理为理论指导,利用历史观察值形成的时间数列,对预测目标未来状态和发展趋势作出定量判断的预测方法。常用的有移动平均数法（moving average）、指数平滑法（exponential smoothing）、趋势外推法（trend extrapolation）等。

1）移动平均法:移动平均法是将观察期的数据,按时间先后顺序排列,然后由远及近,以一定的跨越期进行移动平均,求得平均值,并以此为基础,确定预测值的方法。每次移动平均总是在上次移动平均的基础上,去掉一个最远期的数据,增加一个紧跟跨越期后面的新数据,保持跨越期不变,逐项移动求移动平均值。常用的移动平均法有一次移动平均法、二次移动平均法、加权移动平均法。

2）指数平滑法:布朗（Robert G. Brown）提出指数平滑法,他认为时间序列的态势具有稳定性或规则性,所以时间序列可被合理地顺势推延。他认为最近的过去态势,在某种程度上会持续到最近的未来。基于此,指数平滑法赋予序列中近期数据以较大的权数,远期数据以较小的权数,从而得到预测值。所有预测方法中,指数平滑是用得最多的一种。据平滑次数不同,指数平滑法分为:一次指数平滑法、二次指数平滑法和三次指数平滑法等。

3）趋势外推法:趋势外推法的基本假设是基于未来是过去和现在连续发展的结果。该方法认为,决定事物过去发展的因素,在很大程度上也决定该事物未来的发展,其变化不会太大;事物发展过程一般都是渐进式的变化,而不是跳跃式的变化。掌握事物的发展规律,依据这种规律推导,就可以预测出它的未来趋势和状态。

（2）因果分析预测方法（casual forecasting method）:以分析预测目标同其他相关事件及现象之间的因果联系,对预测事物未来状态及发展趋势作出预测的定量分析方法。常用的有回归分析预测法（regression analysis prediction method）、经济计量模型预测法（econometric model prediction method）等。

1）回归分析预测法:是通过处理已知数据以寻求这些数据演变规律的一种方法。该方法是在分析某现象自变量和因变量之间相关关系的基础上,建立变量之间的回归方程,并将回归方程作为预测模型,根据自变量在预测期的数量变化来预测因变量。依据相关关系中自变量的个数不同分类,可分为一元回归分析预测法和多元回归分析预测法;依据自变量和因变量之间的相关关系不同,可分为线性回归预测和非线性回归预测。

2）经济计量模型预测法:是将相互联系的各种经济变量表现为一组联立方程式,来描述整个经济的运行机制,利用历史数据对联立方程式的参数值进行估计,根据制定的模型来预测经济变量的未来数值。

（二）预测方法的选择

选择合适的预测方法是获得准确预测结果的关键。影响预测方法选择的因素诸多,主要包括以下几点。

1.预测的期限　长期预测（2～5 年甚至 5 年以上）要求的准确性较低,仅需要较粗的大致的计划,而短期预测要求更高的准确性。因此,短期预测应用的是较为精确的方法,如季节指数预测法等;而长期预测应用方法的准确性要求要低些,如趋势外推法等。

2. 预测的精度 预测的精度要求不同,预测方法选择有别。预测精度要求较高的预测方法有回归分析预测法、计量经济模型预测法等。预测精度要求较低的预测方法有经验判断预测法、趋势外推预测法等。

3. 预测的费用 预测的费用涉及调研、数据处理、程序编制及专家咨询等环节的费用。不同的预测方法预测费用不同,计量经济模型预测方法费用要求高,经验判断预测法等费用要求低。在选择预测方法时,要考虑到费用的充裕程度。

4. 预测的资料 凡事需要建立数学模型的方法,对资料的完备程度要求高。当资料不够完备时,可选用经验判断预测法。

此外,预测手段及预测人员的能力也在一定程度上影响着预测方法的选择。

七、预测的准确度

预测的准确度关系到预测的作用。预测是对未来的一种估计,所以它不可能百分之百准确,总有一些误差。人们只能通过分析找出造成差别的可能因素,采取相应对策和措施,尽力去缩小这种差别。

(一)影响预测准确度的主要因素

预测准确度受诸多因素影响,其中有些因素是不可控的,如国际、国内政治,经济形势的变化,突发事件的发生以及科技的重大进步等;有些因素是可控的,如预测资料的可靠性、预测人员素质及预测方法的选择等。在这里,我们仅讨论可控因素。

1. 预测资料 预测过程中需要收集各种数据和资料,完备、可靠的资料是科学预测的基础。然而,预测人员往往难以全面地占有所需的资料;即使能占有,也难免存在各种缺漏或偏差,在一定程度上影响了预测准确度。

2. 预测人员 由于经验和素质水平存在一定的差异,针对相同的问题,在占有相同完备程度的资料和数据的情形下,不同的预测者预测的结果也不一样。那些经验丰富、知识广博、分析和直观感受能力强的预测者预测的结果的准确度就会高些。可见,预测人员的素质和经验是影响预测准确度的重要因素之一。

3. 预测方法 预测的方法有许多,不同的方法适用于不同的问题和不同的资料。现实工作中,预测的问题是多种多样的,针对不同问题、不同性质资料和数据,应选用适合的方法进行预测。如果方法选用不当,会影响预测的准确度。

(二)提高预测准确度的措施

1. 提高资料的可靠程度 资料的可靠程度主要体现在资料的完备程度及准确程度上。为了提高资料的完备程度,在收集资料时,要兼顾预测事物的过去和现在,并尽可能收集与之密切相关事物的信息。收集好资料后,要经过严格核实,做到去粗取精、去伪存真,以获取有用的、完全的基础资料。

2. 提高预测人员的素质 预测前,要对预测人员进行培训,使其了解预测目标及相关要求,准确收集资料,选用适宜预测方法。此外,要尽量发挥集体力量,集思广益,统一思想,统一行动,预测的结果要由集体评定,要吸取不同意见,以提高预测准确度。

3. 选用适宜的预测方法 客观事物的表现形态是各种各样的,其所表现出来的规律也是不同的。因此,应针对不同的问题,选择不同的预测方法,以保证预测的精度。这就要求预测者对预测对象所具备的特性,不同预测方法的原理、适用范围等有深入的了解,这样才能做到理论明确,方法可靠,精度准确。

第二节 决　　策

一、决策的概念

（一）决策的产生

美国著名管理学家巴纳德（C.H.Baruard）和斯特恩（E.Stene）等人在其管理学著作中先提出决策（decision）这个词，用以说明组织管理中的分权问题，并提出在权力的分配中，作出决定的权力是个至关重要的问题。后来美国著名管理学家西蒙（H. A. Simon）进一步发展了组织理论，强调决策在组织管理中的重要地位，提出了"管理就是决策"的著名观点。我国是近五十年才出现"决策"一词。尽管如此，我国古人很早就使用了决策的方法。

（二）决策的定义

关于决策（decision）的定义，众说纷纭，各有各的道理。在现代管理学中，可将决策分为广义和狭义两类。广义的决策，是一个管理过程，是人们为了实现某一特定的目标，运用科学的理论与方法，系统地分析主客观条件，提出各种预选方案，从中选出最佳方案，并对最佳方案进行实施、监控的过程。狭义的决策，是为解决某种问题，从多种替代方案中选择一种最优行动方案的过程。

二、决策的作用

随着社会的发展，特别是随着管理环境的变化、组织规模及功能的变化及组织间影响的日渐复杂化，决策在现代管理中的作用越来越大，地位也越来越重要。概括起来，决策的作用表现在以下两个方面。

（一）决策是决定组织管理工作成败的关键

决策是一个组织的行为准则，是任何趋向组织目标的管理行为发生之前必不可少的一步，是从目标到结果的中介。正确的管理行为取决于正确的决策。正确的决策能引导组织所有的管理行为向着正确的方向发展，使组织趋利避害；错误的决策会导致错误的行为，造成浪费和损失。因此，决策的正确与否是组织管理工作成败的关键所在。

（二）科学决策是现代管理的核心

在组织管理活动的每一方面、每一环节、每个过程中，决策都发挥着积极重要的作用。简言之，决策是管理工作的准则。决策是实施各项管理职能的保证，贯彻于组织管理所有职能中，科学决策是现代管理的核心。因此，从这个意义上说：管理就是决策。

三、决策的类型

决策的分类方法很多。依据不同的标准，可以将决策划分为不同种类。了解决策分类标准及种类，将有助于决策者把握各类决策的特点，选用适宜的方法，进行有效的决策。

（一）按决策问题的重要性划分

1. 战略决策　涉及组织长远发展和长远目标的决策，具有长远性和方向性。如医院经营方向、长远发展规划、医院新院址选择等决策。这种决策在很大程度上决定着组织的竞争能力、增长速度。因此战略决策是组织最重要的决策，一般需要经过较长时期才能看出决策后果，往往并不过分依赖复杂的数学模型及技术，定量分析与定性分析并重。它属于高层决策，要求决策者具有广博的知识和掌握全面的信息，具有较高的洞察力、判断力。

2．战术决策 又称管理决策，是在组织内贯彻的决策，属于战略执行过程中的具体决策。如医院住院流程设计、医院人力资源的合理调配等决策。战术决策不直接决定组织的命运，但其正确与否，也将在很大程度上影响组织目标的实现程度和工作效率的高低。

3．业务决策 又称执行决策，日常生活中为提高生产效率、工作效率而作出的决策，只对组织产生局部影响。业务决策涉及的范围较小，如医院药品库存管理等决策。

（二）按决策问题的结构划分

1．程序化决策 又称重复性决策、常规性决策。是指对重复出现的、常规性的、结构良好的问题所作的决策。这类决策可以程序化到呈现出重复或例行的状态，甚至能够制定出一套处理这些问题的固定程序，使得每当它出现时，不需要再重复处理这些问题，如医院常规下的物资供应。程序化决策是相对简单的，有先例可循，能按原已规定的程序、处理方法和标准进行决策。这类决策在中层及基层居多。

2．非程序化决策 又称一次性决策、非常规性决策，是指对那些不常出现的、非常规的、结构不良问题所作出的决策。这样的决策往往是由于出现了新情况或对新问题所作的决策。例如由于市场的变化，医院所作的关于新项目开发的决策。这种决策无先例可循，具有较大的随机性和偶然性。对于非程序化问题的决策，主要依靠决策者的经验、学识、创造力和直觉判断能力，要求决策者严格按照科学的决策程序，充分利用现代化的决策手段和方法，以保证决策的正确性。

（三）按照决策的主体划分

1．个人决策 个人决策是最古老、最传统的一种决策形式，是指决策机构的主要领导成员通过个人决定的方式，按照个人的直觉、学识、经验和个性特征所作出的决策，如医院院长负责制度。个人决策的优点是简便、迅速、责任明确，且能充分发挥领导个人的主观能动性。但这类决策往往受领导者个人经验、知识和能力的限制，因此有其局限性。

2．群体决策 群体决策是充分发挥集体的智慧，由多人组成的决策群体共同参与决策分析并制定决策，如委员会、投票表决等形式均属于群体决策。这类决策可以集思广益，发挥知识优势，以形成更多的可行性方案，并能防止个人滥用权力。但是需要耗费一定时间，速度、效率可能低下，可能会为某些个体及子群体左右。

（四）按照决策自然状态种类划分

1．确定型决策 确定型是指决策方案的自然状态是完全确定的，即只有一种，从而可以不考虑自然状态而按既定目标及评价准则选择行动方案，这样的决策就是确定型决策。确定型决策的每一个方案都只有一个确定的结果，所以便于方案的评估和选优。确定型决策问题相对比较简单，可以直接利用现有的一些数学方法，如线性规划、动态规划、图论等方法来解决此类决策问题。

2．风险型决策 风险型决策是指决策方案未来的自然状态是两种或两种以上，每种自然状态发生的可能性（概率）已知，所以不管哪个决策方案都是有风险的，这种条件下的决策为风险型决策。这类决策的关键在于衡量各备选方案成败的可能性（概率），权衡各自的利弊，择优选择。

3．不确定型决策 决策方案未来可能出现的自然状态有多种，且各种自然状态出现的可能性（概率）不能确定，这种条件下的决策为不确定型决策。为了在不确定状态下进行有效的决策，决策者必须尽可能多地收集相关信息，并尽量采用符合逻辑的、理性的方式解决问题。这类决策受决策者经验、直觉、判断力和个性特征等因素的影响。

四、决策的模式

（一）理性决策模式

管理者在决策时，总是依据理性和逻辑，且总是从组织最佳利益出发。

1. 理性决策模式（rational decision model）**基本内容**

（1）决策者面临的是一个既定的问题。

（2）决策者作出决定的各种目的、价值或各种目标是明确的。而且，可以依据不同目标的重要性进行排序。

（3）决策者将所有可能的解决问题的方案一一列举出来，以供选择。

（4）决策者运用一系列的科学方法对每一决策方案进行评估，并预测出执行该方案后可能产生的效果。

（5）决策者将备选方案逐个进行对比，并按优劣排出先后顺序。

（6）决策者能正确选择最大限度地实现预定目的、价值或目标的那个方案。

在上述六项活动中，决策者始终是理性的，每一项活动也都是理性的活动，整个决策过程都是理性化的，而没有任何非理性的因素。从理想的角度而言，这一决策模式确实是非常科学化的。但是，在现实生活中，决策活动受到诸多主、客观因素的制约，因而，作出理性决策需要满足一定的基本条件。

2. 作出理性决策需要满足的基本条件

（1）决策者在决策过程中必须获得全部有效的信息。

（2）决策者有能力寻找出与实现目标相关的所有备选方案。

（3）决策者能够有效地排除各种不确定因素从而实现确定条件下的决策。

（4）决策者能准确预测出每一个方案在不同的客观条件下所能产生的结果。

（5）决策者有通过选择最佳方案来获取最佳结果的愿望或决心。

（二）有限理性决策模式

现实的决策活动很少是按照理性和逻辑进行的，理性决策模式实际上是一种理想化的模式，它不符合决策的实际情况。西蒙是最早认识这一点的学者之一，并提出了有限理性决策模式（bounded rationality decision model）。

西蒙等学者提出，决策者掌握的信息是不完全或不完整的，此外，决策者的个人能力通常也是有限的。因此，完全理性的决策是很难做到的。在作出管理决策时，受到有限理性的限制，决策者倾向于满足或满意。这里的有限理性是指决策者通常要受到各种各样的限制（如决策者的价值观、思维习惯、技能、不完全的信息或知识等），因而其所能达到的理性是有限的。

满足或满意是西蒙等人提出的另一重要概念。在决策过程中，决策者定下一个最基本的要求，在获得一个符合某些最低或最基本的要求后，决策者往往就会停下来而不再进一步去寻找更好的方案。在现实生活中，往往可以得到较满意的方案，而非最优的方案。

五、决策的原则

决策的原则是指那些反映决策过程的客观规律和要求，在决策工作中需要遵守的一些基本准则。

1. 信息准全原则　科学的决策以准确、全面的信息为基础。缺乏信息的决策只能是主观臆断；而依靠错误的信息作出的决策，其结果可能使组织的活动与目标背道而驰。当然，决策所需要的信息很难收集完全，但毫无疑问，信息的准全对高质量的决策起着非常重要的作用。

2. 优选原则　优选原则是指从几种可行的方案中择优选取一种能实现决策目标的满意的方案。优选方案，其实就是在达到决策目标的条件下，选取耗费人力、物力、财力最少，经济效益最高的方案。盈利小中求大、损失大中求小是对比优选原则的具体体现。

3. 系统原则　任何决策的制定、实施都存在于某一决策环境中。对于各种组织、实体而言，其决策环境就是整个国民经济和世界经济；对于个体而言，其决策环境就是所处的组织、实体。

整体以局部为基础,支配局部;局部是整体的要素,局部服从整体。因此,决策必须坚持系统原则,进行系统分析,追求和实现系统价值最大化的目标。

4.可行性原则 决策制定者和实施者所能掌握的资源也非常有限,因此在制定决策和实施决策时必须要切实考虑它们在技术上、经济上和社会效益上的可行性。只有在上述三方面可行的决策方案,才有较大的把握实现和成功。

5.团队决策原则 随着社会经济的飞速发展及科学技术的不断进步,诸多决策问题的复杂程度也与日俱增。许多问题的决策仅凭个人及少数人,已不能胜任。因此,团队决策(有些教材也称集体决策)是决策科学化的重要保证,是决策必须坚持的重要原则之一。

六、决策的程序

决策是一个过程,有它内在的规律性,按照客观过程的规律性划分几个既相对独立、又前后联系的阶段进行决策,这就是决策的程序。具体地说,包括以下几个步骤。

(一)辨识及确认问题

一切决策是从问题开始的,辨识并确定问题是决策的起点。只有科学地辨识问题,并深入地分析问题,方能制定相应决策解决问题。因此,正确地辨识问题是解决问题的前提。这里所提的问题指的是现实状态与期望状态之间存在的差异。正因为这种差异的存在,才使得管理者有了决策的动因。决策者要在全面调查研究、系统收集相关信息的基础上深入分析,确认问题并抓住问题要害。

(二)确定决策目标

决策目标是决策者希望通过决策活动达到的预期结果。是否要采取行动及采取什么行动,主要取决于决策目标的确定。决策目标的确定需要一个科学分析过程。它既是评价和选择决策方案的依据,又是衡量决策行动是否达到预期结果的标准。在确定目标时应注意:①目标必须是客观且可行的;②目标必须是具体的;③当有多个目标时,应做到主次恰当、统筹兼顾。

(三)拟订备选方案

确定了决策目标后,就要寻求达到决策目标的多种可能的策略或方案。决策者必须尽最大能力发掘出各种可能的策略、方案,以免遗漏可能的最佳方案。寻求多个方案的过程,通常是一个创造性思维的过程。拟订方案时,应以相关的科学技术手段为基础,所选方案应该做到切实可行。

(四)评估方案

拟订备选方案后,需要对所拟订的备选方案分别进行评估。评估可以从方案的可行性、满意性及综合影响几个方面进行。可行性就是要评价方案实现的可能性和现实性;满意性就是要评价方案实现目标的程度。此外,还必须对其可能产生的各种后果进行综合的分析评价。评估的准则或依据是各方案的预期效果,可以从经济、学术、社会价值等方面来衡量各方案的近期、中期和远期效果。

(五)选择方案

这是决策活动中最为关键的一步。经过评估过程后,许多不符合要求的方案已经被淘汰,决策者可以从剩下的有效的备选方案中选择出一个最佳或最满意的方案。方案的选择一般有经验法、实验法、研究和分析法。经验法依据决策者过去类似问题的成功决策经验并结合当前需要决策问题的条件进行判断,也不失为可行的一种方法,但是完全依赖过去的经验往往也隐含着犯错误的危险。实验法是先把某一方案实施后验证,以真正把握方案的效果。这种方法也有局限性,即使经过实验证实的效果也仍然存在问题,因为未来不可能是现在情况的简单重复。研究和分析法在选取方案时是最有效的方法之一,该法要求对问题本身要有清楚的了解,要明确各个关键因素、限定条件和前提条件之间的关系，要将问题区分为各种定量和定性的因素加以分析。建立模型是应用该方法的主要特征。

（六）实施方案

选出方案后，为了实现预期目标，须将方案付诸实施。实施过程需要制订实施计划、明确实施部门及其责任、确定实施时间、制定控制措施等。此外，为了有效实施选择方案，还需要制订适当的辅助计划加以支持。

（七）追踪及评价

方案实施后，决策者需要对决策的效果进行追踪及评价，确保选定的方案与既定的决策目标相符合。如果选定方案实施效果不尽如人意，决策者需要采取适当措施予以修正或调整，以保证决策目标的顺利实现。

七、决策的方法

决策过程中需要运用的方法是很多的。但概括起来不外乎两大类：一类是定性方法，另一类是定量方法。

（一）定性方法

决策中常用的定性方法主要有：头脑风暴法（brainstorming technique）、德尔菲法（Delphi method）、名义小组法（nominal group technique）、方案前提分析法（strategic assumption analysis）、综摄法（synectics）、创造工程法（creative engineering）等。其中，头脑风暴法、德尔菲法已在预测方法中介绍，此处略去。

1. 名义小组法 被征询意见的人被列入一定的小组，即使在一个小组内也互不通气，只用书面形式回答问题。小组负责人把答案收集整理后，请专家进一步讨论，然后再投票表决。形成小组意见后，再召开全体专家会议讨论，重新投票，决定最后意见。该法吸收了专家会议与德尔菲法的长处，克服了它们的不足，能让专家们可以毫无顾虑地各抒己见，同时又能把好意见逐步集中起来。

2. 方案前提分析法 该法不分析方案内容，而是分析决策方案赖以成立的前提是否成立。每个方案都有几个前提假设作为依据，方案是否正确以及正确程度如何，关键在于它的前提假设是否成立。方案的假设前提成立了，那么决策目标和途径就正确了，方案的选择也就有把握了。

3. 综摄法 综摄法的特点是不讨论决策问题本身，而用类比的方法提出类似的问题，或把决策问题分解成若干小问题或要素让大家讨论，综合利用激发出来的灵感，来发明新事物或寻找解决问题的方法。

4. 创造工程法 这种方法追求的目的是针对一定问题提出创新性的方法或方案。创造工程方法把创新过程看作是一种有秩序、有步骤的工程。它把创新过程分为三个阶段和十多个步骤。

（1）确定问题阶段：在这一阶段中通过主动搜索、发现不满、认识环境、取得资料、认定问题等步骤，把需要解决的问题确定下来。

（2）孕育创新思想阶段：在这一阶段中通过潜意识自发聚合、主动多发性想象和不断地搜索逼近等步骤形成初步的创造性设想。这种设想的出现常常伴随着所谓的灵感和直觉。

（3）提出设想和付诸实施阶段：在这一阶段通过成型、初试、审核、试验、满足等步骤把创造性设想形成方案并接受实践验证。至此，这一创造工程全过程宣告结束，并开始转入下一个创造过程。

创造过程方法的核心部分是第二阶段，创造工程的灵魂是创造性思维。

（二）定量方法

决策中的定量方法是建立在数学、统计学基础上的决策方法。常用的有：线性规划（linear

programming)、决策树法（decision tree method）及盈亏平衡分析法（break-even analysis）等。

1. 线性规划　线性规划是运筹学的一个重要分支，是解决多变量、最优决策的一种方法。一般情况下，求线性目标函数在线性约束条件下的最大值或最小值的问题，统称为线性规划问题，即给予一定数量的人力、物力等资源，如何应用而取得最大的经济效益；或给予一定的任务，如何安排以实现完成任务的资源消耗最小。线性规划有三要素，包括决策变量、约束条件和目标函数。求解线性规划问题的基本方法是单纯形法。相关内容详见《卫生管理运筹学》教材。

2. 决策树法　决策树法是常用的风险决策方法。该方法利用概率论的原理，以树形图作为分析工具。决策树主要由决策结点、方案枝、状态结点、概率枝等要素构成。其基本原理是用决策结点代表决策问题，用方案枝代表可供选择的方案，用概率枝代表方案可能出现的各种结果，经过对各种方案在各种结果条件下损益值的计算比较，为决策者提供决策依据。

将决策过程各个阶段之间的逻辑结构绘成一张箭线图，就是决策树。我们可以用图 4-1 来表示。

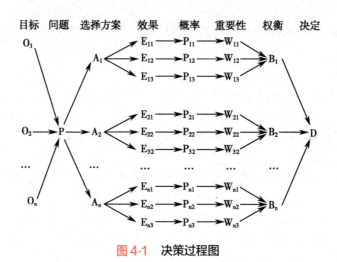

图 4-1　决策过程图

3. 盈亏平衡分析法　盈亏平衡分析又称本量利分析法，它是一种通过对产品成本、业务量和利润这三个变量之间关系进行综合分析，掌握盈亏变化的临界点而进行选择的方法。盈亏平衡分析可以对项目的风险情况及项目对各个因素不确定性的承受能力进行科学判断，为决策提供依据。

盈亏平衡分析的首要目的就是找出盈亏平衡点，并以此决定方案的取舍。传统盈亏平衡分析以盈利为零作为盈亏平衡点，没有考虑资金的时间价值。把资金的时间价值纳入盈亏平衡分析中，将项目盈亏平衡状态定义为净现值等于零的状态，便能将资金的时间价值考虑在盈亏平衡分析内，变静态盈亏平衡分析为动态盈亏平衡分析。动态盈亏平衡分析不仅考虑了资金的时间价值，而且可以根据经营单位所要求的不同的基准收益率确定不同的盈亏平衡点，使决策更全面、更准确、更科学、更可靠。

本章小结

预测和决策是管理过程中必不可少的环节，是实行科学管理的重要手段，也是人类的一种认识活动。预测就是根据已知事物对未知事物作出的科学推测与预估。决策是一个管理过程，是人们为了实现某一特定的目标，运用科学的理论与方法，系统地分析主客观条件，提出各种预选方案，从中选出最佳方案，并对最佳方案进行实施、监控的过程。

预测的基本原则包括：连贯性原则、类推原则、相关性原则及概率推断原则。预测的基本步骤包括：确定预测目标、拟订预测计划、收集和整理有关资料、选择预测方法、建立预测模型、估计预测误差、修正预测模型。预测的方法有两类，一类是定性预测方法，另一类是定量预测方法。常用定性方法包括：头脑风暴法、德尔菲法、市场调研预测法、类推法。常用定量方法包括时间序列预测及因果分析预测两类：常用时间序列预测方法有移动平均法、指数平滑法、趋势外推法；常用的因果分析预测方法有回归分析预测法、经济计量模型预测法。选择合适的预测方法是获得准确预测结果的关键。影响预测方法选择的因素主要包括：预测的期限、预测的精度、预测的费用、预测的资料。影响预测准确度的主要因素有预测资料、预测人员、预测方法等。提高预测准确度的措施包括：各种措施并举提高收集资料的可靠程度，提高预测人员的素质水平，选用适宜的预测方法。

　　决策的模式主要有理性决策模式及有限理性决策模式。从有限理性出发，满意是决策的重要准则。决策的基本原则有信息准全原则、优选原则、系统原则、可行性原则及团队决策原则。科学决策的程序：辨识及确认问题、确定决策目标、拟订备选方案、评估方案、选择方案、实施方案、追踪及评价。决策过程中运用的方法有定性方法和定量两类。常用的定性方法主要有头脑风暴法、德尔菲法、名义小组法、方案前提分析法、综摄法、创造工程法等。常用的定量方法主要有线性规划、决策树法及盈亏平衡分析法等。

（周成超）

思考题

1. 试举例说明预测的作用。
2. 影响预测准确度的因素有哪些？结合实例说明如何提高预测的准确度。
3. 科学决策的作用是什么？试举例说明决策的重要性。
4. 决策的基本程序是什么？你在实际工作中是如何作决策的？

第五章 计 划

"凡事预则立，不预则废"是我国古人总结的至理名言，说明计划的重要性。管理学家哈罗德·孔茨（Harold Koontz）在其著作中指出，"计划工作是一座桥梁，它把我们所处的此岸和我们要去的彼岸连接起来。"计划工作能够为一个组织提供达到最终目标的途径，是对未来工作的安排，是管理学原理中基本的管理职能之一。我国实现"健康中国 2030"需要制订科学合理的工作计划。本章主要介绍计划的概述、内容、性质和作用，以及计划的类型、工作原则，计划的编制过程和方法。

第一节 计 划 概 述

一、计划的内涵

（一）计划的概念

管理的计划职能是指组织通过对未来的工作及资源进行设计和谋划，最终达到组织的目标。计划的概念可以从名词的"计划（plan）"和动词的"计划（planning）"两方面进行解释，作为名词的"计划"是指计划工作的结果和产物，包括目标、策略、政策、程序、规划及预算方案等，反映了组织在未来一段时间内实现目标的安排与策划，是组织对未来工作的设计蓝图，也是组织对所拥有的人力、物力和财力资源进行合理配置的结果；作为动词的"计划"是指制定组织目标并预先制定未来工作方案的活动过程，包括分解组织总目标、制定全面的分层次计划体系以实现最终目标的特定行为或活动过程，可用"计划工作"表示动词"计划"的内涵。

计划与决策既相互区别又相互联系，解决不同的问题。决策是关于组织活动方向、内容和方式的选择，而计划是对组织内部不同部门和成员在未来时期内工作任务的具体安排和要求，所以决策是计划的前提，计划是决策的延续，计划与决策相互渗透、相互交织在一起。计划的编制过程既是决策的组织落实过程，也是决策的检查和修订过程。

（二）计划的内容

计划的任务就是根据社会的需要以及组织的自身能力，确定组织在一定时期内的奋斗目标；通过计划的编制、执行和检查，协调和合理安排组织中各方面的经营和管理活动，有效地利用组织的人力、物力和财力资源，取得最佳的经济效益和社会效益。组织的计划工作按照管理等级分为三个层次：组织层次、业务层次和职能层次。组织层次计划指高层管理者为实现组织的目标和使命而作出的决策，为业务层次计划提供指导原则和框架。业务层次计划指为实现业务或分部的目标而制定的具体策略和方案。职能层次计划指职能部门管理者为实现业务层次制定的目标而制定的策略和方案。三个层次的计划工作要保持一致性，职能部门的目标和计划应与业务层次的目标和计划保持一致，而业务层次的目标和计划应与组织目标和计划保持一致。

计划是一种在一定目标引导下的协调管理过程，它主要包括以下六个方面的内容（5W1H）。

（1）为什么做（why to do）：说明开展工作的理由、意义和重要性，激发员工从事相应工作的积极性。

（2）做什么（what to do）：确定组织的使命和目标，界定业务领域和主要目标，提出组织不同层次部门未来的具体工作内容、要求和所要解决的问题。

（3）何时做（when to do）：确定未来工作的起始时间及进度，将工作分解成一系列的行动过程，提出工作的进度安排。

（4）何地做（where to do）：根据实施计划工作所需要的环境条件，确定未来工作的实施地点和场所，合理安排计划工作的空间布局。

（5）何人做（who to do）：确定未来工作的实施主体，明确工作的负责部门和人员，提出部门和人员的安排。

（6）如何做（how to do）：根据组织的目标以及内外部环境和资源，合理配置和使用人力、财力和物力资源，提出完成工作的手段、方法，规定完成任务的技术路线和策略。

二、计划的性质

计划是组织、领导、控制等管理职能的基础，贯穿于管理的各项职能中，是组织在一定时期开展工作的依据。计划具有如下性质。

（一）计划的目的性

组织所制订的计划以实现组织目标为宗旨来设计组织未来的工作内容和要求，合理配置各种资源，所以计划工作是为实现组织目标而服务的。

（二）计划的首位性

计划是开展其他管理职能的基础和前提条件。在管理过程中，组织首先应当明确发展目标，围绕目标制订未来一定时期内的组织计划，如果没有计划就不能顺利开展其他后续的管理职能，所以计划处于其他管理职能的首位，影响着整个管理过程。

（三）计划的普遍性

组织的计划工作包括组织层次、业务层次和职能层次三个大的层次，每一层次又包含多个方面、部门和人员。各层次组织均参与组织最高层次的计划及目标的制定，组织的目标及计划应该反映组织内所有部门及大多人员的愿望。高层次管理人员制订的计划是下一层级管理人员制订计划的指导和参考，下级制订的计划要与上级的计划相一致，各部门间的计划应该保持协调统一，确保组织目标的实现。

（四）计划的效率性

管理工作要考虑成本和效率，作为管理职能之一的计划也必须考虑成本和效率，考虑投入和产出的比例，计划工作必须能够提高组织整体的管理效率。计划对组织目标的贡献是衡量计划效率的指标，贡献是指扣除制订和实施计划所需要的成本后所得到的剩余。如果计划能够得到最大的剩余，或者按合理的代价实现目标，那么这样的计划可以认为是有效的计划。实现组织目标有多种计划，我们应该选择成本低、效率高的计划。

（五）计划的创新性

计划工作根据组织在发展过程中所面临的新问题、新困难和新机遇而进行调整和修订，管理者需要用创新性的思维制订组织的计划，新的计划能够解决组织所面临的问题和困难、充分利用新的机遇，能够促进组织快速发展甚至有质的飞跃，如果计划工作仍按传统守旧的思维方式制订，则会阻碍组织的发展，因此计划工作应该是一种具有创新性的工作。

三、计划的原则

计划工作是具有指导性、科学性和预见性的管理职能，应遵循一些基本规律，这些规律体现在计划工作的目标和性质方面、计划的结构方面和计划的过程方面。

（一）目标导向原则

计划工作应该围绕组织目标开展，坚持以正确的目标为导向，确保组织目标的实现。计划虽然对未来可能发生的事情具有一定的预见性，并制定出相应的应变措施，但是计划常常赶不上变化，计划的预见性是有限度的，因此，在计划的实施过程中，有必要定期对计划进行检查和修订，如果内外环境发生变化，在组织总目标不变的原则下，要根据当时的情况及时调整计划或重新制订计划。

（二）关键因素原则

关键因素也称为限制因素，是指妨碍组织目标实现的因素，在其他因素不变的情况下，只改变这些因素就可以影响组织目标的实现。在计划工作过程中，组织管理人员越准确地识别并解决那些妨碍既定组织目标实现的关键因素，也就越容易准确地制订计划。因此，制订计划既要考虑全局，又要分清主次和轻重缓急，抓住关键点，解决影响全局的问题。关键因素原则又被称为"木桶原理"，即木桶能盛多少水取决于桶壁上最短的那块木板，短板即代表组织的关键弱项。

（三）统筹性原则

计划工作要全面考虑整个组织的各部门及其相互关系，还要考虑计划对象和相关系统的联系，进行全盘考虑和统筹安排，对整个组织进行合理有序的协调，有效利用组织的各种资源，提高组织的工作效率。组织目标的实现有赖于系统整体的最优化，关键在于组织内部结构和运行机制的有序合理，通过统筹安排能够协调计划工作中的各种矛盾，实现对组织目标的整体推进。

（四）灵活性原则

在计划的实施过程中，会出现难以精确预测的突发事件，因此计划工作应该遵循灵活性的原则。灵活性原则是指在计划工作中尽可能多地预见计划在实施中可能出现的问题，制定出具体的应对措施，如发现预料中的问题，能够及时解决，确保计划顺利实施。计划工作中充分考虑灵活性能够减少突发事件导致的损失，但也会增加计划工作的成本，所以，在计划工作中应留有余地，当出现意外情况时，能够及时调整，不必付出太大的代价。计划工作的灵活性原则有三个条件限制：一是未来会有难以预料的不确定因素，因此我们不能总是以推迟决策的时间来确保计划的灵活性；二是确保计划的灵活性必然以增加成本为前提，而过多地增加成本必然导致计划缺乏灵活性；三是现有的客观条件和情况会影响甚至完全扼制计划的灵活性。

（五）前瞻性原则

计划本身应该具有前瞻性，制订计划时必须具有超前的意识，在计划中充分反映组织未来的愿景，要求组织管理人员面向未来，从组织的长远发展角度，预测组织未来的发展方向，提高组织所有员工的工作能力，合理评价组织目标和发展水平，激励员工的工作积极性，使计划达到预期效果。

四、计划的作用

计划工作的最终目的是实现组织目标，科学合理的计划对实现组织目标起到事半功倍的作用，相反，缺乏合理性的计划必然阻碍组织的发展。组织管理工作的某些失误并非管理者缺乏领导力或工作能力，而往往是因为制订的计划存在问题，最终影响组织全局工作。计划具有如下作用。

（一）计划为组织工作指明了工作方向

计划工作指明了组织工作的正确方向，使管理者和员工了解组织的目标和为达到目标需要作出的贡献，同时发挥协调作用，有效组织和配置各种资源，调动各部门及所有员工的积极性，为实现目标团结合作、共同努力。如果计划缺乏合理性，组织内各部门间将因缺少有效的协调而产生内耗，影响组织目标的实现。

（二）计划是预防或降低未来风险的措施

计划工作制定未来一定时期内的工作内容和要求，组织管理者必须面对未来，预测未来的不确定性因素，包括机遇和风险，通过合理的计划预测未来的变化，制定有效的对策，合理配置组织的资源，克服因不确定因素带来的困难。因此，计划工作的主要职能之一就是预测未来的不确定性，制定相应的措施应对机遇和风险。

（三）计划是提高组织工作效率的工具

任何组织的资源都是有限的，计划工作明确了组织目标，合理配置有限的资源，使有限的资源发挥最大的效用。计划工作要从组织全局考虑，努力减少组织内部的资源浪费和管理工作的内耗与摩擦，调动广大员工的积极性，降低管理运行的成本，提高管理的效率。

（四）计划是管理者实施控制工作的依据和标准

计划工作是控制工作的前提和基础，控制工作的标准要反映计划的要求，通过制定控制标准，衡量组织工作的成效，如发现偏差，采取相应措施纠正偏差；也可以根据标准考核员工的工作，客观地评价员工的工作成绩并给予相应的奖励。因此，没有组织的计划工作，也就没有组织的控制工作。

（五）计划是激励员工士气的手段

计划包含目标、任务、行动方案等内容，由于组织目标本身具有激励员工士气的作用，科学合理的组织计划也具有激励员工的作用。特别是组织的长期发展规划使用员工了解组织的发展愿景，能够在一定程度上发挥激励员工努力工作的作用。例如，我国制定的《"健康中国2030"规划纲要》是推进健康中国建设的宏伟蓝图和行动纲领，激励全社会要增强责任感、使命感，全力推进健康中国建设，为实现中华民族伟大复兴和推动人类文明进步作出更大贡献。

第二节　计划的类型

管理职能的复杂性决定了计划工作的多样性，不同层次的计划工作具有不同的内容和要求。计划的类型可按时间、职能空间、综合性程度、明确性、程序化程度和表现形式进行分类（表5-1）。

表5-1　计划的类型

分类标准	计划的类型
时间长短	长期计划、中期计划和短期计划
职能空间	业务计划、财务计划、人事计划等
综合性程度	战略性计划、战术性计划
明确性	具体性计划、指导性计划
程序化程度	程序性计划、非程序性计划
表现形式	使命、目标、战略、政策、程序、规则、规划、预算

一、按计划的时间长短分类

组织管理的计划职能是长期计划、中期计划和短期计划相互指导、相互协调的综合应用，如没有长期计划的指导，中、短期计划将存在盲目性，如没有中、短期计划的支持，长期计划将难以实现。

长期计划也称为规划，确定了组织在较长时期（一般5年以上）的发展方向和组织目标，明确了组织及各部门为实现目标在未来较长时期内的工作内容和要求。长期计划的实施周期长，难于精确预测外部环境的影响因素，主要解决未来组织的发展目标、发展战略等宏观问题，在组织管理中发挥着纲领性的作用。例如我国为推进健康中国建设、提高人民健康水平，根据党的十八届五中全会战略部署制定了《"健康中国2030"规划纲要》（下文简称"规划纲要"），规划纲要推进健康中国建设的行动纲领，要坚持以人民为中心的发展思想，牢固树立和贯彻落实创新、协调、绿色、开放、共享的发展理念，坚持正确的卫生与健康工作方针，坚持健康优先、改革创新、科学发展、公平公正的原则，以提高人民健康水平为核心，以体制机制改革创新为动力，从广泛的健康影响因素入手，以普及健康生活、优化健康服务、完善健康保障、建设健康环境、发展健康产业为重点，把健康融入所有政策，全方位、全周期保障人民健康，大幅提高健康水平，显著改善健康公平。

中期计划是介于长期计划和短期计划之间的计划，需要按照长期计划的要求，进行计划目标的分解，确定长期计划期间内的中期发展目标，合理安排工作任务，在期限范围内确定完整的工作方案，确定工作方案的实施办法和具体措施。中期计划是落实长期计划的结果，又是制订短期计划的依据。例如，国务院办公厅2022年5月印发的《"十四五"国民健康规划》，规划提出到2025年，公共卫生服务能力显著增强，一批重大疾病危害得到控制和消除，医疗卫生服务质量持续改善，医疗卫生相关支撑能力和健康产业发展水平不断提升，国民健康政策体系进一步健全，人均预期寿命在2020年基础上继续提高1岁左右。

短期计划确定组织及各部门未来较短时期（一般在1年内）的工作安排，为各部门和员工在短期内如何开展工作提供明确的依据。短期计划是在长期计划的指导下，以中期计划为基础进行编制和实施的，直接面向组织近期的工作，内容详细、具体、明确，具有可操作性，是完成短期工作任务的依据。

二、按职能空间分类

以职能空间为分类标准，计划可以分为业务计划、财务计划和人事计划三种，业务计划是组织的主要计划，通常用"人财物，供产销"来表示组织主要业务活动，其中，业务计划涉及"物、供、产、销"，财务计划涉及"财"，人事计划涉及"人"。财务计划和人事计划为业务计划服务，围绕业务计划开展。

业务计划主要涉及业务工作的调整、组织规模的发展和业务工作的具体安排；财务计划规定从资本的提供和利用上促进业务工作的有效进行，例如，因组织规模发展需要而建立新的融资方式和渠道；人事计划通过提供人力资源保证业务规模的维持和扩大，如提高员工的素质和技能，合理配置人力资源，提高员工的工作积极性。上述三种计划均可再分为长期计划、中期计划和短期业务计划。

三、按计划的综合性程度分类

根据涉及时间长短和范围广狭的综合性程度，计划分为战略性计划（strategic plan）和战术性计划（operational plan）。战略性计划是战术性计划的制订依据，战术性计划是战略性计划的落实。

战略性计划是指应用于组织整体，制定组织未来较长时间（一般5年以上）总体发展目标和寻求组织在外部竞争环境中的地位的计划。战略性计划由高层管理者制订，具有长期性、整体性和指导性的特点，涉及未来较长时间，强调组织整体的协调；战术性计划是指为实现总体目标而制订的具体细节计划，它制定了组织各部门在未来较短时期内的具体行动方案和策略，是由组织的基层管理人员制定的工作方案。

四、按计划的明确性程度分类

按计划的明确性程度和对组织及员工行动的限定程度可分为具体性计划（specificity plan）和指导性计划（guiding plan）。指导性计划限于原则性的计划要求，只规定最终实现的目标、一般方针或实施路线，对组织成员的行动给予充分的自由，其主要作用是引导组织实现目标，发挥组织各部门及员工的能动性，创造性地解决问题。具体计划具有明确的目标，目标定位准确，要求具体，规定了实现目标的细节内容，计划方案具有严密的逻辑性和操作性，是一种限定性很强的计划，员工必须严格地按规定的方案和策略执行。具体计划制订中必须考虑环境变化对组织活动的影响，确保计划的可行性。

五、按计划的程序化程度分类

按计划的程序化程度可以分为程序化计划和非程序化计划。程序化计划是指针对重复出现的例行活动而制订的工作计划，例行活动的决策和计划经常重复，具有一定的稳定结构，利用程序性计划能够解决这些问题，不需要重复制订新的计划。非程序化计划是指针对不经常重复出现的非例行活动而制订的工作计划，非例行活动因其性质和结构复杂、难以掌握，或者因其具有十分重要的作用，需要特殊的方法或策略解决，没有固定的方法和程序。

六、按计划的表现形式分类

根据组织活动的多种表现形式，计划可分为使命、目标、战略、政策、程序、规则、方案和预算，其内容由宏观到微观，从抽象到具体，形成多层次的计划体系，不同的计划形式在组织管理中对应不同的管理层次，发挥着不同的作用（图5-1）。

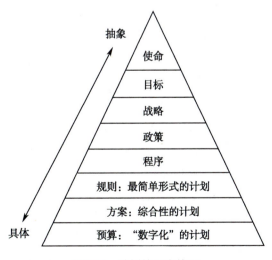

图 5-1 **计划的层次体系**

（一）使命（mission）

组织的使命指明组织在社会上应发挥的作用，它决定组织的性质，指明组织从事的工作、应该干什么及应该达到什么目的，是社会赋予组织的基本职能。

（二）目标（objective）

组织的目标是根据组织的使命而制定的，组织的使命决定组织不同时期不同部门的目标，目标是计划工作的终点，也是组织活动所要达到的最终结果。

（三）战略（strategy）

战略是为了达到组织总目标而进行的全局性行动安排和利用资源的总计划，指明组织的发展方向和路线，战略是组织制订具体计划的基础，是决定组织前途和命运的全局性发展计划。

（四）政策（policy）

政策是组织活动的纲领和指南，它决定组织运行的规范、形式和内容，指明具体问题的解决原则和标准，是组织为了达到目标而制订的一种限定活动范围的计划。从内容上看，政策是使命、目标和战略的"操作化"，是宏观的指导性计划，在形式上表现为成文的形式和不成文的形式。

（五）程序（procedure）

程序是组织工作的一种有序化行动指南而非思想指南，按时间顺序对必要的活动进行排序，具有严密的逻辑性、方向性、可操作性、可控性和可移植性，程序提供了一种全新的管理模式。组织中的不同部门具有更加具体化的工作程序。

（六）规则（rule）

规则又称为规定，是对组织活动和组织成员行为的一种原则性的约束，规则作为一种最简单形式的计划，详细阐明在一定条件下采取或不采取某种特殊或特定的行为，规则的使用十分广泛，是执行具体计划的保证。规则的制订与实施是计划活动的最终限定和安排，规则指导行动但不要求时间顺序。

（七）方案（plan）

方案是综合性的计划，包括目标、政策、程序、规则、任务分配、措施步骤、配置资源及完成既定行动需要的其他因素，方案在对未来科学预测的基础上制定而成，是对组织发展所作的总体部署和决策安排。方案是构建完整计划体系中不可缺少的一部分，一个主要方案需要多个支持计划。

（八）预算（budget）

预算是"数字化"的计划，是最具体的计划形式，用数字表示出预期的结果，是使组织各层次计划协调统一的重要手段，也是控制组织工作不可缺少的内容。

第三节　计划的编制

一、计划的编制过程

计划编制是一个过程，为保证计划的合理性，确保实现组织的目标，必须采用科学的方法进行计划编制。计划有多种多样的形式，但是管理人员在编制任何计划时，都遵循相同的逻辑和步骤，具体包括：评估现状、确定目标、确定前提条件、拟订可供选择的方案、评价各种备选方案、选择方案、拟订派生计划、编制预算。

（一）评估现状

评估现状是实际计划工作开始之前开展的工作，它不是计划工作过程的一个组成部分，但却是计划工作的真正起点。组织的管理人员通过评估现状初步明确组织具有的内部优势和劣势、组织外部具有机会和威胁，对组织的现状作出合理评价，了解未来机会的利与弊，以及对组织发展的影响。

（二）确定目标

制订计划首先要明确组织的发展方向，即确定组织的发展目标，目标是组织期望达到的最终结果,目标指明了组织整体及各部门的发展方向,描绘了组织未来的状况,并作为衡量组织管理绩效的标准。计划工作的主要任务是分解组织总目标,落实到各部门、环节和成员,主要部门的目标控制下属部门的目标,长期目标分解为阶段的中短期目标。确定目标过程应该合理配置有限的资源,发挥全体员工的积极性和潜力,促进组织内部的凝聚力,促进组织活动达到最佳效果。在确定目标的过程中,应注意目标内容和顺序、目标的时间界限及应用科学指标。

(三)明确计划前提

前提条件是实现计划的假设条件,是组织从所处此岸到达组织未来彼岸过程中所有可能出现的假设情况。组织的未来充满不可预测的不确定因素,计划前提条件的确定应该选择实施计划工作的关键条件或具有战略意义的假设条件,即能够影响计划实施的假设条件。对计划的前提条件认识越清楚、越深刻,越有利于计划工作的顺利开展。计划工作的前提条件分为外部前提条件和内部前提条件,按可控制程度分为不可控的、部分可控的和可控的前提条件。外部前提条件大多为不可控的和部分可控的前提条件,内部前提条件大多数是可控的。不可控的前提条件越多,不确定性越大,就越需要通过预测工作确定其发生的概率和影响程度大小。

(四)提出可供选择的可行方案

实现组织目标可以有多种方案、多种途径,在计划的拟订阶段,要发扬民主、广泛发动组织员工的积极性,让员工建言献策,发挥组织内外部专家的智慧,运用创新性思维拟订尽可能多的计划,可供选择的计划数量越多,最终确定的工作计划合理性越好、效率越高。但是,可供选择的方案不是越多越好,在计划工作过程中,要运用科学的方法限制或减少可供选择方案的数量,把主要精力集中用在分析少数最可行的方案上。

(五)评估可供选择的方案

根据计划工作的前提条件和目标,评估可供选择的可行方案的轻重优劣,评估工作主要取决于评估标准及标准的权重。由于计划工作面对很多不确定因素,导致难以开展评估,得到准确的结论。所以,评估可供选择的方案应该注意以下四点:一是要认真考察每一计划的制约因素和隐患;二是要用总体的成本效益观点比较衡量每一方案;三是既要考虑计划中有形的、能用数量表示出来的因素,也要考虑无形的、不能用数量表示的因素;四是动态、全面地评估各种方案的效果,不仅要考虑计划的执行效果,也要考虑执行计划潜在的、间接的成本和损失。

(六)选择最佳方案

在拟订和评估可行方案后,将所选择的计划用文字形式正式地表达出来。如果出现有两个以上的可取方案,在这种情况下必须确定首先采取哪个方案,其他方案进行完善后作为后备方案使用。

(七)制订派生计划

派生计划是组织整体计划下面的分计划,是总计划的基础,总计划需要派生计划的支持,只有完成了派生计划,才能完成总计划。所以,为确保计划工作的实施,应该把总计划逐级分解到各部门及员工,并制订相应的派生计划。

(八)编制预算计划

工作过程的最后一个环节是把计划转变成预算,使计划数字化。编制预算不仅是为了计划的指标体系更加明确,而且便于组织对计划的执行进行控制。定量的计划比定性的计划更具有约束力。

二、计划的编制方法

计划编制工作效率的高低和质量的优劣与计划的编制方法密切相关,计划编制方法为制订切实可行的计划提供了手段,常用的计划编制方法有滚动计划法、网络计划法和投入产出分析法等。

(一)滚动计划法

滚动计划又称"滑动计划",是一种动态编制计划的方法,它与静态计划不同。静态计划是一项计划全部执行完毕后再重新编制下一时期的计划;滚动计划是在每次编制或调整计划时,均将计划按时间顺序向前推进一个计划周期,即向前滚动一次。滚动计划法主要应用于长期计划的制订和调整,也可用于中、短期计划的编制,如年季度和月度生产计划。滚动计划法能够把短期计划、中期计划和长期计划有机结合起来,是一种具有灵活性和动态性的编制方法。

随着内外环境因素的变化,在计划执行过程中经常出现偏离原计划的情况,因此,需要跟踪计划的执行过程,监督执行过程中的费用支出,根据具体情况进行适时的调整。滚动计划是保证计划在执行过程中能够根据情况变化适时进行调整和修正的计划方法,其基本编制方法是在已经编制出的计划基础上,每经过一段固定的滚动期(如一年或一个季度),根据外部环境的变化和计划的实际执行情况,为确保计划目标的实现,对原来计划进行调整和修正,每次调整时原计划的期限不变,计划期按顺序向前推进一个滚动期。在计划的编制过程中,特别是编制长期计划时,为了能够准确地预测影响计划执行的各种因素,可以采取近细远粗的办法,即近期计划较具体,远期计划较概括。滚动计划法的计划期间要根据组织的具体情况而定,如计划期间较短,则计划调整会较频繁,可以使计划更加符合实际情况,但是降低了计划的严肃性。例如国务院办公厅印发《"十四五"国民健康规划》,如采用滚动计划法,到 2020 年年底,根据当年计划完成的实际情况和客观环境的变化,对原定的五年计划进行必要的调整和修正,在此基础上编制 2021—2025 年的五年发展规划,其后以此类推(图 5-2)。

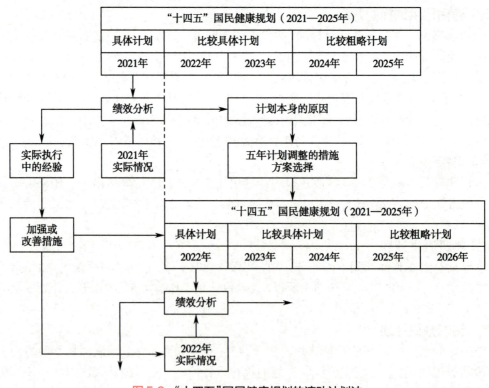

图 5-2 "十四五"国民健康规划的滚动计划法

滚动计划法虽然使计划编制工作量加大,但是随着计算机科技迅速发展和普及,滚动计划法具有以下特点。

把计划期内各阶段及下一计划期的预先安排有机地衔接起来,定期进行调整补充,在方法上解决了各阶段计划的衔接问题,而且使组织的长期计划、中期计划与短期计划相互衔接,保证了当环境变化时能够及时调整和修正计划,确保各计划的一致性。

使用滚动计划法制订的工作计划更加符合实际,较好地解决了计划的相对稳定性和实际情况的多变性这一矛盾,通过计划调整和修正,提高了工作计划的准确性,确保了计划的指导作用。

滚动计划法提高了工作计划的弹性,提高了组织的应变能力,使组织能够灵活地适应市场需求,有利于组织实现预期目标。

（二）计划评审技术

计划评审技术(program evaluation and review technique, PERT)于20世纪50年代后期在美国产生和发展起来,这种方法包括各种以网络为基础制订计划的方法,如关键路径法(CPM)、计划评审技术、组合网络法等,目前在组织活动的进度管理,特别是企业管理中得到广泛应用。1958年美国海军武器计划处采用了计划评审技术,使北极星导弹工程的工期由原计划的10年缩短为8年。

计划评审技术的原理是把一项工作或项目分成各种作业,再根据作业顺序进行排列,通过网络图对整个工作或项目进行统筹规划和控制,用最少的人力、物力和财力资源高速完成工作。这种方法是以网络图的形式来组织生产活动和进行计划管理的一种科学方法,它的基本原理是利用网络图表示计划任务的进度安排,并反映出组织计划任务的各项活动之间的相互关系,在此基础上进行网络分析,计算网络时间,确定关键工序和关键路线,利用时差不断改善网络计划,获得最优的综合方案。

1. 计划评审技术的基本内容

（1）网络图:网络图是网络技术的基础工作,是网络技术的图解模型。任何一项工作都可以分解成许多步骤,根据这些步骤之间的相互关系及其在时间上的衔接关系,用箭线表示出它们的先后顺序,画出一个能够表示任务从始点到终点的完整过程中各项工作之间的关系图,网络图由箭线、结点、虚箭线和路线组成,箭线或箭杆代表一项活动、工作、作业,结点用圆圈表示,代表某项活动的开始或结束,虚箭线表示一种作业时间为零的、实际上并不存在的作业或工序(图5-3)。

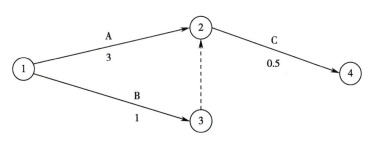

图5-3　网络图的基本组成

（2）时间参数:全面分析整个计划的各道工序,并把各项任务的运行状态转化为时间函数,时间参数包括各项工作的作业时间、开工与完工的时间、工作之间的衔接时间、完成任务的机动时间及工程范围和总工期等。

（3）关键路线:通过计算网络图中的时间参数,计算出工作任务的工期,找出关键路径,关键路径上的作业也被称为关键作业,关键作业完成快慢直接影响着整个计划的工期,所以关键作业是管理的重点工作。

（4）网络优化:网络优化是指根据关键路径法,通过利用时差,不断改善网络计划的初始方案,在满足一定的约束条件下,选择组织管理目标达到最优化的计划方案,网络优化是网络计划技术的主要内容之一。

2.计划评审技术的基本步骤

（1）确定目标：首先确定组织管理工作是否应用网络计划技术，并提出完成时间、成本费用等经济指标方面的具体要求。

（2）分解工程项目，列出作业明细表：一个工程项目由许多作业组成，在绘制网络图前要将工程项目分解成各项作业，作业项目划分越细，网络图的结点和箭线越多，划分作业项目后便可计算和确定作业时间。

（3）绘制网络图，进行结点编号：根据各作业之间的相互关系及时间明细表，按顺推法或逆推法绘制出包括所有工序的网络图，应注意两个事项之间只能用一条箭线相连。

（4）计算网络时间，确定关键路线：根据网络图和各项活动的作业时间，能够计算全部网络时间和时间差，最终确定关键路线。

（5）网络计划方案的优化：找出关键路线意味着初步确定了完成整个计划任务所需要的时间，总时间是否符合计划规定的时间要求，是否与计划期的劳动力、物资供应等计划指标相适应，需要进一步通过优化选取最优方案。

3.计划评审技术的评价　计划评审技术虽然需要大量而烦琐的计算，但是随着计算机的广泛应用，计划评审技术的计算已经程序化。这种技术被广泛运用是因为具有如下优点。

（1）计划评审技术能够把整个工程的各个项目的时间顺序和相互关系清晰表达，能够指出完成任务的关键环节和路线，管理者在制订计划时可以统筹安排、全面考虑、重点管理。

（2）能够对工程的时间进度与资源利用实施优化，在计划实施过程中，可以调动非关键路线上的人力、财力和物力资源从事关键作业。

（3）能够事先评价达到目标的可能性，该技术指明了计划实施过程中可能出现的困难，以及对整个任务产生的影响，准备应急措施，从而降低完不成任务的风险。

（4）便于组织与控制，管理者可以把复杂的大项目分解为许多支持系统并分别组织实施与控制，这种方法易于操作，具有广泛的应用范围。

案例5-1

计划评审技术的应用实例：某工程有8道工序，以A、B、C、D、E、F、G、H作为各项作业的代号，各工序所需的时间分别为4、2、6、8、4、4、10、4天，各项作业之间的关系见下表5-2：

表5-2　各项作业的关系及时间

作业代号	紧前活动	作业时间/d
A		4
B		2
C	A	6
D	A	8
E	B	4
F	C	4
G	C, D, E	10
H	F, G	4

表中紧前活动是表示当这些活动完工之后，紧接其后的活动才能开始作业，即后续活动是以紧前活动的完工为开工的前提条件。

请根据前述知识，绘制网络图，并确定关键路线及计算关键路线时间。

（1）根据上表画出网络图（图5-4）

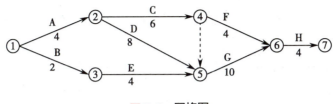

图 5-4　网格图

（2）在上图共有四条路线

第一条路线：①→②→④→⑥→⑦　　　时间：4+6+4+4=18 天
第二条路线：①→②→④→⑤→⑥→⑦　时间：4+6+10+4=24 天
第三条路线：①→②→⑤→⑥→⑦　　　时间：4+8+10+4=26 天
第四条路线：①→③→⑤→⑥→⑦　　　时间：2+4+10+4=20 天

在四条路线中，第三条路线最长，是这项工程的关键路线，关键路线时间为 26 天。

（三）投入产出法

投入产出法是 20 世纪 40 年代由美国经济学家列昂惕夫首次提出，是一种应用广泛的现代计划方法，是在一定经济理论指导下编制投入产出表，建立投入产出数学模型，研究各种经济活动的投入与产出之间的数量关系。这种方法是进行各种经济活动分析、加强综合平衡、改进计划编制方法的有效工具。所谓投入是指在组织物质生产时，人力、物力和财力的生产性消耗，所谓产出是指生产出来的产品数量及其分配去向。投入产出法首先要计算各部门之间的直接消耗系数和间接消耗系数，进一步根据部门对最终产品的要求，计算出各部应达到的状况，最后编制综合计划。投入产出分析的基础是投入产出表，投入产出表可以根据不同的标准进行分类。

投入产出法具有如下特点：投入产出分析法是进行综合平衡的一种有效工具，能够反映各部门的技术经济结构，合理安排各种比例。投入产出表是一个比较全面反映经济过程的数据库，能够充分利用现有统计资料进行经济分析和经济预测，建立各种统计指标之间的内在关系。该方法适用范围较广，不仅可用于国家或地区等宏观层次计划制订，也可用于组织的计划制订。

（四）项目计划技术

项目是在固定的预算及时间内，为了实现某一特定目的而整合并使用资源的活动过程，项目有具体的起止时间，由具体的个人或团体承担责任，广泛地使用各种资源和技能。项目计划是对项目目标及活动予以统筹，在固定的期间内实现项目预期目标的过程。包含如下三个阶段内容。

1. 项目的界定　在考虑目标的可行性、可操作性、时间期限等多方面因素的基础上，根据项目的最终成果界定项目的总体目标。为发挥总体目标的指挥协调作用，把总体目标分解为一系列阶段性目标。

2. 行动分解　项目是非常规性工作，具有时间要求紧迫的特点，因此应对项目开展周密的筹划，进一步分解并分析每项行动的时间、资源及所需费用预算等因素。

3. 统筹行动　识别并分析每项具体行动的安排及行动间的关联性，合理进行统筹安排，有效整合众多行动，实现行动的高效率和高效益。

（五）甘特图法

甘特图（Gantt chart）以提出者亨利•劳伦斯•甘特（Henry Laurence Gantt）先生的名字命名，亨利•劳伦斯•甘特是泰勒创立和推广科学管理制度的亲密的合作者，也是科学管理运动的先驱者之一。甘特图以图示通过活动列表和时间刻度表示出特定项目的顺序与持续时间，直观表明计划何时进行、进展与要求的对比，便于管理者弄清项目的剩余任务，评估工作进度。甘特图使用者能够在任何时点上检查工作的实际进展情况，将项目工作层层分解，最终落实到甘特图上，使项目计划具有可操作性。其优点是图形化、简要、易于理解，有专业软件支持，无须担心复杂计算和分析。甘特图中横轴表示时间，纵轴表示项目，黑色部分表示期间计划和实际完成情况（图5-5）。

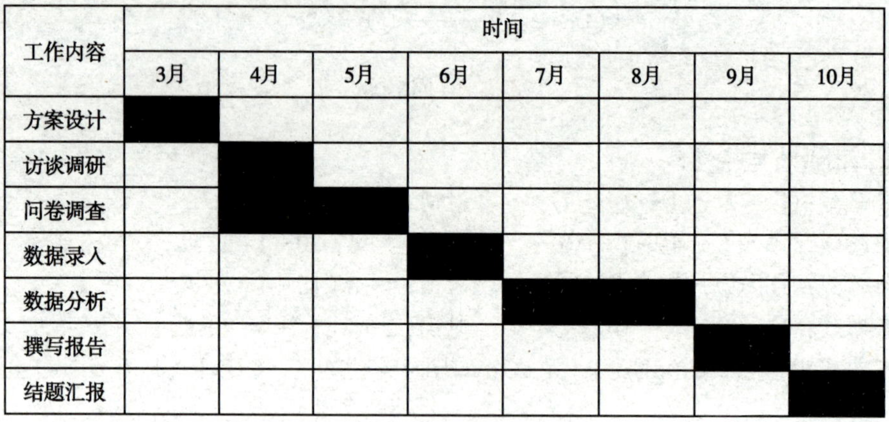

工作内容	时间							
	3月	4月	5月	6月	7月	8月	9月	10月
方案设计	■							
访谈调研		■						
问卷调查		■	■					
数据录入				■				
数据分析					■	■		
撰写报告							■	
结题汇报								■

图 5-5　甘特图示例

本章小结

　　制订科学合理的卫生健康事业发展规划是提升人民健康水平、实现"健康中国2030"的重要手段。计划是管理的基本职能之一，是组织通过对未来的工作及资源进行设计谋划，最终达到组织的目标。计划具有目的性、首位性、普遍性、效率性和创造性。计划具有指明组织工作方向、预防或降低未来风险、提高组织工作效率、提供考核和控制的依据、激励员工士气的作用。计划有多种多样的形式，但计划的编制过程大体相同，包括估量机会、确定目标、确定前提条件、拟订可供选择的方案、评价各种备选方案、选择方案、拟订派生计划、编制预算八个步骤。常用的计划编制方法有滚动计划法、计划评审技术法、投入产出分析法、项目计划技术和甘特图法等。

（孟　开）

思考题

1. 计划与决策的区别是什么？
2. 请按计划的表现形式画出计划的层次体系图。
3. 简述计划的编制过程。
4. 全国各省市都制订了适合本地情况的"十四五"期间卫生健康事业发展规划，计划具有预测变化、减少不确定性因素的作用。在制订规划过程中，如何开展医疗资源需求的预测？

第六章 目标与目标管理

目标是个人、部门或整个组织所期望的成果，组织目标是组织在一定时期内通过努力争取达到的理想状态或期望获得的成果。目标管理是通过员工参与制定总体目标和具体目标，以提高管理人员责任感，激发员工积极性，从而提高工作效率和效果的一种科学系统的管理方法。目标管理不是用目标来控制，而是用它来激励下级。目标管理的吸引力在于提供了一种将组织整体目标转换为部门单位和每个成员目标的有效方式，因而受到了很多管理者的青睐，并且在组织管理中大量使用。本章将学习和了解目标的基本概念、属性、作用和类型，以及目标管理的概念、特点、过程及其在我国的运用，说明目标、目标管理在管理学体系中的地位及作用。

第一节　目标的概述

人的行为通常是有目的的，由人组成的组织其目的表现为目标。目标是组织管理活动的起点和终点，没有目标的管理是毫无意义的。目标是决定组织应该做什么的准则，也是判断组织绩效的标杆。在有些情况下，目标甚至先于组织而出现，是组织建立和发展的依据。目标是如此之重要，面对未来组织发展环境的不确定性，为了满足组织生存发展的需要，制定清晰明确的目标并且建立实现目标的计划和途径，就成为管理者必然面临的问题。组织制定目标有两个主要原因，首先是基于组织自身生存发展的需要，其次是为了满足社会或周围环境对于组织行为和活动的期待。

一、目标的概念

目标（objective）是个人、部门或整个组织所期望的成果。组织目标是组织在一定时期内通过努力争取达到的理想状态或期望获得的成果。组织目标有着非常丰富的内涵，它体现了组织的宗旨、使命、任务，包括了具体的目标项目、指标和时限等内容。组织目标一经确立，便为组织的管理活动指明了努力方向，成为组织选择做什么和不做什么的依据。

目标不同于目的。目的是组织最终要实现的结果或理想状况，而目标是目的的具体化、明确化和定量化，是目的的中间状态或体现。实现目标是为了达到最终目的，目标将向各种组织活动导向了最终目的。

目标也不同于任务。目标是组织自身制订并且是想要获得的结果，而任务一般是上级安排并且要求必须完成的事项。一项任务可能同时有几个目标，一个目标的实现也可能需要实施几项任务。目标的实现必须经由任务来完成，而任务的完成必须通过目标来指引和衡量。

目标不同于计划。计划涉及在一定的时间期限内安排什么人或部门去做什么事，而目标则指做完这些事想要达到的状态或结果。通常先制定目标，再制订计划，并且在目标的引导下来制订实现目标的计划。

二、目标的属性

从不同维度看,目标具有以下特点和属性。

(一)目标的多样性

组织要在许多方面适应环境和谋求发展,这就要求它的目标必须是多样的。任何组织、任何个人的目标都不会仅有一个,即使是组织的主要目标也是多种多样的。例如,医院既要治愈病人,也要获取足够的收入,还要提高技术水平和培养人才。组织的多个目标中有主有次,其中涉及组织生存和发展的目标是主要目标,其余目标从属于这些目标并为实现这些目标服务。组织的多个目标之间必然会产生冲突,这些相互冲突的目标其重要性通常取决于外部环境对于组织的影响或者组织管理者的认知。了解目标的多样性,有助于管理人员正确地确定目标和充分发挥目标的作用。

(二)目标的层次性

多样性的目标具有一定结构,如图 6-1 所示,组织目标的层次结构与组织的层级结构相匹配。从组织纵向结构的角度看,组织目标是分层次、分等级的。一方面,任何组织都需要设置总目标,用以表明组织通过努力实现的最终结果;另一方面,组织需要把总目标分解为各个部门和个人能够实现的分目标或子目标,且一个比一个更具体。在组织的纵向结构中,目标的表现形式为,部门层级越高,目标数量越少,且目标的重要程度越大。上层目标对下层目标具有导向作用,而下层目标是对上层目标的分解和落实,上层目标和下层目标是一个有机的统一体。与目标的层次体系相对应,不同等级的管理人员关注不同的目标。从宏观到微观,从全面到具体,各部门目标和个人目标有机结合,协同工作,共同实现组织的总目标。

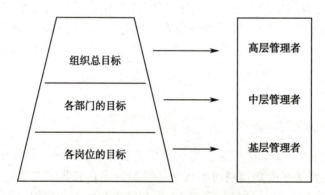

图 6-1　组织目标体系与组织层级结构关系

(三)目标的网络性

除了纵向联系之外,多样性的目标之间还存在着横向的联系,纵横联系的目标形成了网络关系。因此,目标是一个复杂的体系,各个目标之间相互依存、相互联系、相互支持和相互衔接,这对于管理者的协调能力提出了很高的要求。目标网络性的特点就要求管理者在确立自己的目标时,应尽可能以联系的观点仔细地平衡每一个部门的目标。只有把部门目标放到目标网络中,同时与其他部门目标相互支持、相互协调,才能最终保证总目标的实现。

(四)目标的时间性

目标的时间性指的是,组织各种目标的实现应当有一定的时限。目标是一定时期内所要达到的预期成果,如果没有"一定时期"的时间约束条件,目标就失去了存在的意义。目标的时间性既是制定目标的基本要求,也是衡量目标实现程度的准则或尺度。一方面,管理者要根据环境的发展和内部条件的变化及时地制定出在未来一段时间内要实现的组织目标。另一方面,衡量一个目标有没有实现或实现程度如何,首先要看目标是否按时达成。

(五)目标的可实现性

目标水平高低的不同影响着组织目标的实现,过于宏伟的目标往往难以实现,而过低的目标又缺乏激励作用。通常,目标要"跳一跳,够得着",即通过努力可以实现。此外,组织多样性的目标在重要性或优先度上是有差异的,可实现的程度也不同。有些目标的实现能够保证,而另一些目标实现则具有很大的不确定性。在个体层面,如果一个目标对其接受者要产生激励作用的话,那么对于接受者来说这个目标必须是可以完成的。

(六)目标的可考核性

从量化角度看,目标需要具有可考核性。这是因为,可考核性是让目标有意义的必要条件,而使得目标具有可考核性的最简单方法就是定量化。一般情况下许多目标都是定量目标,这对执行者的业绩考核是比较容易的。然而,有些目标是不宜用数字来表示的。因此,硬性地或简单地把一些定性的目标数量化,这对做好管理工作是十分危险和有害的,也是不可取的。在组织的管理活动中,定性目标同样也是不可缺少的,组织的层次越高,管理人员在组织中的地位越高,其使用的定性目标就越多。大多数的定性目标是可以考核的,但考核的标准不可能像定量目标的考核标准那样准确。虽然确定具有可考核性的定性目标十分困难,但任何定性目标都能采用详细说明规划或者其他目标的特征和完成日期的方法来提高其可考核性。所以,可以从整体和宏观的角度来确定定性目标的可考核性。

三、目标的作用

(一)导向作用

目标对组织成员具有重要的导向作用。目标为组织提供了努力的方向,决定了各项管理活动的内容。如果一个组织没有明确的目标,就会迷失前进的方向。当一个组织缺乏统一的方向时,组织活动就处于一种随意运动当中,无法有效协调各种资源和活动,人力、物力、财力就会相互抵消,进而造成浪费。因此,每个组织都应当有自己的总体目标,而组织中的每个单位和部门也都应该有与总体目标相适应的分目标。这样,才能使全体组织成员团结一致,为追求共同的目标而奋斗。

(二)激励作用

目标具有激励组织成员的功能。目标可以激发组织成员工作的积极性,特别是当组织的目标充分体现了组织成员的共同利益,并与每个成员的个人利益很好地结合在一起时,就会激起组织成员的工作热情、献身精神和首创精神。从个人角度来看,目标的激励作用具体表现在两个方面:①个人只有明确了目标,才能调动起潜在能力,尽力而为,创造出最佳成绩;②个人只有在达到了目标后,才会产生成就感和满意感。

(三)凝聚作用

组织是一个社会协作系统,它必须对其成员有一种凝聚力。组织凝聚力的大小受到多种因素影响,其中的一个因素就是组织目标。特别是当组织目标充分体现了组织成员的共同利益,与组织成员的个人目标取得最大限度的和谐一致时,能够使大家心往一处想,劲往一处使,朝着一个方向努力前进。而当组织目标与个人目标之间存在潜在冲突时,严重的目标冲突是削弱组织凝聚力的主要原因。

(四)考核作用

目标是考核一个组织所有成员工作成绩的客观标准。组织成员无论采取何种工作方式,其对组织的贡献最终要看其行为是否能够促进组织目标的实现及实现的程度。大量管理实践证明,单将上级管理者的主观认识和价值判断作为考核下属的依据是不科学的,不利于调动下属人员的积极性。科学的方法应当是根据明确的目标进行考核,因为目标是衡量、比较和评价管理工作绩效的标准。这种考核比较客观公正,考核结果也较具有说服力。

四、目标的类型

按照不同的角度和标准,目标可以划分为不同的类型。

(一)按时间划分为长期目标、中期目标和短期目标

1. 长期目标　长期目标指的是组织在较长时期内实现的目标,一般为 5 年以上。长期目标十分抽象,带有战略性特点,灵活性较大,它需要随着形势的变化而不断地加以完善或调整。虽然长期目标不够具体,可操作性也不强,但它为组织的活动指明了前进的方向。

2. 中期目标　中期目标指的是在 1～5 年左右实现的目标,一般是长期目标分解后所形成的阶段性目标。这种目标也具有战略性特点,更详细、具体,但灵活性较差。中期目标在长期目标和短期目标之间起着承上启下的纽带作用。

3. 短期目标　短期目标指的是 1 年左右达到的目标,它是长期目标的具体化。这种目标带有战术性特点,非常详细、具体,具有很强的可操作性。短期目标的一个突出的优点是非常适合作为衡量工作进度的尺度,有助于激励和控制。

需要指出的是,按目标作用的时间跨度划分的目标类型是相对的,不能一概而论。不同的行业和不同的组织有着不同的长期目标、中期目标和短期目标。

(二)按目标范围划分为总体目标、部门目标与岗位目标

1. 总体目标　总体目标又称总体规划,是人们在一定时期内所要达到的总成果、总目的,一般包括社会目标、经营目标和技术目标三个方面。在一定的目标体系中,它对其他各部门、各层次、各序列成员的目标具有总体制约和综合平衡作用,并对管理活动具有启动、导向、激励、衡量、凝聚等功能。

2. 部门目标　部门目标又称次级目标,是由总体目标所决定的组织内部各类单位、各个部门的具体目标。它规定了一个部门在一定时期内的发展方向、工作计划、实施途径和具体要求。相对总体目标而言,部门目标具有相关性、从属性、递进性和相对独立性。

3. 岗位目标　岗位目标,即组织内部各单位、各部门中每一个具体岗位的工作目标,它是组织中部门目标的进一步分解和具体化,是每个组织成员的内驱动力和工作规范,"岗位责任制"是它的具体体现。值得注意的是,岗位目标是组织赋予个人的目标,但岗位目标的确立要与个人目标结合起来,以满足个人合理的心理需求;同时,组织应允许和鼓励成员以一种能使他们实现个人目标的方式,去为实现组织目标而工作。

(三)按目标性质分为战略目标与战术目标

1. 战略目标　战略目标是指那些重大的、长远的、整体的奋斗目标。这类目标关系发展全局,作用时间长久,涉及方面广泛,同时又制约着各项具体的战术目标,它规定组织活动的方向,具有相对稳定性,偏重于定性的规定。

2. 战术目标　战术目标是指在一定的目标体系中为实现战略目标而制定的体现奋斗原则和方法等要求的目标,它是近期的、阶段性的、局部性的目标,它所规定的是组织所要完成的具体任务,偏重于定量的描述,具有较强的针对性。

(四)按目标形式划分为定量目标与定性目标

1. 定量目标　是指可用精确的数量描述和考核的目标。这种目标通常用数量的多少来表示,可考核性强,便于衡量和评价。在目标管理中,经常和大量使用的就是定量目标。

2. 定性目标　是指无法用精确的数量描述的目标,像那些具有战略性特点的目标。一方面,由于目标涉及的时间跨度过长,无法进行定量;另一方面,在组织的管理活动中,有些目标是

不宜用数量描述的，如医疗服务质量方面的许多目标：服务态度、医德水平等。

一般而言，属于组织高层次的目标，定量较为困难，所以往往采用定性目标，但要求这种目标应尽可能明确、具体，以便考核。属于组织低层次的目标，往往是一些定量目标，因为处在组织低层次的是执行层和操作层，工作任务明确，用定量目标便于考核。

第二节　目 标 管 理

目标管理（management by objective）由美国管理学大师彼得·德鲁克（Peter F. Drucker）创立，它既是一种管理思想，也是一种管理方法。在目标管理中，下级与上级共同决定具体的组织目标和个人目标，并且定期检查完成目标的进展情况，最终根据目标的完成情况来进行奖惩。目标管理不是用目标来控制，而是用它们来激励下级。它的吸引力在于提供了一种将组织的整体目标转换为组织单位和每个成员目标的有效方式，因而受到了很多管理者的青睐，并且在组织管理中大量使用。

一、目标管理的概念

1954 年，德鲁克在其著作《管理实践》（*The Practice of Management*）中明确提出了目标管理的概念并把它发展成为一个比较完整的体系。目标管理是通过员工参与制定总体目标和具体目标，以提高管理人员的责任感，激发员工的积极性，从而提高工作效率和效果的一种民主、科学的系统管理方法。

管理的目的是，让个人充分发挥特长，凝聚共同的愿景和一致的努力方向，建立团队合作，实现个人目标和共同福祉。不同于强调外部控制的路径，德鲁克认为："目标管理和自我控制是能够做到这一点的管理原则。"一方面，他强调目标管理的导向作用，他认为："每个职务都要向着整个企业的目标，企业才能有所成就，特别是每个管理人员，必须以整个企业的成功为工作中心。管理人员预期取得的成就必须与企业成就的目标相一致。他们的成果由他们对企业成就所作的贡献来衡量。"另一方面，他强调目标管理的自我控制作用，并指出："（目标管理）能让追求共同福祉成为每位管理者的目标，以更加严格、精确和有效的内部控制取代外部控制。"

"目标管理"既是一种组织管理模式，也是一种管理思想和管理哲学的体现，它的形成经历了较长的时期，是西方管理实践和理论发展的结果。科学管理把工人作为机器的一部分并且严格控制的做法越来越遭到工人的反对，在提高生产效率方面的作用也越来越有限。随后产生的人际关系学派对科学管理理论提出了批判，他们认为科学管理理论对人性的假设是错误的，人是社会人，而非经济人，他们也乐于工作并从中寻求生活意义，而通过外部严格的控制来提高生产效率并不有效。在吸收科学管理理论、人际关系学派和行为科学的成果后，德鲁克创立了目标管理学说。他认为："目标管理的主要贡献在于，我们能够以自我控制的管理方式来取代强制性管理。"目标管理可以把外部客观的需要转化为个人的目标，通过自我控制取得成就，这是真正的自由。目标管理的最大好处在于，它使管理人员能够控制他们自己的成绩。这种自我控制可成为更强烈的动力，推动他们尽自己最大的努力把工作做好。

尽管目标管理得到了广泛的应用和传播，但人们对于目标管理却有着不同的理解。有人强调它作为评价工具的作用，如乔治·欧迪伦认为，目标管理是一种秩序，借助上下层级间对目标的共同了解，制定个人的工作目标及所负职责，这能使上下层级中的每个人齐心协力地完成组织目标，并以预定的目标作为业务推行的指导原则和评审成果的客观标准。有人强调它在激励方面的功能，如杰克·韦尔奇。他是德鲁克目标管理成功实践者，他认为（员工）实现目标是因为他们想得到升华。他们想努力工作，想获得提升和期权。但是，他们还想为一家不同凡响、能为世界作出重大贡献的公司工作。也有人强调它的控制特点，如杨文士教授认为，目标管理就是让组织的管理人员和员工亲自参加目标的制定，在工作中实行"自我控制"并努力完成工作目标的一种管理制度和方法。

二、目标管理的特点

（一）参与式管理

目标管理是一种参与式管理制度。目标管理不只是上级把目标分配下来，分解成子目标落实到组织的各个层次上，而是上下级协商制定目标。一方面，下级要理解上级确定的目标，并且明确需要完成的任务，上级将根据这一目标来衡量下级的业绩；另一方面，上级也要了解下级对目标的想法、资源状况、在完成目标时可能遇到的困难，通过上下级之间的沟通，了解下级提出的反映组织客观需要的目标，最后就上下级需要实现的目标达成一致，即由上级与下级在一起共同确定目标。首先确定出总目标，然后对总目标进行分解，逐级展开，通过上下协商，制定出企业各部门、各车间、班组直至每个员工的目标；用总目标指导分目标，用分目标保证总目标，从而保证组织目标的最终实现。

（二）强调自我控制

自我控制的含义是下级在目标设定之后能够积极主动、自觉自愿地完成所制定的目标，而不是在上级不断监督和控制下完成目标。大力倡导目标管理的德鲁克认为，员工是愿意负责的，是愿意在工作中发挥自己的聪明才智和创造性的。如果我们控制的对象是一个社会组织中的"人"，则我们应"控制"的必须是行为的动机，而不应当是行为本身。也就是说，必须以对动机的控制达到对行为的控制。目标管理的思想基础是相信人的能力，注重人的因素，强调自主管理。目标管理的主旨在于用"自我控制的管理"代替"压制性的管理"，强调员工根据预先设定的目标进行自我管理，自行选择和确定实现目标的方法、手段和途径。这种"自我控制"比起"被动管理"具有更强的主动性，能够鼓励员工尽最大的努力实现预定目标。

（三）注重成果

目标管理以制定目标为起点，以目标完成情况的考核为终结。在传统管理方法下，上级对下级的评价缺乏客观的标准，很容易根据印象和对某些问题的态度等主观因素来评价一个人的表现。实行目标管理方法则不然，它把完成目标的程度作为评价一个人工作表现的关键标准，从而能够客观地按下级的实际贡献评价一个人的工作表现，不被表面功夫所蒙骗。目标管理非常强调成果，注重目标的实现，重视目标的评定，因此也叫做成果管理。目标管理对目标的实现和成果的评定，都规定得比较明确、具体、客观、公平。通过成果评定，不仅给予相应的奖励和表彰，还把个人成果反映到人事考核上，作为晋级、提升的依据。这种把业绩提高和员工个人晋升等个人利益结合起来的做法，必然会成为激励员工积极争取更好成果的推动力。

三、目标管理过程

罗宾斯认为目标管理有 8 个步骤：①制定组织的整体目标和战略；②在经营单位和部门之间分配主要的目标；③各单位的管理者和他们的上级一起设定本部门的具体目标；④部门的所有成员参与设定自己的具体目标；⑤管理者与下级共同商定如何实现目标的行动计划；⑥实施行动计划；⑦定期检查实现目标的进展情况，并向有关单位和个人反馈；⑧设置基于绩效的奖励，以促进目标的成功实现。这 8 个步骤可简化为目标制定、目标分解、目标实施、目标控制和目标考核五项内容。

（一）目标的确定

一个组织的运行会面临各式各样的目标问题，因而目标的确定是一个极其复杂的过程。组织内各层次各部门和各方面条件、利益不同，观察和分析问题的视野、观点、角度不同，因此其追求的目标也不相同，常可能会出现互不协调甚至互相矛盾的情况，不同时间跨度的目标也可能出现重复或脱节的现象。所以，如何恰当确定目标就显得十分重要。

1. 确定目标的依据 目标的确定取决于组织需要解决的问题。一般而言，各级组织的管理者必须在对组织现有的主客观条件准确把握的同时，遵循国家的有关方针政策和正确的指导思想，并在科学预测未来发展趋势的基础上确定组织发展目标。确定目标的主要依据如图6-2所示。

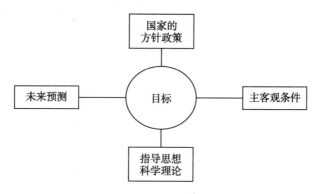

图6-2 确定目标的依据

2. 确定目标的原则 目标的确定必须满足一定的条件和要求，只有这样才能使制定的目标具有科学性、先进性和可行性。

（1）目标应具体：对目标要达到的内容应阐述清楚和具体，而不是使用空洞的口号。一般组织目标的通病是叙述太笼统，尽管目标的制定必须留有余地，然而，过于笼统的目标阐述不仅显得平凡，有陈词滥调之感，而且会使组织成员难以准确理解目标的含义和要求，产生无所适从之感。例如，如果只说提高生产力就很抽象，但如果提出"要提高生产力3%"就具体了。同时，要给目标的时间跨度规定具体的日期。

（2）目标应可衡量：工作完成后，绩效的好坏需要通过对目标实现的程度来验证，这取决于衡量目标实现程度的具体标准是否明确和具有可衡量性。可衡量目标是人们互相理解的共同基础，它使人们在把实际绩效和预期成果做对照时有一个基准。因此，要求应尽可能使目标数量化。所谓数量化，就是给目标规定出明确的数量界限。此外，还要建立能全面反映目标体系的各个层次和各个方面的指标体系，以便考核。

（3）目标应有时间限定：任何目标都应有一个期限，即目标应该在这段时期中完成。在组织的目标表述中，这个时间期限可以日、周、月、年为计量单位。良好的目标，不管他们是短期、中期或长期的，相关的时间限定总是明确包含在目标本身之中的。

（4）目标应强调结果：活动只是完成目标的手段，而不是目的和最终结果。所以，不应该强调活动，而应该强调结果。例如，加强对医护人员的培训可以提高医疗质量，但培训本身并非目标，真正的目标仍是提高医疗质量。

（5）目标的难度应适当：目标的难度应适当，既要切实可行，又要具有挑战性。如果目标定得太高而不切实际，无论组织成员怎样努力，都无法达成，这样的目标不仅是不可行的，而且也形同虚设。往往还会挫伤职工的积极性，使他们丧失达成目标的信心和勇气；反之，如果目标定得过低，毫不费力就能达成，这样的目标不仅缺乏激励作用，而且还会被职工视为笑话，甚至被认为是低估自己能力的一种侮辱。因此，目标的难度应适当，应该具有一定的挑战性，经过一定程度的努力就能实现。

3.目标制定过程 常见的目标制定法有自上而下的目标制定法和自下而上的目标制定法两种。自上而下的目标制定法是指：先由高层管理者提出组织目标，再交给员工讨论，在充分听取员工意见和科学论证的基础上，最后修改形成组织目标。自下而上的目标制定法是指：由下级部门或员工经讨论后提出目标，再由上级批准，从而形成组织目标。无论是自上而下的目标制定法还是自下而上的目标制定法，都需要使组织目标经过几上几下的若干次修改，在充分讨论的基础上才能最后确定。参与式目标制定法既有利于集思广益，保证目标的科学性，又有利于激发员工参与组织决策、关心组织发展的热情。

（二）目标分解

目标分解是把组织的总目标分解成各个部门的分目标、个人目标，使组织所有员工都乐于接受组织的目标，并且明确自己在完成这一目标中应承担的责任的过程。目标分解阶段主要包括协商分解和定责授权两项工作。

1.协商分解 协商分解是将已经确定的目标，经上下级充分协商和横向协调后，逐级分解到直接下级和有关部门。这是建立目标体系的重要工作，要求充分协商，鼓励员工积极参与目标分解，以提高员工实现目标的积极性和创造性。在协商分解过程中，上级要以平等、信任的态度倾听下级的意见，了解下级存在的困难，并对影响下级完成重要目标的因素进行分析，而且要努力做到使目标之间相互关联，彼此呼应，融为一体，协调关系明确。在目标分解过程中，若发现断路，或目标项目、目标值不当，或目标对策措施不易落实的情况，应逐级将信息反馈到目标分解的始点，即组织系统的决策层，并据此修改目标，或重新进行目标论证。

2.定责授权 就是按照目标分解落实情况，确定各级组织、各个部门和各个人员应承担的目标责任，以及根据目标责任适当授权。授权的过程包括：第一，确定下属的目标和预期结果，建立责任单位；第二，给下属分配任务；第三，为完成这些任务进行授权；第四，安排负责人以促使完成任务并实现目标。适当授权的艺术在于：根据目标授权；分配与下属能力相匹配的任务；明晰上下级之间的责、权、利关系；营造相互信任的气氛。解决好权责对应问题需要建立目标管理的岗位责任制，只有这样才能确保目标管理活动有效进行。

（三）目标实施

1.实施的基本模式 根据领导特征理论，不同的领导者具有不同的风格特征。在处理领导者和下属的关系时，一些领导者倾向于业绩，即以完成组织的业绩目标为重；另外一些领导者则重视个人能力和关系，即善于营造良好的氛围和组织内部环境。根据组织中各类领导者的领导特征和倾向，有四类实施目标管理的基本模式。

（1）贯彻型：贯彻型领导适合搞基于个人能力和关系的目标管理。贯彻型领导的业绩很好，但整体意识不足，缺乏创新的热情，部门之间缺乏配合，尤其是缺乏整体观念和团体意识，可通过基于个人能力和关系的目标管理来改变其思想观念。

（2）放任型：放任型领导需要采用业绩目标管理，他完全放任，员工到底怎么干工作不清楚，要完成什么目标也不清楚，所以应该首先设立目标，目标完成以后再来谈个人能力和关系的问题。面对这种实施中的领导形态，在实践中宜采用提高业绩的目标管理方式。

（3）专制型：专制型领导两种情况都可以采用。专制型领导很主动，但是管理松散，可以通过目标体系把组织上下级所有的管理明确分工，加强业绩管理，提高组织业绩。此外，有的组织采用基于个人能力和关系的目标管理也收到了不错的效果，所以专制型的领导两种情况都可以采用。

（4）官僚型：官僚型领导也是两种情况都可以采用，注重规范、过程和形式的领导者，在目标实施过程中比较在意组织中的基本关系。因此，一般采用个人能力和关系型目标管理，但有一些组织搞业绩型目标管理效果也不错。

2.目标管理的推行范围和方式 目标管理的推行范围，也被称为目标管理推行的深度，指的是目标管理从哪里开始实施，将它推行到什么单位，推行到哪一个层次。换句话说，就是组织的哪些部门施行目标管理，哪些部门不施行目标管理；哪些人执行目标管理，哪些人不执行目标管理。

目标管理的推行方式可分为渐进式和急进式。渐进式推行方式的特点是先将目标管理推行到企业的一部分单位和人员，再通过他们的示范和经验的推广，逐渐推行到整个企业和所有人员。急进式是在推行目标管理之初，一次性覆盖所有单位和人员，把所有部门和所有员工都纳入目标管理的范围和对象中来。

（四）目标控制

虽然目标管理强调自我控制和民主管理，但这不意味着作为组织的管理人员可以在目标体系建立后放任不管。在一个组织中的某个人或部门的目标完成出现问题，都将会直接或间接地影响组织目标的实现，这是目标体系的内在逻辑关系决定的。所以，组织的管理者必须积极进行目标控制，随时了解目标实现情况，及时发现问题，协助解决问题。必要时，可以根据环境的变化对目标进行一定的调整或修正。

目标控制是目标管理的关键，积极的自我控制与有力的上级控制相结合则是实现目标动态控制的根本。

目标控制阶段主要包括反馈控制、纠正偏差、目标修正三项工作。

1. 反馈控制　反馈控制指的是，组织根据反馈信息，掌握目标实现情况，及时纠正出现的偏差，以保证目标的实现。为此，反馈信息要及时、准确，控制措施要有力。

目标管理主要靠执行系统的自我控制和自我调节，而员工的自我控制是以目标分解过程中民主参与、上级的授权与指导为前提的。目标行动计划实施过程中，目标执行者应定期对照目标进行检查，及时发现问题，采取补救措施。同时，根据目标行动计划实施方案的要求加强学习，增强履行责任的能力。当目标执行中遇到非主观努力所能解决的问题时，应加强信息反馈，积极、及时、主动地请求上级领导和有关管理部门的帮助，以保证能够按时、保质、保量地完成目标任务。

在员工进行自我控制的过程中，如果没有发现方向性错误，上级应尽量不要干预，而应以咨询指导的形式为下级服务。否则，将失去目标管理的意义，也无法调动下级的主动性和积极性。

2. 纠正偏差　依据目标体系，利用科学的方法，对工作绩效进行衡量，可以发现目标行动计划实施过程中出现的偏差。纠正偏差就是在衡量工作绩效的基础上，分析偏差产生的原因，制定并实施必要的纠正措施。首先，要判断偏差的严重程度。并非所有的偏差都可能影响组织的最终成果，有些偏差可能反映了计划制订和执行工作中的严重问题，而另一些偏差则可能是一些偶然的、暂时的、局部性因素导致的，不一定会对组织活动的最终结果产生重要影响。因此，在采取纠正措施以前，要判断偏差的严重程度，看它是否足以构成对组织活动效率的威胁，从而判断是否值得去分析原因，采取纠正措施。接着，要探寻导致偏差的主要原因。纠正措施的制定基础是对偏差原因的分析，而同一偏差则可能由不同的原因造成，不同的原因要求采取不同的纠正措施。因此，要在众多的深层原因中找出最主要原因，为纠偏措施的制定指导方向。其次，需要确定实施纠偏措施的对象。如果偏差是由于绩效的不足而产生的，管理人员就应该采取纠偏行动，因为他们可以调整组织的管理战略，也可以改变组织结构，制订更完善的选拔和培训计划，或更改领导方式。但是，在有些情况下，需要纠正的可能不是组织的实际活动，而是组织这些活动的目标或衡量这些活动的标准本身。这就需要根据实际情况选择适当的纠偏措施。最后，针对产生偏差的主要原因，制定改进工作或调整计划与标准的纠正方案。

3. 目标修正　目标管理过程中，外界环境、企业内部有可能发生重大变化或者出现严重突发事件，那么这个时候就应该迅速采取行动修正目标。这样做的好处在于，一是可以使企业行动方向与环境变化的方向保持一致，形成对市场变化的快速反应机制；二是重新调整目标，可以再次平衡因环境变化而产生的对目标的不良影响；三是如果某个环节目标因环境变化而无法完成，就会影响其他环节目标的完成，目标调整可以最大程度地减轻阵痛，使目标体系在新的环境里实现正常运转。

目标的修正内容一般包括两个方面。一是规定目标修正的情景范围。比如，需要修正目标的不可抗力的范围，也就是说规定哪些意外事件发生才可能需要修正目标。不可抗力一般包括意外事故（如起火）、自然灾害（如洪水）、国际政治局势的突然变化（如战争）、国际经济形势的突然变化（如石油危机、金融危机）、企业内部情况的突然变化（如资金流的突然中断、领导层的突然变更、人员意外流动）等。二是规定目标执行的误差范围。也就是说，只有在目标执行值与计划值之间的差额超过了一定的范围时，才需要修正目标。比如，计划到8月底完成全年销售目标的70%，如果实际完成数值在60%～85%之间，则不能变更目标，超出这个范围则可能需要变更目标。这就为是否需要变更目标提供了可以度量的依据。上述两个标准，应该结合起来共同决定是否需要变更目标，如果只有其中之一，原则上不能变更目标。

（五）目标考核

目标管理注重结果，因此，必须对部门、个人的目标实现程度进行考核。目标考核要采用科学的测评方法，实事求是地对目标实现程度进行评价，依据评价结果采取相应的奖惩措施的过程。在此过程中，责、权、利实现统一，为下一轮目标管理活动奠定坚实的基础。

目标考核阶段主要包括以下几项工作。

（1）绩效评估：绩效评估就是按照目标计划和要求，对目标行动计划实施的结果、所获得的目标成果进行考核，以评价管理绩效。首先，要建立考核指标，考核指标要力求标准化、具体化、制度化；其次，要严格按照考核程序进行考核；第三，要把自我评价和组织考核紧密结合。

（2）激励：目标管理要求在实施目标考核之后，采取相应的奖惩措施，达到激励的目的。这就要求按照目标成果和奖惩条件实行绩效薪酬制度，将目标实现情况与工资、奖金、福利挂钩，并与职务晋升、培训机会结合起来。同时，要根据目标结果对相关责任单位以及负责人予以物质和精神方面的奖励、惩罚。

（3）总结经验：就是把目标行动计划实施过程中存在的主要经验总结下来，把存在的问题找出来，为制订下一目标计划和指导今后的工作，积累经验，提供借鉴。一个目标管理过程的结束，标志着另一个目标管理过程的开始。目标管理就是这样一个循环往复的过程。

四、目标管理的运用

目标管理思想提出后，在美国得到了广泛应用。20世纪80年代初，美国企业受到日本企业的挑战，生产力和创新力明显下降。从那时开始，不少大型企业抛弃了目标管理，转而采用精益管理体系。而我国企业却大规模地推广目标管理，并取得了显著的成绩。直至今日，目标管理仍然在我国企业管理中发挥着重要作用，不少管理者仍然应用目标管理。这从期刊论文的发表情况中可以得到印证，在我国每年出版的专业杂志中，还有大量文章在讨论企业实施目标管理的相关问题。

在20世纪80年代，目标管理以目标责任制的形式引入到我国政府的管理中，并一度成为我国绩效评估的重要手段。引入初期，由于对目标责任制管理的作用认识不一致，并没有形成统一的管理运行体制，目标责任制的效用一直得不到发挥。21世纪初期，为了进一步转变工作作风、提高政府工作效率，目标责任制开始在政府管理中被全面运用。时至今日，目标管理已经在我国政府管理中形成了岗位目标责任制、领导目标责任制和各种各样的功能性目标责任制，如安全生产责任制、护理目标责任制等。

目标管理在中国取得成功与中国传统文化的基因密切相关。首先，中国传统文化具有强烈的人本主义色彩,这与目标管理隐含的"有责任心的工人"假设相一致。其次,中国自古以来形成的金字塔式科层制结构和对上级无条件服从的意识,已经转化为人们的一种责任感和使命感,有力地推动了目标管理在我国组织中的实施。第三,目标管理与我国企业所崇尚的全面管理有着天然的联系。

本章小结

目标是组织中一切科学管理活动的起点和终点。组织目标是组织在一定时期内通过努力争取达到的理想状态或期望获得的成果,它体现了组织的目的,包括组织的任务、具体的目标项目和指标、目标的时限等。目标是一个多维的立体体系,多样性、层次性、网络性、时间性、可实现性、可考核性构成了目标的基本特征。目标具有四个方面的作用:导向作用,激励作用,凝聚作用,考核作用。在组织中,由于目标具有不同的属性,从而使得目标表现出许多不同的类型。通常可按照时间、目标范围、目标性质和目标形式把目标划分为不同的类型。美国管理学家彼得•德鲁克最早提出了"通过目标和自我控制进行管理"的目标管理思想。目标管理是通过员工参与制定和实施总目标及具体目标,以提高管理人员的责任感,激发员工的积极性,从而提高工作效率和效果的一种民主、科学的系统管理方法。目标管理是一个全面的管理系统,与传统管理相比,目标管理是一种参与式管理,它强调自我控制,并且非常注重成果。目标管理的实施过程包括目标制定、目标分解、目标实施、目标控制和目标考核五个阶段。目标管理是一种有效的管理,但也存在一定的局限性。目标管理在我国的应用比较成功,在企业工商管理和政府公共管理中都有比较广泛的应用。

（吴少龙）

思考题

1. 从个体角度看,目标的激励作用具体表现在哪两个方面?
2. 目标管理的概念及内涵是什么?
3. 目标的定义是什么? 简述目标与目的、任务、计划的区别及联系。
4. 目标确定的依据及一般原则是什么?

组　织　篇

第七章　组　　织

　　组织是管理的第二大职能，也是在明确了目标和计划后，实施计划的第一个环节，管理者通过安排和设计员工的工作以实现组织的目标。面对社会发展不断涌现的新特征与新需求，管理者需要思考的一个重要问题是如何通过科学、高效的组织设计与组织变革，以期实现在不确定性环境域场中的可持续发展。本章主要介绍了组织的概念、职能与基本原理，组织结构设计的概念、作用、类型、关键要素与步骤，以及组织变革的原因、过程、类型及阻力等相关内容。

第一节　组　织　概　述

一、组织的概念

　　自企业组织理论出现以后，组织（organization）作为名词在管理学界频频出现，不同的组织学家们对组织有不同的定义。彼得·德鲁克认为，组织是过程性的演化体系，是指事物朝着空间、时间上或功能上的有序组织结构方向演化的过程体系。理查德·达夫认为，组织是有目标导向的社会实体，被设计成有组织有协调的活动系统，并与外部环境相联系。斯蒂芬·罗宾斯认为，组织是为了实现某个特定目的而对人员进行的精心安排。你所在的学院或大学是组织；互助会、联谊会、政府部门、教会、超市都是组织。

　　与此同时，从管理职能的角度来看，组织（organizing）还具有动词的属性内涵。20世纪初，"管理理论之父"亨利·法约尔认为组织是为企业的运营提供所有必要的原料、设备、资本、人员。到了20世纪80年代，管理学家斯蒂芬·罗宾斯则认为，组织是指管理者通过安排和设计员工的工作以实现组织的目标。21世纪以来，管理学界通常认为组织是指为了完成预定目标，对工作任务进行分解并通过设计相应的组织机构来承担这些任务，明确各机构的权力和责任，建立完善的组织结构体系；为各机构配置合适的组织成员，并协调组织管理活动中的各种制度要素、人际关系互动以及内外环境变化，维护组织运营的过程。

　　综上，组织具有名词和动词的双重属性，本章节更加强调从管理职能的角度去诠释组织的动词属性内涵。在管理活动中，名词属性的组织是指由两个或以上的人们为了实现共同的目标而形成的具有一定结构的集合体。而动词属性的组织是指通过设计并建立合理的组织结构、为组织配备合适的人员并进行合理的分工以及在社会环境发生变化时进行组织变革,在组织运行的过程中协调好人、财、物之间的关系,以保障组织目标的顺利实现。组织职能的实施主体是管理者。

(一)组织职能

组织作为一项重要的管理职能,具体包括以下内容。

1. 设计并建立合理的组织结构 组织结构设计是组织设计的基础性工作,是为实现组织的发展目标,把组织内的任务、权力和责任进行有效组合协调的活动。其基本功能是协调组织中人员与任务之间的关系,使组织保持灵活性和适应性,从而有效地实现组织目标。

2. 人力资源配置 组织结构的建立为组织的运行提供基本的框架,但是组织想要真正运转起来,没有相应的组织成员是无法发挥作用的,因此需要为组织的各个岗位配置合适的人员。当今的信息化时代,人力资源,尤其是高端人力资源已经成为组织最重要的资源,组织的人力资源价值成为衡量组织整体竞争力的标志,也是组织成功发展的根本保证。人力资源配置就是在已经建立好的组织结构框架下,对工作岗位进行工作分析之后,结合组织成员的能力素质评价,使得岗位与组织成员的能力素质达到最佳的匹配,从而提高组织的绩效,最终实现组织的计划目标。

3. 组织变革 组织变革是指根据组织内外环境和条件的变化,及时调整组织的目标、结构、人员,增强组织应对环境变化冲击的能力,提高组织的生存效能。当一个组织的功能发生变化的时候,其组织结构也必然发生变革。例如医院,现在的医院不仅要承担医治病人的功能,还具有预防的功能,比如体检、疫苗接种、突发公共卫生事件预警等。医疗卫生行业未来的趋势将走向医防融合,这将对医疗卫生组织的变革产生重大影响。

(二)组织工作

组织工作指的是设计合理的组织结构,并使组织结构有效地运转起来,为了实现既定组织目标而采取行动的连续过程,是管理的基本职能之一。其主要内容涵盖以下几个方面。

1. 根据既定组织目标,设计一套合理的组织结构与职位系统。

2. 明确职权关系,确定管理层次间和部门间协调的原则与方法,保证其全方位连通。

3. 通过分解组织目标确立起组织内的各项工作,使设计与建立的组织结构有效运转。

4. 根据组织的内外环境,动态地调整组织结构。

组织工作通过建立起适合成员互相合作、充分发挥其才能的良好环境,规避工作或职责方面带来的矛盾与冲突,使每一位成员都能为实现既定的组织目标作出自己的贡献。组织工作协调了组织内的各种关系,令成员明确了自己的位置及与其他成员的关系,进而保证组织目标实现;组织工作充分发挥了组织的功能,通过令成员意识到自己工作的重要性来提高组织的效率与效益;组织工作还促进了组织的变革,作为动态化的调整手段,使组织不断适应内外部的变化。

(三)组织作用

组织是向社会提供服务的基本单位。任何组织的存在,都有一定的目的或任务,也就是能满足社会的某种需要。随着社会生产的变革,分工越来越细,满足社会需要的新组织不断产生;而一些过时、没有意义的组织就被淘汰。

1. 组织与社会大系统的联系紧密 组织系统总是处于一定的社会大系统之中,同外部环境进行信息、材料等的输入和输出。一方面,组织向社会系统提供各种信息与服务;另一方面,社会系统向组织提供资源。

2. 组织是实现管理目标的工具 管理上的组织,首先要有共同的目标,基于组织目标进行任务分工、建立责权关系,进而形成组织。组织是实现目标的工具,是人为的结果,与目标和情境有关,组织规模受到业务量影响。管理目标的实现离不开组织的支撑作用,组织通过协调人、财、物之间的关系,保证组织各项任务的执行,为高层管理者提供各种组织运行的精准信息,使组织能够根据内外环境的变化及时进行变革,确保了目标的实现。例如疾控部门,组织通过协调疾控人员、医疗物资及办公经费,来保障日常的疾病预防控制工作,为上级领导提供各种突发疫情的精准信息,及时调整组织架构与人员安排,推动下一步的疫情防控工作顺利进行,保障人民群众的生命健康。

二、组织的基本原理

(一)目标统一性原理

目标统一性原理要求组织中的每个部门必须有助于组织目标的实现,组织结构设计与形式选择的目的在于把人们承担的所有任务组成一个体系,使他们共同为实现组织的总目标而工作。

(二)分工协调原理

分工协调原理表明组织结构的有效性取决于:组织结构与实现目标所必要的各项任务分工的协调程度,以及职务要求与委派工作人员之间能力与动机的匹配程度。

(三)管理宽度原理

主管人员有效地监督、指挥其直接下属的人数是有限的,这种限度就是管理宽度。组织设定适当的管理宽度至关重要,决定着组织管理绩效。管理宽度过宽,会带来管理者权责过于集中、员工积极性受挫等问题;而管理宽度过窄,则意味着管理者职能发挥低效。与此同时,管理宽度还决定着组织决策的反应速度,并受到诸如工作类型、管理者领导力等因素的影响。

(四)权责对等原理

组织应赋予组织内部门及人员完成工作目标所需掌握的权力,同时,各部门与人员也有责任完成具有质量保证的工作任务。职权和职责必须相一致。一旦出现职权和职责不对等的情境,如有责无权,责任方会出现因为缺少权力而丧失工作积极性的情况,导致任务无法完成;而有权无责,则会使权力人缺少责任约束,发生权力滥用等情况。在科学的组织过程中,应针对职务、职责与职权的对等匹配形成规范化、体系化的规章与制度设计。

(五)统一指挥原理

组织的各级机构以及个人必须服从一个上级的命令和指挥,只有这样,上级的指示才能贯彻执行,上级与下属对最终成果的责任感才能加强,避免多头领导和多头指挥带来的组织运营效能低下等问题。但统一指挥原理在实践中可能会出现缺乏横向联系、缺少灵活性等问题。

(六)集权与分权结合原理

为了保证有效的管理,必须实行集权与分权相结合的领导体制。集权(centralization)反映组织高层决策集中的程度。分权(decentralization)反映组织成员可以参与实际决策的程度。集权和分权并非绝对划分的概念,一个组织是相对的集权和分权。传统组织往往是金字塔式的集权决策形式,而现代管理者通常会选择能使组织目标更好实现的集权或分权程度。管理者把职权授予可以胜任的下属,不仅可以减轻管理者负担,以集中精力聚焦重要决策,还可以加强组织的灵活性和适应性。

(七)最少层次原理

在满足由组织目标所决定的业务活动需求前提下,通过精简管理机构和人员,减少管理层次,充分发挥组织成员的积极性,避免管理层次过多带来的沟通障碍,更高效地实现组织目标。

(八)弹性原理

弹性原理要求组织的结构设计、制度安排与形式选择必须具有弹性,根据外部环境的变化作出适应性调整,以求得生存。组织结构僵化、组织目标不适应外部环境,就会使组织在变化中失去生存能力而被淘汰。

第二节　组织结构设计概述

一、组织结构设计的作用

组织结构（organization structure）是指组织中正式确定的使工作任务得以分解、组合和协调的框架体系。组织结构直接决定了组织中的正式的指挥系统和沟通网络，包括职权层级的数目和主管人员的管理宽度等。组织结构不仅影响物质、信息的正常沟通与利用效率，而且影响组织中人的心理、社会方面的功能。

选择一种合适的组织结构是一项至关重要的决策，为了高效实施组织活动、完成组织目标，必须进行合理的组织结构设计。组织结构设计在组织工作中的作用，随着组织规模扩大、业务关系复杂化以及对外部环境需求的不断适应等日益显著。组织结构作为重要的管理问题，成为管理学界的研究热点。组织结构设计经历了从"科学管理"创始人泰罗设计的职能式组织结构，到法约尔、韦伯、穆尼等学者设计的多种组织结构。为满足日益动态且复杂的外部环境，组织结构设计不断变更，从传统的组织结构设计发展成矩阵结构、团队式组织、无边界组织等多种组织结构设计。

组织结构的类型虽多，但任何一个组织结构都存在着三个相互联系的问题：第一，管理层次的划分；第二，部门的划分；第三，职权的划分。由于组织内外环境的变化影响着这三个相互联系的问题，使得组织结构的形式呈现出多样性。因此，合理的组织结构设计就是要正确处理这三个问题。

组织结构设计受到多维因素联立耦合的影响，因此，要构建一个更精干、更灵活、更创新、更有机化的高效且协调的组织结构，必须审时度势，对各种因素所起的作用的强度作出适当估计，并按一定的设计准则来进行。

二、组织结构类型

在实际工作中，组织结构的类型并不是单一的，但这些类型都是由几种基本类型变化来的，每个企业都应该有自己独特的组织结构，组织结构的设计是为了保证公司长久发展、实现战略目标以及完善公司行为。组织结构的作用是让组织管理有良好的基础。因此，企业需要寻找一个适合自身的组织结构，这对于实现组织目标是极为关键的。通过下面的几种组织结构类型的介绍，可以认识它们的结构、特点，以此分析实际工作中的组织结构。

（一）直线型组织结构

直线型组织结构是最早出现、最简单的一种组织结构。这里的"直线"是指在这种结构中，职权从组织上层"流向"组织的基层。这种结构是最早使用的，也是最简单的一种类型，也称为单线型组织结构（图7-1）。表7-1概括了直线型组织结构的优缺点。由于这些特征，直线型组织结构仅适用于那些规模较小、生产技术简单的组织，例如早期军队与

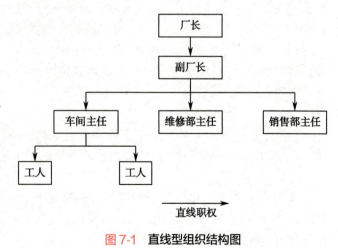

图7-1　直线型组织结构图

小规模生产组织。但需要注意的是，随着这些组织的发展与规模的扩大，直线型组织结构将会无法满足其日益复杂的管理要求并且容易产生决策失误。

表7-1　直线型组织结构特点

优点	缺点
1. 结构简单	1. 适用范围小
2. 便于上级进行管理，统一指挥	2. 部门间协调较差
3. 权责明确	3. 难以适用于大规模的企业

（二）职能型组织结构

直线型组织结构没有设置职能部门，对管理人员要求高。为了满足进一步的管理需求，军队组织开始在原本的结构中设置参谋职位（职能部门）来减少信息和情报负担，一种新的组织结构——职能型组织结构，由此产生，这种组织结构将专业职能作为划分部门的基准。正因如此，职能型组织，也可被称为参谋组织或幕僚组织（staff organization）。它在上层主管下面设立职能机构和人员，把相应的管理职责和权力交给这些职能机构，各职能机构在自己的业务范围内可以向下级下达命令和指示，直接指挥下属。这种结构实质上是采用按职能实行专业分工的管理办法，来代替直线型的全能管理者。职能型结构的特点（表7-2）是将所有与特定活动相关的人的知识和技能合并在一起，从而为组织提供纵深的知识。当深度技能对于组织目标的实现至关重要，或者当组织需要通过纵向层级链进行控制和协调，以及当效率是成功的关键因素的时候，职能型结构是最佳的模式，如图7-2所示。

表7-2　职能型结构的优缺点

优点	缺点
1. 减轻上层管理者负担	1. 过分强调专业化
2. 适应了管理工作分工较细的特点	2. 各职能机构间配合较差
3. 充分发挥职能机构的专业管理作用	3. 对环境发展变化的适应性较差，不够灵活

（三）直线 - 参谋型组织结构

直线型组织结构与职能型组织结构的先天缺陷决定了其难以在实际组织设计中得到广泛应用。直线 - 参谋型组织结构（图7-3）吸收了直线型和职能型组织结构的优点。其在当前国内组织运作中最为常见，其应用范围涵盖政府机关、学校与大、中、小企业。直线 - 参谋型组织结构的特点是：①实行高度集权的组织结构；②按组织和管理职能划分部门和设置机构，实行专业分工，加强专业管理，并实行统一指挥；③它把组织管理机构和人员分为两类。一类是直线指挥部门和人员，它在自己的职责范围内有一定的决定权，有对其下属实行指挥和命令的权力，对自己部门的工作负全部

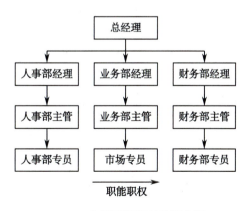

图7-2　职能型组织结构示意图

责任。另一类是参谋部门和人员，它是直线部门和直线人员的参谋，对下级直线部门只能提供建议和业务指导，没有指挥和命令的权力。尽管我国目前大多数企业，尤其是大、中型企业，对该组织结构的应用较为普遍，但需注意该组织结构不适宜创新性工作，直线 - 参谋型结构的优缺点如表7-3所示。

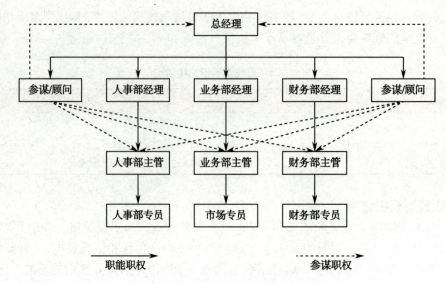

图7-3　直线 - 参谋型组织结构示意图

表7-3　直线 - 参谋型组织结构的优缺点

优点	缺点
1. 满足了组织活动统一指挥的需要	1. 当目标不统一时，容易产生矛盾
2. 实行严格责任制度	2. 主动性和积极性发挥受限
3. 实现了对于部门的有效管理	3. 部门间沟通较少，不利于决策
	4. 整个组织系统的适应性较差

（四）事业部组织结构

当组织的规模较大且经营的领域较为分散时，例如跨国公司等组织机构，常常采用事业部型的组织结构。事业部结构（divisional structure）一词是作为一般概念使用的，它有时也称作产品部结构或战略经营单位。在这种结构下，可以按照单项的产品或服务、产品群组、大型的项目或规划、事业、业务或利润中心来组建事业部。这种结构有时也被称为产品结构或者业务单位结构。事业部结构的显著特点是基于组织的产出过程来组合部门，"集中决策，分散经营"。其中，事业部须具备三个基本要素：独立市场、自负盈亏与独立经营，而总部只承担人事决策、预算控制与监督等职能，通过利润等指标对事业部进行控制。（表 7-4）

表7-4　事业部结构的优缺点

优点	缺点
1. 减轻高层主管压力	1. 内部沟通较少
2. 有利于将精力集中到长远规划和重大决策	2. 可能会有忽略整个组织的全局利益的倾向
3. 有利于对下级的培养和锻炼	3. 联系相对缺乏

（五）矩阵型组织结构

直线 - 参谋型组织结构、事业部组织结构存在着沟通路径较长以及部门间难以协调的缺陷。因此，当一个组织内同时有多个项目需要进行，每个项目又需要不同特长的成员来完成时，往往采用一种相较于直线 - 参谋型组织结构与事业部组织结构更加综合的组织结构，矩阵型组织。矩阵型组织结构也称项目 - 目标结构，起源于第二次世界大战后的美国，由专门从事单项工作的工作小组演变而来，适合横向协作的攻关项目。矩阵型组织结构是指在组织结构上，由按职能划分的纵向领导系统，与按项目划分的横向领导系统，形成一个纵横交织的矩阵形式的组织结构。矩阵型组织结构中，项目小组中的人员，是从纵向系统的各职能部门中选择，调集在一起形成的。同时，这些人员还与原职能部门保持联系。每个项目小组由专人负责，并直接受组织的高层主管领导。表7-5概括了矩阵型组织结构的优缺点。

表7-5　矩阵型结构的优缺点

优点	缺点
1. 工作效率高、灵活性强	1. 稳定性较差
2. 发挥了专业人员的作用	2. 组织缺乏长远眼光
3. 具有较强的机动性和适应性，能较好适应高速变化的市场环境	3. 双重结构易产生责任不清的问题

（六）网络型组织

　　虚拟网络型结构是基于"外包"概念实行的模块化结构，将非核心的任务分配给其他组织，中心组织仅承担自己最擅长的部分。其以项目为中心，通过与其他组织建立研发、生产制造、营销等业务的合同网，是一种有效发挥核心业务专长的协作型组织形式。组织不再需要一大群专业人员和管理人员，所有的管理人才与技术人才都专注于那些能为企业带来竞争优势的关键性活动，其他活动则全部外包。虚拟网络型结构是全球化背景下具有代表性的组织结构，其优缺点如下（表7-6）

表7-6　网络型结构的优缺点

优点	缺点
1. 使小型组织能在全球范围内获取人才与资源	1. 管理人员无法对众多的活动与员工进行直接控制，确定核心流程较为困难
2. 公司无须在工厂、设备或分销设施上改变，可即时扩大经营范围	2. 需要花费大量时间来管理与签约伙伴的关系和冲突
3. 组织高度灵活，迅速应对需求的变化	3. 一旦合作组织经营失败或退出该行业，则组织存在着失败的风险
4. 减少了行政管理费用	4. 员工忠诚度和公司文化可能会很弱

（七）团队式组织

　　20世纪60—70年代的日本产生了"团队"的管理概念，随后在美国的大企业中得到广泛应用。团队组织是组织成员自发组成的工作小组并按组织要求完成相应工作任务的一种组织结构。在这种组织结构中，组织管理者对工作小组的控制弱化，取而代之的是授权给更多员工，与传统的直线型组织不同，团队组织并不存在从组织最高层延伸到最低层的管理职权链。团队组织成员以他们自己认为最佳的方式来设计和完成工作，但是与此同时，团队组织成员也必须完成组织管理者交予他们的工作任务并承担相应的工作责任。团队式组织赋予了组织激励的作用，团队中具有较强的民主氛围，并进一步提高了员工的工作积极性，在大型组织中，团队组织通常是职能结构或事业部结构的一种补充，使得组织在拥有科层结构高效性的同时，也具备了团队组织的灵活性。其主要结构如下（图7-4）。

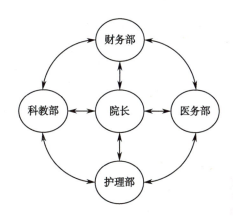

图7-4　团队式组织结构示意图

（八）无边界组织

组织在过去被认为是有边界的，包括物理边界与业务边界。然而随着全球化进程加快，一些企业组织需要从世界范围调配资源，组织的利益相关者范围进一步扩大，业务也不再封闭。组织间的联系变得更加紧密，传统的组织边界开始逐渐被打破，组织结构设计开始呈现出无边界化的发展趋势。

无边界组织是由通用电气公司的前首席执行官杰克·韦尔奇首次提出的，是指组织的横向、纵向与外部的边界不限于预设结构的一种结构设计。其中横向边界是由专业分工和部门划分形成的边界；纵向边界是因为员工被划归到不同组织层次而形成的边界；外部边界是指组织与其他利益相关者之间的边界。一般来说，可以基于跨职能团队与工作流程等方式取消横向边界；使用跨层级团队与参与式决策等手段使组织结构扁平化，取消纵向边界；基于加强与利益相关者之间的联系与沟通来削弱外部边界。通过保持灵活性和非结构性，组织得以实现最有效的管理，对于组织而言，最理想的状态是不会形成一种僵化的、有边界的、预先设定的结构。无边界组织的优点在于其边界富有弹性穿透力，资源、信息与能量能够在其内部与外部间流通。

尽管无边界组织提供了对于未来管理模式美好的愿景，但其实质上仅仅停留在组织设计理念的阶段，而并非一种实际的组织结构。任何组织都无法完全消除横向、纵向与外部的边界。"无边界"提倡尽可能淡化与模糊组织的边界，而非完全消除它们。

（九）混合型结构

在当今复杂的组织环境中，许多组织结构设计并不是以本节介绍的单一形式存在的。实际上，多数大型组织通常使用混合型结构（hybrid structure），善于将各种组织类型的特点进行整合，以适应特定的战略需要。因此，组织将职能型、事业部型、横向型和虚拟网络型结构的特点进行分析对比，采用各结构的优点，同时避免了其某些不足之处。因此，混合型结构更适合迅速变化的商务环境，可以为组织提供更大的灵活性。

在了解以上各个组织结构类型的特征后，不难看出，实际上不同类型的组织结构适合不同的情境条件，满足不同的需要。在对各种组织结构的描述中，我们初步了解了组织结构与组织规模是相互关联的。每种形式的结构——职能型、事业部型、矩阵型、横向型、网络型——都是帮助管理者改进组织效果的一种工具，其有效性取决于特定情境条件下是否满足组织的实际需求。

三、组织结构设计

组织结构设计是组织设计的基础性工作，是为实现组织的发展目标，把组织内的任务、权力和责任进行有效组合协调的活动。其基本功能是协调组织中人员与任务之间的关系，使组织保持灵活性和适应性，从而有效地实现组织目标。

（一）组织结构设计的内容

一个完整的组织结构设计主要包括管理层级设计、机制设计、部门划分和职权划分四方面内容。

1. 管理层级设计　管理层级设计既包括部门之间的纵向层级，又包括部门之间的横向联系。层级设计首先要对组织各类职务、职责以及人力资源加以分析，必要时进行适当调整，据此确定适当的管理跨度，并划分出纵向的管理层次，以保证整个组织结构安排精干高效，充分发挥员工的主动性、创造性。

2. 机制设计　机制设计包括规制机制和激励机制设计。规制机制主要是组织的规章制度和统一准则。激励设计方面，通常来说，正负结合的激励机制效果最优。

3. 部门划分　部门划分是指按照职能的相似性、活动的关联性、联系的紧密性将各个职位整合为部门的过程。部门划分没有统一的标准，组织可以根据其活动的特点、组织规模、环境进行安排,并根据组织内外环境的变化进行动态调整。此外,要求部门划分粗细适当,每个部门都应有明确的职责和足够的工作量,部门划分的规律要与它的任务相适应,避免人浮于事的现象。

4. 职权划分 职权划分是指对组织完成目标所需要的职能、职务进行整体安排。通过职权的划分,使每个管理人员都拥有为完成任务所必需的职权,并要承担相应的责任,即权责相称。要处理好直线人员与参谋人员的关系,通过适宜的授权,促进工作的完成。为提高管理效率,职权划分中强调要统一指挥,即要求每个人只能有一个直接上级,并对其负责,从而明确职责关系。

(二)组织结构设计的关键要素

管理者在进行组织结构设计时,必须考虑 6 个关键要素:工作专业化、部门化、指挥链、管理跨度、集权与分权、正规化。

1. 工作专业化 工作专业化(work specialization)被用来描述组织中任务被划分为各项专业工作的程度。其实质是将某项任务划分为若干步骤,每一步骤交给不同的人负责。

工作专业化高效利用了员工所拥有的各项技能,极大地提高了生产效率。但工作专业化达到某一程度后,其带来的员工非经济性如厌倦、疲劳、低生产率、低质量等渐渐显露出来。为了避免工作专业化带来的负面影响,组织也引入了一些新的工作方式,比如工作轮换、工作扩大化、工作丰富化等,以丰富员工的工作内容,从而提升员工的工作满意度和生产效率。

2. 部门化 部门化(departmentalization)是将整个管理系统进行分解,并把若干职位组合成一些相互依存的部门的过程。部门既是一个特定的工作领域,又是一个特定的权力领域。常见的部门化的形式包括:职能部门化、产品部门化、区域部门化、流程部门化和顾客部门化。但是组织也可以开发自己独特的划分标准和形式。

3. 指挥链 指挥链(chain of command)是指一条从组织高层延伸到基层的持续的职权线,用以界定汇报组织的工作渠道。有助于员工确定"我遇到问题时向谁请示"或"我应该向谁汇报"的问题。

4. 管理宽度 管理宽度(span of control)是指一个管理人员所能有效地直接领导和控制的实际人员数。管理层次(management level)是指组织纵向管理的等级数。一般而言,组织内的管理层次和管理跨度成反比,即管理跨度越宽,对应的管理层次越少。

一般而言,管理宽度取决于管理者的时间、偏好、管理者及下属人员的素质和能力以及所从事工作的特征。确定合适的管理宽度还受到其他权变因素的影响,包括员工任务的相似性和复杂性、计划、工作任务的协调性、授权的程度、下属成员的分散程度、组织信息系统的先进程度、组织文化的强度等。

5. 集权与分权 集权(centralization)是决策集中在组织高层的程度。具体来讲,如果组织的高层管理者在做决定时很少考虑基层人员的意见,就说明这个组织的集权化程度较高。集权是社会化大生产保持统一性和协调性的需要,可以加强组织各部分之间的协调配合,有效应用各种资源,提高管理效率。分权(decentralization)是指职权分散到整个组织的各个层次中。职权的分散和集中是一个相对分散的概念,没有绝对的集权和分权。同时由于组织的业务复杂多样,随着组织规模的扩大与层次的增加,就需要对组织局部实行分权。影响组织集权分权程度的因素主要包括组织的规模、组织形成的历史、组织的动态特性、组织执行政策情况、组织决策的代价、管理人员的能力、高层管理者的观念以及组织外部环境的变化。

6. 正规化 正规化(formalization)是指组织中各项工作的标准化程度以及行为受规则和程序约束的程度。高度正规化的组织有明确的职务说明、有明确的工作任务和规章制度。而正规化程度较低的组织,员工在开展工作时有更多的自主权。

(三)组织结构设计的原则

组织结构是为实现组织目标而服务的,所以必须要服从目标的要求。组织结构的设计必须以"事"为中心,这也是在设计过程中总的原则和要求,不能"因人设事"。

1. 精简高效原则 组织的规模、组织结构应跟组织目标、活动的性质、任务的需要来确定。在满足正常运行需要的前提下，力求减少管理层次，精简管理机构和管理人员，充分发挥各级各类人员的积极性，提高组织绩效。

2. 统一的原则 这里的统一包括三方面内容：一是目标一致，任何组织都有其特定的目标，组织及其每一部分都应与其特定的组织目标相联系，组织结构的设计与调整应始终以组织目标为中心。二是权责统一，职权与职责必须对称或相等，既要明确部门的职责范围，又要赋予其完成任务所必需的权力，二者应协调一致。三是命令和指挥统一，遵守统一指挥的原理，使组织中的管理层次和部门通过职权关系联结起来，形成组织结构统一体。

3. 效能的原则 效能是指效率和效果的结合。一方面，组织结构应能使人们为实现组织目标作出贡献，取得一定成果；另一方面，组织结构应能使人们以最少的代价实现目标，要有效率。

4. 动态调整原则 组织在进行结构设计过程中，需要充分对内外环境进行全面的分析，并在组织成长发展的过程中，及时进行优化与调整。

（四）组织结构设计的步骤

组织结构设计的步骤大体可以分为以下 6 个阶段。

1. 纵观全局 分析组织内外部环境以及竞争优、劣势，构建组织的战略模型，确定组织的战略目标或愿景。确定组织目标是组织设计的首要环节，首先要明确组织的目的或任务是什么。组织目标确定之前需对内外部环境进行全面的勘测，尤其是政治环境，在组织发展中尤为重要。比如，《中华人民共和国国民经济和社会发展第十四个五年规划和 2035 年远景目标纲要》（简称"十四五"规划）明确提出要"推动绿色发展，促进人与自然和谐共生"，"坚决遏制高耗能、高排放项目盲目发展，推动绿色转型实现积极发展。"在这种时代背景下，企业就不宜再致力于发展高耗能产业，要及时调整产业结构，以绿色经济发展为导向。

2. 分解总目标，拟定分目标 组织的总目标是组织总的任务或目的的体现，组织中不同部门，不同层次也应有其具体的目标。这就要在总目标下，对其进行分解，拟定派生的分目标，从而形成一个目标网络体系。总目标的实现需要分目标的保证，分目标是总目标的具体落实。

3. 确认和分类各项业务活动，分化组织结构部门 为确保组织目标的实现，组织必然要进行一系列的业务活动，这就需要对这些业务活动予以明确和分类。通过组织协调不同的业务活动，来保证目标实现。

4. 根据资源来划分业务活动 根据可利用的人力、物力以及利用它们的最好方法，来划分各项业务工作，使其收到最大的效益。

5. 授予职权和职责 对于执行具体业务工作的各类人员，授予其相应的权力，使其承担相应的责任。权责明确有利于工作的开展和控制，保证组织目标和任务的实现。

6. 将组织联成一体 通过职权关系和信息系统的完善，加强各部门的联系与沟通，使组织内的各部分上下左右相联，成为一个整体。这样能保证组织系统协调、有条不紊地运转。

（五）组织横向结构设计与纵向结构设计

组织结构设计分为纵向与横向的结构设计。一般来说，纵向结构设计主要关注管理层次设计，而横向结构设计则更关注部门划分的问题。

1. 组织纵向结构设计 组织纵向结构设计需要首先根据组织的具体条件正确规定管理宽度，然后以该数量界限为基础，进一步考虑影响管理层次的其他影响因素。最后，在该管理层次基础上进行职权配置，建立起基本的纵向结构。本部分我们重点讲解管理宽度及管理层次确定的相关内容。

（1）管理宽度：有效的管理宽度与合理的管理层次是进行组织设计和诊断的关键内容，在正式学习管理层次前，有必要首先了解管理宽度这一概念。管理宽度（span of control）指管理人员有效监督管辖直接下属的数量，一般随管理工作量与复杂性的变化而变化。然而，当管理宽度超过一定的范围后,管理的有效性也会随之下降。因此,如何确定管理宽度是管理人员必须认真思考的问题。

1) 如何确定管理宽度:管理宽度在现代管理中被视为一个具有极大弹性的数字,具有权变的特点。因此,为了得到理想的管理宽度值,各级管理者往往需要考虑到本单位的各方面具体情况及管理宽度的影响因素,引用各种方法对其进行确定。

2) 管理宽度影响因素:①管理者与被管理者的素养与能力:一般来说,在不影响管理有效性的情况下,能力强的管理者往往能给予更多的人工作指导,提供更大的管理宽度阈值;而当被管理者的工作能力强、学问经验丰富或被管理者受到良好训练后,需要受到的管理者的监督往往更少,也能增加管理宽度。②计划:良好的计划为被管理者提供了明确的目标与任务,减少了管理者对被管理者进一步管辖的需要,增加了管理宽度。③面对问题的种类:面对问题的种类也可能赋予管理宽度进一步的弹性。对常规化事务的处理可以参照固定的处理程序与办法,可以加大管理宽度;而针对复杂、困难以及设计方向性与战略性的问题的处理,则需要管理者直接领导的人少而精,以便集中最优秀的人才。④工作任务协调性:针对相似的工作任务,一般不需要管理者过多协调,由此可以增加管理宽度与减少组织层次。⑤授权程度:适当授权减少了原管理者的监督时间与精力,其本质是增加了管理者的数量。通过权责分明的管理制度,授权有助于管理宽度的扩大。⑥被管理者的分散度:被管理者越分散,沟通越困难,对其控制的效果也越差,管理宽度可能减小。

3) 确定管理宽度的方法:在众多确定管理宽度的方法中,美国学者于20世纪70年代提出的变量依据法是较为典型的方法。他们验证了若干决定管理宽度的变量,主要包括下述几个方面:①职能的相似性:指一名管理者领导下各部门或人员执行职能的相似程度,相似程度越高,则管理宽度可以增加。②地区的近邻性:指一名管理者领导下的单位或个人在地理位置上的集中程度,集中程度越高,则管理宽度可以增加。③职能的复杂性:指待完成任务与待管理部门的特点、工作性质的难易程度。难度越小,则管理宽度可以增加。④指导与控制的工作量:包括管理者与被管理者的工作能力、业务熟练度、需要训练的工作量、授权程度以及需要亲自关心的程度等。⑤协调的工作量:指单位间、部门间以及单位与部门间的协调配合需花费的时间精力。⑥计划的工作量:用来反映被管理人员及其单位的计划工作职能的重要性、复杂性和时间要求。

(2) 管理层次:管理层次是纵向组织结构设计中的核心内容,纵向组织结构设计也称管理层次设计。管理层次设计就是确定从组织最高级到最低级间应设置多少等级,每一个组织等级即为一个管理层次。组织管理层次的多少应根据组织的任务量与组织规模大小来确定,并遵循最少层次原则划分层次。

1) 扁平结构与直式结构:当假定组织人数一定时,管理层次与管理宽度成反比关系。组织宽度越大,则组织层次越少;组织宽度越小,则组织层次越多。由此,根据管理宽度与管理层次的特征,形成了两种经典的组织结构:①扁平结构:指管理层次少,管理宽度大的结构。扁平结构缩短了上下级间的距离,降低了纵向沟通的速度以及管理的成本,且管理者自主性与满意度高。但该结构缺少协调,平行部门间沟通少,上下级的监督控制也相对较弱。②直式结构:指管理层次多,管理宽度小的结构。直式结构相对扁平结构分工更加明确、上下级易于协调。但与此同时,直式结构也存在管理费用增加、信息交流与传递差、互相推诿、下级人员主动性差、难以发挥创造性等缺点。

2) 管理层次的确定与分工:组织的管理层次一般分为上、中、下三层,层次间分工明确。上层也称战略规划层,关注"是否实施以及何时实施"的问题,主要职能是从组织整体的利益出发,对组织实行统一指挥和综合管理,制定组织目标和方针。中层也称经营管理层,关注"如何实施"的问题,主要职能是为了保证组织目标的实现,拟订实施方案,协调下级活动,按部门分配资源,评价活动成果等。下层也称操作层,关注"如何干好"的问题,主要职能是按照规定计划协调基层人员的活动,保证组织计划的实现。

2. 组织横向结构设计　部门划分是组织横向结构设计的主要内容。部门指在组织中,管理人员未完成规定任务而有权管辖的一个特殊的领域、部分或分支。部门划分的目的在于确定组织任务的分配以及对应责任的归属,从而使分工合理、职责分明,最终有效达成组织目标。

(1) 部门划分的方法:①按人数划分:这是最原始、最简单的部门划分办法。它直接根据人数来划分部门,而不考虑其他因素。②按时间划分:按时间划分的方法更适合组织的基层以及部分特殊的服务组织。它是在正常工作日无法满足工作需要时所采用的办法。③按职能划分:这是应用最为普遍的部门划分办法。它遵循专业化原则,根据任务性质划分部门。根据其任务在组织中的重要程度,可进一步分为主要职能部门和从属派生部门。④按服务对象划分:它是以组织服务对象的类型为基础的划分方法。⑤按产品划分:它是根据组织向社会提供产品的类型的划分方法。⑥按地区划分:对于一些地理位置分散的组织,可以采用按地区划分部门的方法,如世界卫生组织在不同地理区域的区域办事处。⑦按设备划分:这种方法常与其他方法混用。

(2) 部门划分原则:①目标统一原则:部门划分中,要以实现组织目标为中心,避免因人设事。②弹性原则:部门设置应保持弹性,根据任务的需要而随时变化。尤其是针对临时性的任务,可以选择设置临时部门或工作组来进行解决。部门设置的弹性能够帮助组织保持对内外因素的动态适应性,随时调整自身结构,增进管理绩效。③最少原则:部门划分在实现组织目标的前提下,应尽可能保证组织结构的精简性。部门的精简能够降低沟通与管理难度,并避免机构重叠与职责不明等问题。④分工原则:部门设置是在实现组织目标的大前提下发挥各部门人员能力与动机的有效手段。在部门划分中,各部门职务的指派应达到平衡,避免工作量不均与工作内容重复等问题。⑤监察回避原则:检查部门与业务部门应分开设立,防止检查人员出于私心的偏颇判断,进而保证检查监督的客观公正。

第三节　组织发展与变革

一、组织发展的概念

20 世纪 60 年代后,理论界的管理学家和实践界的企业家都十分重视"有计划的变革",将组织的变革行为从零碎的转向成体系的、有计划的以及战略性的变革,更加注重组织变革的理论指导和方法路径。在组织发展(organizational development, OD)概念演化的过程中,经历了两种截然不同的定义:有计划的变革和对变化的反应。

首次将有计划的变革融入组织发展概念中的是美国学者理查德•贝克哈德(Richard Beckhard),他认为组织发展是组织通过自上而下的管理,在组织发展的过程中努力运用行为科学知识进行有计划的变革,从而达到提高组织的绩效和健康度的目的。另一位美国学者沃伦•本尼斯(Warren G. Bennis)则认为组织发展是组织对外部环境变化产生的反应,组织试图通过制定战略来改变组织的愿景、价值观以及组织结构,来使组织能够快速地适应科技、市场、人员、政策等的迅速变化。进入 21 世纪后,对组织发展概念的定义都是以理查德•贝克哈德和沃伦•本尼斯定义为基础的,例如卡明斯(Cummings)和沃里(Worley)将组织发展定义为组织通过运用行为科学知识有计划地改善组织发展过程中的战略制定、结构变革和运行机制。

结合过往学者的定义与组织理论的发展,我们认为组织发展是以行为科学为基础的一种有计划的长期变革活动,这种变革活动能够帮助组织获得新的知识和技能,进而改善组织的工作效率、组织成员之间的人际关系并提高组织的社会满意度,最终实现组织目标。

在组织发展与变革的关系中,某些学者认为组织发展就是变革管理。然而一个组织在其生命周期中总是会遇到一些突发的重大变革,这些重大变革是超出组织发展计划的。虽然组织目标的实现必须依赖长期的有计划性的系统变革，但是在遇到类似传染病疫情暴发这样的对组织具有重大影响的突发事件时，组织如果不能及时决策并且迅速采取必要的非计划变革行动（即便这些过程违背了组织发展的原则），组织也有可能失败。组织的发展要求组织必须进行组织变革，然而组织变革却并不一定要遵循组织发展原则。

二、组织变革的概念

斯蒂芬•罗宾斯认为，在某个时间点上，绝大多数管理者需要改变工作场所中部分要素。我们将这些改变划分为任何有关人员、结构和技术变更的组织变革。1998年科特在其著作《变革的力量》中指出企业组织变革的实质是一种非强制性活动，该行为旨在推动组织的发展。在注重实践技巧的管理学大师彼得•德鲁克看来，组织变革是指当组织成长迟缓，内部不良问题产生，已无法适应经营环境的变化时，企业所作出的及时调整，即将组织结构、内部层级、工作流程、沟通方式及企业文化等，进行必要的调整和改变，同时及时改变领导者与员工的观念与行为方式，促进企业顺利转型。我们认为，组织变革是指根据组织内外环境和条件的变化，及时调整组织的目标、结构、人员，增强组织应对环境变化冲击的能力，提高组织的生存效能。

三、组织变革的过程

对于变革的过程，有两种截然不同的观点，即平静水域观点和急流险滩观点。平静水域观点认为变革是正常事态发展过程中一个偶然的干扰。急流险滩观点认为变革是一种常态，而且是可预见的，可以通过一个持续不断的过程对它进行管理。这两种观点展现了理解和应对变革的两种截然不同的方式。在当今社会中，如果组织还将变革视为对一向平静安稳的环境的偶然干扰，必将岌岌可危。对于组织及其管理者而言，面对不断涌现的新关系、新因素与新环境，管理者必须时刻做好准备应对变革。

（一）组织现状诊断，组织问题识别

组织变革首先要确认组织的现状，对组织的现状进行诊断，然后根据诊断发现的问题，决定是否要进行变革。这种诊断可以是针对某一个方面，也可以是对组织的全方位诊断，例如，通过搜集资料的方式，对组织的职能系统、工作流程系统、决策系统以及内在关系等进行诊断。除了组织内部的诊断，还要关注组织外部的因素，从中发现对组织有利或者不利的信息。组织根据内部诊断和外部因素的综合判断，确立需要进行变革的具体部门或者人员。

（二）分析变革因素，制订多主体的变革计划

组织内部诊断和外部因素判断完成后，就要对组织变革的具体因素进行分析，如组织结构设置是否合理、组织中的权力是否过度集中、组织成员对组织变革的接受程度、组织各部门的配合是否流畅、外部的有利因素对变革的影响等。在得出分析结果后，负责制订组织变革计划的成员需要同时制定几个可行的变革方案，以应对变革过程中可能出现的突发事件。

（三）分析变革阻力，实施组织变革

根据上一步制定的多个可行的变革方案，组织需要根据实际情况选择一个最合适的方案，然后制订执行变革的具体计划，选择合适的人员、准备好相关的物资。推进变革的方式有多种，组织在选择具体方案时要充分考虑到变革的深度和难度、变革的影响程度、变革速度以及员工的可接受和参与程度等，做到有计划、有步骤、有控制地进行。当变革出现某些偏差时，要有备用的纠偏措施，及时纠正偏差。

（四）评价变革效果，及时进行反馈

组织变革是一个涉及目标、人员、结构、技术的调整过程，在变革的过程中，组织内外的环境也

在不断变化,设计的变革计划再完善也不能保证完全取得预期的理想效果。因此,变革结束之后,组织必须对变革的过程及结果进行总结和评价,及时反馈组织变革中新出现的信息。对于没有取得理想效果的改革措施,应当给予必要的分析和评价,然后再做取舍,为后续的组织变革提供经验。

四、组织变革的类型

管理者面临三种主要的变革类型:结构、技术和人员。结构变革包括结构变量上的任何改变,如报告关系、协调机制、成员授权和工作再设计。技术变革包括工作流程和使用方法及设备的改进。人员变革涉及个体和群体的态度、期望、认知和行为的改变。

(一)结构变革

外部环境和组织目标的变化通常会导致组织结构的变革。因为一个组织的结构是由工作如何做以及谁来做所定义的,管理者可以改变其中一个或者同时改变两个结构变量,例如,合并部门职责、减少组织层级,或者增大管理幅度;组织实施更多的规则和程序提高标准化程度,或者通过员工授权提高决策速度。

医疗卫生行业的医疗与预防的有效融合一直是我国深化医改的目标之一。近年来我国慢性病患病率逐年上升,并且患病群体逐渐年轻化,这进一步凸显了医防融合的重要性,也加快了医防融合体系的建设。在医防融合的背景下,以疾控中心为主导,与各基层医疗服务机构、各层级医院联合成立医防融合共同体,由疾控中心对各级各类医疗机构提供各种慢性病治疗与预防的专业指导和培训;市、区、县级医院根据专业特长负责不同慢性病的预防和临床诊疗工作;基层医疗机构则负责居民的慢性病筛查与慢性病患者的追踪管理并为疾控中心收集全面的患病信息。这种多部门协同管理的结构变革将会是组织未来的发展趋势。

(二)技术变革

新技术、新工艺或者新方法的不断涌现与快速迭代,将在行业领域内引起震动,给组织带来生存的冲击,进而推动组织管理者进行组织变革。21世纪最明显的技术变革当为计算机技术的高速发展。计算机将各种功能集合在一起,使之成为一个综合性的系统。例如智能手机操作系统的出现导致了诺基亚的衰败,掌握新技术、新工艺或者新方法的组织将会在竞争关系中取得优势地位。作为当前数字化时代的关键性技术突破,人工智能引入组织管理活动很可能会伴随着转型变革的发生。运用人工智能等新型技术,为管理者进行组织结构设计、管理模式和人员配置等事务提供支持,让管理者有更多的时间和精力去关注组织的发展战略和使命愿景。技术的变革会对组织产生重大影响,促使组织改变以往的管理模式和工作流程。

(三)人员变革

人员变革包括价值观、态度、信念、期望、能力和行为的改变,由于惯性原因,这些改变并不是能在短期内完成的。组织发展的人员变革用来描述那些聚焦于组织的成员及工作中人际关系的性质和质量的变革方式。例如:国内某手机品牌公司的人才战略是服务于业务战略的,基本理念是管理有效的员工是该公司最大的财富。在组织变革的过程中,该公司使用了不同的组织发展方法,如设置齐全的职业发展通道,包括管理路线和专业路线,对关键岗位设置"之"字形发展路径。这些做法为该公司的人才建设起到了举足轻重的作用,顺利地推进了该公司的组织变革。

五、组织变革的动力与阻力

(一)组织变革的动力

不同组织的变革动力不尽相同,但总体上基于两个方面的内容,组织内部动力和组织外部动力,如图7-5所示。

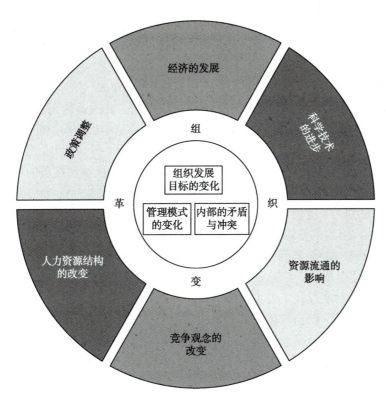

图 7-5　组织变革动力

1. 外部动力

（1）经济的发展：在经济全球化时代，无论是营利性组织还是非营利性组织，在复杂变幻的环境中，风险与机遇并存。在这种情况下，如果组织不能顺应时代潮流，作出有效的改变，则会被社会淘汰。经济全球化给世界人民的生活带来了极大的改变，人们开始追求更美好、更高质量的生活，组织也需要为了满足这种追求而进行组织变革。例如，我国的《2030 年前碳达峰行动方案》提出到 2030 年，非化石能源消费比重达到 25% 左右，单位国内生产总值二氧化碳排放比 2005 年下降 65% 以上。中国的新倡议新举措，充分展现了大国担当。为了顺利实现 2030 年前碳达峰目标，宏观层面上，要进行产业结构和能源结构调整优化，微观层面上，各企业组织要调整生产结构、变革生产技术。

（2）政策调整：政策调整主要包括政府的施政方针以及社会、经济、文化、环境等政策的调整。我国医疗卫生机构的变革是与我国社会、经济政策的调整相适应的，在中华人民共和国成立到改革开放之前的计划经济体制时期，是由政府出资满足社会的基本医疗需求，政府负责所有医疗卫生机构的资源配置、人员与日常运营管理。改革开放以后我国重大社会经济政策的调整促使各级医疗卫生机构开始遵循市场竞争规则，进而寻求组织运营的经营权和自主权，以适应计划经济向市场经济的政策转轨。然而，在市场经济体制追求效率的影响下，医疗卫生资源开始向大医院集中，基层医疗卫生力量薄弱，导致居民"看病难、看病贵"的问题。为消除这一现象，需要政府和市场两只手的协同作用。因此我国于 2009 年开始了新一轮的医疗卫生体制改革，通过实施国家基本药物制度、完善基层医疗卫生机构建设、推进分级诊疗制度、创新医保付费方式（例如 DRG 等）以及医保整合等政策来减轻居民的医疗费用负担。在这个过程中，医疗卫生机构在国家政策的引导下进行组织变革，包括组织目标、组织运营模式以及组织结构变革等。

（3）资源流通的影响：资源是有限的、稀缺的，组织的发展必然会受到资源的制约。随着全球化的推进，各种资源在全球各个国家之间流动，包括人力资源、自然资源等。高端人力资源的流动与聚集会对组织产生重大的影响。自然资源如石油、矿产和天然气等,是国家发展不可或缺的资源,甚至能够影响一个国家的生存。组织要在资源的稀缺性和流动性的限制下,主动进行变革,克服资源限制对组织的不利影响。

(4)人力资源结构的改变:首先是受教育水平的变化,近年来,由于高等教育的普及,组织中高学历的组织成员比例增加、流动速度加快、维权意识提升。其次是性别比例的变化,女性受教育以及就业的机会增多,改变了固有的社会就业结构。最后是年龄结构的变化,组织中的新老成员之间在工作态度、工作伦理观、工作价值观等方面存在代际差异。因此,面对上述的人力资源结构变化,要求组织随之进行调整,改变机械化的管理模式、重视组织成员的男女比例以及建立流畅的代际沟通渠道,以适应新形势下管理人力资源的需求。

(5)科学技术的进步:现代科学技术在以空前的广度与深度影响着社会生产及生活的各个方面,它给组织结构、组织的管理跨度和管理层次、组织信息沟通方式等都带来了巨大冲击。科技的迅速迭代使得新技术、新产品层出不穷,这就要求组织具备快速接纳新事物的能力,并及时调整、动态变革,以适应环境。信息技术的发展促进了组织结构的变革,互联网时代的扁平化、网状结构、多任务和项目制取代了过去直线型和职能型的组织结构。

(6)竞争观念的改变:在全球化的背景下,组织之间的竞争越发激烈并且多维,包括人才竞争、技术研发竞争、资源竞争等。组织为了在竞争中得以生存,必须动态调整组织的竞争观念,主动变革,顺应时代发展特征,以期在激烈竞争中立于不败之地。

2.内部动力

(1)组织发展目标的变化:组织生命周期理论认为组织的成长过程可分为创业、聚合、规范化、成熟、再发展或衰退五个阶段。在每一个阶段,组织的结构、领导方式、管理模式和成员心态等都各有其特点,组织的目标随着组织的发展也必然要作出相应的改变和调整。每一个阶段在发展过程中都面临某种危机和管理问题,这就促使组织调整结构,重新组织人员和财力,有针对性地作出变革。

(2)管理模式的变化:传统管理模式下的组织架构具有明显的层级概念,是一种自上而下的管理模式,对员工实行专业化分工,中层管理干部管理宽度较窄,权力集中在高层,官僚化特征突出。随着科学技术的飞速发展与经济全球化,组织需要采取新型管理模式。新型管理模式下,组织管理结构扁平化,管理者和组织成员有共同的愿景目标,成员合作精神更强,中层管理干部具有更大的自主性,高层则更重视创业和成长。

(3)组织内部的矛盾与冲突:组织内部的矛盾与冲突也是组织变革的重要动力。由于部门扩大、人员增多、业务量增加、目标不一致等,组织内部会出现矛盾增加、人际关系复杂、群体冲突不断等问题,这一方面会对组织的运行产生不利影响,另一方面也会促使组织调整结构,改变沟通方式,以缓解矛盾、理顺关系,从而实现组织有效运行。

(二)组织变革的阻力

1.抵制组织变革的原因 通常而言,对于组织变革的抵制随处可见。组织成员抵制组织变革的主要原因包括:对不确定性的恐惧、个人利益的变化以及对组织变革目标的不认可等。

组织变革让不确定性取代了组织现在的确定性,打破了组织一贯的稳定。生活和工作都有复杂性,为了解决这种复杂性,人们依赖于习惯或者程序化反应。但当我们面临变革时,对不确定性的恐惧和以往方式的习惯性反应倾向就成为抵制变革的原因之一。

抵制变革的第二个原因是组织成员担忧变革会导致自己失去现有利益。组织变革就是要改变组织目前的状态,这必然会导致现有人员的利益损失。尤其是组织成员在组织中的时间越长,他在组织中的利益纠缠越多,越会抵制变革,因为他们害怕失去自己长时间以来获得的地位、金钱、权力、友谊、个人便利等固化利益,即他们的沉没成本更高。

抵制变革的另一个原因是组织成员对于组织变革的目标不认同。例如,如果某次组织变革的目标是为了让组织进入一个新的领域,而组织成员认为这个新的领域无法给组织带来足够的利益或者会损害组织的利益,那么组织成员就会抵制变革,这种类型的抵制如果以积极的方式表现出来,实际上是对组织有益的。

2. 减少组织变革阻力的方法　当出现组织成员抵制组织变革的时候,可以采用以下的方法来应对抵制变革这一问题。这些方法包括教育与沟通、参与和投入、提供便利和支持、协商和同意、操纵与拉拢、强制。下表对这些方法进行了简要描述。管理者应该将其视为解决问题的工具,并根据抵制变革的类型和原因采取最恰当的方法(表7-7)。

表7-7　减少变革阻力的方法

方法	一般的应用条件	优点	缺点
教育和沟通	信息缺乏或资料及分析不精确	人们一旦被说服,就往往会帮助实施变革	如果涉及的人很多,就会很费时间
参与和投入	变革的发起者所需的资料不完整或者其他人的反对力量强大	参加到变革计划中的人会热衷于它的实施,他们所掌握的相关信息也将被包括到计划之中	如果参与者设计了一项不合适的变革方案,就很浪费时间
提供便利和支持	人们是因调整问题而反对	这是处理调整问题的最好方法	可能耗费时间和金钱,并有可能白费
协商和同意	有些人或有些团体将在变革中遭受明显的损失,而且这些团体的反对力量强大	有时这是一条避免强烈抵触的简便途径	如果它提醒了其他人都要通过协商才顺从的话,组织将要付出相当高的代价
操纵和拉拢	当其他技巧都无效或太昂贵时	这是一种相对迅速、节约时间的解决方式	为未来埋下隐患,因为人们可能认识到自己被操纵了
明示的或暗示的强制	时间紧急而且变革的发起人有相当的权力	迅速并能解决任何反抗	如果发起者激怒了某些人,就很危险

资料来源: KOTTER JP, SCHLESINGER LA. Choosing Strategies for Change.[J]. Harvard Business Review, 2008.

六、组织发展的趋势与挑战

(一)组织发展的趋势

组织发展经历了 20 世纪 40—50 年代的萌芽期、20 世纪 60—70 年代的基础发展期、20 世纪 80—90 年代的分支涌现期,到 21 世纪形成了新的组织发展方法与实践。在组织发展经历这些演化的同时,管理与组织理论也发生了重大转变。社会是不断发展的,组织发展趋势必须与社会发展相适应,进而满足社会发展不同阶段的需求。组织发展自 20 世纪 40 年代提出以来,就一直处于不断的变化演进中。

(二)组织发展的挑战

进入 21 世纪以来,随着社会进步、科技创新和经济全球化的发展,目前我们已经迈入信息时代。然而,传统的组织结构已无法满足信息时代的组织发展需求,因此,组织管理者们开始意识到必须对过去陈旧的组织结构进行创新与再发展,建立符合当前社会发展需求的新组织结构。这种新组织结构有扁平化而非层级式的管理与运营结构,对外部环境的响应度更高、更灵活,而且能更充分地满足社会需求,如团队组织、无边界组织和学习型组织等新型组织结构。

继农业时代、工业革命时代和信息化时代相继完成历史使命后,生物经济正在勾勒人类社会未来发展的美好蓝图。《"十四五"生物经济发展规划》的推出,为我国生物经济的发展指明了方向和路径。生物经济主要包括生物医药、生物农业、生物制造、生物能源、生物资源、生物安全、生态环境、生物服务、生物信息等子领域。生物经济发展趋势的变化要求组织的未来发展迎合生物经济以人为本的目标，而生物医药行业作为未来生物经济发展的重要领域之一，需顺应"以治病为中心"转向"以健康为中心"的发展规律，大力发展面向人民健康的生物医药，抓好个体身心健康。在该背景下，生物医药组织首先要对组织的目标进行调整，从"治病为主"的老观念转向"预防为主"的新看法；其次是组织结构的变化，为更好地进行生物技术研发，需要将组织层级进一步压缩，大力推行扁平化管理，组建无边界化的团队型研发部门，广泛与外部组织如高校、科研院所等建立合作研发关系，打破技术研发壁垒。最后则是生物医药组织产业链的延长，完善从生物原材料的获取、转化、生产到应用的产业链，加快推进生物科技创新和产业化应用。

组织发展在工业革命时代面临的挑战是科层制组织中人的主观能动性被忽略，仅把人看作"经济人"，即组织成员只追求经济利益，但是却忽视了人的社会属性，进而降低了组织的工作效率；迈入信息化时代后，科学技术的更替日新月异，信息的产生与传播无比迅速，组织的外部环境随之发生剧烈变化。组织发展面临了内、外的双重挑战。在组织内部，原有的组织结构已经无法适应社会发展的现状；在组织外部，组织的产品或服务落后于科学技术的进步，正如我们熟悉的柯达、诺基亚公司的破产案例。生物经济以人的生命健康为目标，组织在生物经济时代的背景下发展主要面临两方面的挑战：一是组织如何引进、培养生物技术人才、激励员工能力，进一步为组织目标实现和社会发展助力；二是组织需要对外为社会提供丰富的生物产品或服务，这就需要组织能够实现多领域、多部门的有机整合，实现生物与多产业技术的渗透与融合，并进一步促进人类健康。

本章小结

在本章第一节组织概述部分对于组织的相关概念进行了系统介绍，使我们对于管理职能的组织概念、作用及基本原理有了清晰的认识。第二节主要介绍了组织结构设计的过程及不同类型，包括从单一的组织结构类型到较为复杂的组织结构类型，使我们了解到不同类型的组织结构服务于不同组织目标和计划，管理者需要以动态的思维看待组织结构的演变与发展。在第三节组织发展与变革部分详细介绍了组织变革的概念、类型、动力与阻力，使我们更清晰地了解组织变革的完整过程。

（李　叶）

思考题

1. 简述组织结构的主要类型，以及不同类型组织结构适用的条件。
2. 简述组织结构设计的关键要素。
3. 简述组织发展和组织变革的关系。
4. 简述组织变革的动力与阻力。
5. 随着人工智能、区块链、云计算、大数据等技术在组织运营中的全面应用，组织势必需要对内部的各项职能活动作出适应性调整，进而不断提高价值创造与运作效率。这种背景下，组织结构的设计会产生怎么样的变化？为什么？

第八章 组织文化

在本章中,我们将学习和了解组织文化的来源,组织文化与组织绩效的关系,组织文化的变革与创新。通过学习,熟悉组织文化的层次、类型,以及组织文化对组织变革的影响。能较好地掌握组织文化的概念、特征、要素,以及组织文化的作用,掌握塑造组织文化的组织事件,组织领导者倡导、组织制度习得的组织文化建立方式,掌握故事、仪式、符号、语言、团队学习的组织文化发展途径,为实践运用奠定基础。

第一节 组织文化概述

同类组织的组织结构并不一定相同,为什么同类组织却有不同的组织结构?是哪些因素决定了其差异性呢?可以从组织文化的角度来进行探讨。

一、组织文化概念

(一)文化

文化(culture)根植于一个民族的精神土壤之中,是一个民族生存和发展的基础。"文化"一词最早出自《周易·贲卦·象传》:"刚柔交错,天文也;文明以止,人文也。观乎天文,以察时变;观乎人文,以化成天下。"

从哲学角度解释,文化从本质上讲是哲学思想的表现形式,哲学时代和地域的差异性从而决定了文化的不同风格。从存在主义的角度,文化是对一个人或一群人的存在方式的描述。人们存在于自然中,同时也存在于历史和时代中;时间是一个人或一群人存在于自然中的重要平台;社会、国家和民族(家族)是一个人或一群人存在于历史和时代中的另一个重要平台;文化是指人们在这种存在过程中的言语或表述方式、交往或行为方式、意识或认知方式。文化不仅用于描述一群人的外在行为,还包含个人的自我的心灵意识和感知方式。所以,文化是由各种元素组成的一个复杂的体系,该体系中的各部分在功能上互相依存,在结构上互相联结,共同发挥社会整合和社会导向的功能,文化存在于并影响着人类社会生活的各个方面。

文化是人类所创造的一切物质财富和精神财富的总和,指一个国家或民族的历史、地理、风土人情、传统习俗、生活方式、文学艺术、行为规范、思维方式、价值观念,它是人类在社会历史发展过程中所创造的物质财富和精神财富的总和。

(二)组织文化

组织文化(organizational culture)是随着组织的建立而产生的,并伴随组织的发展而发展。组织文化代表了该组织成员共同的价值标准、整体精神和追求发展的文化素质。组织文化包括组织的管理哲学,组织的道德文化、技术文化、决策文化,组织的价值观体系,组织的社会观、效益观等诸多方面。关于组织文化的定义,至今仍没有统一的标准,有代表性的、影响较大的是埃德加·沙因(Edgar H.Schein)关于组织文化的定义,他认为:组织文化是由一些基本假设所构成的模式。这些假设是由某个团体在探索解决对外部环境的适应和内部统合问题这一过程中所发现、创造和形成的，如果这个模式运行良好，可以认为是行之有效的，是新成员在认识、思考和感受问题时必须掌握的正确方向。

组织文化是指在组织实践中所形成的，能为组织成员所遵守的价值观、职业道德、行为规范等的总和。组织文化是组织成员共同的价值观体系，使组织具有区别于其他组织的特色。而且，随着时间的发展和外界环境的变化，组织文化也会不断更新。

斯蒂芬·P.罗宾斯（Stephen P. Robbins）认为：组织文化被描述为影响组织成员行动、将不同组织区分开的共享价值观、原则、传统和行事方式。在大多数组织中，这些共享价值观和惯例经过长时间的演变，在某种程度上决定了"这里的事情应该如何完成"。

（三）跨文化

现代的科学技术高速发展，交通和通信技术将世界变成了"地球村"，人们不再感觉得到国家与国家之间的差异实际上有多大。到处能买到"中国制造"的物品，各地的人们都在喝着某品牌碳酸饮料，随处可见身着牛仔裤的大众，某品牌汽车满世界跑……这一事实并不意味着世界各地的人们都一样了，而是反映出跨文化现象的普遍存在。

跨文化（cross-culture）是指跨越不同的信念、不同的价值观、不同的基本假设和不同的行为规范的现象和过程，即在不同的文化背景下，凸显出文化差异的过程，是不同行为规范、价值观、隐含信念和基本假设交融碰撞的动态过程。跨文化的基本前提是存在文化差异，而文化差异主要体现在以下三个方面：国家层面的文化差异、公司层面的文化差异和个体层面的文化差异。

1. 国家层面的文化差异　国家层面的文化差异是一种宏观层面的文化背景差异，每个国家的文化都根植于自身历史、文化、语言、地理和社会情况而与众不同。国家层面的文化差异具有相对的稳定性和鲜明性。

某公司的全球化管理：在增强全球供应链硬实力的同时，也在同步强化供应链的软实力，加强本地化建设和对国际化团队能力的培养，提升全体员工的全球化工作能力。

一直以来，该公司都将国际化、职业化、成熟化作为发展目标，在国际化方面更是提出"市场国际化、技术国际化、资金国际化、人才国际化"的具体要求。大量招聘和起用本地员工，加强对本地员工的培训，将本地员工培养为业务骨干，使其了解、熟悉本部的运作，进而加强供应链一体化的沟通与协作。

此外，还引进大批具有国际化视野的职业经理人和专业人士，提升供应链员工队伍的素质和能力。对于与海外接洽的业务人员，将英语能力作为任职的基本要求，任职人员必须具备英语口语交流和文档阅读的能力；对于管理者的选拔，也以能否适应国际化为标准。如今，该公司在全球170多个国家拥有4万多名外籍员工，初步实现了人才的全球化。

2. 公司层面的文化差异　公司层面的文化差异是一种中观层面的文化背景差异，特别是在经过重组和并购的组织中的人力资源管理中十分普遍。跨国并购更是受双重文化差异的影响：国家或者民族文化差异和双方母公司的文化差异。

有研究表明，在并购失败的决定因素中，文化差异居于首位。美国经济咨商会对财富500强企业中的147位CEO和负责并购的副总的调查显示：90%的被调查者认为，文化因素对实现企业并购后的成功至关重要。

美国学者克普尔（Cooper）和莱布朗德（Lybrand）曾就并购成功的贡献因素和并购失败的决定因素对全球100家知名公司CEO进行调查，结果见表8-1（表中数字表明选择该项的人数占被访总数百分比）。

调查结果提示，企业文化的整合对并购成功有很大贡献；相反，管理风格和文化的差异所引发的冲突将是致命的。许多企业过分看重兼并过程中资本、财务、市场、项目控制等指标，却忽略了最本质、最核心的要素——原有双方员工是否心悦诚服地认同新的统一的价值观和企业文化。

表8-1 公司 A 和 B 并购成功的贡献因素和并购失败的决定因素调查结果

并购失败的决定因素	受访人中选择该失败因素的百分比 /%	并购成功的贡献因素	受访人中选择该成功因素的百分比 /%
目标公司管理态度和文化差异	85	详细的并购计划和整合后迅速实施	76
无并购后整合计划	80	并购目的明确	76
对行业或目标公司缺乏了解	45	文化整合良好	59
目标公司管理不善	45	目标公司管理层的高度合作	47
无并购经验	30	对目标公司及其行业的了解	41

德国的 D 公司和美国的 C 公司在合并之后并没有实现预期的规模化以提高效率，反而造成业绩下滑，两家企业的文化差异是其业绩下滑的重要原因之一。

3．个体层面的文化差异 个体层面的文化差异是跨文化差异的微观层次，不同地域、不同种族、不同性别、不同年龄、不同受教育水平、同一公司不同部门人员之间和不同级别成员之间都可能存在价值观、行为方式上的不同。当然，个体的价值观在不同程度上受其所在国家、民族、公司的价值观的影响。

二、组织文化层次与类型

组织文化是组织运行过程中伴随而生的一种副产品，可以从组织文化的层次性和其类型来做进一步了解。

（一）组织文化层次

1．艾德·希恩的三层次文化模型（Edgar Schein's three-levels cultural model） 麻省理工学院斯隆管理学院的艾德·希恩提出了一种十分著名的文化模式。他认为，企业文化是在企业的发展过程中不断完善起来的。他指出，文化的内核是一系列运行良好并相当有效的基本假设。

（1）人工制品（artifacts）：人工制品是那些外显的文化产品，能够看得见、听得见、摸得着（如制服），但却不易被理解。包括实物布局、办公环境、着装要求、标语、噪声标准和心理气氛等方面。尽管内部文化的这一层次对外部成员来说是最显而易见的，但这些"物质形态"却揭示了企业的一些重要特征，如果你不是这种文化中的一员，就很难理解它们的真正内涵。

（2）信仰与价值（beliefs and values）：藏于人工制品之下的便是组织的"信仰与价值"，它们是组织的战略、目标和哲学。如果将银行和广告公司的文化加以比较，我们会发现，在银行的文化中，成功来自严格的财务控制、保守谨慎和对管理等级制度的尊重。相反，广告公司的文化则可能将个人的自我想象视为成功的来源，因此，不太重视权威和意见的交流。在这两类企业中，那些过去发生的事都能体现出企业的价值观，进而反映出企业文化。

（3）基本隐性假设与价值（basic underlying assumptions and values）：组织文化的核心或精华是早已在人们头脑中生根的不被意识到的假设、价值、信仰、规范等，由于它们大部分处于一种无意识的层次，所以很难被观察到。然而，正是由于它们的存在，我们才得以理解每一个具体组织事件为什么会以特定的形式发生。这些基本隐性假设存在于人们的自然属性、人际关系与活动、现实与事实之中。

2．组织文化 可以分为组织核心价值层、组织制度层、组织行为和物质层三个层次。

（1）组织核心价值层：组织核心价值层反映的是组织的核心价值观，是组织精神的直接反映，是组织对所有事物的核心价值判断，反映出组织的社会伦理道德和社会责任观点。

（2）组织制度层：组织制度层是连接组织核心价值层与组织行为和物质层的中间层次，制度文化不是组织的规章制度本身,而是这些规章制度得以有效运行的组织氛围。制度文化既是适应物质文化的固定形式,又是塑造精神文化(组织价值观)的主要机制和载体,对组织文化的整体形成和巩固起着重要作用。

(3)组织行为和物质层:组织行为和物质层是指组织文化对组织及组织成员的行为和组织的物化的一些标识等,包括组织创造的人造物品、组织对外的技术环境与组织对外形象等,这种行为层次包括组织日常管理、组织内部的人际关系、组织成员日常行为规则的文化现象。组织文化的行为层面包括英雄人物的行为和组织成员的行为两种。英雄人物是指组织文化的核心人物或使组织文化人格化的那些人,他们的行为方式给组织中的成员提供行为的范式,对组织文化的产生、形成和发展起到极为重要的作用。

(二)组织文化类型

根据不同的标准和不同的用途,理论界目前对组织文化有着不同的划分方法,其中,最常见的划分方法有以下几种。

1. 按照组织文化的内在特征分类 美国佐治亚州亚特兰大市艾莫瑞里大学的杰弗里·桑南菲尔德通过对组织文化的研究,提出了4种文化类型,形成了一套标签理论,有助于我们认识组织文化之间的差异,认识到个体与文化的合理匹配的重要性。

(1)学院型组织文化:学院型组织是为那些想全面掌握每一种新工作的人而准备的地方,在这里他们能不断地成长、进步。这种组织喜欢雇用年轻的大学毕业生,并为他们提供大量的专门培训,然后指导他们在特定的职能领域内从事各种专业化工作。

(2)俱乐部型组织文化:俱乐部型组织非常重视适应、忠诚感和承诺。在俱乐部型组织中,资历是关键因素,年龄和经验都至关重要。与学院型组织相反,它们把管理人员培养成通才。

(3)棒球队型组织文化:棒球队型组织鼓励冒险和革新。招聘时,从各种年龄和经验层次的人中寻求有才能的人,薪酬以员工绩效水平为标准。由于这种组织对工作出色的员工给予巨额奖酬和较大的自由度,员工一般都拼命工作。在会计师事务所、法律事务所、投资银行、咨询公司、广告机构、软件开发、生物研究领域,这种组织文化比较普遍。

(4)堡垒型组织文化:棒球队型组织重视创造发明,而堡垒型组织则着眼于公司的生存。这类公司以前多数是学院型、俱乐部型或棒球队型的,但在困难时期衰落了,现在尽力来保证企业的生存。这类公司工作安全保障不足,但对于喜欢流动性、风险性的人来说,具有一定的吸引力。堡垒型组织包括大型零售店、林业产品公司、天然气探测公司等。

2. 按照组织文化对其成员影响力的大小分类 哈佛商学院的两位著名教授约翰·科特(John P. Kotter)和詹姆斯·赫斯克特(James L. Heskett)于1987年8月至1991年1月,先后进行了四个项目的研究,依据组织文化与组织长期经营之间的关系,将组织文化分为三类。

(1)强力型组织文化:在具有强力型组织文化的公司中,员工们方向明确,步调一致,组织成员有共同的价值观念和行为方式,所以他们愿意为企业自愿工作或献身。

(2)策略合理型组织文化:具有这种组织文化的企业,不存在抽象的、好的组织文化内涵,也不存在任何放之四海而皆准、适合所有企业的"克敌制胜"的组织文化。只有当组织文化"适应"于企业环境时,这种文化才是好的、有效的文化。

(3)灵活适应型组织文化:市场适应度高的组织文化必须具有同时在公司员工个人生活中和公司企业生活中都提倡信心和信赖感、不畏风险、注重行为方式等的特点。在这样的组织文化下,员工之间能够相互支持,勇于发现问题、解决问题。员工有高度的工作热情,愿意为组织牺牲一切。

3. 按组织文化管理风格分类 美国哈佛大学教授特伦斯·迪尔及艾伦·肯尼迪在他们的著作《企业文化:现代企业的精神支柱》一书中提出的理论,将组织文化分为4种类型。

(1)硬汉式组织文化:这种组织文化恪守要么一举成功,要么一无所获的信条。员工具有冒险精神,但缺乏恒心,短视严重,人事变动大,内部团结不够。常见于高风险、快反馈的组织,如建筑、整容、广告、影视、出版、体育运动等方面的组织。

（2）拼命干、尽情玩文化：成员"工作的时候拼命、玩的时候尽情"，对人友好、善于交际，树立"发现需要并满足它"的牢固信念。常见于反馈极快、风险极小的组织，如计算机公司、汽车批发商、房地产经纪公司等。

（3）攻坚文化：形成于风险大、反馈慢的组织。要求成员凡事要仔细权衡和深思熟虑，一旦下定决心就不轻易改变初衷，而且要坚定并善于自我导向，即使在没有或几乎没有反馈的情况下，也具有实现远大志向的精神和韧性。如石油开采、飞机制造、大型机器制造等。

（4）过程文化：形成于风险小、反馈慢的组织。对成员的要求是遵纪守时，谨慎周到。组织中等级森严，人们看重地位、礼节；组织成员有一种锲而不舍的精神，但个人存在自我保护心理，谨小慎微。如银行、保险公司、金融服务组织、公共事业公司、政府机关等。

4. 按照组织文化所涵盖的范围分类　组织作为一个系统，是由各种子系统构成的，各个子系统又是由单个的具有文化创造力的个体组成。在一个组织中，除了整个组织作为一个整体外，各种正式的、有严格划分的子系统，或非正式群体，相对于组织来说也都能够作为一个小整体。从这个角度来说，组织文化又可以分为主文化和亚文化。

（1）主文化（dominant culture）：体现的是一种核心价值观，它为组织大多数成员所认可。当我们说组织文化时，一般就是指组织的主文化。正是这种宏观角度的文化，使组织具有独特的个性。

（2）亚文化（subculture）：亚文化是某一社会主流文化中一个较小的组成部分。在组织中，主文化虽然为大多数成员所接受，但是，它不能包含组织中所有的文化。组织中有各种小整体，在认同组织主文化的前提下，它们也有自己的独特的亚文化。亚文化可能是组织的补充文化、辅助文化，也可能是组织的对立文化、替代文化。

（三）文化差异对组织管理的挑战

松下幸之助认为，一个人在组织中的终生经历对其个性的形成有着不可磨灭的影响，企业有不可推卸的义务去帮助员工陶冶他的内心世界。

今天的多样化不仅仅是指肤色和性别，它被广泛地用来指各种各样的不同的人，包括宗教团体、年龄别群体、残疾人群、退伍军人、性倾向、经济地位、教育水平和除性别、种族、伦理和民族以外的生活方式等。

总部位于距离马德里市区 20 公里的 S 公司，其管理者被描述为"风险控制的狂热爱好者"，在该公司，管理者遵守"银行业最乏味的美德——保守主义和耐心"。不过，正是这些价值观推动着该公司不断发展，从西班牙的第六大银行成长为欧元区最大的银行。

文化的差异对组织管理的挑战是不言而喻的，可以从其对管理者、对组织沟通、对员工激励的挑战方面来看。

1. 对管理者的挑战　组织文化的差异，导致了组织中的管理者们面对一系列管理问题时所采取的行动不同，其行动往往与组织文化的价值取向一致。公司管理者的决策受到文化影响，决策模式呈现出多元文化交融的色彩，不同文化影响下的决策模式具有各自的特征和重心。在跨国公司中，由于各种文化模式的同时存在，决策者往往依据自身的"文化隐含性假设"对来自不同文化背景的信息作出价值判断；决策主体的多元化文化特色，也将改变决策模式的类型；决策过程中不同文化的碰撞，会造成文化冲突。作为管理者，如何在管理、决策中把握好文化的差异性是个永远的课题。

2. 对组织沟通的挑战　沟通在不同的组织文化环境下有着不同的途径与方法。文化是组织沟通的基础，文化决定了其信息发出的方式方法，以及信息接收、信息理解等问题。如沟通的双方，即信息的发出者与接收者，具有不同的文化背景，则二者之间的文化差异便会产生诸多的沟通障碍。因此，要在组织内形成高效率的管理和协调机制，就必须建立高效率的跨文化沟通途径。

3. 对员工激励的挑战　激励是管理异常重要的功能之一。组织为了实现对其现有成员的激励,以及对优秀人才的吸纳,将面临组织文化的挑战。组织文化对充分调动员工的积极性和创造性、吸引和留住优秀人才、提高管理效率起着不可低估的效用。

三、组织文化的核心内容

组织文化的核心内容可以概括为:组织精神、组织价值观体系、组织伦理意识(图 8-1)。

(一)精神

精神(spirit)是高度组织起来的物质即人脑的产物,在哲学上是人们在改造世界的社会实践活动中通过人脑产生的观念、思想上的成果。人们的社会精神生活(即社会意识)是人们的社会物质生活(即社会存在)的反映。但是,精神又具有极大的能动性,通过改造世界的社会实践活动,精神可以转化为物质。

组织精神(organizational spirit)是指组织基于自身特定的性质、任务、宗旨、时代要求和发展方向,经过精心培养而形成的组织成员群体的精神风貌。组织精神要通过组织成员有意识的实践活动体现出来。因此,它又是组织成员观念意识和进取心理的外化。组织精神是组织文

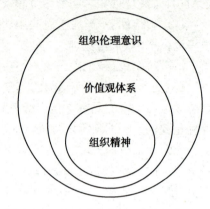

图 8-1 组织文化的核心内容和相互关系

化的核心,在整个组织文化中起支配的地位。组织精神以价值观念为基础,以价值目标为动力,对组织经营哲学、管理制度、道德风尚、团体意识和组织形象起着决定性的作用。组织精神通常用一些既富于哲理,又简洁明快的语言予以表达,便于成员铭记在心,时刻用于激励自己;也便于对外宣传,容易在人们脑海里形成印象,从而在社会上形成个性鲜明的组织形象。如北京某商场的"求实、奋进"精神,体现了以求实为核心的价值观念和真诚守信、开拓奋进的经营作风。某某集团的"没有最好,只有更好"体现了不断开拓进取,勇于创新的组织精神风貌。

(二)价值观

价值观(value)是指一个人对周围的客观事物(包括人、事、物)的意义、重要性的总评价和总看法。一方面表现为价值取向、价值追求,凝集为一定的价值目标;另一方面表现为价值尺度和准则,成为人们判断价值事物有无价值及价值大小的评价标准。个人的价值观一旦确立,便具有相对稳定性。但就社会和群体而言,由于人员更替和环境的变化,社会或群体的价值观念又是不断变化着的。传统价值观念会不断地受到新价值观的挑战。对诸事物的看法和评价,在心目中的主次、轻重的排列次序,构成了价值观体系。价值观和价值观体系是决定人的行为的心理基础。

众多学者对组织价值观的内涵进行了阐述。米尔顿•罗克奇(Milton Rokeach)于 1979 年提出,组织价值观定义了组织最显著的特征,是群体对整个组织代表性的、引以为自豪的和具有本质价值的信念。由于组织价值观内涵相对抽象,维纳(Wiener)认为,组织价值观是组织成员共同具有的价值观和社会信念,这些价值观体系以象征性的符号(如神话、典礼仪式、故事、传说和特定语言)等形式展现出来。然而,他们的阐述仍然相对抽象,帕特里克(Padaki)认为,组织成员普遍地把组织事业以及实现其组织事业所认可方式和行为规范的信念集合称为组织价值观。Williams(2002)从其功能方面进行刻画,认为组织价值观是具有社会导向功能、用来刻画组织特征、引导组织行为和活动以及区分不同组织的独特概念。

组织价值观研究主要形成有以下四个方面的共识:①组织价值观概括了组织的目的和存在的价值,说明了组织的事业和所期望的目标(如收益、成功);②组织价值观详细说明了实现组织目标所认可的方式和行为规范(如合作、高效);③组织价值观是在组织发展过程中所形成的、组织成员广泛具有的一些信念;④组织价值观是组织成员广泛实践的信念。

（三）组织伦理

组织伦理（organizational ethics）是指调整该组织与其他组织之间、组织与顾客之间、组织内部成员之间关系的行为规范的总和。它从伦理关系的角度，以善与恶、公与私、荣与辱、诚实与虚伪等道德范畴为标准来评价和规范组织行为。组织伦理与法律规范和制度规范不同，不具有强制性和约束力，但具有积极的示范效应和强烈的感染力，当被人们认可和接受后，具有自我约束的力量。因此，它具有更广泛的适应性，是约束组织和成员行为的重要手段。某中药企业之所以三百多年长盛不衰，在于它把中华民族优秀的传统美德融于企业的生产经营过程之中，形成了具有行业特色的职业道德，即"济世养身、精益求精、童叟无欺、一视同仁"。

四、组织文化的特征

（一）独特性

每个组织都有其独特的组织文化，它体现了组织的"个性"特征。无论是什么样的国家体制、组织性质，都会在民族传统文化、当前社会崇尚的道德与伦理、现代文化等大背景下形成具有自己特色的组织文化，个性化的组织文化是组织生命力的集中体现。每个组织独特的组织文化，受不同的国家和民族、不同的地域、不同的时代背景以及不同的行业特点所影响。如我国企业文化深受儒家文化的影响，强调团队合作、家族精神；美国的组织文化则强调个人奋斗和不断进取的精神。

（二）稳定性

组织文化是相对稳定的，因为一切都在变化之中，组织为了更好地适应环境变化，组织文化可能就会不断变化，但在相当长的一段时间内，组织文化具有相对稳定的特征。组织中的精神文化比物质文化更具有相对的稳定性。

（三）继承性

每一个组织的文化都是在特定的文化背景之下形成的，所以其组织文化必然会接受和继承这个国家和民族的文化传统和价值体系。但从组织本身来看，组织文化的演变都是在原有的价值取向、组织精神、组织制度的基础上不断进行的，所以组织文化是在继承该组织先前文化的基础上变化而来的。

（四）融合性

组织文化反映了时代精神，它必然要与组织的经济环境、政治环境、文化环境以及社区环境相融合。组织文化在发展过程中，也必须注意吸收其他组织的优秀文化，融合世界上最新的文明成果，不断地充实和发展自我。也正是这种融合性使得组织文化能够更加适应时代的要求，并且形成历史性与时代性相统一的组织文化。

（五）发展性

组织文化具有鲜明的时代性，是在一定的历史环境下产生和发展的，随着历史的积累、社会的进步、环境的变迁、组织的变革不断地变化发展。强势、健康的文化有助于组织适应外部环境和变革，而弱势、不健康的文化则可能导致组织的不良发展。

第二节　组织文化的建立与发展

一、组织文化的建立

（一）组织事件

1985 年，某企业老总接到一封用户投诉信，反映冰箱有质量问题，便派人检查库存的 400 多台冰箱,发现76台有缺陷。该企业负责人将有缺陷的冰箱摆在车间里,请每一个员工参观,让大家说怎么办。大家一致的看法是:便宜处理给职工。该企业负责人说,如果便宜处理,就等于告诉大家可以继续生产这种带缺陷的冰箱,今天是76台,明天可能是760台,7 600台……于是决定由责任者亲手砸毁不合格的76台冰箱。平常生产了许多废品没有人心痛,但亲手砸毁,就别有一番滋味,很多职工流了泪。这一锤,砸醒了全体员工,砸出了"有缺陷的产品就是废品""生产不合格产品就是不合格员工"的理念。"要么不干,要干就要争第一"融入了该企业的血液,成为该组织的文化,成为全体员工的心愿和自觉行动。

组织可以借对组织具有重大和深远影响的事件为契机,让员工从感性认识中吸取经验教训,上升到理性的自觉意识,从而在今后的行为方式中坚持实践。

(二)组织领导者倡导

一家野外装备公司的创始人伊冯·乔伊纳德(Yvon Chouinard)是一个热衷冒险的"极端冒险家"。他用一种轻松、随意的方式处理业务。例如,他雇用员工并不是因为其拥有任何特定的业务技能,而是因为这些人与他一块登山、钓鱼或冲浪。乔伊纳德认为:雇员就是朋友,要将工作视为做一些有趣的事。据说,乔伊纳德在几年前的一次演说中提到这样一个不变的原则,即"让我的雇员尽情冲浪"。为了让雇员高兴,公司提供工作场所的儿童看护和瑜伽课程,并为绿色环保事业捐赠1%的销售额。此外,如果正是冲浪的好时机,雇员就可以停止工作,自由地去享受。

一个组织的创始人是对组织文化形成影响最大的管理者。组织创始人及其个人的价值观和信念,会对组织内部随着时间流逝而发展起来的价值观、规范、行为标准产生实质性的影响。在组织创建初期,创办者雇用其他管理者,帮助经营企业。他们一般会挑选与自己有相同的组织目标和见解的管理者,新的管理者很快会从创始人那里了解到:什么样的价值观和规范在组织内是适宜的,以及创始人对他们的期望是什么。下属模仿创始人的风格,又依次把价值观和规范传递给自己的下属。随着时间的推移,创始人的价值观和规范逐渐渗透到了整个组织。

(三)组织制度习得

组织制度是用规范性的文件规定的,要求全体职工共同遵守的,按一定程序办事的行为方式及与之相适应的组织机构、规章制度的总称。

当制度内涵未被员工认同时,制度只是管理者的"文化",至多只反映管理规律和管理规范,对员工只是外在的约束,没有监督,员工就可能"越轨"或不按要求去做。当制度内涵被员工认同和接受,并自觉遵守时,制度就变成了一种文化,人们会自觉地、热情地从事工作。通过组织制度的建立和实施,让员工更好地理解和落实企业的价值观,在不知不觉中习得组织文化,这个过程也是固化组织文化的过程。所以在制定和执行规章制度时,必须要掌控好组织文化与制度的匹配性,防止"知行不一"现象的发生。

例如,医疗机构对医生能力的制度要求:一查住院医师对病史、诊断、治疗和辅助检查的熟悉程度,包括对治疗情况和相关结果的分析、判断,对基本技能的掌握情况。二查主治医师是否起到承上启下的作用,即对下级医师汇报的病史能否有重点地补充并进一步分析病情;对基本技能的掌握情况。三查主任医师对下级医师汇报的病史、体检、分析情况的归纳、评价、指导能力;对疾病诊治和预后的判断;对相关进展的了解;对下级医师的考核。

二、组织文化的发展

斯蒂芬·P. 罗宾斯认为,组织文化的最初来源通常反映了组织创建者的愿景。组织文化的建立和维持如图8-2所示。

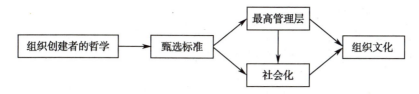

图8-2　组织文化的建立和维持

一旦文化得以建立，一些特定的组织行为就有助于维持该文化。员工可通过许多方法来"学习"组织的文化，最普遍的方法是故事、仪式、符号、语言和团队学习。

（一）故事

通常讲述的是重大事件或重要人物的"故事"。如 M 公司的一位科学家不小心把化学物溅到了自己的网球鞋上，因此发明了吸湿去污处理系列产品。还有一个故事是讲述该公司的研究员阿特•弗莱伊（Art Fry），他想用更好的方法来标记教堂赞美诗集的页数，却因此发明了报事贴。这些故事反映了是什么使该公司变得强大以及如何能够再续辉煌。

（二）仪式

仪式文化传递着组织所追求的精神，是增强组织适应竞争和应对挑战能力的重要工具。

日本某电器公司历来非常重视通过仪式文化对员工进行企业价值观的教育训练。每天早上八点钟，全体员工诵读公司精神，高唱公司歌曲。所有员工每隔一个月至少要在他所属的团体中进行十分钟的演讲，用以阐述对公司精神的理解及其承担的社会责任。

在某互联网公司成立之初，创建者马克•扎克伯格（Mark Zuckerberg）请一位艺术家在公司总部画了一幅壁画，画面展示的是孩子们通过手提电脑了解整个世界。此外，在员工会议结束时，他会在空中挥舞自己的拳头，并带领员工们呼喊"主宰"。

组织的仪式是对能够表达和强化组织的重要价值观和目标的行为进行多次的重复。

如医学生誓词：健康所系，性命相托。

当我步入神圣医学学府的时刻，谨庄严宣誓：

我志愿献身医学，热爱祖国，忠于人民，恪守医德，尊师守纪，刻苦钻研，孜孜不倦，精益求精，全面发展。

我决心竭尽全力除人类之病痛，助健康之完美，维护医术的圣洁和荣誉。救死扶伤，不辞艰辛，执着追求，为祖国医药卫生事业的发展和人类身心健康奋斗终身！

（三）符号

当进入不同的企业时，人们能感受到其工作环境中的物质符号和人工景观反映出的组织个性。如幼儿园的建筑、医院的建筑、教堂的建筑，它们有什么各自的符号特征？

组织的各种设施的布局、员工的着装方式、提供给高管的轿车类型，以及是否拥有公司专机，这些都是物质符号的例子。

W 公司是一家帮助当地传媒公司开发新型在线传播渠道和收入来源的公司，它的一个重要的物质符号是公司创建者在廉价品商店花 2 美元购买的破旧钻头。这个钻头象征着"钻研到底，解决问题"的企业文化。当企业授予一位员工该钻头作为表彰其卓越的工作时，公司期望该员工以某种方式为该钻头增添个人色彩，并且想出一种新的方法来维护它。有位员工为其安装了超级偶像启动装置；另一位则添加了一根天线，使其成为无线电钻头。公司的这个"偶像"承载和延续着企业文化，即使是在公司发展和改变之时。

文化符号是指经过时间洗涤之后沉淀下来的精华，是某种理念和意义的载体，这种理念和意义是通过一系列外在特征表现出来的。这里所说的符号是一个广义概念，具体说就是一些客观存在的物质，如北京的四合院、天津的麻花、东北的秧歌等，都可看作是一个个具体的符号，正是这些符号构成了文化的固态内涵。

作为组织文化最明显的符号是显示工具符号的物质象征,主要包括组织的外在形象如公司的名称、标志物、内外空间设计、办公设施等(图8-3、图8-4)。

图8-3　中国红十字标志　　　　　　　图8-4　美国红十字标志

(四)语言

许多组织和组织中的部门使用特有的语言来识别和整合其文化内的成员,通过学习这种语言,组织成员接受了这种文化,并愿意帮助维护它。共同语言对于组织愿景的形成非常重要,这包含着共同价值观、共同兴趣、共同使命等诸多方面。培养共同语言的方式主要有两种:一种是由小到大,将组织中某些小团体的共同语言引申为整个组织的共同语言;另一种是由大到小,将组织的语言灌输给全体员工,以影响员工的思想和行为。

西雅图的一家棋牌游戏公司,用"Chiff"代表聪明(clever)、优质(high-quality)、创新(innovative)、友善(friendly)和乐趣(fun)。在其旗下商店里,员工被鼓励使用一种称为"争取到5"的销售技巧,按照这种方法,员工争取向每一位顾客销售5件商品。这句朗朗上口的口号很快就成为推动销售额增长的一件有力工具。又如中国的 H 集团的"20/80 原则",指的是如出现产品质量问题,员工承担 20% 的责任,管理者要承担 80% 的责任。

新员工通常被组织的缩略语、行话搞得不知所措,但经过很短的时间,这些词汇就会在他们的语言中出现,成为他们语言中的一部分,一旦学会,这种语言就会充当将成员们凝聚起来的黏合剂。

(五)团队学习

组织中的员工只有在知道、理解组织文化的基础上,才有可能认同该文化,并使之融入自己的价值观,然后在其行为和活动中反映和表达。所以,作为组织就有责任承担起对员工进行组织文化培训的工作,这种培训也可以通过团队学习的形式实现。

可以进行短期培训,也可结合岗位特征在岗进行培训,还可通过例会的方式进行培训,还有借助印刷资料、媒体等方式进行培训。

团队学习过程其实也是一个群体沟通的过程。事实上,只有员工坐在一起学习时,才更容易形成共同语言,使他们所得到的知识化为一致的行为。所以,以团队为单位开展学习,对于构建明确一致的愿景非常重要。纵向地看,深度交流所要开辟的是每个交流者的内心,而非仅停留在表面;横向地看,它让每个交流者相互自由地交换彼此的想法,达到换位思考的境界。不同角度、不同思维、不同场合、不同内容的深入交流,也就是当一种思想与另一种思想成功交融时,收获的永远是"1+1>2"的结果。

第三节　当代组织文化发展趋势

一、创新的文化

环境变化之快，决定了组织要适应环境变化必须从各方面进行创新，组织文化的创新是当代组织文化发展趋势之一。

为了让消费者赶上最新的流行脚步，某公司的各连锁店每周一定会有新品上市，商品上下架的替换率非常快。而且各店陈列的每件商品通常只有5件库存量，属于多样少量经营模式。每隔3周，其服装店内所有商品一定要全部换新。

瑞典学者戈兰·埃克瓦尔（Goran Ekvall）认为创新的文化主要有以下特征：①挑战和参与——对于组织的长期目标和成功，员工是否给予认同，为其投入且受其激励？②自由——员工是否能够独立定义他们的工作，实施自由决定权，并且在日常工作中采取创新的态度？③信任和开放——员工是否支持和尊重彼此？④创意时间——员工在采取行动之前是否有时间寻找新的创意？⑤乐趣/幽默——工作场所是否是随意的和有趣的？⑥冲突的解决——员工在作出决策和解决问题时，是基于组织的利益还是个人的利益？⑦辩论——是否允许员工表达意见和提出参考建议？⑧冒险——管理者是否愿意承受不确定性和模糊性，员工是否会因冒险而受到奖励？

你可能拥有并使用某公司的电子产品，公司核心业务为电子科技产品，2012年8月21日，该公司成为世界市值第一的上市公司。所有这些成绩的取得就在于创始人将他的旧式战略真正贯彻于新的数字世界之中，采用的是高度聚焦的产品战略、严格的过程控制、突破式的创新和持续的市场营销。

总部位于德国勒沃库森，在六大洲的200个地点建有750家生产厂；拥有120 000名员工及350家分支机构，几乎遍布世界各国的一著名公司，高分子、医药保健、化工以及农业是公司的四大支柱产业。公司的产品种类超过10 000种，是德国最大的产业集团。该公司生产的阿司匹林，被人们称为"世纪之药"。该公司的使命宣言"科技创造美好生活"很好地传达了公司的心声——我们是一家创新型公司，致力于为大众创造更美好的生活。

二、响应顾客的文化

环顾全球的消费市场，吃有食文化，穿有服饰文化，饮有茶文化、酒文化，住有建筑文化、装饰文化，行有车文化，休闲有休闲文化、娱乐文化，等等。无论是文化产品、文化服务，还是注入了一定文化内涵的物质产品或服务方式，都要以人为本，以消费者个性文化需求为导向，构建组织的文化内涵，这种文化称为响应顾客的文化。

你有没有亲身感受过由于服务人员的热情、周到，让你情不自禁地增加消费的情况？某娱乐公司热衷于对顾客的服务，该公司的研究表明，如果顾客对自己在该公司内受到的服务感到满意，他们将会增加10%的开支，而对服务尤其满意的顾客会增加24%的开支。当对顾客的服务转化为这种类型的结果时，公司的管理者当然希望创造一种响应顾客的文化。

斯蒂芬·P.罗宾斯认为响应顾客的文化具有5种特征，并就管理者如何创造这种类型的文化提出了建议（表8-2）。

文化催生绩效，文化即一切。将一个表现一般的人置于先进的企业文化氛围中，他将改变自己的行为以适应新文化的要求。几乎我们所有的行为都是习惯使然，习惯就是文化影响的结果。然后，组织将"习惯性"地为顾客提供全面增值的服务。

表8-2　响应顾客的文化特征及对其管理者的建议

表8-2　响应顾客的文化特征及对其管理者的建议

响应顾客的文化特征	对管理者的建议
员工的类型	雇用的员工应具有与顾客服务相一致的性格和态度：友善、专注、热情、耐心、良好的倾听技能
工作环境的类型	对工作岗位进行设计以使员工在满足顾客需求时拥有尽可能多的自主权，没有僵化的规章制度和程序
授权	向为顾客服务的员工授予权限，使他们可以在日常工作活动中作出决策
清晰的角色	对于为顾客服务的员工能够做什么和不能做什么的不确定性，应通过在产品知识、倾听技能和其他行为技能方面的持续培训来尽量降低不确定性
使顾客满意和愉悦的一贯意愿	清晰、明确地阐述组织对顾客服务的承诺，即便它超出了员工常规的工作要求

员工之所以作出转变，不是因为上级命令他们这么做，而是因为他们发现在新的企业文化氛围下，转变自我，以符合他们的最佳利益。打造顾客文化，就意味着管理者要有意识地建立一个以顾客为中心的组织，使员工专注于服务顾客——无论是内部顾客还是外部顾客，从而实现盈利的持续增长。

某集团的"无为"文化观是其创始人联系企业实际，从老子思想中悟到"无"比"有"更重要、"无"生"有"的道理，悟出柔才能克刚、谦逊才能进取的为人做事之理，从而确定下来的。

三、注重成员个人发展的文化

组织创造出注重成员个人发展的组织文化，组织成员能通过在集体环境中从事有意义的工作来获得对目的的感知。人因为拥有意识和精神，所以试图在他们的工作中寻找意义和目的，渴望与其他人联系并成为一个集体的组成部分，而且，这样的愿望并不局限于工作场所。最近的一项研究表明，大学生也在寻找生活的意义和目的。什么样的文化能满足人们的这种愿望和需求？如何区分是否具有注重成员个人发展的文化环境？研究表明，拥有这种文化的组织往往具有5种文化特征。①强烈的目的感：拥有该文化特征的组织围绕着某个有意义的目的来建立它们的文化。②对个人发展的关注：组织深刻认识到个人的价值和意义，它们不只是提供工作岗位，还致力于创造使员工能够不断成长和学习的文化。③信任和开放：具有相互信任、诚实、开放等特征。对员工不压制其情绪，允许员工回归真正的自我，表达内心的情绪和感受，而且不必对此感到内疚或担心受罚。④员工授权：管理者相信员工能够作出深思熟虑、尽忠职守的决策。⑤深度会谈：通过团队学习，进行深度会谈，其目的是使得每个交流者能换位思考。不同角度、不同思维、不同场合、不同内容的深度会谈，能促进员工个人的发展。

美国H公司汇集着大量素质优秀、训练有素的科技人才，他们是企业发展与竞争力的主要源泉，被视为公司最宝贵的财富。该公司能吸引、留住并激励这些高级人才，不仅靠丰厚的物质待遇，更重要的是靠向这些员工提供良好的提高、成长和发展的机会，其中，帮助每位员工制订令他们满足、具有针对性的职业发展计划，是一个重要因素。公司有一种职业发展自我管理的课程，该课程主要包括两个环节：一是让参加者用各种测试工具及其他手段进行个人特点的自我评估；二是将评估结论结合员工工作环境，制订出每位员工的发展计划。该公司首先从哈佛MBA课程里采撷六种工具来掌握每位员工的特点并作出评估。这些工具包括：①让员工撰写自传，自传包括接触过的人、居住的地方和生活中发生的事、以往的工作转换及未来计划等，以了解员工的个人背景。②志趣考察，包括员工愿意从事的职业、喜欢的课程、喜欢与哪种类型的人交往。③价值观研究，了解员工在理论、经济、审美、社会、政治和宗教信仰方面的价值观。④24小时日记，要求员工记录一个工作日和一个非工作日的活动，以进行侧面了解。⑤与两个重要人物面谈,让员工与朋友、配偶、同事和亲属谈自己的想法,并电话录音。⑥生活方式描述,员工用语言、照片等方式向他人描述自己的生活方式。

对于员工的自我评估,部门经理逐一进行进一步的了解,在此基础上再总结出员工目前的任职情况。当公司对未来需要的预测结果与某员工所定的职业发展目标相符时,部门经理可据此帮助该员工绘制出在公司内的发展升迁路径图,标明每一次升迁前应接受的培训或应增加的经历。在实施过程中,部门经理负责监测员工在职业发展方面的进展,并尽可能对其提供帮助与支持。

杰克•韦尔奇深情且自豪地总结说:"我一生中最伟大的成就莫过于培育人才。"松下幸之助坚定不移地说:"我们的企业是制造人而不是产品。"如今,"以人为本、尊重个性、重用人才、个人发展"已成为世界 500 强公司企业文化与经营的立业基石,人才已成为 500 强公司最宝贵的财富,成为它们立于不败之地的法宝。

尊重人才、善用人才是一种胸怀,组织拥有如此胸怀,员工才会产生对企业的归属感和对所承担工作的荣誉感,才会认同和忠诚于企业,乐于付出努力,创造更大的价值,组织才会基业长青。

四、跨文化管理

随着世界科技、社会的不断发展,地球村的概念深入人心,我们从众多跨国公司可以看出,多样化文化在众多组织中存在。多样化文化背景的员工,在个人发展中将面临挑战,如较低的凝聚力、沟通问题、不信任和紧张、墨守成规等。同时,多样化也具有优势,例如:有助于吸引、保留和激励员工;有助于完成社会义务;可以帮助组织获得多样化市场更多的信息;可以促进创造力、改革和解决问题;可以增强组织灵活性。如何拓展其竞争优势,避开困境,或将挑战转化成优势?这是多样化员工管理者面临的重要课题,也就是要学会进行跨文化管理。

(一)跨文化管理的概念

跨文化管理(cross-cultural management)又称为交叉文化管理,即在跨文化条件下克服任何异质文化的冲突,并据以创造出企业独特的文化,从而形成卓有成效的管理。其目的在于在不同形态的文化氛围中设计出切实可行的组织结构和管理机制,在管理过程中寻找超越文化冲突的企业目标,以维系具有不同文化背景的员工共同的行为准则,从而最大限度地控制和利用企业的潜力与价值。

文化维度理论(cultural dimensions theory)是跨文化理论中至今最具影响力的一个理论,由荷兰管理学者霍夫斯泰德(Hofstede)提出。该理论是实际调查的产物,起初并无理论构架。20世纪 70 年代末,霍夫斯泰德有机会对分布在 40 个国家和地区的 11.6 万名公司员工进行文化价值观调查。那时,该公司大概是唯一一家全球公司。霍夫斯泰德的逻辑是,在本公司工作的员工大都有相似的教育背景和智力水平,个性特征也会比较相似。因此,他们对同一问题作出不同的答案反应的原因不应是其他方面的差异,而更多的是文化对他们产生的影响。比如,如果一个人对"我总是比我们重要"这个句子非常赞同,而另一个人极不赞同,这种不同反映的可能就是文化的差异。再比如对"上级应该视下属为与自己一样的人,而下属也应对上司同等看待"说法的赞同程度,反映的也可能更多的是文化差异而非个体差异。

通过对某跨国公司的各国员工对于大量问题的回答进行因素分析,霍夫斯泰德发现有四大因素可以帮助我们区分民族文化对雇员的工作价值观和工作态度的影响。1980 年,他在《文化的后果》一书中发表了该研究的成果。这四大因素或四个维度是:①个体主义与集体主义(着眼于个体还是集体的利益);②权力距离(人们对社会或组织中权力分配不平等的接受程度);③不确定性回避(对事物不确定性的容忍程度);④事业成功与生活质量(追求物质还是强调人际和谐)。20 世纪 80 年代后期,霍夫斯泰德又重复了十年前的研究,但这次包括了 60 多个国家和地区。该研究不仅证实了这四个维度,同时又发现了一个新的维度,即:长远导向与短期导向(着眼于现在还是放眼于未来)。该研究的结果发表在他 1991 年出版的第二本书《文化与组织》中。

个体主义与集体主义被定义为"人们关心群体成员和群体目标(集体主义)或者自己和个人目标的程度(个体主义)"。霍夫斯泰德的研究发现,美国人在个体主义上得分最高(92/100),居全世界之冠。在美国,如果想和同事共进午餐,一般会事先预约,电话或电子邮件,然后定下午餐的时间。假定三四个同事下周二都有空,会约好在某个同事的办公室集合,很快讨论一下想去的餐馆,大家就一起出发了。到了餐馆,服务员给每人一份菜单。点菜、上菜、吃菜,都是各自为政,各自付各自的费用(AA 制)。在这整个过程中,除了聊天时得考虑他人的感受和反应外,其余一切只要照顾各人自己的口味和感受即可,与他人无关。这个例子很好地说明了个体主义文化强调个人目标、个人独立。中国文化崇尚"和",具有包容特性,一群中国同事或朋友聚餐,大家相约好来到餐馆,点菜的人会考虑各人的饮食喜好点菜,并讲究荤素搭配、汤品热炒调和;上菜了,大家会互相谦让,让长者 / 尊者先动筷子;不会因为自己喜欢某道菜就大吃特吃,而是会考虑他人感受;到付费时常常是饭局召集者买单。参与用餐的伙伴们在欢声笑语中品尝了美味佳肴,心情舒畅的同时获得了美食丰富的营养,并增进了彼此感情。

(二)如何进行跨文化管理

广义的跨文化管理包括理解文化间的差异、跨文化组织设计与控制、跨文化人力资源管理、跨文化沟通与谈判等。

1. 理解文化间的差异　理解文化间差异是直面文化多样化的世界、国家、组织、团队的应有态度和行为,只有在这个基础上才能更好地掌握进行有效的管理的方法。

耗资 440 亿美元的巴黎迪士尼乐园于 1992 年初开业,但经营业绩不佳,究其原因是其忽视了跨国经营的文化差异。决策上,错把巴黎当加州,以为欧洲人会像日本人一样很容易接受远道而来的米老鼠和唐老鸭,忽视了法国悠久历史文化的特点,以及对外来文化采取的抵触态度。所以,唐老鸭遭遇巴黎人的鸡蛋、番茄酱就不奇怪了,更让美国人难以忍受的是巴黎人"米老鼠回家去"的吼声。风俗习惯上,迪士尼不以欧洲人为服务的出发点,而是以美国人的心理去揣摩欧洲人,从早餐的准备到司机休息室的安排,都忽视了不同国度的习惯不同,从而使自己陷入困境。管理上,美国人也犯了大忌。面对一个陌生的文化环境,傲慢的美国人没有任何收敛。法国人敏感的心灵被迪士尼管理者们的粗鲁急躁、感觉迟钝、高傲自大给伤害了。迪士尼管理者们好争斗的态度使人们变得越来越疏远,使计划和管理变得越来越糟糕。他们对于当地人的疑问和建议的回答总是一成不变:"按照我们说的去做,因为我们知道什么是最好的。"

2. 跨文化组织设计与控制　跨文化组织结构设计对其经营非常重要,好的组织结构有利于提高生产率、有利于更好地实现资源整合和优势互补、有利于组织目标的实现。

在前面组织篇章中有介绍的直线 - 参谋型组织结构、事业部组织结构、矩阵型组织结构等主要适应于单文化背景的组织。跨文化背景下的跨国组织在其结构上也在适应环境不断变革,如组织的扁平化、网络化、柔性化、非正式组织、项目小组、虚拟组织等。

3. 跨文化人力资源管理　美国 K 公司的"入乡随俗"。如果想在全球范围内推销产品,千万不要把自己打扮成"丑陋的美国人"。21 世纪 20 年代,当罗伯特·伍德鲁夫主管 K 公司全球发展战略时,他努力使公司的饮料在德国被德国人喜爱,在法国成为法国人的喜爱。公司与当地主要企业签订分装合同,并通过由当地公司制造卡车、瓶子、托盘、提供商标等办法来鼓励他们从事饮料的配套生产。公司出口的以及当地公司进口的只是浓缩液。公司据此可自豪而准确地指出它对当地的经济发展作出了多么大的贡献。几十年来,公司在全球各地培养了一大批有头脑、了解当地文化习俗的经理,并且,在世界各地聘请了许多当地律师。从公司内部提拔管理人员也是该公司跨国文化管理的神来之笔,公司中最好的管理人员无一例外都是一步步提升上来的,其中包括公司委员会的成员。他们都接受过众所周知的公司信念的灌输。为了培养职员的管理才能,公司建立了一个特殊训练车间,参加训练的人员在装配线上每天都累得腰酸背痛。公司坚持管理人员本土化、具体操作人员本土化，近年来提出"思考本土化，行为本土化"的本土化思想，其核心思想是根据本土的需要做相关的决策。

跨文化人力资源管理通过在跨国公司人员招聘与选派、跨国企业员工绩效评估、跨国文化培训、跨国企业薪酬计划、跨国企业员工激励制度等方面采取适应当地文化特点的举措来吸引、招聘、留用人才。

4. 跨文化沟通与谈判　当具有一种文化背景的人向具有另一种文化背景的人发送信息时，就是跨文化沟通。与一般的沟通有所不同，当信息被另一种文化背景的人接收时，进行解码的过程中，接收者会由于自身文化背景的影响而对所接收的信息加上自身文化的烙印，成为信息含义的一部分。所以，在跨文化沟通中，信息发送者和信息接收者的不同文化背景会导致沟通方式、沟通过程、沟通结果的差异。这种差异可能造成误解、猜疑、迷惑、敌意等系列问题。

要使跨文化沟通有利于组织目标和宗旨，必须明确影响跨文化沟通的文化变量，它们主要包括价值观、思维方式、自我强度、自我中心、社会认同、时间观念、风俗习惯等。同时我们还必须了解跨文化沟通障碍的影响变量，它们主要包括语言障碍、非语言障碍（肢体语言、空间关系、辅助语言）、沟通风格障碍等。更好地进行跨文化沟通要培养文化敏感性，信息传递要关注有效性（注重反馈），提高沟通技巧，掌握对话艺术（真诚地注视和微笑、问候、开场白、倾听）等。在跨文化背景下还要注意谈判问题，要掌握影响跨文化谈判的主要因素，如跨文化变量、不同文化下的谈判风格、跨文化谈判中的战术技巧等。

本章小结

文化根植于一个民族生存和发展的过程之中，具有独特的功能，是一个民族存在的最根本表象之一。组织文化随着组织的建立而产生，并伴随组织的发展而发展，是组织成员共同的价值观体系，使组织具有区别于其他组织的特色。根据不同的标准和不同的用途，理论界对组织文化有着不同的划分方法，其中，最常见的有按照组织文化的内在特征分类：①学院型组织文化；②俱乐部型组织文化；③棒球队型组织文化；④堡垒型组织文化。按照组织文化对其成员影响力的大小可分为以下几类：①强力型组织文化；②策略合理型组织文化；③灵活适应型组织文化。按组织文化管理风格可分为以下几类：①硬汉式组织文化；②拼命干、尽情玩文化；③攻坚文化；④过程文化。按照组织文化所涵盖的范围可分为主文化和亚文化两类。文化的差异对组织管理的挑战不言而喻，跨文化是指跨越不同的信念、不同的价值观、不同的基本假设和不同的行为规范的现象和过程，即在不同的文化背景下，凸显出的文化差异的过程，是不同行为规范、价值观、隐含信念和基本假设交融碰撞的动态过程。文化差异主要体现在国家层面的文化差异、公司层面的文化差异和个体层面的文化差异。

（王素珍）

思考题

1. 组织文化的核心是什么？为什么说组织文化建设代表着未来组织管理的方向？
2. 随着经济技术的高速发展，跨文化管理是当代管理者面临的主题之一，谈谈如何进行跨文化管理？
3. 组织文化作为组织管理中的重要组成部分，它对组织目标的实现起到什么作用？
4. 针对我国部分企业存在的组织文化建设不足的现象，请提出你的建议和具体的手段。

第九章　团队与团队管理

　　在科技、信息、知识全方位发展的时代，团队与团队管理对组织可持续发展的作用重大，不管经济形势如何，就业形势如何，更多的组织开始强调团队绩效和团队合作，建立高效的团队是组织能够在竞争激烈的市场上立于不败之地的法宝。那么，团队是什么？团队是指为了实现某一目标，由两个或两个以上相互协同作用的个体组合而成的集合体。在本章中，我们将学习和了解团队的定义与作用、团队的类型、高效团队的特征、团队构建的内容、团队培训、团队文化、团队的领导、团队冲突、团队创新等，加深对团队与团队管理的认识。学习和掌握上述团队与团队管理的知识对我们的学习和工作会很有帮助。

第一节　团　队　概　述

　　团队在现代组织管理中非常有意义。一项研究发现，82% 的美国企业围绕团队来组织工作，68% 的美国小型制造公司在其生产管理中采用团队的方式。同时，几乎所有的高新科技企业都使用项目团队来达成业绩。

一、团队的含义与作用

（一）团队的含义

　　"团队"一词，在《现代汉语词典》中的含义是"具有某种性质的集体、团体"。团队的英文"team"，通常被直译为"小组"，实际上，该词经常是指工作团队（work team），即指通过其成员的共同努力能够产生积极协同作用的最低层次的组织。斯蒂芬·P. 罗宾斯（Stephen P. Robbins）认为，团队是指为了实现某一目标而由相互协作的个体所组成的正式群体。组织行为和人力资源管理专家陈晓萍认为，团队是由两个或两个以上的人组成的集体，其成员之间在某种程度上有动态的相互关系。

　　综合国内外学者观点，团队是指为了实现某一目标，由两个或两个以上相互协同作用的个体组合而成的集合体。其成员积极的合作能够产生协同作用，成员努力的结果使得团队绩效远远大于个体绩效相加。

（二）团队的作用

　　"团队"的盛行是因其所蕴含巨大能量。在许多著名的、出色的企业中，团队都是其重要的组织结构和管理方式。在组织的经营管理活动中，团队具有以下作用。

　　1. 充分体现人本管理　工作团队由传统的"科层制组织"中的被动接受命令转变为拥有独立的决策权，使团队成员拥有一个更大的活动平台，享有宽松、自主的环境，培养了团队成员的合作意识、技术能力、决策能力，具有促进组织成员高度参与工作和自主决策的激励功效，充分体现了以人为本的管理思想。

　　2. 增强组织的灵活性　随着知识经济时代的到来，各种知识、技术不断推陈出新，社会需求越来越多样化，使人们在工作、学习中面临的情况和环境变得复杂。因此，需要建立合作团队来解决错综复杂的问题。团队具有共同价值取向和良好氛围,团队工作以灵活和柔性为特征,能够实现快速地组合、解散、重组,增强组织的应变能力,提高组织的灵活性和敏捷性。

3．优化组织资源利用 团队有助于促进组织资源的充分利用,优化资源整合。实行团队制,可以在组织原有工作不受影响的情况下开辟更多的新领域,对现有资源进一步挖掘和利用,以获取更多的新资源。而且,团队工作模式比传统的部门结构更灵活、反应更迅速,团队成员之间的技能互补和组合优化,能够大大提高组织资源的利用率。

4．强化团队凝聚力 每个团队都有特定的团队任务和目标,团队鼓励每个成员把个人目标融入、升华为团队的目标并作出承诺,使整个团队能够为了实现共同目标而努力。同时,团队强调成员之间相互信任、坦诚沟通,要求成员通过协作配合来共同完成工作,满足了成员的归属需要,有利于形成并强化团队凝聚力。

5．提高组织决策效能 现如今,团队工作模式以现代信息技术为支撑,团队成员之间的协调和联系可以通过线上的共享信息实现,消除了传统组织结构中由于层层传递所造成的信息失真和延误,提高了信息传递的质量和速度。同时,团队可以让更多的人参与决策过程,为团队带来了独特的信息或知识以及对问题的不同看法,带来了尽可能多的解决方案或选择,提高决策的质量。

二、团队的类型

根据不同的分类方法,团队可以分为很多类型。

(一) 按工作形态划分

按团队在工作形态方面的区别进行划分,分为正式团队和非正式团队。

正式团队是指具有固定的单元,负责重复性的管制,具有明确专长的工作团队,包括高层管理团队、跨职能委员会、(生产、销售等)业务团队和(后勤、人力资源等)支援团队。非正式团队是指为应对突发事件或进行特别项目而临时组建的工作团队,包括临时工作小组、专案小组、应急团队和"金点子"团队等。

(二) 按工作方式划分

按团队的工作方式方面的区别进行划分,分为反应式团队、适应式团队和创新式团队。

反应式团队的驱动力是解决危机,团队焦点集中在外在关系上,核心能力是解决问题,成员感受是乏味的,长期结果是团队容易枯竭。适应式团队的驱动力是竞争,团队焦点既关注外在关系,也重视内在关系,核心能力是改善和标杆,成员感受是快乐的,长期结果是团队能维持。创新式团队的驱动力是共同愿景,团队焦点集中在内部关系上,核心能力是学习,成员感受是喜悦的,长期结果是团队领先和不断更新。

(三) 按存在目的划分

按团队的存在目的,将组织中的团队分为四种常见类型:问题解决型团队、自我管理型团队、多功能型团队和虚拟团队。

1．问题解决型团队(problem-solving team) 问题解决型团队是最早的团队形式。那时的团队一般由来自同一个部门的5～12个工人组成,他们定期讨论如何提高产品质量、生产效率以及如何改善工作环境。在问题解决型团队里,成员就如何改进工作程序和工作方法互相交换看法或提供建议。但是,这些意见一般是提供给管理者,团队几乎没有权力单方面采取行动,在调动成员参与决策过程的积极性方面略有不足。

2．自我管理型团队(self-managed team) 最初的问题解决型团队虽然在解决问题上有明显的作用,但在调动员工参与决策的积极性方面还没有发挥作用。于是,管理者们建立了一种新型的团队形式,与原来的问题解决型团队相比,新型的团队不仅注意问题的解决,而且执行解决问题的方案,并对工作结果承担全部责任,这样的团队被称为自我管理型团队。它通常由10～15人组成,他们承担的责任包括控制工作节奏、决定工作任务的分配、安排工作时间等。完全自我管理型团队甚至可以挑选自己的成员,并让成员相互进行绩效评估。

3. 多功能型团队(cross-functional team) 多功能型团队也是应用很广泛的一种团队类型。它是由同一等级、不同工作领域的员工,为了完成一项共同任务组成的团队。许多组织在完成一项新任务时采用这样的团队。多功能型团队能使组织内(甚至组织之间)不同领域的员工交换信息,激发出新的观点,解决面临的问题,协调复杂的项目。当然,多功能型团队的管理并不容易,在其形成的早期阶段,团队成员需要学会处理复杂多样的工作任务,因此往往要消耗大量时间。另外,在成员之间,尤其是那些背景、经历和观点不同的成员之间,建立起信任并能真正合作也需要一定的时间。

4. 虚拟团队(virtual team) 随着现代信息技术突飞猛进地发展,团队成员不必再局限于一个地点进行工作,更新的团队形式逐渐被人们认识和接受,并在某些领域发挥越来越重要的作用。虚拟团队是利用现代信息技术把所有成员联系起来,以实现一个共同目标的团队。例如,在线医生团队就是虚拟团队在医疗服务中的应用,在线医生团队通过整合医生资源,突破地域、医院等有形边界,形成一个优势互补的集成体,有提升医疗服务的可及性、便利性等社会价值。由于虚拟团队的成员通常并不相互见面,因此它接受的更可能是任务取向型工作,相互交流的信息也很少含有社会、情感方面的内容。

三、高效团队的特征

建立工作团队的形式并不意味着能自动地提高生产力,它也可能会让管理者失望。国内外的研究者经过研究,揭示了一些与高效团队有关的主要特征。

(一)外部和内部的支持

团队是更大的组织系统的一部分。因此,从外部条件来看,组织应给团队提供完成工作所必需的各种资源的支持。这种支持包括及时的信息、合适的设备、充分的人员和行政支持等。从内部条件来看,团队应拥有一个合理的基础结构,包括适当的培训、科学的绩效评估系统,以及能提供有效支持的人力资源系统。

(二)科学的团队目标

高效团队通常会有一个在集体水平和个体水平上都能被大家接受的目标。团队成员可以通过相互讨论来塑造和完善这个共同的目标,目标一旦被团队接受,它能够为成员指引方向、提供推动力。同时,成功的团队还会把他们的共同目标分解成为具体的、可以测量的、现实可行的目标,使每位团队成员都能清楚地知道团队希望他们做什么工作,以及他们怎样共同工作,最后完成任务。

(三)恰当的领导

优秀的领导者不一定非得指示或控制,高效团队的领导者往往担任的是教练和后盾的角色,他们对团队提供指导和支持,鼓舞团队成员的自信心,帮助他们更充分地了解自己的潜力。团队成员在工作分工上必须达成一致意见,以确保所有成员公平分担工作。团队需要决策的问题还有:如何安排工作日程,需要开发什么技能,如何解决冲突,如何作出和调整决策。在决定各成员的具体任务内容及使工作任务适于成员个体的技能水平方面,都需要团队领导发挥作用。

(四)互补的技能

高效的团队是由一群有互补的知识、经验、能力和技能的成员组成的。他们具备实现目标所必需的技术和能力,而且相互之间有能够良好合作的个性品质和人际关系能力。人员构成对团队的成功非常重要。最好选择那些外倾、随和、有责任心、情绪稳定的人组成团队,并匹配好工作团队成员的角色。

（五）相互的信任

成员间相互信任是高效团队的显著特征。所以，维持团队内的相互信任，需要引起管理层足够的重视。组织文化和管理层的行为对形成相互信任的团队氛围有很大影响。如果组织崇尚开放、诚实、协作的办事原则，同时鼓励员工的参与和发挥自主性，就比较容易形成信任的环境。高效团队的每个成员对其他人的品行和能力的信任会在合作的过程中逐渐加深。

（六）良好的沟通

高效的团队总是在管理层与团队成员、团队成员与团队成员之间建立起畅通的信息交流和反馈渠道，能迅速而准确地了解彼此的想法和情感。良好的沟通有助于管理者指导团队成员的行动，消除误解。

（七）一致的承诺

通过对成功团队的研究发现，高效的团队成员对团队具有认同感，表现出高度的忠诚和承诺，为了能使团队获得成功，他们愿意付出额外的努力，这种忠诚和奉献称为一致的承诺。因此，培养团队成员对团队的认同感，使他们愿意为实现共同目标而调动和发挥自己的最大潜能是团队建设过程中至关重要的工作。

（八）谈判技能

以个体为基础进行工作设计时，员工的角色由工作说明、工作纪律、工作程序及其他一些正式文件明确规定。但对于团队来说，其成员角色具有灵活多变性，总在不断地进行调整。这就需要成员具备充分的谈判技能。个体必须学会与别人进行开放而坦诚的沟通，学会面对差异并解决冲突。由于团队中的问题和关系时常变换，成员必须学会面对和应付这些变化。

第二节 团 队 构 建

了解团队的一些基本知识后，接下来管理者要思考的问题是，应该怎样去构建一个团队，如何对团队成员进行培训，提高团队的综合能力，如何给团队塑造"灵魂"，构建团队文化。

一、团队构建的内容

（一）团队目标的构建

团队目标（team goals）是一个团队在未来一段时间内要达到的目的，是影响团队发展的重要因素。清晰的目标能够给不同的工作岗位指引方向，不至于盲目拼命；同时有了明确的目标，管理者也能知道如何去帮助团队达成各项具体任务，团队的前进方向才能始终如一。那么，团队目标该如何构建呢？

1. 建立科学的团队愿景 团队管理的首要任务就是在行动前先确定目标和方向，指引团队的未来发展。科学的团队愿景，是由团队成员讨论后所制定、获得团队一致共识的未来方向，是能够凝聚所有团队成员并令大家为之努力奉献的任务、事业或使命。团队目标来源于团队愿景，是团队愿景实施的行动纲领。

2. 构建团队目标的 SMART 原则 团队目标是团队精神的灵魂和核心，是团队文化建设的出发点和基础，是团队成败得失的关键。在目标管理中，有一项原则是 SMART 原则：S（specific）明确的，M（measurable）可量化的，A（achievable）可实现的，R（relevant）相关联的，T（time-bound）有时间限制或具有时效性的。无论是制定团队的工作目标还是员工的工作目标都应该符合这项原则。

3. 构建团队目标的流程

（1）成立团队目标小组：团队目标小组应由3部分人组成，即团队管理者、投资方、团队成员代表，这样讨论出来的目标才会具有代表性意义。必要情况下，确定新目标后要与团队成员进行深入沟通，以便了解团队成员的需求。

（2）收集内外部环境资料：收集内部资料，有利于团队管理者立足现实，高效率地利用现有的人才资源完成目标；收集外部资料，则能更多地获得外部的支持，有利于团队目标的达成，提高团队竞争力。

（3）列出符合要求的目标：列出目标要立足内外部资源的基础之上，不要设立模棱两可的目标，或只代表少数人利益的目标。

（4）进行关键性指标选择：一个团队不应有太多的目标指标，否则会带来很多思想枷锁，一个远景目标可以分解为3~5个具体目标，具体目标应在列出的所有目标中进行选择。

（5）确定合理的奖惩机制：实现目标后，会给整个团队及团队成员带来什么样的回报，是成员获取工作动力的要素。奖惩标准的设定应该与目标制定同时进行，从而给团队成员以清晰的工作目标导向和奖惩导向。

（6）分析达成目标的条件：从收集的资料中列出所有有利于实现目标的资源，并且找出相应的困难与障碍，分析完成目标所需要的资源和达成目标的必要条件。

（7）明确完成目标的时间：目标设定要具有时间限制，根据工作任务的权重、事情的轻重缓急，拟订出完成目标项目的时间要求。在实施过程中，要定期检查任务目标的完成进度，及时掌握工作进展和变化情况，以便管理者对员工进行及时的工作指导，以及根据异常情况及时对工作计划进行调整。

（二）团队人员的组建

1. 团队人员组建的内涵　团队人员组建是团队根据目标和任务需要，正确选择和科学组合团队人员，并安排合适的成员来完成团队的各项任务，从而保证整个团队的目标能够顺利达成的职能活动。

2. 团队人员组建的程序

（1）确定人员需求量：确定人员需求量的主要依据是设计出的合理的职务类型和数量。职务类型指出了需要什么样的人，职务数量说明了每种类型的职务需要多少人。如果是为一个新建的团队组建人员，则需要根据职务类型设计的分类和数量进行选聘；如果是对现有组织机构重新调整团队成员，则应在岗位重新设计后，检查和对照团队内部现有的人力资源情况，找出供给与需求人数之差，再确定选聘外部人员的类别与数量。

（2）科学选配人员：为了保证担任职务的人员具备职务所要求的知识和技能，必须对团队内外的候选人进行筛选，作出最恰当的选择。团队在选配人员时，应该遵循经济效益、互补、任人唯贤、因事择人、量才适用、程序化和规范化等原则，科学选择合适的人员，尽力做到最佳的人员配置。以组建课程思政教学团队为例，团队的组成应以满足课程思政的需求为配备原则，团队负责人除了符合一般教学团队负责人的要求，诸如学术成就高、教学经验多、领导能力卓越之外，还需要思想政治水平过硬、有高超的马克思主义理论水平及为社会主义建设事业育才的坚定信念。

（3）制订和实施人员培训计划：培训既是为了适应技术变革、规模扩张的需要，也是为了实现成员个人的充分发展。团队人员，特别是管理人员的培训无疑是人员组建中的一项重要工作。因此，要根据团队人员、技术、活动、环境等特点，采用科学的方法，有计划、有组织、有重点地进行人员培训。

（三）团队资源的整合

1. 团队资源的概述　资源，指一国或一定地区内拥有的物力、财力、人力等各种物质的总称。对于团队来说，只要是对团队组建和团队发展有所帮助的各种要素，都可以归入团队资源的范畴。团队最基本的资源是人员、资金和项目，除此之外还包含技术支持、合作伙伴、潜在公众、竞争者、相关政府机构等各种各样的资源。

2. 团队资源整合　团队资源整合是指团队对不同来源、不同层次、不同结构、不同内容的资源进行识别与选择、汲取与配置、激活和有机融合，使其具有较强的柔性、条理性、系统性和价值性，并创造出新的资源的一个复杂的动态过程（图9-1）。

团队资源整合的原则包括量力而行原则、渐进性原则和双赢原则。

（1）量力而行原则：团队对不同的资源需要渐进开发和使用，尤其是对于刚组建的团队，其资源开发的能力和经验都比较弱，更需量力而行。

（2）渐进性原则：综合考虑团队对资源的需求程度，资源开发和利用的成本、收益以及不确定性，逐步寻找和利用各种团队资源。

（3）共赢原则：开发和使用团队资源时，不能仅仅考虑团队自身的利益，而是要坚持双赢原则，尤其是需要长期使用的团队资源，更要重视对方的既得利益。

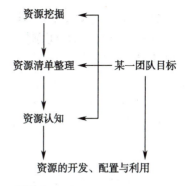

图9-1　团队资源整合的流程图

（四）团队发展的规划

1. 团队发展规划的概念　团队发展规划是指团队为了求得生存和发展所制定的总体谋略及具体规划。进行团队发展规划的过程，就是团队的最高决策者根据团队愿景、分析团队内部条件和外部环境，确定发展目标和方向，制订、实施和评价总体谋划的全过程。在这个过程中，一定要从实际出发，理智明确地制订规划，不可好高骛远。

2. 团队发展规划阶段　团队发展规划可分为三个阶段。第一，规划阶段。这是团队未来发展的总体设计阶段，涉及团队使命、团队发展总目标、团队发展阶段性目标、团队发展执行体系、团队发展保障体系等内容。第二，实施阶段。在这个阶段，团队需要在搭建团队结构、开展团队活动、监控团队成员行为等方面作出决策并予以执行。第三，评估阶段。发展规划经过一段时间的推动和实施以后，团队需要评估和总结在实施过程中出现的问题和不足，从而及时纠正成员的偏差行为，确保团队发展规划的可持续推进。

二、团队培训

（一）团队培训概述

1. 团队培训的内涵　团队培训是指通过讲授、游戏等各种方法提高成员个体及团队整体能力，进而提升团队整体绩效的过程。在竞争日益激烈的今天，要不断提高团队的技能和应变能力，以适应不断变化的环境，应对不断出现的挑战。因此，有必要进行团队培训，只有提高团队的综合能力，才能从根本上提高团队绩效。

2. 团队培训的内容　团队培训的主要内容包括团队知识培训、业务技能培训和素质培训。

（1）团队知识培训：团队知识培训有利于团队成员理解特定领域的专业知识，增强成员对新环境的适应能力，减少团队引进新技术、新设备、新工艺的障碍。团队知识培训的主要内容一般包括以下五个方面：①完成本职工作所必需的基本知识；②处理工作中相关问题的专业知识；③岗位职责，工作相关领域的现状及发展趋势；④节约和控制成本的方法；⑤团队的运营状况、发展战略、规章制度等。

（2）业务技能培训：业务技能培训主要是指对团队成员工作技能所开展的培训。这种培训，能使新成员或现有员工学习和掌握完成本职工作所必需的专业技术技能，也能让团队成员对其同伴的知识、技能、专业术语等有足够的理解，有利于成员之间工作的配合。业务技能培训一般包括以下三个方面：①掌握工作岗位所需要的基本技能技巧，如熟练的工艺操作技能、管理技术技能等；②团队协作、沟通和创造性解决问题的能力；③突发问题的应对策略。

（3）素质培训：素质培训的内容包括价值观、工作态度、思维习惯和行为准则等，主要有以下五个方面：①正确认识自己的工作岗位、上级、下属及所属的团队；②积极调整工作状态，建立工作中的自信心；③科学规划自己的职业生涯；④提高团队成员的团队意识；⑤塑造良好的团队价值观。

在培训内容的设计上，要结合实际，充分考虑团队日常运营和管理中的问题，根据团队的现实绩效与预期绩效之间的差异来设置培训内容。一般来说，团队培训在注重团队业务技能的同时，更要注重团队精神的培训，从而激发成员潜能和创造力，提高团队成员的团队意识，加强团队凝聚力。

（二）团队培训组织

1. 团队培训需求分析　培训需求分析是指在规划与设计培训活动之前，由培训部门、主管部门和工作人员等对团队及其成员的目标、知识、技能等方面进行系统鉴别和分析，以确定是否需要进行培训的一种活动或过程。它既是确定培训目标、设计培训规划的前提，也是进行培训评估的基础。

2. 团队培训的流程

（1）确定培训需求：确定培训需求的目的在于明确团队工作需要提高或改进的方面。培训需求可以分为如下三个层次：①团队层面，即根据团队发展或变革需求所提出的团队整体培训需求；②职位层面，即在团队运作过程中根据具体岗位操作所产生的培训需求；③个体层面，即团队对成员个体素质提高的培训需求，或者是团队成员对提高自身工作技能和发展职业生涯的培训需求。

（2）制订培训计划：培训计划主要有以下六个方面的内容：①确定培训内容，结合培训需求分析，设置科学的、多维度的培训内容；②确定培训对象，同样的培训目标在不同的培训对象身上会有不同的方案；③确定时间、地点，可根据培训的目的、师资，以及培训对象的素质水平、上班时间等因素来确定；④安排培训师，培训师包括组织自有的师资和从外部聘请的培训师，培训师要具有精深的专业知识或丰富的实践经验，具备卓越的训练技巧和敬业精神；⑤选择培训材料，包括教学资料、视听材料、案例或测试题目等；⑥选定适合的培训方法。

（3）进行团队培训：团队培训活动的实施是把培训计划付诸实现的过程，它是达到预期培训目标的基本途径。首先，在组织培训之前要做好各方面的准备工作，拟订并及时发布培训项目通告、制作团队培训手册、安排学员登记注册和完成培训档案建设等。其次，按照培训计划有条不紊地开展培训，培训中既要遵循事先制订的培训安排，也要注意根据实际情况作出适度调整。

（4）培训效果评估：培训效果评估是对学员培训后的满意度、所学习到的知识和技能、培训后工作行为的改变以及工作绩效的情况等作出评价，以便改进和完善培训体系。具体包括以下四个方面：①反应评估，即评价受训者对培训计划与课程学习的反应如何；②知识评估，评估学员经培训后对知识、技能、素质等内容的掌握程度；③行为评估，了解并确定学员能否将培训中所学的知识、技能和素质应用于团队行为；④结果评估，它反映的是培训对团队绩效的贡献，如全面质量管理培训对于产品质量的提高。

（三）团队培训方法

团队培训的方法有很多，主要包括讲授法、会议法、小组讨论法、行动学习法、案例分析法、游戏活动法和敏感性训练法。除此之外，还有函授、业余进修、读书活动、参观学习等其他培训方法。

1. 讲授法　讲授法是一种迅速、简捷地同时向许多受训人传授知识的方式，这种方式可以用于对团队成员进行一般知识与工作技能的培训，也能用于观念和团队精神的灌输式培养。

2．会议法　会议法是一种讲授者与受训人员之间双向沟通的培训方法。它可以使受训人有表达意见以及交换思想、知识、经验的机会，也容易了解受训人对所讲内容的理解程度。该方法有利于形成良好的团队学习氛围。

3．小组讨论法　小组讨论法是将受训人分成若干小组，每个小组由一名组长具体负责该小组的讨论，讲座资料或实例由讲授人员提供。采用此方法进行培训，能够集思广益解决问题，也可使团队的凝聚力大大增强。

4．行动学习法　行动学习法是一种让受训者将全部时间用于分析、解决其他部门而非本部门问题的学习型培训方法。这种方法能够为受训者提供解决实际问题的真实经验，可提高团队成员们分析、解决问题以及制订计划的能力，而且潜移默化地提高成员们协作解决问题的团队意识。

5．案例分析法　案例分析法又称个案分析法，它是围绕确定的培训目的，把实际中的真实场景加以典型化处理，形成供学员思考、分析和决断的案例，通过独立研究和相互讨论的方式来提高学员的分析及解决问题的能力的一种培训方法。

6．游戏活动法　游戏活动法是制定明确的游戏规则，并设定比赛目标的培训方法。这种培训方法因其参与性比较强、培训气氛好，近年来在团队培训中被广泛使用。

7．敏感性训练法　敏感性训练法（sensitivity training）又称 T 小组法，或简称 ST 法。该方法要求学员在小组中就参加者的个人情感态度及行为进行坦率、公正的讨论，相互交流对各自行为的看法，并说明其引起的情绪反应。其目的是要提高学员的自我认识和与人相处的能力，使之能在复杂多变的实际工作环境中做出成绩。

（四）团队培训技巧

团队培训涉及培训师、培训组织、培训反馈等各个环节，任何一个环节的疏忽都会影响团队培训的整体效果。因此，要从培训师主体、培训实施环节入手，掌握团队培训技巧。

1．培训师要在培训前做好充分准备，包括充分分析培训学员、精心准备培训内容、充分熟悉培训内容、科学决定学员分组、事先规划行程安排等。

2．做好培训课程的科学管理。首先是课程实施的前期准备工作，主要包括参训学员的通知、培训后勤的准备、培训时间的确认、培训资料的准备、与培训师的积极沟通等。其次是培训实施阶段的科学管理，主要包括培训前的资料和会场准备、培训开场介绍、培训过程控制、培训结束资料处理、后续工作的布置等。

三、团队文化

团队文化是团队的"灵魂"，我们从团队精神、团队凝聚力、团队合作和团队士气四个方面介绍团队文化的重要组成部分。

（一）团队精神的内涵

1．团队精神的定义　团队精神是团队文化的重要组成部分，是团队成员为了团队的利益和目标而相互协作、共同奋斗的思想意识。在一个有着明确组织边界的组织框架中，团队精神能够最大限度地发挥团队成员个体工作的积极性，整合团队绩效，进而提高整个组织的绩效。一个团队具有力量，其原因不在于其工作时每个成员个体能力的卓越，而在于其成员所形成的强大合力，这种合力正是"团队精神"。

团队精神是团队凝聚力、团队合作、团队士气的集中体现，其核心是团队凝聚力。团队凝聚力能够让成员对团队有着浓厚的归属感和责任感，从而实现团队的有效合作，使团队有着高昂的团队士气。可以说，团队凝聚力就像黏合剂，能够吸引团队成员并牢牢地将其整合成一个整体，而团队合作和团队士气则是团队凝聚力外显行为的体现。

2. 团队精神的功能

（1）目标导向功能：团队精神能够使成员齐心协力，拧成一股绳，朝一个目标努力。团队精神的培养，使成员能认识到实现团队目标是自己努力的方向，从而使团队的整体目标分解成各个小目标或工作任务，并在每个成员身上得到落实。

（2）团结凝聚功能：任何组织群体都需要凝聚力，团队通过对群体意识的培养，通过成员在长期实践中形成的习惯、信仰、兴趣等，引导成员产生共同的使命感、归属感和认同感，逐渐强化团队精神，形成强大的团队凝聚力。

（3）促进激励功能：团队精神使每一名成员能够自觉地向团队中最优秀的成员看齐，通过成员之间正常的竞争来促进激励，并且这种激励不是单纯停留在物质的基础上，还能得到团队的认可，获得团队其他成员的尊敬。因此，团队精神使成员能够产生巨大的工作动力，并通过参与工作满足自身的成就感、归属感等心理需求。

（4）控制协调功能：个体行为需要控制，群体行为需要协调。团队精神所产生的控制协调功能，是通过团队内部所形成的价值观念和组织氛围，去影响、约束和规范团队中的个体行为。制度约束是外在硬性的，而意识约束是内在软性的，是对成员价值观和长期目标的控制，这种控制更为持久，也更深入人心。

（二）团队凝聚力

团队凝聚力是团队精神的核心要素，是维持团队存在的必要条件，也是实现团队目标不可或缺的条件。一个团队如果失去了凝聚力，团队绩效会受到影响，也不能很好地实现团队目标。

1. 团队凝聚力的定义　团队凝聚力（team cohesion）也称团队内聚力，是指团队成员围绕在团队周围、尽心于团队的全部力量，既包括团队对成员的吸引力和成员对团队的向心力，也包括团队成员之间的相互吸引。团队凝聚力可以是团队成员关于情境的理解趋向一致或者对他人行为表示附和，也可以是成员共同持有一种特定的价值观。

2. 团队凝聚力的影响因素

（1）团队的规模：团队的规模越大，团队的凝聚力就越低。这是因为团队规模越大，团队成员间互动的机会和可能性就减小，团队保持共同目标的能力也会相应减弱，因此难以形成凝聚力；反之，团队规模越小（5～12人），团队成员间互动的机会增大，团队成员就越容易融为一体，从而形成更强的凝聚力。

（2）目标的一致性：目标一致是形成凝聚力的前提条件。首先，当团队目标与个人目标一致时，成员就会愿意合作完成任务，从而增强团队凝聚力。其次，任务目标完成中的相互依赖程度也会影响团队凝聚力。如果该团队目标的实现需要每个成员密切协作，成员在行为、情绪和心理上就会与其他成员融为一体，容易形成合力。

（3）团队的激励方式：对员工进行激励时，如果注重团队奖励，可以使成员意识到个人利益和团队利益不可分割，可以强化团队的奋进精神。团队是否能够持续为其成员提供其所期望的激励，会对团队凝聚力产生重要影响。当然，团队精神的实质并非要团队成员牺牲自我，而是要充分利用和发挥团队成员的个体优势去做好团队工作。

（4）团队的领导方式：研究发现，在民主、专制、放任等领导方式中，民主型领导方式能使成员有充分表达自己意见的机会，成员之间团结协作、互助友爱，因而思想更活跃、凝聚力更强；而专制型和放任型领导方式往往会降低团队凝聚力。

（5）团队的外部因素：当团队成员受到外部威胁时，团队成员会弱化内部矛盾与问题，因为只有团队成员更加紧密地结合在一起，才能抵御外来的压力。此外，一个团队在与其他团队展开竞争时，其内部通常会加强认同与合作，也能在一定程度上提高团队凝聚力。

（三）团队合作

1. 团队合作的定义　团队合作是团队成员基于团队信任，为了实现共同目标，依靠团队力量共同完成某一件任务时所表现出来的自愿合作和协同奋进的精神。它可以充分有效地利用组织资源，调动团队成员的才智，形成相互支持、相互合作的团队工作格局，提升团队精神。

2. 团队合作的重要性　"一个和尚挑水喝，两个和尚抬水喝，三个和尚没水喝"，这是个家喻户晓的故事。这个故事非常简单，但是说明的寓意很深刻，它主要是表明如果没有做好人员的分配，不讲团队合作，就很可能会出现人员相互推诿，导致做不好事情的现象。无论是对于团队还是个人，团队合作都有着重要的作用。

（1）营造融洽的团队氛围：团队合作能够满足人的归属需要，有助于提高团队成员的效率和积极性，使其不会因为独自奋斗而产生孤独感。正是这种归属感使得每个成员感到在为团队努力的同时也是在实现自己的目标，从而激起更强的工作动机，并减少成员之间的冲突，在局部以至组织总体创造良好的氛围。

（2）产生 1+1 大于 2 的合力：大家都知道一根筷子轻轻被折断，但把更多的筷子放在一起，想要折断是很困难的事。团队的力量远大于个人的力量，团队不仅强调个人的工作成果，更强调团队的整体业绩。为了取得更好的团队绩效，团队成员会彼此协作、相互配合，完成个人无法完成的项目，呈现 1+1 大于 2 的合力效果。

（3）推动团队创新："三人行，必有我师焉"。团队是由两个或两个以上的个体组成的，也就是说每个人都有自己的优缺点，只有大家不断地分享自己的长处优点，不断吸取其他成员的长处优点，遇到问题及时交流，在进行决策时集思广益，让团队的力量发挥得淋漓尽致，才能促使团队目标的达成。

（四）团队士气

1. 团队士气的定义　团队士气是团队成员对自身所在的团队感到满意，愿意成为该团队的一员，并协助达成团队目标的一种态度。团队士气可以用来描述个体在维护共同信仰和团队目标时，表现出来的努力、斗志和效率。

2. 团队士气的特征　士气高涨的团队具有以下六个特征：一是团队的团结来自内部的凝聚力，而非外部的压力；二是团队本身具有适应外部变化的能力以及处理内部冲突的能力；三是团队成员对团队具有强烈的归属感和认同感，没有分裂为互相敌对的小团体的倾向；四是团队中每个成员都明确地认识到团队的目标；五是团队成员对团队的目标及领导者持肯定和支持态度；六是团队成员承认团队存在的价值，并且有维护其团队存在和发展的意向。

3. 提升团队士气的方法

（1）科学设置团队目标：团队要根据 SMART 原则设置科学的团队目标，即构建的团队目标要具备明确性、衡量性、可实现性、相关性和时间性。按照 SMART 原则设置团队目标，有助于发挥团队的引领作用，从而更好地激发团队士气。

（2）塑造优秀的团队领导者：团队领导者是团队的精神象征，塑造优秀的团队领导者是提升团队士气的重要因素。为此，团队一方面要建立起团队领导者的科学甄选机制，让有才能、有品德、有感染力的人成为团队领导者；同时也要建立起团队领导者的合理退出机制，即让不适合担任领导者的人及时调离领导职位。此外，还要建立和完善团队领导培养机制，不断提高领导者的领导能力及魅力，从而提升团队的整体士气。

（3）建立通畅的建言机制：要想提高团队士气，需建立通畅的渠道，科学解决团队内部问题，避免形式主义。要建立和完善激励团队成员建言的机制，鼓励成员多提建议，同时科学对待、及时解决成员所提的问题，只有及时有效地进行信息沟通，才能减少团队的内耗。

（4）建立合理的奖励机制：孩子小时候帮忙做家务洗菜，他洗的不一定干净，但是得到了家长正面肯定的表扬，这种做法叫"行为强化"，行为强化理论同样适用于团队管理。团队通过建立合理的奖励机制，增加奖励的透明度，让有出色表现的成员及时获得团队的奖励和肯定，同时避免利益分配不均对团队士气的负面影响。

除此之外，创造并共享团队资源、实行柔性化管理等方法也是提高团队士气的有效方法。

第三节　团队领导与发展

团队构建以后，团队管理者要重点考虑的就是如何领导一支团队进行工作，解决团队运行过程中可能出现的冲突，并适时地进行团队的创新。

一、团队领导概述

（一）团队的领导

1. 领导的含义　在团队中，领导是指为了实现团队既定目标，团队领导者运用其法定权力和自身影响力影响团队成员的行为，并将其导向团队目标和团队愿景的过程。优秀的团队领导能有效、协调地提出和实现团队目标；调动成员的积极性，为个人成功提供条件；建立信息交流的措施和良好的交流体系。

2. 领导方式　管理学家利克特认为存在四种基本领导方式，即专制式、开明式、协商式和群体参与式。

（1）专制式：采用专制、自上而下的沟通方式，很少信任下属，决策权集中于自己。

（2）开明式：对下属有一定信任和信心，并用奖赏和惩罚，允许一定的自下而上的沟通，授予下级一定的决策权，但牢牢掌握政策性控制。

（3）协商式：对下属抱有相当大的信任和信心，通常设法采纳下属意见；进行上下双向沟通；在最高层制定主要政策和总体决策的同时，允许基层部门作出具体问题决策。

（4）群体参与式：对下属在一切事务上抱有信心和充分的信任，总是从下属获取设想和意见，并积极地加以采纳；组织群体参与确定目标和评价实现目标的进度；积极从事上下双向沟通；鼓励各级组织作出决策。

利克特发现，运用群体参与式领导方式从事经营的主管人员取得的成就最大。

3. 领导者的技能　美国学者罗伯特·卡茨将领导者应具备的技能分为三类，即技术技能、人际技能及概念技能。

（1）技术技能：一个人对某一领域的技术所掌握的知识和能力。作为领导者，他们基本上不参与所管理的技术技能实践，而是依靠下属的技术技能。

（2）人际技能：有效地与他人共事和建立团队合作的能力。组织中任何层次的领导者都要求具备人际技能，有良好人际技能的领导者能够激发员工的热情和信心。

（3）概念技能：按照模型、框架和广泛关系进行思考的能力，例如长期计划。在越高的管理职位上，它的作用也就越重要。

技术技能涉及的是事，人际技能关心的是人，而概念技能处理的是观点和思想。管理层级越高，工作中技术技能所占的比例越小，概念技能所占的比例越大。

（二）团队的激励

1. 激励的含义　从管理活动角度讲，激励的目的是使人产生工作动力，即组织通过满足员工的需要，激发人们的内在需求或动机，从而加强、引导和维持其行为的活动或过程。因此，团队激励的目的是调动团队及团队成员的积极性，激发团队成员的动机与潜能，高效地实现团队既定的共同目标。

2. 团队激励的方法　团队激励的方法多种多样，不同激励方法具有不同的导向性，其激励效果也不尽相同，因此需要因时制宜、因地制宜和因人制宜地选择恰当的激励方法。团队常用的激励方法主要分为三类,分别为工作激励、成果激励和综合激励。

（1）工作激励:工作激励是指通过合理设计与适当分配工作任务来激发员工内在的工作热情,工作激励的措施包括工作扩大法、工作丰富法和岗位轮换法等。团队成员在工作中存在多种需要和追求,普遍希望自己的工作有意义、有挑战性、有一定的自主权。团队领导应该了解成员的特长和爱好,把其个人的兴趣和职业结合起来,促使成员将团队的目标与个人目标、自我发展有机地结合起来。

（2）成果激励:成果激励是指在正确评估员工工作产出的基础上给员工合理的奖励,以保证员工工作行为的良性循环。成果激励的方式多种多样,常见的成果激励主要分为物质激励(工资、福利、利润分享等)和精神激励(情感激励、荣誉激励和信任激励等),团队管理者要根据员工的需求灵活地选择激励方式。

（3）综合激励:综合激励是指除工作激励、成果激励以外的其他辅助性激励方法,如榜样激励、危机激励、环境激励、晋升激励、培训和学习激励、休假和旅游激励等。

（三）团队的沟通

团队沟通是指在一个团队中,某个成员(某些成员)与团队领导、成员与成员之间对信息、思想和情感的传递、接收和理解过程,它的目的是实现团队中信息及专业知识的有效传递和整合。

二、团队冲突

（一）团队冲突概述

1. 团队冲突的定义 团队冲突(team conflict)是指团队成员在个体层面、子群层面或团队层面表现出的不相容、观点不一致、意见分歧或矛盾。团队冲突一般具有以下五个特征:原因的复杂性、利益关系上的对立性或对抗性、对矛盾性利益关系的认知性、类型的多样性和行为上的攻击性。

2. 团队冲突产生的原因 导致团队冲突的原因有很多,只有对症下药,才能改善和优化团队内部以及团队之间的关系,提高组织或团队的整体竞争力。团队冲突产生的原因主要有以下几个方面:组织和团队资源的竞争,团队目标冲突,组织或团队内的责任模糊,团队内部或者团队之间对地位的斗争,团队内部或团队之间在目标、观念、时间和资源利用等方面沟通不畅。

3. 团队冲突的分类 按冲突的性质划分,团队冲突可以分为建设性冲突和破坏性冲突。在建设性冲突中,冲突双方对实现共同的目标都十分关心,彼此乐意了解对方的观点、意见,大家以争论问题为中心,良性互动不断增加。在破坏性冲突中,双方对赢得自己观点的胜利十分关心,不愿听取对方的观点、意见,会由问题的争论转为人身攻击,导致良性互动的情况不断减少,以致完全停止。一般来说,团队需要适当的建设性冲突,而尽量避免破坏性冲突的发生。

（二）团队冲突的过程

团队冲突是一个逐步演进的动态变化过程,它是从冲突相关主体的潜在矛盾映射为彼此的冲突意识,再酝酿成彼此的冲突行为意向,接着表现出彼此显性的冲突行为,最终造成冲突的结果与影响的过程。

斯蒂芬·P. 罗宾斯将冲突的过程分为五个阶段:潜在的对立或不一致阶段、认知和个性化阶段、行为意向阶段、行为阶段、结果阶段。

1. 潜在的对立或不一致阶段 潜在的对立或不一致是指团队中发生交互关系和互动过程的不同主体彼此之间存在能够引发冲突的一些必要条件。这些条件虽然不一定直接导致冲突,但往往都潜伏在冲突的背后,成为冲突产生的"导火索"。

2. 认知和个性化阶段 在认知和个性化阶段,潜在的敌对就可能转变为现实,双方意识到冲突的存在。意识到冲突并不代表着冲突已经个性化。对冲突的个性化处理将决定冲突的性质,此时个人的情感已经介入其中。双方面临冲突时会有不同的心理反应,他们对于冲突性质的界定在很大程度上影响着解决的方法。例如,团队决定给某位成员加薪,一些成员认为与自己无关,冲突也就不会发生;而另外一些成员认为对别人的加薪意味着自己工资水平下降了,很可能导致冲突发生。

3. 行为意向阶段 行为意向介于一个人的认知和外显行为之间,是指采取某种特定行为的决策。行为意向之所以作为独立阶段划分出来,是因为行为意向导致行为。很多冲突之所以不断升级,主要原因在于一方对另一方进行了错误归因。行为意向的可能性包括回避、合作、妥协、竞争、迁就等。

4. 行为阶段 当一个人采取行动去阻止别人达到目标或损害他人的利益时,就处在冲突过程的行为阶段。进入此阶段后,不同团队冲突的主体在自己冲突行为意向的引导或影响下,正式做出一定的冲突行为来贯彻自己的意志,试图阻止或影响对方目标的实现,努力实现自己的愿望。这个阶段是一个动态的相互作用过程,行为出现体现在冲突双方所进行的说明、活动和态度上,整个过程会从微妙、间接、节制逐步发展到直接、粗暴、不可控的斗争。

5. 结果阶段 冲突对团队可能造成两种截然相反的结果。如果冲突能提高决策的质量,激发革新与创造,调动团队成员的兴趣与好奇,提供公开解决问题的渠道,培养自我评估和变革的环境,那么这种冲突就具有建设性。如果冲突带来了团队沟通的迟滞,团队凝聚力的降低,团队成员之间的明争暗斗成为首位,而团队目标降到次位,那么这种冲突就是破坏性的。

(三)团队冲突的处理

团队冲突是团队发展过程中的一种普遍现象。当发生团队冲突时,首先要对冲突的性质进行全面而细致的分析,有针对性地解决问题。这里所说的处理团队冲突包括化解破坏性冲突和鼓励建设性冲突两个方面。

1. 化解破坏性冲突

(1)构建冲突管理预警机制:构建有效的冲突管理预警机制可以预防破坏性冲突。①加强团队沟通,团队与成员保持沟通交流,可深度了解成员的专业能力、个性特点、个人背景,从而结合团队成员的个性特征进行工作安排和调整,减少因差异引起的冲突。②公平、公正地对待团队内所有成员,以和谐的工作氛围提高团队成员的满意度,减少不满、猜忌与误会等不良情绪,降低冲突发生的可能性。③健全信息系统,顺畅地传递信息,及时准确地了解团队目标、明确权责、凝聚力量,避免信息不对称造成的冲突。④重视团队成员综合素质的提升,使其在工作、生活、文化等各个层面能够和谐共处。

(2)完善冲突管理化解机制:完善冲突管理化解机制是解决化解破坏性冲突的有效措施。①正视冲突,分析冲突出现的原因、类型和发展方向,拿出恰当的应对措施,积极寻求解决冲突的恰当途径。②在冲突的处理过程中,切忌急于求成、简单行事,特别是当冲突涉及利益分配、晋升晋级、价值观、理想信念等重要因素时,更需要进行耐心的教育和帮助,化解潜在冲突,转化消极冲突。③构筑信任,通过告示栏、意见箱、专栏、会议等方法设立顺畅的沟通渠道,让团队成员感受到尊重,看到自身在团队中的价值,使其信任团队、依靠团队,从而齐心协力为团队创佳绩。④适时回避,当冲突比较尖锐或激烈时,团队可通过暂时性地避开、淡化矛盾,然后再用其他方法加以解决。

2. 鼓励建设性冲突 当组织或团队出现发展迟缓、绩效低下、成员积极性得不到发挥等问题时,就需要进行建设性冲突的鼓励,通过机制、氛围、活动等一系列手段和方法刺激内部的良性冲突,不断触发创新精神和危机意识,从而保持团队健康的活力氛围。

(1)定期审视团队的内外部环境:很多团队在前期成功后往往会拘束于以往的经验判断,或者是由于惯性思维导致的惰性工作习惯,而漠视市场和环境的变化,最终因为不适应环境的发展而最终被市场淘汰。因此,定期重新审视内外部环境是避免团队僵化的重要措施。

（2）鼓励团队成员之间的适度竞争：建立内部竞争机制，组成各个业务单元，激发内部的良性竞争氛围和适度的冲突机制，通过开展竞赛、公告绩效记录、根据绩效提高报酬支付水平等方式来激发成员的工作斗志和激情。但是，必须注意对竞争加以严格控制，严防竞争过度和不公平竞争对团队造成的损害。

（3）适度引入外部新鲜血液：引进新人作为激励现有成员的作用机制，被人们称作"鲶鱼效应"，即鲶鱼在搅动小鱼生存环境的同时，也激活了小鱼的求生能力。而团队中"鲶鱼式"人物的设定也是很重要的，这种总是不断质疑、碰撞旧观念、激发新思维的人物既可以内部培养，也可以外部引进，关键是这个人的这些行为需要获得团队领导者的认可和鼓励，从而形成团队成员之间的良性冲突。

（4）重新构建团队：重新构建团队是指改变原有的团队关系和规章制度，变革团队和个人之间的相互依赖关系，重新组合成新的工作团队。这种做法能打破原有的平衡和利益关系格局，从而提高冲突水平。

三、团队创新

（一）创造力与创造型人才

1. 创造力　创造力是指产生新思想、发现和创造新事物的能力。它是人类特有的一种综合性本领，是一种比智力复杂的、难度更大的、高级层次的心理特质。创造力是由知识、智力、能力及优良的个性品质等复杂多因素综合优化构成的。

从创造力的结构来看，可以把创造力分为知识、能力、精神和方法四个方面。知识是创造力的基础，包括吸收知识的能力、记忆知识的能力和理解知识的能力；能力，特别是其中的智力，是创造力的核心，智力包括敏锐洞察力、高度集中的注意力、高效持久的记忆力、掌握和运用创造原理的能力；精神是创造力发挥的条件，包括目的信念、坚韧性等优秀的思想品质；方法是指思维的技能，是创造力得以实现的途径。

2. 创造型人才　创造型人才是指具有创造力、富于开拓性，能对社会发展作出创造性贡献的人才。他们通常表现出灵活、开放、好奇的个性，具有精力充沛、坚持不懈、注意力集中、想象力丰富以及富于冒险精神等特征。

美国心理学家吉尔福特通过对富于创造性的人进行分析，认为他们有下述八个方面的特点：有高度的自觉性和独立性；有旺盛的求知欲；有强烈的好奇心，对事物的运动机理有深究的动机；知识面广，善于观察；工作中讲求条理性、准确性、严格性；有丰富的想象力、敏锐的直觉，喜欢抽象思维，对智力活动与游戏有广泛兴趣；富有幽默感，多数爱好文艺；意志品质出众，能排除外界的干扰，长时间地专注于某个感兴趣的问题中。

创造型人才从哪里来？对组织来说，想要拥有创新型人才：一是要积极引进。站在各个行业和领域浪尖上的创新型人才总是少数，一些成功的企业家总是把目光瞄准了创新型人才而积极加以引进。二是组织培养。领导者要拥有慧眼识才的能力，善于发现那些具有创新思维、有巨大创新潜力的人才，然后制订培训计划，有步骤、有目标地进行培养，为其提供实现创新价值的必备条件。

最大程度地利用创造型人才的能力，是实现团队创新的关键，因为创造新产品、新服务，形成新制度和新的管理范式，开发新资源等创新活动，只有通过包含不同种类创新服务人才的、协调一致的高效团队，才能成功地实现。

（二）管理创新

1. 管理创新的含义　管理创新是管理与创新的有机结合，是指组织形成创造性思想并将其转换为有用的产品、服务或作业方法的过程。管理创新是团队创新的重要组成部分，是团队创新的基础。因此，重视团队的管理创新，是实现组织战略的要求和重要内容。

2. 管理创新的作用　一个团队的管理创新，主要可以应用在以下三个方面：一是提高团队资源的使用效率，管理创新的本质是通过对资源的重新组合或开发新的资源，来实现既定的目标。二是构建团队核心竞争力，管理创新的一个主要功能就是对资源的整合和发掘，包括对物质资源、人力资源和社会资源的重新组合，从而形成团队的核心能力，最终成为企业和团队的核心竞争力，赢得竞争优势。三是促使组织或团队变革，一个组织的经营管理如果进行较大的改变，会对组织本身和下面的团队产生较大的影响，以致组织或团队会主动或被动地进行变革。

3. 管理创新的影响因素　影响团队管理创新的因素是多方面的，既有来自团队内部的，又有来自团队外部的。总体来说，影响团队创新的因素主要有经济因素、技术水平因素和社会文化因素。正确把握和处理这些因素，也是搞好团队管理创新的重要内容。

本章小结

团队的定义是指为了实现某一目标，由两个或两个以上相互协同作用的个体组合而成的集合体。在组织的经营管理活动中，团队具有以下作用：充分体现人本管理，增强组织的灵活性，优化组织资源利用，强化团队凝聚力，提高组织决策效能。根据不同的分类方法，团队可以分为很多类型。高效团队的主要特征包括：外部和内部的支持、科学的团队目标、恰当的领导、互补的技能、相互的信任、良好的沟通、一致的承诺、谈判技能。

"团队构建"包括了团队目标的构建，团队人员的组建，团队资源的整合以及团队发展的规划四部分内容。"团队培训"则包括了团队培训的内涵，团队培训的主要内容，团队培训组织，团队培训方法的介绍和团队培训技巧几部分内容。"团队文化"是团队的"灵魂"，我们从团队精神、团队凝聚力、团队合作和团队士气四个方面介绍团队文化的重要组成部分。

团队构建以后，团队管理者要重点考虑的就是如何领导一支团队进行工作，解决团队运行过程中可能出现的冲突，并适时地进行团队的创新。"团队的领导"部分介绍了团队的领导者、团队的激励和团队的沟通；"团队冲突"部分介绍了团队冲突的定义、团队冲突的过程以及团队冲突的处理；"团队创新"部分介绍了创造力与创造型人才以及管理创新。

（许星莹）

思考题

1. 在完成一项涉及多个领域的新任务时，你认为采用哪种类型的团队方式最适合？请说明理由。
2. 高效团队的主要特征是什么？
3. 请简要阐述团队凝聚力的影响因素。
4. 如果你是团队管理者，你将如何激励你的团队成员？
5. 什么是管理创新？它对团队有哪些作用？

领　导　篇

第十章　领　导

　　一个组织有了好的计划和高效的组织结构，并不意味着就能自然而然地实现目标。组织是由人构成的，组织中的每个人都有自己的需要和动机，有自己的喜怒哀乐，如何让人们步调一致地向着目标努力呢？这就涉及领导的问题。领导既是管理的一项职能，同时又贯穿于管理的全过程。领导的作用就是要营造一种健康向上的组织氛围，激发和调动员工的积极性，提升管理效能。有了领导，组织才能作为能动的主体去完成自己的目标。本章主要包含领导概述、领导方式与领导理论、领导者素质与领导艺术三方面内容。

第一节　领　导　概　述

一、领导的内涵与构成要素

（一）领导的内涵

　　什么是领导？不同的人有不同的理解，西方早期的哲学家苏格拉底、柏拉图，后来的马基维利、霍布士、孟德斯鸠、尼采、米德等都对领导有过不同的解释。中国古代思想家也基于当时的领导实践，对领导活动及其本质有过思考。但人们对领导活动及其规律的系统化、理论化研究则是从西方管理学创立以后开始的。西方管理学产生以后，人们从不同角度对领导进行定义，主要有以下几种提法。

　　1. "领导是在某种情况下，通过信息沟通过程所实行出来的一种为了达成某个目标或某些目标的人际影响力。"（R. 坦南鲍姆、I.R. 威斯勒）

　　2. "领导是促使其下属充满信心、满怀热情地完成他们的任务的艺术。"（哈罗德·孔茨、海因茨·韦里克）

　　3. "领导是影响人们自动完成群体目标而努力的一种行为。"（G.R. 特纳）

　　4. "领导是一项程序，使人得以在选择目标及达成目标上接受指挥、导向及影响。"（海曼、施考特）

5. "领导是一种统治形式，其下属或多或少地愿意接受另一个人的指挥和控制。"【科·杨（K.Young）】

可见，领导一词，一般可简单理解为指挥、带领和鼓励被领导者为实现组织目标而努力的过程。它的本质是一种影响力。

综上所述，所谓领导（leadership）就是拥有权力的个人或集团运用权力和影响力引导和影响他人为实现组织目标而作出努力与贡献的过程。

对组织进行领导意味着要在组织里建立起人们共享的文化和价值观，要把组织的目标内化到组织的每一个成员的心中，意味着要鼓励组织的成员以一种高效率的方式去实现高绩效，总之，领导就是要带领人们去实现组织目标。领导的实质就是一种影响过程。

（二）领导的构成要素

领导的构成要素包括领导者、被领导者及领导环境。

领导者是指发挥主导影响力作用的人，包括个人或集体，是领导行为过程的核心，也是组织中工作关系、人际关系以及多种社会关系的中心。包括高层领导者、中层领导者和基层领导者三类。

被领导者是相对于领导者来说的，是指在领导活动中执行决策方案、命令、任务，实现组织目标的具体执行者，是在社会共同活动中处于被领导地位的人员，是领导活动中的基本要素。

领导环境是指领导者对组织进行领导所面临的周围境况，是制约和推动领导活动发展的各种自然要素和社会要素的总和，是领导活动的基本要素之一，它与领导者、被领导者和领导目标共同构成了领导活动的基本要素。领导环境以组织为边界，从层次上可分为内部领导环境与外部领导环境。

（三）领导和管理的区别

领导与管理存在本质上的不同。领导的主要功能是营造一种气氛，创造一种愿景，进行战略性的工作，制定组织的任务和策略，而管理则进行着战术性的工作，偏重于执行，其任务是去实现目标，采取必要的步骤实现组织的愿景；领导主要是对人和事的领导，管理则主要是对人、财、物的管理；领导侧重于赢得良好的外部环境，管理则着重于维持正常的内部秩序；领导强调的是组织、团体乃至社会的整体效益，管理强调的则是某项工作的效率与效益；领导更多关注的是员工的个性，领导方法随环境变化而改变，具有一定的灵活性，而管理更多关注的是员工的共性，强调规则与制度，具有较强的刚性。如表10-1所示。

表10-1　领导与管理的区别

管理	领导
控制	激励
现在	未来
科学	艺术
内部	外部
硬权	软权
秩序	变革
效率	价值
执行	决策
工作	员工
共性	个性

当然，领导与管理的区别也是相对的，有时二者可以同时存在。领导是管理的灵魂，管理是领导的基础，领导指导管理，管理保证领导。领导与管理科学地分解和有机地结合，构成了一个组织或团体的优化营运系统。

二、领 导 权 力

领导权力指领导者有目的地影响下属心理与行为的能力。领导的权力包括法定权力和自身影响力两个方面。

（一）法定权力

法定权力是组织赋予领导者的岗位权力。这种权力的依据是对标准规则的"合法性"的信念，或对那些按照标准规则被提升为指挥者的权力的信念，它以服从为前提，具有明显的强制性。法定权随职务的授予而开始，以职务的免除而终止。它既受法律、规章制度的保护，又受法律、规章制度的制约，在领导者的权力构成中居主导地位，是领导者开展领导活动的前提和基础。由于组织机构的性质不同，组织层次不同，法定权的构成因素也不同。一般而言，法定权包括下述几个方面。

1. 决策权　从某种意义上讲，领导过程就是制定决策和实施决策的过程，决策正确与否是领导者成功的关键因素之一。如果领导者无权决策或者缺乏决策能力，将直接影响组织目标的实现，会造成组织生存危机。

2. 组织权　组织权是指领导者在其领导活动中，根据事业或工作的需要，对机构设置、权力分配、岗位分工和人员使用等作出安排的权力。它主要包括：设立合理的组织机构，规定必要的组织纪律，确定适宜的人员编制和配备恰当的人员等。组织机构是否合理有效，关键在于能否形成一个有机的整体系统，使之既有合理的专业分工，又能相互协调配合，共同服从于统一目标和指挥。

3. 指挥权　指挥权是指有关领导者向其下属部门或个人下达命令或指示，为实现决策、规划中规定的目标和任务而进行各项活动的权力。指挥权是领导者实施领导决策或规划、计划等的必要保障，如果没有这种保障，领导者自己应有的职责和使命就无法完成。

4. 人事权　所谓人事权，是指领导者对工作人员的挑选录用、培养、调配、任免等权力。如果领导者不具有人事权，必然要削弱领导者的权力基础，从而造成领导效力低下。

5. 奖惩权　奖惩权是领导者根据下属的功过表现进行奖励或惩罚的权力。奖励权是建立在期望之上，它使被领导者认识到服从领导将受到奖励，从而增进其物质利益或提高其社会地位；惩罚权建立在惧怕之上，它使下属认为不服从领导将受到惩罚，减少自己的物质利益或降低其社会声誉。可见，奖惩权是领导者统驭被领导者、实施领导的必要保证。

（二）自身影响力

社会心理学的研究表明，一个领导者要实现其管理功能，关键在于他的影响力。事实上，权力只是一种外在的力，虽然带有强制性，但是要求被领导者一味地服从，对管理工作的开展是不利的。而领导者自身的影响力使人心悦诚服，使人产生愿意接受以至服从的心理力量。因此现代管理理论强调，领导者应尽可能运用自身影响力，而不要仅借助于法定权力压制被领导者。构成领导者自身影响力的因素包括下述几个方面。

1. 品德　一个领导者如果品德高尚，正直公道，言行一致，以身作则，严于律己，平易近人，使人感到亲切和敬佩，就能产生一种无形的感召力。

2. 学识　要成为一个好的领导者，知识素养是一个重要条件。领导者如果知识渊博，会对他人产生较大的影响力。

3. 能力　领导者的才干、能力是形成其影响力大小的主要因素。才能不仅表现在领导者能否称职，更重要的是反映在绩效上。一个有才能的领导者能有效地领导和管理所承担的各项工作，使被领导者产生信服感、敬佩感，使人们愉快自觉地接受领导。

4. 情感　良好的人际关系是形成领导者影响力的基础条件，而感情交流是通往良好人际关系的桥梁。领导者只有"以情感人"，才能赢得下属的敬重。

需要说明的是，领导者在行使法定权力的同时一定要接受有效的监督。这些监督主要包括人大监督、政协监督、行政内部监督、司法监督、党内监督、社会团体监督、大众传媒的舆论监督及公民监督等。只有对领导者权力运用进行全方位的有效监督，才能预防因领导者行使法定权力所产生的权力腐败与职务犯罪。

三、领导的作用

领导是管理活动的一项重要职能。从管理职能来看，领导的作用主要包括指挥作用、协调作用和激励作用三个方面。

1．指挥作用　在组织活动中，需要高瞻远瞩、胸怀全局、头脑清醒、思维敏捷的领导者，帮助组织成员认清当前所处的环境和面临的形势、指明组织目标和达到目标的路径。领导者必须以身作则，身体力行地带领群众去实现组织目标，只有这样，才能真正起到指挥的作用。

2．协调作用　在组织中，计划与组织工作做好了，还不一定能保证组织目标的实现，因为组织目标的实现要依靠组织全体成员的努力。配备在组织机构中各个岗位上的人员，由于各自的个人目标、需求、偏好、性格、素质、价值观及工作职责和掌握信息量等方面存在很大差异，在相互合作中必然会产生各种矛盾和冲突。因此需要领导者来协调人们之间的关系和活动，使成员团结一致，为实现组织目标共同努力。

3．激励作用　激励是人的需要和动机得到强化的心理状态，其作用在于激发和调动人的积极性，从而使人们能以最大的努力和主动性投入工作并取得最大成就。组织中大多数成员都有积极工作的热情和愿望，但是这种愿望并不能自然地变成现实的行动，这种热情也不可能自动地保持下去，这就需要组织的领导人为人们排忧解难，激发组织成员的斗志，以利于组织目标的达成。

四、领导者与管理者的区别

从本质上说，管理者与领导者是有一定差异的，二者的差异主要在于其作用基础的不同。管理者实施管理是依据法定职权规定下的工作方向和方式，对其工作过程进行计划、组织、领导和控制的活动；而领导者进行领导是运用权力和影响引导下属为实现目标而努力的过程。因此，在组织中，当一个人仅仅利用职权的合法性采用强制手段命令下属工作时，他充其量只是管理者，而不是领导者。只有当他在行使法定职权的同时，更多地依靠自身影响力指挥并引导下属时，才可能既是管理者，同时又是一个领导者。显然，卓越的领导能力是成为有效的管理者的重要条件之一。

管理人员通过计划、组织、领导与控制等职能活动会取得某些成果，但如果在他们的工作中，管理人员同时又是一个有效的领导者的话，他们取得的成绩就远非一般的领导人所能比拟，这提示管理人员与领导者之间存在差异。

管理人员是被任命的，他们拥有合法的权力进行奖励和处罚，其影响力来自他们所在的职位所赋予的正式权力。相反，领导者则可以是任命的，也可以是从一个群体中产生出来的，领导者可以不运用正式权力来影响他人的活动。

在理想情况下，所有的管理者都应是领导者。但是，并不是所有的领导者必然具备完成其他管理职能的潜能，因此不应该所有的领导者都处于管理岗位上。一个人能够影响别人这一事实并不表明他同样也能够有效地计划、组织和控制。因此，在本部分内容的阐述中，领导者（leader）指的是那些能够影响他人并拥有管理权力的人。

第二节　领导方式与领导理论

一、领导方式

领导者的领导方式，直接决定着下属的行为模式，同时对组织系统的运行效率也产生影响。在引导和影响组织成员的过程中，领导者对其所拥有权力运用方式不同，就体现出迥然的领导风格与领导方式。选择符合自己特点的工作方式，可以帮助领导者有效地工作，提高组织的运行效率。

（一）勒温的三种领导方式

美国心理学家勒温（Kurt lewin）通过实验，把领导方式分为专制、民主和自由放任三种基本类型。

1. 专制式　也称专权式或独裁式，是指主要靠权力和强制命令来进行领导，领导者个人决定一切，布置下属执行。

2. 民主式　是指领导者同部属互相尊重，彼此信任，共同商量，集思广益，然后决策，注意按职授权。

3. 自由放任式　是指领导者有意分散权力，给部属极大自由度，只检查工作成果，除非部属主动要求，否则不作主动指导。

勒温通过实验得出的结论是：自由放任式的领导方式工作效率最低，只能达到组织成员的社交目标，但完不成工作目标；专制领导方式的领导者虽然通过严格管理能够达到目标，但组织成员没有责任感，情绪消极，士气低落；民主领导工作效率最高，不但能够完成工作任务，而且组织成员之间关系和谐、工作积极主动、具有创造性。

勒温的理论也存在一定的局限。这一理论仅仅注重了领导者本身的风格，没有充分考虑到领导者实际所处的情境因素，因为领导者的行为是否有效不仅仅取决于其自身的领导风格，还受到被领导者和周边的环境因素影响。

（二）利克特的四种领导类型

美国学者利克特及密歇根大学社会研究所的相关研究人员，根据领导者在运用权力过程中所表现出来的专制独裁的程度高低，以及民主参与程度的强弱，经过一系列研究把领导方式划分为专制 - 权威式、开明 - 权威式、协商式及群体参与式四种类型。

1. 专制 - 权威式　采用这种领导方式的领导者非常专制，决策仅限于最高层，对下属很少信任，激励也以惩罚为主，沟通采取自上而下的方式。

2. 开明 - 权威式　采用这种方式的领导者对下属有一定的信任和信心，采取奖惩并用的激励方式，有一定程度的自下而上的沟通，也向下属授予一定程度的决策权，但自己仍牢牢掌握着控制权。

3. 协商式　这种方式的领导者对下属抱有相当大的信任，但并不完全信任，在激励方式上主要采取奖赏的方式进行，采用上下双向的沟通方式，某些情况下与部下进行协商，在具体问题上给予部下决策权。

4. 群体参与式　采取这种方式的领导者对下属达成目标表现出充分信任与信心，沟通渠道畅通，积极鼓励下属部门作出决策。

利克特研究发现，采用群体参与式的领导者大多都取得了很大成就，因此他大力提倡专制 - 权威式、开明 - 权威式要向协商式及群体参与式的领导方式转变。由于群体参与式采用了从内在激励员工的方法，利克特认为群体参与式是领导一个群体最为有效的方式。

二、领 导 理 论

当人们开始以群体方式组合起来共同实现目标时,领导就成为令人们感兴趣的一个领域。20世纪初,泰勒、法约尔等人开始总结领导活动某些方面的规律,但缺乏对领导活动一般规律的研究。第二次世界大战以后,随着管理科学研究和应用的迅速发展,到20世纪60年代,管理成为各国重视和研究的中心课题,各种领导理论也随之诞生。下面介绍一些主要的领导理论。

(一)领导特质理论

领导特质理论(trait theory of leadership)产生于20世纪20—30年代,特质理论主张领导者的个人特质是决定领导效能的关键因素。虽然在有效的领导者应当具备哪些特质方面,研究者各执己见,但是他们都认为领导特质是先天赋予的而不是后天学来的。即使有一些特质可以通过学习得来,这种学习能力也是与生俱来的。因此领导特质论也被称为伟人论。

早期有关领导特质的研究主要多集中在以下三个方面:①身体特征,如领导人的高度、体重、体格健壮程度、个人容貌和仪表等;②个性特征,如领导人的魄力、自信心和感召力等;③才智特征,如领导人的判断力、讲话才能和聪敏程度等。

特质理论是早期主要的领导理论,但也是争议较大的理论。因为他们所提出的种种特质,几乎涵盖了人类性格特性的所有方面。特质理论研究中找出的特质对一些人有效,对另一些人就无效;在一种情况下有效,在另一种情况下就无效;有人主张领导者应当是外向型的,也有一些研究表明,内向的领导者同样也有很多。这个理论到了20世纪40年代,实际上基本没有更大的发展。然而,最近十几年来,对特质理论的研究又表现出复苏的迹象。从实践来看,这一理论对于领导者的选拔、培养和发展具有一定的作用。

(二)领导行为理论

领导行为理论(behavioral theory of leadership)盛行于20世纪40—60年代。领导行为理论试图从领导者的行为方式来探讨有效的领导模式,掌握有效领导者的行为规律,以便加强对优秀领导者、管理者的培养训练。

1. 领导行为连续统一体理论　为解决勒温等人的研究中所提出的问题,美国管理学家罗伯特·坦南鲍姆(Robert Tannenbaum)、沃伦·施密特(Warren H.Schmidt)提出了领导行为连续统一体理论。该理论认为领导方式是一个连续的变量,从独裁式的领导方式到极度民主化的放任式领导方式之间存在着多种领导方式,坦南鲍姆和施密特在这个连续统一体中举出了七种有代表性的方式,如图10-1所示。

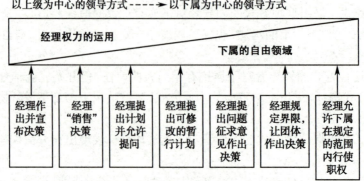

图10-1　领导行为连续统一体理论

在上述各种模式中，不能抽象地讲某一种领导方式好，而另一种不好，每一种领导方式都有其优点和缺点，应根据具体情况，考虑下述因素。

第一，领导者本人的因素。一名经理的行为受到他自己的经历、知识、经验、个性的强烈影响。其中重要因素有：①他的管理思想；②他对下级的信任程度；③他对领导方式的偏好；④他在不确定环境中的安全感。

第二，员工方面的因素。其中包括：①员工对参与管理的愿望和要求；②所具有的经验和知识；③对组织目标的理解和认识程度；④乐于承担责任的程度。

第三，环境方面的因素。这方面的因素有：①组织的类型，如规模的大小；②需要解决问题的复杂程度；③解决问题的时间紧迫性。

2. 阿吉里斯的不成熟 - 成熟连续流理论　该理论由美国哈佛大学著名学者克里斯·阿吉里斯（Chris Argyris）提出，主要集中在个人需求与组织需求问题上的研究。他认为，一个人由不成熟转变为成熟需要一个过程，这个过程会使人依次发生七方面的变化，如表 10-2 所示。

表 10-2　阿吉里斯的不成熟 - 成熟连续流理论

不成熟的特点	成熟的特点
被动性 ————————→	能动性
依赖性 ————————→	独立性
办起事来方法少 ————————→	办起事来方法多
兴趣淡漠 ————————→	兴趣浓厚
目光短浅 ————————→	目光长远
从属的职位 ————————→	显要的职位
缺乏自知之明 ————————→	有自知之明，能自我控制

他主张有效的领导者应该帮助人们从不成熟或依赖状态转变到成熟状态，他认为如果一个组织不为人们提供使他们成熟起来的机会，或不提供把他们作为已经成熟的个人来对待的机会，那么人们就会变得忧虑、沮丧，并且将会以违背组织目标的方式行事。

3. 俄亥俄州立大学的领导方式双因素理论　俄亥俄州立大学的领导方式双因素理论（two dimension theory）也叫俄亥俄模型、四分图模型。1945 年起，在拉尔夫·斯托格迪尔（Ralph Stogdill）的指导下，美国俄亥俄州立大学开始对领导行为进行广泛的研究。研究发现，领导行为可以利用两个维度（dimension）加以描述，如表 10-3 所示。

表 10-3　俄亥俄州立大学的领导方式双因素理论

高关怀	高关怀
低定规	高定规
低关怀	低关怀
低定规	高定规

（1）关怀维度（consideration structure）：是指一位领导者对其下属所给予的尊重、信任以及互相了解的程度。从高度关怀到低度关怀，中间可以有无数不同程度的关怀。

（2）定规维度（initiating structure）：是指领导者对于下属的地位、角色与工作方式，是否都制定有规章或工作程序，定规有高低之分。

以关怀维度和定规维度为框架，可构成一个领导行为坐标，大致可分为四个象限或四种领导方式。通过对领导行为的问卷调查，可以确定领导者在每个维度中的位置。大量研究发现，一个在定规与关怀方面均高的领导者，常常比其他三种类型的领导者更能使下属达到高绩效和高满意度，是一个高效成功的领导者。

4. 管理方格理论（managerial grid theory） 该理论是由美国德克萨斯大学的行为科学家罗伯特·布莱克（Robert R.Blake）和简·莫顿（Jane S.Mouton）在 1964 年出版的《管理方格》一书中提出的，主要用于识别各种领导形态。该理论可用一张方格图来表示，横轴表示领导者对生产的关心，纵轴表示领导者对人的关心，从而将领导者的领导方式划分为许多不同的类型，如图 10-2 所示。

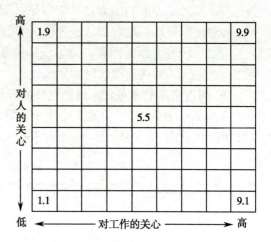

图10-2 管理方格图

其中有五个主要的点值得关注。

1.（1.1）：既不关注工作，也不关心人——不称职的领导方式。

2.（1.9）：高度地关注人，但对工作关注不够——乡村俱乐部式的领导方式。

3.（5.5）：同等程度地关注工作和关注人——中庸型的领导方式。

4.（9.1）：高度地关注工作，但对人不关注——以工作为中心的领导方式。

5.（9.9）：高度地关注工作和高度地关注人——团队式战斗集体型的领导方式。

究竟哪种管理形式最好，国外尚有争论。布莱克和莫顿主张 9.9 型作风，认为 9.9 型作风对所有场合都是理想的，也有的人认为，应该考虑被领导者的状况以及环境条件的变化。总之，关心生产和关心人两方面是统一的，不能把两者绝对对立起来。作为领导者，既要关心组织生产任务的完成，又要关心员工的切身利益。只有这样，才能使领导工作卓有成效。

（三）领导权变理论

关于领导方式研究的第三个阶段是领导权变理论（contingency theory of leadership），它产生于 20 世纪 60 年代以后。领导权变理论认为，领导行为的效率不仅取决于领导者的特质和行为，而且也取决于领导者所处的具体环境，没有什么绝对有效的方式。领导方式的有效与否，取决于各种各样的权变因素，如被领导者的条件、工作性质、时间要求、组织气氛等。这方面的理论很多，如菲德勒的权变理论、领导生命周期理论、路径 - 目标理论等。

1. 菲德勒的权变理论 最早对权变理论作出理论性评价的人是美国著名的心理学家与管理学家弗雷德·菲德勒（Fred E.Fiedler）。菲德勒在大量研究基础上，于 1962 年提出了一个"有效领导的权变模式（contingency model of leadership effectiveness）"。菲德勒相信影响领导成功的关键因素之一是个体的基本领导风格，因此他首先试图发现这种基本风格是什么。为此目的，他设计了最难共事者问卷（leastpreferred co-worker questionnaire，LPC），用以测量个体是任务取向型还是关系取向型。问卷由 16 组对应形容词构成。菲德勒让作答者回想一下自己共事过的所有同事，并找出一个最难共事者，在 16 组形容词中按 1~8 等级对他进行评估。菲德勒相信，在 LPC 问卷的回答基础上，可以判断出人们最基本的领导风格。

他认为领导行为的有效性受环境条件的强烈影响。具体环境由三方面的因素构成：职位权力、任务结构、上下级的关系沟通。所谓职位权力是指领导者所处职位赋予他的权力大小程度。任务结构是指任务的明确程度。任务越明确，则领导的影响力越大。上下级关系指领导者同组织成员的相互关系。一个成员对其领导者的信任、追随程度越高，则领导者的权力和影响力就越大。

菲德勒根据上述三方面情境因素的不同组合，归纳出八种不同类型的环境条件，如图 10-3 所示。

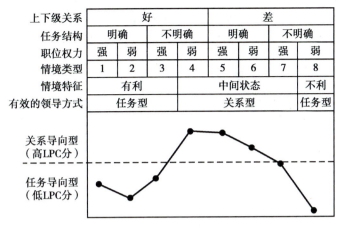

图 10-3 菲德勒模型

他认为，对于各种情境来说，只要领导风格能与之相适应，都能取得良好的领导效果。他通过对各种情境下持不同领导方式的领导者所取得绩效的实证调查数据比较，证明了如下观点：三种条件都具备或基本具备，是有利的领导情境（情境 1、2、3）；三种条件都不具备，是不利的领导情境（情境 8）。在有利和不利的两种情况下，采用"任务导向型"的领导方式，效果较好；对于处于中间状态的情境（情境 4、5、6、7），则采用"关系导向型"的领导。

值得注意的一点是，菲德勒认为，领导风格是与生俱来的——你不可能改变你的风格去适应变化的情境。这意味着如果情境要求任务取向的领导者，而在此领导岗位上的却可能是关系取向型领导者。因此提高领导者的有效性实际上只有两条路径。

（1）替换领导者以适应情境：如果群体所处的情境被评估为十分不利，而目前又是一个关系取向的管理者进行领导，那么替换一个任务取向的管理者则能提高群体绩效。

（2）改变情境以适应领导者：通过重新建构任务或提高或降低领导者可控制的权力（如加薪、晋职和训导活动），可以做到这一点。

2. 赫塞 - 布兰查德领导生命周期理论

（1）理论提出：由美国学者卡曼（A.K.Karman）于 1966 年以俄亥俄学派领导行为四分图为依据，吸收阿吉里斯"不成熟 - 成熟"理论的有益思想，首先提出领导生命周期理论，也称情境领导理论（situational leadership theory，SLT）。后由赫塞（P.Hershey）和布兰查德（K.Blanchard）给予补充和发展，并广为传播。这是一种以被领导者的素质，即"成熟"程度为参考的领导方式。

（2）基本观点：生命周期理论认为，领导的成功取决于下属的成熟程度以及由此确定的领导风格。下属成熟度包括工作成熟度和心理成熟度，下属成熟度的发展：不成熟→初步成熟→比较成熟→成熟。

该理论认为有效的领导方式与被领导者的成熟度之间是一种曲线关系，依据下属成熟度，赫塞和布兰查德把领导者的领导风格分为四种类型。

1）命令式（指令型）：高工作、低关系——成熟度低，适用于做事无能力、也不愿负责的下属。

2）说明式（销售型）：高工作、高关系——成熟度偏低，适用于无能力但愿意做领导吩咐的工作的下属。

3）参与式：低工作、高关系——适用于下属有能力但不愿承担责任的中等偏高成熟度。

4）授权式：低工作、低关系——高度成熟，适用于愿意负责又有能力的下属。

该理论强调应根据员工的不同成熟程度采用相应的领导行为（工作行为、关系行为），随着下属成熟度的提高，领导者可以不断减少对其下属活动的控制，还可以不断减少关系行为。领导生命周期曲线如图 10-4 所示。

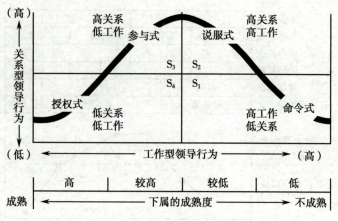

图10-4　领导生命周期理论曲线图

3. 路径 - 目标理论

（1）理论提出：路径 - 目标理论（path-goal theory）是权变理论的一种，由多伦多大学的组织行为学教授罗伯特·豪斯（Robert House）于1968年最先提出，后来华盛顿大学的管理学教授特伦斯·米切尔（Terence R. Mitchell）也参与了这一理论的完善和补充。目前，路径 - 目标理论已经成为当今最受人们关注的领导观点之一，其理论基础是弗鲁姆的期望理论与领导行为四分图。

（2）基本观点：路径 - 目标理论认为领导者的工作是帮助下属设计和实现他们的目标，并提供必要的指导和支持以确保各自的目标与群体或组织的总体目标一致。即有效的领导者应设法影响下级对其目标和实现目标的路径的认识，通过明确指明实现工作目标的路径，并为下属清理实现目标的路径中的各种障碍来帮助下属。路径 - 目标理论认为，领导的主要职责是为了下属实现目标提供机会、指明路径、给予激励。

领导者的工作是利用结构、支持和报酬，建立有助于员工实现组织目标的工作环境。两个因素：建立目标方向；改善通向目标的路径。其内容包括以下五个方面：①领导过程；②目标设置；③路径改善；④领导风格；⑤权变因素。领导者的效率也是以其激励下级实现组织目标并在其工作中使下级得到满足的能力来衡量的。路径 - 目标理论如图10-5所示。

（3）四种领导风格类型：豪斯认为，根据员工的特点，领导模式可分为四种。

1）指令型：职工素质低，任务模糊不清，群体内部存在冲突。由领导完全决策，制订计划，并发布指令，给予指导。

2）支持型：任务明确，程序化管理，职工自觉性强。领导者对下属友善关心，从各方面予以支持，侧重于创造良好的组织气氛（如员工物质条件和精神文化条件的改善）。

3）成就导向型：职工存在着强烈的自我实现的需要。领导者侧重为下属设置挑战性目标，鼓舞员工，并对下属表示信任。

4）参与型：职工有较强的参与意识。决策时征求并考虑采纳下级意见。

同一管理者身上可以同时存在四种方式，视情景不同进行选择使用。

（4）两类情境（权变）变量：领导的方法或风格应根据情境的变化而改变，最重要的

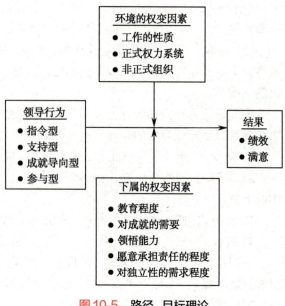

图10-5　路径 - 目标理论

情境因素有两类。

1）环境权变因素：任务结构（工作性质）、权力与组织、工作群体。

2）下属权变因素：即下属的素质特点。如控制点、经验、个性、能力。

领导风格要与环境和下属的特点相匹配，才能取得最佳效果。

第三节　领导者素质与领导艺术

一、领导者素质

领导者素质是指在先天禀赋的基础上，通过后天的实践锻炼和学习形成的，在领导工作中经常起作用的各内在要素的总和。作为一个有效的领导者，应该具备政治素质、知识素质、能力素质和身体素质等方面的一些基本条件。

1．政治素质　政治素质是对领导者在政治方向、政治立场、政治品质和思想作风方面的要求，是其他素质正确发挥作用的基础。领导者的政治素质应包括正确的世界观、价值观与人生观；现代化的管理思想；强烈的事业心、高度的责任感、正直的品质和民主的作风；实事求是、勇于创新。

2．道德素质　领导者的道德素质是对领导者道德风范和个性品质方面的要求，是领导者领导生涯的起点，是领导者获得影响力、号召力的重要因素，也是团结组织员工、齐心协力实现组织目标的重要保证。领导者的道德素质应包括大公无私、公道正派的高尚情操；诚实正直、讲究信用的诚信品德；勤政为民、任劳任怨的服务态度；严于律己、宽以待人的思想精神。

3．法律素质　领导者的法律素质就是指领导者在执行职务过程中的法律精神要素，也是领导者政治素质高低的重要体现。领导者的法律素质主要包括领导者的法律知识、领导者对法和法律现象的期望与评价、领导者的法律观念、领导者依法办事的能力。

4．知识素质　合理的知识结构，是领导干部必备的基本条件。领导者政治素质和业务能力的高低，很大程度上都与知识水平的高低有着密切的联系。领导者应该具有广泛的科学文化知识、专业知识和管理知识。领导者知识素质具体应包括市场经济的基本运行规律和基本理论，组织管理的基本原理、方法、程序和各项专业管理的基本知识，心理学、人才学、组织行为学、社会学等方面的知识。

5．能力素质　领导活动是一种综合的实践活动，对能力素质的要求较高。领导者的能力素质应包括分析、判断与概括能力，决策能力，组织、指挥和控制的能力，沟通、协调组织内外各种关系的能力，不断探索和创新的能力，知人善任的能力，较强的文字写作能力。

6．身心素质　身心素质包括身体素质与心理素质两个方面。身体素质即人们的身体健康状况。领导者必须具有强健的体魄、充沛的精力。如果没有良好的身体素质，就无法胜任艰巨而繁重的工作。但是，领导者仅具备良好的身体素质是远远不够的，还必须具备健康的心理素质。领导者的心理素质是其在领导活动中所呈现出来的心理现象的特点和个性，直接关系到领导者领导水平，影响到组织目标的实现，特别是在现代社会，作为一名领导干部，就更应该注重心理素质的培养。在工作中要有坚定的信心、坚强的毅力、顽强的意志、果断的性格、豁达乐观的心胸、自我克制等良好心理素质，克服嫉妒、胆怯、紧张、偏见等不良的心理。

二、领导艺术

领导艺术是领导者素质、能力、魅力和影响力的综合体现，它反映着领导者驾驭领导工作的高超才能,具有创造性、科学性、经验性、灵活性的特点。领导艺术种类很多,常见的领导艺术包括领导的决策艺术、用人艺术、授权艺术、激励艺术、沟通艺术及合理安排工作时间的艺术等。

1. 领导的决策艺术 领导重在决策。毛泽东一生中重视的"两件大事",一是"出主意"作决策,二是"用干部"选人才,可见决策在领导工作中的重要地位。作为一名领导者,无论做何种决策,都有一个科学决策的问题,即如何在决策中能够取得组织外部环境、内部条件和经营目标三者的动态平衡。领导者要掌握决策艺术,应做到以下三点。

(1)要掌握合理利用信息的艺术:信息是决策的基础,领导者在决策时离不开信息,信息的数量和质量直接影响决策水平,这就要求领导者在决策之前以及决策过程中尽可能地通过多种渠道收集信息,并做到收集信息准确、及时与完整。

(2)要掌握对不同的问题采取不同决策方法的艺术:组织需要决策的问题很多,决策的内容又有不同的分类,不同的问题需要采取不同的决策方法,这就需要良好的决策艺术和技巧。

(3)实现决策的程序化:领导者在进行决策时,需要按一定的科学程序来进行。决策的程序,一般是按照识别决策问题、确认决策标准、拟订备选方案、评估备选方案、选择并实施备选方案、监督与评估决策结果这样的步骤依次进行的。

2. 领导的用人艺术 一个组织犹如一盘棋局,每个成员犹如棋盘上的棋子,怎么合理使用这些棋子,就是领导者用人艺术的展现。因此,如何激发组织成员的潜在能力,是现代组织领导艺术的重要内容之一。它主要体现在如何识人、用人、留人的艺术方面。现代社会最稀缺的是人才,组织领导者应建立"人人都是才"的人才观理念,要爱惜人才,善于发现并合理使用人才,要扬长避短,并通过合理的用人环节,用当其时、用当其位、用当其长、用当其愿,真正做到把合适的人安排到合适的岗位上,调动人才的积极性,发挥其潜能。

3. 领导的授权艺术 授权是领导者普遍采用的一种艺术。授权是指领导者授予下属一定权力,使其能够自主地对授权范围内的工作进行自主决断与处理。要做到科学有效授权,领导者首先需要具备帅才观,培养授权的意识;其次要充分把握分层领导原则,权衡各种环境因素,选用合理的授权方式,并做到多种方法综合运用;此外,要防止"事必躬亲"与"反向授权"。

4. 领导的激励艺术 激励是现代组织管理的一项重要职能,激励理论是现代管理的基础理论之一。但所有的激励理论都是针对一般情况而言的,而每个组织成员都有自己的特性,他们的需求、期望、目标各不相同。因而领导者在对员工进行激励时,必须针对员工的不同特点采用不同的方法,把握好激励的时间和力度,恰到好处,方能奏效。与此同时,在运用激励艺术时,要做到物质激励与精神激励相结合,个体激励与综合激励相结合。

5. 领导的沟通艺术 沟通也就是信息的交流。沟通对于组织就好比血液循环对于生命有机体,是必不可少的。现代社会中,沟通已成为组织领导者最为重要的职责之一。领导的沟通艺术就是传递信息、交流情感,调节行为,有效动员群众,争取多方面支持,更好地完成领导职责。领导者在沟通过程中,要学会倾听,要善于换位思考,要有效地运用积极反馈,要善于抑制自己的情绪,要注意克服沟通过程中的各种障碍,要恰当地运用非言语沟通形式。

6. 领导合理安排工作时间的艺术 领导者要很好地完成工作,就必须善于合理利用自己的工作时间。时间是最宝贵的财富。没有时间,计划再好,目标再高,能力再强,也无济于事。时间是如此宝贵,但它又是最有伸缩性的,它可以一瞬即逝,也可以发挥最大的效力。特别是在激烈的竞争中,讲究充分利用时间的艺术,对于提高组织效率,促进组织发展,显得尤为重要。

合理安排工作时间的艺术主要有以下几种。

(1)采取重点管理法:领导者必须在纷繁复杂的工作中,分清事情的主次和任务的缓急,抓住重点,把有限的时间分配给最重要的工作。

(2)采取最佳时间法:领导者应科学合理地安排时间,应该把最重要的、最困难的工作安排在效率最高的时间去完成,例行公事的工作放在精力较差的时间去做。

（3）采取可控措施法：作为组织的领导者，工作多，任务杂，其时间有的可控，有的不可控，通常可采用排定时间表的方法，将不可控时间转化为可控时间。

（4）学会合理节约时间：作为组织的领导者，应当养成记录自己时间消耗情况的习惯，定期对自己的时间消耗情况进行分析综合，作出判断，从而了解哪些工作是必要的，哪些是不必要的，并采取措施对浪费时间的事务及时进行调整改进，达到节约时间的目的。

综上所述，领导艺术对于各级领导者尤其是组织高层领导者来说，是十分重要的。不懂得领导艺术，就不能有效地实施领导和管理。因此，各级领导干部都要高度重视学习、研究和总结自己的领导和管理艺术，以提高领导效能。

本章小结

领导就是拥有权力的个人或集团运用权力和影响力引导和影响他人为实现组织目标而作出努力与贡献的过程。

领导的实质是影响力。领导的影响力由法定权力和自身影响力两个方面构成。法定权是组织赋予领导者的岗位权力，具有明显的强制性。法定权包括：决策权、组织权、指挥权、人事权、奖惩权。自身影响力，是领导者以自身的威信影响或改变被领导者的心理和行为的力量，其不具备法定性质，它完全依赖领导者的个人修养来决定其在被领导者心目中的形象与地位。构成领导者影响力的因素有：品德、学识、资历、情感。

领导与管理既有区别又有联系。管理是把事情做好，领导则是确定所做的事是否正确。领导是从管理中分化出来的，领导是管理的灵魂，管理是领导的基础，领导指导管理，管理保证领导。领导与管理科学地分解和有机地结合，组成了一个组织或团体优化的营运系统。

不同领导者采取的领导方式有所不同。美国心理学家勒温通过实验，把领导方式分为专制、民主和自由放任三种基本类型；而美国学者利克特及密歇根大学社会研究所的相关研究人员，经过长时间研究把领导方式划分为专制-权威式、开明-权威式、协商式及群体参与式四种类型；还有众多学者从不同视角对领导方式与领导风格做了划分。

领导理论经历了特质理论、行为理论、权变理论三个主要的发展阶段。在此基础上产生了领袖魅力型领导、变革型领导、愿景规划型领导和团队领导等一些新的领导理论。

实际工作中，领导成效的高低，既与领导者个人的素质与条件有关，同时还取决于领导班子集体结构是否科学合理，此外还与领导者的领导艺术密切相关。

（史孝志）

思考题

1. 某公司前 CEO 杰克•韦尔奇曾说："要领导，不要管理"。你如何理解这句话的含义？
2. 领导者可以使用的权力有哪些来源？
3. 影响领导方式的各种可能因素有哪些？
4. 联系实际谈谈权变理论及其意义。
5. 领导工作具有很强的艺术性，你认为领导者在领导过程中主要应该注意哪些领导艺术？

第十一章　激　　励

激励是管理工作过程中调动管理对象积极性和创造性不可或缺的活动，有效的激励是组织发展的强大动力和实现组织目标的保障。学习掌握激励的目的、基本含义、基本模式以及常用的激励理论和激励方法，理解掌握激励与需要、动机和行为的关系，熟悉管理中的激励策略，有助于在管理实践中通过激励的方法促进组织目标的实现。

第一节　激　励　概　述

一、激励的概念

激励（motivation）从词义上讲是激发、鼓励，是通过特定刺激调动人的积极性，引导并推动其行为向预期目标努力的过程。

心理学中，激励是指影响人们的需要或动机，从而引导、加强和维持行为的活动过程。人的一切行动都是由某种激励引起的，激励是一种精神状态，它对人的行动起激发、推动、加强的作用。广义的激励是调动人的积极性和创造性的过程。狭义的激励是把激励看成是各种外在因素对心理的唤醒，使人处于觉醒和准备状态。通常认为一切满足需要的条件都构成对人的激励，激励的结果与激励的强度、方向和持续的程度相关，激励是个体和所处情境相互作用的产物。

管理学中，激励是创造各种满足管理对象需要的条件，激发管理对象的动机，促使管理对象产生实现组织目标的特定行为的过程。美国管理学家贝雷尔森（Berelson）和斯坦尼尔（Steiner）认为：激励是人类活动的一种内心状态，一切内心要争取的条件、希望、愿望、动力都构成对人的激励。

二、激励的过程

激励的过程涉及需要、动机、行为、目标。需要（need）指人类缺乏某种东西时的状态，管理活动中需要是指人对目标的渴求和欲望。需要是个体的一种主观状态，是一切行为的原动力和动机的基础。人的行为具有目的性，目的源于动机，动机产生于需要，由需要引发动机，动机支配行为并指向预定目标。需要会造成个体内心的紧张，从而导致个体采取行动来满足需要，解除内心的紧张感。行为从未满足的需要开始，以需要的满足结束；当新的需要出现的时候，整个过程又开始进行。这是人类行为的一般模式，也是激励得以发挥作用的心理机制，因而该模式被称为激励过程的第一模式（图11-1）。

动机（motivation）是激励和维持人的行动，并使行动导向某一目标，以满足个体某种需要的内部动因。动机是人行为的直接动力，在激励过程中，动机具有驱动功能，能唤起和驱使人们采取某种行动；具有导向和选择功能，总是指向一定目标并选择行为方式；具有维持与强化功能，可以维持某种行为，并使之持续进行。需要引起动机，导致生理心理的紧张状态；动机支配行为，行为的方向则是达到目标以满足需要，解除紧张。但是，不是所有的行为最后都能达到目标,满足需要;也并非所有的未满足的需要都会引发行为。当行为达到目标,满足需要时,可能会产生新的需要;当行为未能达到目标,即遇到挫折时,有的人会采取积极行为,有的则会采取消极行为,人们重新又回到未满足需要的状态。这一过程构成行为激励的第二模式(图11-2)。

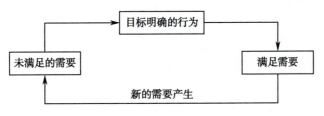

图 11-1 激励过程的第一模式

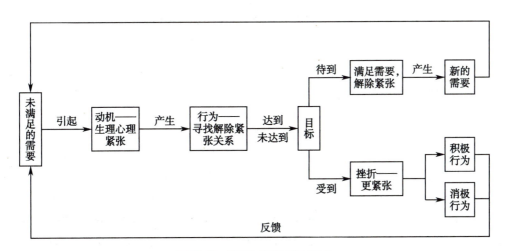

图 11-2 激励过程的第二模式

激励过程与目标是否关系密切,目标达成后的绩效评价和奖惩对人的行为也有重要影响。一个人通过对自己的绩效评价和奖惩的感受来确定自己的满足感,并重新调整自己的行为。这是激励过程的第三模式(图11-3)。

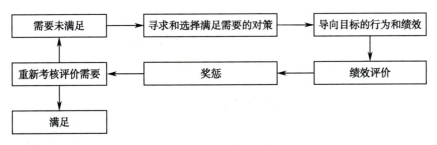

图 11-3 激励过程的第三模式

三、激励的功能

1. 激发工作积极性和能力 研究发现:通常情况下,人们发挥 20%~30% 的能力就能应付工作而不被解雇;如果受到充分的激励,其能力可发挥到 80%~90%,甚至更高,并在工作中始终保持高昂的热情。行为科学家认为人的工作绩效取决于能力和激励水平的高低,用公式来表达如式 11-1 所示。

$$工作绩效 = f(能力 \times 激励水平) \tag{11-1}$$

2. 提高工作绩效 管理实践中,员工能力是取得绩效的基本保证,但没有激励难以取得好的绩效。美国某食品公司总裁 C. 弗朗克斯曾说:"你可以买到一个人的时间,可以雇佣一个人到指定的岗位工作,甚至可以买到按时或按日计划的技术操作,但你买不到热情,你买不到主动性,你买不到全身心的投入……",因此管理者掌握激励的理论、方法和措施,对于调动员工积极性,提高工作绩效有重要意义。

3. 促进个人目标与组织目标的统一 组织中的每一个人都有其奋斗目标,当个人目标与组织目标一致时,有利于组织目标的实现;当两者不一致甚至背离时,则会影响甚至阻碍组织目标的实现。管理者可以通过激励措施强化符合组织目标的个人行为,惩罚不符合组织目标的个人行为,引导个人目标服务、服从于组织目标,促进个人目标和组织目标的统一,从而实现组织目标。

第二节　激 励 理 论

在激励理论的研究中,心理学家、社会学家和管理学家从不同的角度进行了多方面的探讨,形成了内容型激励、过程型激励、行为改造型激励三类主要激励理论。

一、内容型激励理论

内容型激励理论从人的需要出发,以激励的原因与起激励作用的因素为研究内容。其中,有代表性理论包括马斯洛(Abraham H. Maslow)的需要层次理论(need hierarchy theory),奥尔德弗(C. Alderfer)的 ERG 需要理论(ERG theory),麦克利兰(David C. McClelland)的成就需要理论(McClelland's need theory)以及赫茨伯格(F. Herzberg)的双因素理论(motivation-hygiene theory)等。

(一)需要层次理论

美国社会心理学家,人本主义心理学主要创始人马斯洛(Abraham H. Maslow)对人的动机持整体的看法,其动机理论被称为"需要层次理论"。1943 年,马斯洛在《人类动机理论》一书中提出了需要层次理论,并在 1954 年对这一理论作了进一步的发展和完善。

1. 主要观点

(1)人的需要是有层次的。人的需要由低到高分为生理的需要、安全的需要、社交的需要、尊重的需要、求知的需要、求美的需要和自我实现的需要,如图 11-4 示。

第一层次为生理的需要。生理需要是维持个体生存和种族延续的最基本的需要,包括食物、饮水、穿衣、睡眠、休息、性等。生理需要是人类最低层次的需要,也是最强烈的需要。

第二层次为安全的需要。在需要的层次中,当生理需要得到满足以后就会产生更高一级的安全需要。它包括生命、财产、劳动、职业安全,希望生活稳定、免于危险灾难、未来有保障等。这是人作为生物个体和社会成员的安全感欲望、自由欲望、防御欲望的综合体现。

第三层次为社交的需要,也称爱与归属的需要。当生理和安全需要得到一定满足时,社交的需要包括情感、归属感、被接受和友谊的需要便占据主导地位,成为优势动机。人希望得到友谊、爱情、被他人或团体承认、接纳,有归属,成为群体的一员。

图 11-4　需要的层次

第四层次为尊重的需要。人们一旦满足了社交的需要，就会产生自尊和受他人尊重的需要。包括向往名誉、地位，希望个人能力、工作成就为他人认可等。尊重的需要得到满足，能使人体会到自己的价值，对自己充满信心，对社会满腔热情。如果这种需要受到阻碍，则会使人产生自卑、虚弱和无能感，甚至丧失对人生的信心。

第五层次为求知的需要。人有知道、了解和探索事物规律的需要，而对环境的认识则是好奇心的结果。

第六层次为求美的需要。人都有要求匀称、整齐和美丽的需要，并且通过向美转化而得到满足。

第七层次为自我实现的需要。马斯洛说："音乐家必须演奏音乐，画家必须画画，诗人必须写诗，这样才会使他们感到最大的快乐。是什么样的角色就应该干什么样的事，我们把这种需要称为自我实现。"自我实现是最高层次的需要，是希望个人的潜能得以发挥，实现个人的理想、抱负的高级需要。

（2）需要的实现和满足具有从低到高的顺序性。人都潜藏着的不同层次的需要，这些需要有一个从低级向高级发展的过程，在高层次的需要充分出现之前，低层次的需要必须得到适当的满足。

（3）人的激励状态取决于其主导需要是否得到满足。在各种需要中占主导地位的需要被称为主导需要或优势需要。在不同的时期表现出来的各种需要的强烈程度不同，主导需要是激励人行为的主要原因和动力。

（4）在同一时期，可能同时存在多种需要。人的行为是受多种需要影响的，任何一种需要并不因为高层次需要的出现而消失，高层次的需要发展后，低层次的需要仍然存在，只是对行为影响力可能会有所减轻而已。

2. 需要层次理论在激励中的应用　需要层次理论可以帮助和指导管理者正确认识人的需要、有针对性地激励员工。低层次的需要在一定程度上得到满足后，个体会追求高层次的需要。满足低层次需要投入的效益是递减的，当员工低层次的需要得到一定程度的满足后，管理者应该着眼于激励员工更高层次需要以提高组织绩效。根据需要层次理论，管理者应该首先了解员工需要所处的层次水平，并且采取相应的激励措施。

一般情况下，员工职位上升，其需要层次也会有所上升。满足需要的方式也逐步由外在奖励和刺激（例如薪酬）转变为内在的满足（如工作符合个人兴趣，能够充分发挥潜能）。低年资的员工可能更注重生理和安全等较低层次的需要，在工作中更看重薪酬、工作环境等物质条件。而高年资员工可能则更看中工作是否符合自己的兴趣、否有挑战性、能否在工作中实现自我价值等。

（二）ERG需要理论

美国心理学家奥尔德弗（C. Alderfer）基于调查研究对需要层次理论进行了重组，认为人有生存需要（existence）、关系需要（relatedness）和成长需要（growth）三类核心需要，简称为ERG需要理论。

1. 主要观点

（1）生存需要。这种需要类似于需要层次理论中的生理和安全需要。生存需要是人最基本的需要，包括衣、食、住、行、性等方面的生理和物质欲望，以及在社会环境中的工资、福利等物质型安全需要。

（2）关系需要。这种需要相当于需要层次理论中的安全、社交和尊重的需要。奥尔德弗认为，当生存需要满足后，便会希望得到友谊，建立良好的人际关系。

（3）成长需要。这种需要类似于需要层次理论中尊重的需要中的内在部分以及自我实现的需要。它是一种要求得到提高和发展的内在欲望，表现在人不仅要求充分发挥个人潜能有所作为和成就，而且还有开发新能力的需要。奥尔德弗认为，这种需要是人对创造和成长的追求。这种需要主要通过事业的成功，前途的发展得到满足。

某种需要得到的满足越少，则这种需要越为人所渴求，较低层的需要越是得到了较多的满足，则对较高层的需要就越强烈。在这一点上，奥尔德弗与马斯洛的观点一致。

奥尔德弗认为三种需要可以同时存在，没有明显的界限，它们是一个连续体，而不是层次等级关系。人的需要不一定严格地按照由低级到高级的发展顺序，它可能越级产生。如生存需要得到满足后，可以不经过关系需要的满足而直接追求成长需要。

这三种需要不完全是与生俱来的，可以通过后天学习而产生，特别是成长需要。同时，如果较高层的需要一再遭受挫折、得不到满足，人就会重新追求满足较低层的需要。例如，成长需要长期受挫，有时也会导致人际关系需要甚至生存需要的急剧上升。ERG 理论提出了需要层次的"满足 - 上升"趋势和"挫折 - 回归"趋势。该理论符合现实中人的行为特征，也为研究所证实，在管理实践中很有指导意义。

2. ERG 需要理论在激励中的应用　在管理工作中，由于人的各种需要可能同时存在，因而应该采取物质和精神激励相结合的多样化激励措施。管理者不仅应该了解并设法满足员工的需要，而且还要引导员工发展高层次需要。员工追求低层需要，往往是管理者没有为员工提供能满足高层需要的环境和条件所致。

（三）成就需要理论

美国心理学家麦克利兰（D. McClelland）通过对需求和动机的研究，提出了成就需要理论，也称为成就激励理论。该理论把人的高层次需要归纳为成就需要、亲和需要和权力需要。麦克利兰对这三种需要，特别是成就需要做了深入研究。

1. 主要观点　麦克利兰认为，人在生存需要得到基本满足之后，主要的高层次需要是成就需要（need for achievement）、亲和需要（need for affiliation）和权力需要（need for power）。

（1）成就需要：指一个人对取得事业成功的欲望，个体的成就需要与他们所处的经济、文化、社会、政治的发展程度有关，社会风气也制约着人们的成就需要。成就需要高的人，对胜利和成功有强烈的要求，力图将事情做得更完美，使工作更有效率，以获得更大的成功。他们热爱工作、事业心强，敢于承担责任、冒风险，但又能以现实的态度对付冒险；对正在进行的工作，喜欢得到明确而迅速的反馈；他们把个人成就看得比金钱更重要，从成功中得到的满足远高于物质激励。

麦克利兰还认为，一个人成就需要的高低，直接影响着他的进步和发展。高成就需要的人对国家和组织很重要，国家或组织具有高成就需要的人越多，该组织或国家就越兴旺发达。

（2）亲和需要：指一个人寻求被他人喜爱和接纳的愿望。亲和需要高的人渴望友谊，喜欢合作而不是竞争，希望彼此理解，通常容易从友爱、情谊、社会交往中得到欢乐和满足。亲和需要高的人把人际关系看得比成就和权力更为重要。在处理人际冲突时，往往倾向于协调和折中。

（3）权力需要：指一个人影响和控制别人的欲望。权力需要强的人喜欢寻求领导者的地位，喜欢竞争、揽权，希望别人奉承，强调顺从，以致产生强迫命令。这种人喜欢追求形式，而不太关心实际效果，其成就需要相对较低。

与马斯洛等研究需要的学者不同，麦克利兰明确指出成就需要不是先天的，而是经后天培养和训练获得的，因此，可以通过教育培养具有高成就需要的人才。

2. 成就需要理论在激励中的应用　麦克利兰认为，不同的人对成就、亲和、权力需要的排列层次和成就、亲和、权力在不同的人心中所占的比重是不同的。如果把成就需要高的人安排在有困难的岗位上，工作的挑战性会提高其快感，激发其致力于成就的期望。相反，如果把成就需要高的人放在平凡无挑战性的岗位上，则成就动机就可能不被激发，才智被埋没。因此，在对员工实施激励时需要考虑这三种需要的强烈程度，以便提供能够满足这些需要的激励措施。

相对于其他两类需要（亲和需要和成就需要），权力需要是决定管理者取得成功的最重要因素。有许多研究表明,在一定的组织环境中,尤其在规模较大的企业或组织机构中,管理者的权力欲是有效管理的必要条件。这对选拔管理者有一定参考意义。同时,员工的亲和需要对工作效率会产生间接的影响。在一个要求与人协作甚至密切配合的工作岗位上安排一位具有高度亲和需要的人,将会大大提高工作效率;而在一个相对独立的工作岗位上安排一位亲和需要较低的人,则可能更加合适。管理者在进行人力资源调配时,应考虑这一因素。

另外,麦克利兰强调精神的作用、榜样的作用、教育和培训的作用。作为管理者,要尊重员工的目前需要并设法予以满足,更要按照组织目标引导员工需要。注重成就教育,强化成就动机,培养更多的高成就需要的人是管理者的一项重要任务。

(四)双因素理论

美国心理学家赫茨伯格(Herzberg)提出的双因素理论强调以工作为核心,提出从工作本身来激励员工(图11-5)。

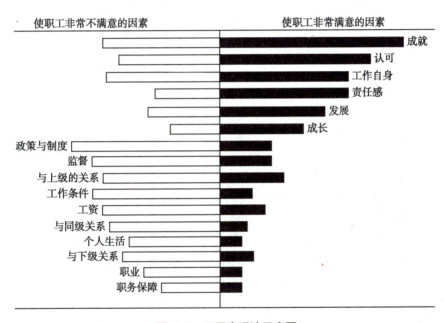

图11-5 双因素理论示意图

1. 基本内容

(1)保健因素(hygiene factor):指公司政策、管理措施、人际关系、物质工作条件、工资、福利等可能引起员工不满意的工作环境因素。保健因素恶化到可以接受的水平以下时,人就会产生不满意。但是,改善保健因素只能消除不满意,而不会导致积极的态度。满足保健因素产生的效果类似于卫生保健对身体健康的作用,更多是预防性的而不是治疗性的。不具备保健因素时会引起不满意,但具备时不一定会调动积极性。

(2)激励因素(motivation factor):指工作有成就感、工作得到社会认可、工作本身具有挑战性、负有重大责任、在事业上能够发展成长等可能使员工感到满意的因素。改善激励因素能够激励员工的积极性,提高生产效率。激励因素会引起满意和调动起积极性,但缺乏时并不会引起很大的不满意。不是任何的需要得到满足都能激发积极性,只有激励因素得到满足,人的积极性才能得到调动。

从总体上看,激励因素基本上都属于工作本身,保健因素基本上都属于工作环境和工作关系。有的激励因素和保健因素存在重叠现象,如赏识是激励因素,但没有赏识时,又可能起消极作用,表现为保健因素。工资是保健因素,但有时也可能使员工满意起到激励的作用。

(3)双因素理论的创新与不足:传统观点认为"满意"与"不满意"互为对立面;双因素理论

则认为"满意"的对立面是"没有满意"，而"不满意"的对立面是"没有不满意"。该理论强调以工作为核心，提出以工作本身激励员工，这是以前理论所欠缺的。也有行为科学家对双因素理论的研究方法和结论的正确性提出怀疑，认为其研究对象主要是会计师、工程师等，缺乏代表性。

2. 双因素理论在激励中的应用　双因素理论强调，在管理工作中应该从工作本身入手调动员工的积极性。双因素理论认为，满足不同需要所产生的激励深度和效果是不一样的。物质需求的满足是必要的，没有则会导致不满，但即使获得满足，其作用是很有限和不能持久的。调动员工积极性，更重要的是注意工作内容方面的内在激励。工作内容要丰富；要提供具有挑战性的工作，扩大工作责任范围和独立自主性；要提供机会和条件使员工能够出成绩、作贡献；还要注意精神鼓励，给予表扬和认可；给予成长、发展、晋升的机会，不断地激励员工进步和发展。

同时，双因素理论对于回答为什么优厚的福利待遇并不能提高员工的积极性这类问题很有帮助。根据双因素理论，福利待遇属于保健因素而非激励因素，优厚的福利待遇能使员工不产生不满情绪，但不能调动工作的积极性。应该在保健因素的基础上，运用激励因素去激发员工的工作热情。例如，如果平均发放奖金，奖金就成为保健因素，一旦减少或停发，就会导致不满。奖金必须与员工的个人绩效挂钩，才具有激励因素的性质。

二、过程型激励理论

过程型激励理论研究"激励是怎样产生的"，解释人的行为是怎样被激发、引导、维持和阻止的，找出对行为起决定作用的关键因素及其相互关系，选择正确的激励方法。过程型理论主要有弗鲁姆（Victor H. Vroom）的期望理论（expectancy theory）、亚当斯（J. S. Adams）的公平理论（equity theory）、莱曼·波特（Lyman Porter）和爱德华·劳勒（Edward E. Lawler）的综合激励模型等。

（一）期望理论

行为科学认为，期望（expectancy）是指一个人根据以往的经验，在一定时间里希望达到目标以满足需要的一种心理活动。由于客观条件的限制，人的需要并不都能立即获得满足，但也不会因一时得不到满足就消失。在适当的条件下，当人看到可以满足自己需要的目标时，就会受需要的驱使产生一种期望。而目标的出现只是一种诱因，还需要对目标的意义、价值和对自己是否能达到这个目标进行估计，然后决定是否采取行动。因此，人的期望心理在产生和形成的过程中，一般都与目标、目标价值及可行性相联系。期望与行为联系，期望表现为一定的行为动力。

美国心理学家和行为科学家弗鲁姆在《工作与激励》中提出了通过考察人们的努力行为与其所获得的薪酬之间的因果关系来说明激励过程，并探讨怎样选择合适的行为达到薪酬目标的期望理论（expectancy theory）。

1. 基本内容　期望理论认为人们之所以采取某种行为，是因为这种行为可以达到某种足够有价值的结果。换言之，激励水平取决于人们认为在多大程度上可以达到预期结果，以及判断努力对需要的满足是否有意义。

（1）激励力量：指激励水平的高低，是积极性的高低和持久程度，它决定着人们在工作中会付出多大的努力。激励力量＝期望值×效价（M＝V*E）。期望值（expectancy）也叫期望概率，是指一个人根据过去的经验对自己能达到某种结果（满足需要）的可能性大小的预先估计。期望概率的数字范围在 1 至 0 之间，受每个人的能力、经验、个性、情感等的影响。效价（valence）是指对所从事的工作或要达到的目标的价值的评价，也就是达到目标对于满足个人需要的价值。效价与人的价值观相联系，一个人对目标效价的评价因价值观的差异而不同。效价介于 +1～-1，一个人不希望出现某种结果，效价为负值；期望出现的某种结果，效价为正值。

期望理论认为，如果把目标的价值看得越大，估计能实现的概率越高，激发的动机越强烈，积极性就越高。如果期望值和效价有一项为零，激励作用也为零。因此管理者应该既考虑目标的效价又要考虑期望值,而且两者都要高,才能有效激发员工的积极性。

(2)期望模式:员工努力的第一级结果是个人绩效,但个人绩效往往对员工不具有效价,它只是取得第二级结果组织奖酬(包括工资、住房、提升或赏识等)的媒介。员工是否具有较高的激励力量,需要看个人努力—个人绩效—组织奖酬—个人需要之间是否有高的关联(图11-6)。在管理实践中,管理者应促进这种关联的存在,并让员工意识到个人努力、绩效、报酬和个人需要之间的关系。

图11-6 期望模式

1)努力与绩效的关系:主要取决于个人对目标的期望值,而期望值的大小又直接影响个人积极性的发挥。如果员工认为通过自己的努力能够达到目标,就会激发出巨大的力量,努力工作,从而获得较好的绩效。

2)绩效与奖酬的关系:人总是期望在取得预期的成绩后,能得到适当的奖励,如工资、奖金、表扬、提级晋升等等。所以,奖励必须随个人的工作绩效而定。如果没有这些物质或精神的奖励进行强化,人们激发起来的工作热情也会慢慢消退甚至消失。

3)奖酬与满足需要的关系:员工总是希望通过努力所得到的奖酬能满足自己的需要。如果所得到的奖酬并不是他们需要的,那就起不到激励的作用。因此,奖励要因人而异。

2.期望理论在激励中的应用 期望理论提示管理者要提高激励力量,就是要提高期望值和效价。要提高期望值又可从两方面做,一是提高经努力可达到希望绩效的信心,二是提高达到绩效后,能获得组织应有的公正评价和奖励的信心。提高效价的途径则是应使组织所给予的奖酬与个人的需要相匹配。在这些环节中,管理者是大有文章可做的。

(1)了解员工的需要,合理树立目标,激发员工期望心理。在调动员工积极性的过程中,管理者要了解员工的需要,根据其需要,帮助其分析各自的主客观条件,激发他们对目标的期望,提高完成目标的信心。同时,在绩效目标的设置上,应更加科学和具有挑战性,以使效价和期望值有更好的配合。也应使目标具有阶段性,因为阶段性目标易于实现,能提高员工的期望概率。还可通过提供便利条件、培训或向组织成员阐明达到绩效的有利条件来提高其对个人努力和取得绩效的关联性的自信心。

(2)设计有效公正的绩效评估系统,建立合理的奖酬制度。员工经过努力直接目的是取得绩效并据此获得组织的奖酬。员工的工作绩效是否能得到公正的评价,直接影响员工的积极性。因此,一个组织必须有公正有效的绩效评估系统,使努力、绩效、奖酬密切结合。要让员工明确有什么绩效给什么奖励,同时,还应用实际行动来表明一旦员工取得绩效,所有的奖酬都会兑现,从而充分发挥员工的积极性。

(3)认识和提高目标的效价。对效价的认识与人的价值观有关,同一个工作不同的人有不同的效价评价。组织成员的效价也不是一成不变的,经过教育引导或组织文化的熏陶,个人的价值观会发生变化,效价也会发生变化。因此,要帮助员工正确认识效价,还可引导员工设立或变更适宜的个人需要目标,同时,组织尽量采取适应个人需要的奖励方式来达到奖酬与个人需要目标的匹配,从而提高效价,增加激励力量。

当有些工作确实待遇或报酬太低时,员工将没有工作热情,管理者除了加强引导教育外,还应想法提高待遇,增加其效价。

(二)公平理论

公平理论(equity theory)也称社会比较理论,是20世纪60年代美国心理学家亚当斯(J. S. Adams)提出的,研究利益分配的合理性、公平性对员工积极性影响的激励理论(图11-7)。

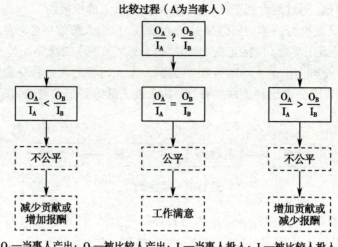

O_A—当事人产出；O_B—被比较人产出；I_A—当事人投入；I_B—被比较人投入。

图 11-7 公平理论示意图

1. 基本内容

（1）员工的工作态度和积极性受绝对报酬和相对报酬的影响。在奖酬与满足感之间，存在报酬比较，即对报酬公正性的评价。人们不仅关心报酬的绝对值，而且还关心自己报酬与他人报酬比较的相对值。公平理论引入了经济学上的概念，用投入（input）来表示贡献，用产出（outcome）来代表报酬。把贡献与报酬的比率看成是投入与产出的关系。一个人在进行比较时，常把年龄、资历、教育程度、经验、技能、工作态度以及工作的勤奋程度纳入投入；而得到的产出包括工资、奖金、津贴、晋升以及名誉地位等物质和精神的报酬。

（2）比较包括与自身纵向比较和他人横向比较。一方面以自己做过的工作或担任过的角色为参考依据，比较自己不同时期的投入产出结果，另一方面把自己的投入与产出和同行、同事、朋友、邻居以及其他行业职工的投入与产出进行比较。人们发现比值合理时，会感觉到公平，体会到满足感。而如果发现比值不当时，就会产生不公平感，内心就会不满。多数的情况下，会认为自己比别人干得多，却和别人得到同样的甚至更少的报酬。

（3）公平是平衡稳定状态，报酬过高和过低都会使人感到心理上的紧张和不安，从而激励其采取行动消除或减少这种紧张不安状态。

2. 公平理论在激励中的应用　公平问题存在于现实管理的各个方面，员工因不公平感而不满、怠工甚至离职、罢工，都会严重影响组织目标的实现。管理者应重视公平问题并对此有正确的认识和恰当的处理。

（1）员工之间的相互比较是一种普遍的心理现象。在员工之间要杜绝比较是不可能的。有的企业采用秘密发奖的办法，如工资奖金保密，以减少员工相互间的攀比，但这仅是权宜之计。而且员工之间的比较在一定范围内还有积极的一面，可以使人发现自己的不足，产生动力而奋起直追。

（2）管理者要正确认识和理解员工的比较和由不公平感产生的行为。员工对金钱、地位、荣誉等进行比较，感觉到不公平而产生怨言、怠工等行为时，不能由此认为这个员工贪婪、斤斤计较，并给以否定。根据公平理论观点，员工是在把自己的贡献与奖酬的比值进行衡量，在多数的情况下，员工是认为自己的贡献没有得到他人、领导及社会的承认，而产生不满情绪，产生挫折感。

（3）管理者要引导员工正确对待公平感。公平与不公平感是个体的一种主观感觉，员工由于有过高估计自己的倾向而产生错误的感觉，因此对自己的报酬不满意。管理者应该了解和关心员工这方面的心理状态，加强实际情况的解释说明、信息的沟通以及对员工进行适当的教育，引导员工正确地对待自己和别人，正确地对待奖酬，把精力用于组织目标的完成。

（4）管理者应以身作则，严格要求自己。管理者在工作中要做到廉洁公正，不以权谋私、拉帮结派，对员工一视同仁，任人唯贤，以贡献论奖酬。

（5）建立良好、有效的激励制度。奖惩应该明确、制度化，只有这样，一个员工才能清楚地认识到自己的行为、绩效以及由此而带来的奖酬，减少因模糊操作而带来的不公平感。

（6）公平不是平均主义。在管理工作中要注意公平问题，但不是提倡"平均主义""大锅饭"。如果实行人人有份的平均主义，实际上是造成了新的不公平。

（三）综合激励模型

1968年，美国行为科学家莱曼·波特（Lyman Porter）和爱德华·劳勒（Edward E. Lawler）在《管理态度和成绩》中提出了综合激励模型。该模型发展了期望理论，重点研究了激励、绩效和满足三者之间的关系（图11-8）。

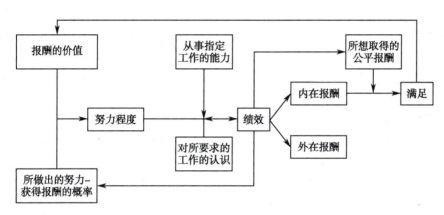

图11-8　综合激励模型

1. 基本内容

（1）激励的形成受多因素影响。员工作出绩效后，得到两类报酬，一类是工资、地位、提升、安全感等外在报酬；另一类是胜任感、责任感、光荣感、成就感等内在报酬。前者主要满足低层次的需要，后者则满足高层次的需要。同时，这两种报酬是否满足需要，还受"想要获得的公平报酬"的调节。即一个人会把实际得到的报酬同自己认为应该得到的报酬进行比较。如果两者相符，则感到满足，并激励以后更好地努力。如果实际得到的报酬低于"想要获得的公平报酬"，即使事实上得到的报酬量并不少，也会感到不满足，从而影响以后的努力。

（2）激励的过程包括"激励→努力→绩效→奖励→满足"，并从满足回馈努力的过程。激励过程受努力程度、绩效和满足度的影响。其中努力程度取决于对报酬的价值（效价）和获得报酬的可能性（期望值）的评价，即取决于激励程度；绩效取决于努力程度、能力的大小以及对所需完成任务理解的高度结合；满足度取决于实际所得到的内在外在报酬同自己认为应该得到的"公平报酬"的比较。满足度将影响再次完成同样事务的期望概率。

2. 综合激励模型在激励中的应用

（1）管理工作中应形成"激励→努力→绩效→奖励→满足"，并从满足回馈努力这样的良性循环。激励受多因素影响，因此，管理者不能简单地认为设立了激励目标，采取了激励手段，就一定能满足员工需要从而获得所需的行动和努力。

（2）工作绩效取决于能力大小、努力程度以及对任务要求理解的深度。因此，管理者需要了解员工，把员工安排到最能发挥其长处的岗位上，如果岗位不匹配，不仅浪费人力，还可能导致工作效果不佳。同时，管理者还应当帮助员工充分理解该项任务的要求，让员工充分地把握工作目的和要求。

（3）奖励应当以绩效为前提，先有绩效后有奖励，先完成组织任务才能获得精神、物质奖励。当员工认为奖励与绩效关联性不足时，奖励将不能成为刺激绩效持续提高的动力。

（4）报酬是否会产生满足，不仅取决于报酬本身，还和员工对获得报酬的公正性评价相关。如果员工认为报酬符合公平原则，则会感到满意，否则不满意。因此，管理者要制定公平和公开的报酬制度。

三、行为改造型激励理论

行为改造型激励理论（behavior modification theory）研究如何巩固和发展人的积极行为，改造和转变人的消极行为为积极行为。包括以行为主义为基础的强化理论，以人本主义为基础的归因理论，以及两者结合的挫折理论等。

（一）强化理论

美国心理学家和行为科学家斯金纳（Burrhus Frederic Skinner）等认为人类从事的众多有意义的行为都是操作性强化的结果，由此提出了强化理论这一行为学习理论。该理论在管理学中得广泛应用，用"强化"来解释动机的引起。管理者可以通过强化，营造有利于实现组织目标的环境和氛围，使组织成员采取符合组织目标的行为。

1. 主要内容　强化是指正确行为后所给予的奖励（正强化）或免除惩罚（负强化）。强化理论认为人的行为受外部环境的调节和控制，人作出某种行为或不作出某种行为，只取决于行为后果这一个影响因素。当某种行为后果对人有利时，这种行为以后就会重复出现；不利时，该行为就减弱或消失。管理者可以用正强化或负强化的办法来影响员工行为后果，从而修正其行为。如果行为之后给予强化，在类似的环境中发生这种行为的概率则会增加。管理者可以采取强化的手段，营造有利于组织目标实现的环境和氛围，使组织成员的行为符合组织的目标。

正强化是给予好的刺激，使该行为模式重复出现并保持。例如企业对超额完成任务的职工颁发奖金。负强化是给予厌恶刺激，为希望行为的出现而设立。正强化在行为真正开始增加以前设置，正强化需要有刺激物与良好行为多次配对；负强化也需要多次使用厌恶刺激，待希望行为出现后，再予撤除。

2. 强化理论在激励中的应用　强化理论有助于理解和引导人的行为。管理者可用强化理论对员工行为和后果的关系进行分析，利用行为后果的影响对行为的发展趋势加以引导和控制。管理者可用以下强化措施来改变引导员工的行为。

（1）正强化：当出现符合组织目标的行为后，管理者立即用物质或精神奖励加以肯定，从而鼓励加强这些行为，使其重复出现，进而有利于组织目标的实现。正强化包括对成绩的认可、表扬、奖励、改善工作条件和人际关系、安排挑战性的工作、提供学习和成长的机会等。

（2）惩罚：当不符合组织目标的行为出现时，采取惩罚措施，可约束这类行为少发生或不再发生。惩罚的目的是使不希望的行为削弱甚至完全消失。

（3）负强化：通过减少或取消厌恶刺激来增加某行为在以后发生的概率。例如，企业不允许在工作环境中抽烟，这种行为一出现就受到指责，一旦停止这种行为，就立即停止指责。停止指责是一种负强化。

3. 激励中采用强化时的注意事项

（1）根据强化对象需求采用不同的强化措施。人们的年龄、性别、学历、职业、经历不同，则可能需要不同，应该采取不同的强化方式。如有的人更重视精神奖励，有的人更重视物质奖励，应当采用不同的强化措施。

（2）设立切实可行的目标和分解成小目标。设立的任务目标应符合实际，并对任务予以明确规定和表述。同时，还要将任务进行分解，分成多个小目标，完成每个小目标都及时给予强化激励,这样不仅有利于目标实现,而且通过不断地强化可以增强信心、充分地调动员工积极性。

(3)及时强化。在行为发生以后尽快采取适当的强化可以取得最好的激励效果。人在实施了某种行为以后,管理者应当通过某种形式和途径,及时将工作结果反馈行为者。即使是管理者仅仅表示"已注意到这种行为"的简单反馈也能起到强化作用。

(二)归因理论

归因理论(attribution theory)出现于 20 世纪 50 年代,是研究如何推测、判断、解释人们行为及其行为结果原因的理论,其代表人物包括海德(F. Heider)和维纳(B. Weiner)等。在管理实践中,它注重研究个体解释行为成功与失败原因的认知过程,并力图通过改变人的自我认知来改变人的行为。

1. 主要内容

(1)归因理论认为人们对行为结果的原因主要归结于努力、能力、任务难度和机遇四类因素。维纳分别从因素源、稳定性、可控性三个维度来区分四类因素。因素源是指行为主体自认影响其行为成败因素是来源于个人条件(内在因素)还是外部环境(外在因素)。在因素源维度上,能力、努力属于内在因素,任务难度和机遇则属于外在因素。稳定性是指行为主体自认影响其行为成败的因素在性质上是否稳定,是否在类似情境下具有一致性。在稳定性维度上,能力、工作难度是不随情境而改变的,是稳定因素;努力和机遇则为不稳定因素。可控性是指行为主体自认影响其行为成败的因素,在性质上是否由个人意愿决定。在可控性维度上,仅努力因素是个人意愿控制的,其他三类因素均非控制因素(表 11-1)。

表 11-1　成功与失败的归因倾向

维度	努力	能力	任务难度	机遇
因素源	内在因素	内在因素	外在因素	外在因素
稳定性	不稳定因素	稳定因素	稳定因素	不稳定因素
可控性	可控制因素	非控制因素	非控制因素	非控制因素

(2)人会而且需要把成功和失败进行归因,不同的归因会引起不同的心理感受,进而影响以后的行动。如果把行为成功归因于内部因素,如能力和努力,则会使人感到满意和自豪;归因于外部因素,如机遇和任务难度,则会使其产生好奇和感激。把行为失败归因于内部因素,如努力不够或能力差,会使人感到内疚和无助;归因于外部因素,如机遇不好、任务难度大,会令人气愤和产生敌意。把成功归因于稳定因素,如能力强或任务难度低,则会提高行为积极性;归因于不稳定因素,如机遇或努力,则积极性可能提高也可能降低。把失败归因于稳定因素,如努力不够或能力弱,则会降低积极性;归因于不稳定因素,则可能提高积极性。

2. 归因理论在激励中的运用
管理者应了解员工的归因倾向,以便有效地引导和训练员工,调动其积极性。

(1)引导员工积极归因。例如,当员工的工作有了哪怕一点点进步,就应告诉员工,你有进步是你努力的结果,你的能力并不低;还存在不足的地方,是因为用的劲还不足,鼓励其继续努力。当其有进步时又予以充分肯定,使员工确信自己的努力是有效的。经过一段时间的训练,员工在遇到失败时,首先会从主观努力上找原因,摆脱失望的状态,不再灰心丧气,努力走向成功。

(2)引导员工正确归因。积极归因不等同于正确归因。能提高行为积极性的归因方式称为积极归因,找出失败真正原因的归因方式被称为正确归因。作为管理者,应了解员工的行为状况和成败原因,将归因结果告知员工时,要以鼓励为主。同时,要注意工作方法,如不宜在公开场合指责员工能力差,可在单独谈话时委婉指出,同时使其明确努力方向。

（3）管理者避免归因偏好。管理者要避免片面地强调内部原因，避免不适当地将失败归因于员工的内部原因而加以批评、斥责。避免对自己喜欢的员工和不喜欢的员工作不同的归因，即归因中的"晕轮效应"。管理者常会有意无意地将喜欢的员工的成功归因于能力等内在稳定因素，将失败归因于工作难度或偶然失误等外在的不稳定因素；相反，将不喜欢的员工的成功归因于外部原因，如任务难度低或运气好等，将失败归因于其没能力。

第三节　激励策略

研究激励理论是为了在管理实践中建立科学、合理、规范的激励制度，以激发员工的工作积极性和提高他们在工作中的满意度，从而高效率地实现组织目标。激励的策略是激励理论在管理活动中的应用与体现，而激励的原则是激励理论运用于管理实践的中介和桥梁。

一、激励的原则

（一）目标原则

设置目标是激励中的关键环节。激励往往和目标联系在一起，通过设定适当的目标，激发人的动机和行为，达到调动积极性的目的。管理实践中，应设定合理的目标并尽可能明确绩效标准。目标不能过高或过低。目标过高会降低员工的期望值，影响积极性；过低则会降低目标的激励效果。目标设置应当同时体现组织目标和员工的需要。

（二）按需原则

激励是通过满足员工的需要来调动积极性。激励理论认为每个员工都是一个独特的个体，他们的需要因人而异、因时而异，并且只有满足最迫切需要（主导需要）的措施，其效价才高，其激励强度才大。因此，管理者应当深入地进行调查研究，了解员工的需要层次和需要结构的动态变化趋势，根据员工的需要差异进行个性化激励。同时要通过发展企业文化等对员工的需要进行导向，引导员工发展高层次需要。

（三）公平原则

分配、奖励和惩罚应当做到公平合理，不能因人的地位、家庭背景以及同领导关系的亲疏等等而标准不一。如果激励是公平合理的，无论受奖的还是未受奖的员工，都会有一种公平感。受奖者光荣，未受奖者也服气。如果标准不一，不但未受奖者不服气，受奖者也未必高兴。因为受奖者会将自己的表现、贡献及所受奖励的大小与其他受奖者进行比较，只有感到自己受到公平对待时，才会心情舒畅，受到鼓舞，以后更好地工作。否则，即使得到奖励也会有怨言。要做到公平合理，就必须奖励得当。这就是说是否给予员工奖励，给予何种奖励，要有一定的规章制度和标准，当奖则奖，大功大奖，小功小奖，无功不奖。

（四）物质激励与精神激励相结合原则

物质激励是基础，精神激励是根本。在两者结合的基础上，逐步过渡到以精神激励为主。无论是物质激励还是精神激励，最终都要通过产生一定的心理效应、精神作用达到调动积极性的目的。运用物质激励时要注意与精神激励联系起来，注意物质激励的形式可能引起的精神激励的效应。在实施激励时，应当因时、因地、因人制宜地运用物质激励和精神激励两种手段，把两者有机地结合起来，注重精神激励激发人的光荣感、成就感、自豪感、自我实现感等，引发人的内在动机，产生深刻和持久的工作动力。

（五）奖惩结合原则

奖惩要兼用，只奖不惩，会降低奖励的价值，影响奖励的效果；只惩不奖，就会使人不知所措，甚至还可能因逆反心理而产生反作用。对符合组织目标的期望行为进行奖励，对违背组织目标的非期望行为进行惩罚。奖惩都是必要而有效的。奖励惩罚都要合理适度。惩罚应当与教育相结合，达到惩前毖后、治病救人的目的。惩罚时要考虑行为原因与动机，对一般性错误，惩罚不宜过重。

（六）适时原则

激励时机和频率直接影响激励效果。管理者应当把握激励的时机，"雪中送炭"和"雨后送伞"的效果是不一样。激励时机越恰当，越有利于将人们的激情推向高潮，使其创造力连续有效地发挥出来。而激励时机又与激励频率密切相关，频率过高或过低都会削弱激励效果。因此，要根据实际情况选择激励时机和频率。

二、激励的方式

激励的方式较多，常用的是物质激励和精神激励。物质激励和精神激励有不同的内涵，可以满足不同人的需要以及人的不同需要。相对于精神激励而言，物质激励作用较表面，激励深度有限。随着被激励人员素质提高，激励的重点应向精神激励转移。正确处理好物质激励和精神激励两者的关系是管理工作中的重要问题。

（一）物质激励

通过合理的分配方式，将工作绩效与报酬挂钩，采取按劳分配的原则，满足人对物质的需求，进而激发更大的工作积极性。在管理实践中，物质激励比较容易操作，见效快，对实施者要求低，但也存在物质激励的作用会逐步减弱，提高生产成本，可能逐渐改变员工工作动机，产生负面影响等缺陷。常用物质激励包括以下几种。

（1）工资激励：利用工资作为激励的方式有两种：第一，用工资来反映员工的贡献大小、业务水平的高低，鼓励员工以更多的贡献和更高的业务水平来取得相应的报酬；第二，改革工资制度，用工资晋级择优原则、浮动工资等作为激励的手段。

（2）奖金激励：奖金是组织对符合企业倡导精神的员工的一种奖励方式，是超额劳动的报酬。利用奖金激励时要注意，奖金重在心理上的提示作用，即从人的自尊需求层次上起激励作用。实际管理工作中，往往将奖金变成工资附加部分，没有起到对具有倡导和鼓励价值的表现予以额外奖励的作用。

（3）福利激励：福利是组织采用的非现金形式的报酬，一般包括健康保险、带薪假期、退休金、住房等形式。福利可以协助吸引员工；协助保持员工；提高组织在员工和其他组织心目中的形象；提高员工对组织的满意度。福利一般不需纳税，相对于等量的现金收入，福利在某种意义上来说，对员工具有更大的价值。

（4）其他物质激励：对有重大贡献或在一定期间成绩突出、弥补或避免了重大经济损失的员工，除上述物质奖励外，还可给予大笔奖金或较高价值的实物奖励。

（二）精神激励

精神激励是通过创造良好的工作氛围，满足员工自尊、自我发展和自我实现的需要，激发员工的工作积极性。当人的物质需求得到满足后，一方面会从更高层次上继续追求物质需求；另一方面会进一步追求精神满足。抓好员工的精神激励是使员工热爱组织、焕发工作积极性的重要措施。

（1）目标激励：将组织目标与个人目标结合起来，使员工了解自己在组织目标实现过程中所起的作用，并理解只有实现组织的目标才能实现个人的目标。这样员工会更加关心组织的利益和发展前途，自觉搞好本职工作。目标激励应注意，各级组织目标应明确具体，并与员工目标保持密切联系。组织目标达到后，与个人利益相关的激励要及时兑现。

（2）成长激励：管理者要为员工创造发挥才能的机会，帮助员工在平凡的工作中获得发挥聪明才智的机会。激发员工自我实现的愿望，帮助解决其能力不足问题。利用各种机会有选择地安排员工学习培训、为员工提供各种长见识、增才智的机会，培养和强化员工的自信心。员工具备一定专业能力后，及时给予相应的专业技术职称。

（3）关怀激励：管理者应尽可能了解员工各方面的情况，如身体状况、家庭困难、个人工作愿望、能力上的长处与不足、上下班路途、交通方便程度等等，经常给予关心和必要的帮助，使员工感到上级不是把自己当成工作机器，而是当作人来尊重和关怀。关怀激励在员工感情上将产生积极、强烈且持久的效应，对培养员工良好的工作动机具有积极作用。

（4）工作激励：员工在工作中充分表现自己的才能，会感到满足。通过调动工作的各种因素，使工作变成有内在意义的挑战，从而对员工实现有效的激励。工作激励的措施包括增强工作的完整性、自主性，赋予工作意义与挑战性，采取多种形式给予员工参与决策和管理的机会，充分表达对员工的信任和尊重。

（5）荣誉激励：人人都有荣誉感，都希望得到别人的尊重。荣誉激励是授予员工一种荣誉称号，激发其工作积极性、责任感与义务感。荣誉激励包括授予奖状、奖旗、奖牌、称号，给予记功等。对员工的积极表现和积极因素及时肯定和鼓励也是一种荣誉激励，满足员工的自尊、自我实现的需要。

（6）形象激励：管理者形象是调动员工积极性的不可缺少的、有时甚至是起决定作用的因素，正所谓"其身正，不令而行；其身不正，虽令不从"。只有管理者的所作所为得到员工心理上的认同，员工才会心甘情愿地追随与服从；如管理者是一个自私自利、任人唯亲、处事不公的形象，员工的工作积极性就会受到极大削弱。任何一个管理者都不应该忽视自身的形象对员工的激励作用。

激励作为管理活动的重要组成部分，其理论十分丰富，内容非常广泛，方式方法更是多种多样，管理者应当结合本组织和员工的具体情况，采用对本组织和员工最有效的激励方式并灵活运用。

本章小结

激励是创造各种满足管理对象需要的条件，激发管理对象的动机，促使管理对象产生实现组织目标的特定行为的过程。激励的过程为需要引起动机，动机引起行为，行为指向一定的目标，目标达成并评价调整行为的过程。激励具有激发工作积极性和能力、提高工作绩效、促进个人目标与组织目标的统一的功能。

激励理论主要包括内容型激励、过程型激励、行为改造型激励三类。内容型激励理论以人的需要和动机为主要研究对象，包括马斯洛需要层次理论，奥尔德弗 ERG 需要理论，赫茨伯格的双因素理论等。过程型激励理论是以人的心理过程和行为过程相互作用的动态系统作为研究对象，包括弗鲁姆期望理论，亚当斯公平理论，波特‐劳勒期望激励理论等。行为改造型激励理论主要是研究激励目的，即研究如何改造和修正人的行为，变消极为积极的一种理论，包括强化理论、归因理论等。

激励的方式包括物质激励和精神激励，管理实践中应遵循激励的原则，根据组织和员工的具体情况，采用对本组织和员工最有效的激励方式并灵活运用。

（赵　莉）

思考题

1. 你认为激励有哪些功能？具体体现在哪些方面？

2. 请比较内容型、过程型、行为改造型激励理论的异同。请分析不同类型的激励理论的适用范围。

3. 请比较物质激励与精神激励的优缺点。如何正确处理好物质激励和精神激励两者的关系？

4. 强化理论认为人类从事的众多有意义的行为都是操作性强化的结果，请简述强化理论在激励中的应用和注意事项。

5. 学习激励的理论和策略，你得到的最大启示或收获是什么？

第十二章　管理沟通

　　沟通是人与人架起的一座无形的桥梁,沟通是情感的纽带,是人类亘古不变的梦想。本章主要介绍管理沟通的基本内涵、功能、过程和基本原则,管理沟通的类型及各自的优缺点,有效管理沟通的标准、障碍与技巧等方面的内容。沟通是指传送者为了特定的目的,通过一定的渠道将信息、思想和情感传递给接收者,并获得其反应和反馈的全部过程。管理沟通是组织的生命线,管理的过程,也是沟通的过程。通过有效的沟通,能更好地建立和谐的人际关系和组织氛围,使管理者在决策中更好地了解服务对象的需要,提供更优质的产品和服务,从而进一步提升管理效能。通过对本章知识的学习、理解和正确运用,将有助于我们提高沟通能力,掌握更加有效的沟通技巧。

第一节　管理沟通概述

　　在组织运行过程中,离不开组织成员的分工与合作。组织成员的分工合作以及行为协调依赖于成员之间传递信息,并了解这些信息表达的意思。作为一名管理者,必须掌握好沟通的艺术。

一、管理沟通的内涵

　　管理沟通是组织的生命线。管理的过程,也是沟通的过程。通过了解客户的需求,整合各种资源,创造出好的产品和服务来满足客户,从而为组织和社会创造价值和财富。沟通(communication)一词,源于拉丁语的动词 communis,意为"分享、传递共同的信息"。

　　《大英百科全书》认为,沟通就是"用任何方法,彼此交换信息。即指一个人与另一个人之间用视觉、符号、电话、电报、收音机、电视或其他工具为媒介,所从事交换消息的方法"。《新编汉语词典》有关"沟通"之意的词条解释是:"使两方能通连"。

　　桑德拉·黑贝尔斯(Saundra Hypes)强调沟通的行为性,认为沟通是人们分享信息、思想和情感的任何过程。哈罗德·孔茨(Harold Koontz)则把沟通解释为:"信息从发送者转移到接收者那里,并使后者理解该项信息的含义。"这个解释不仅关注信息的发送者、信息的传递和信息的接收者问题,而且还注意到了干扰正常沟通的"噪声"和如何有助于沟通的反馈等问题。

　　据初步统计,关于"沟通"的定义有一百种之多。虽然专家学者对沟通的解释不尽相同,但可以看出无论何种解释都包含以下三个基本内容:一是沟通的主体必须至少涉及两个人;二是沟通必须有一定的沟通客体,即沟通的信息;三是沟通必须具有一定的信息传递渠道。因此,本教材将沟通归纳为:沟通是指传送者为了特定的目的,通过一定的渠道将信息、思想和情感传递给接收者,并获得其反应和反馈的全部过程。

　　为了进一步理解沟通的定义,我们可以从以下几个方面来把握。

(一)沟通是信息的传递

　　如果信息和想法没有传递到接收者,那么沟通也就没有发生。在沟通过程中,人们不仅传递信息,而且还表达着赞赏、不快之情,或者提出自己的意见和观点。沟通中传播的信息包罗万象，具体分为：①语言信息。这包括口头语言和书面语言信息，两者所表达的都是一种事实或个人态度。②非语言信息。它是指沟通者所表达的情感，包括副语言和身体语言信息等。也有人把沟通信息分为四类：事实、情感、价值观和意见观点。沟通过程中，发送者首先要把传送的信息"编码"成符号，接收者则进行相反的"解码"过程。如果信息接收者对信息类型的理解与发送者不一致，则可能导致沟通障碍和信息失真。在许多被误解的问题中，其核心都在于接收人对信息到底是意见观点的叙述还是事实的叙述混淆不清。但是，一个良好的沟通者会谨慎区别基于推论的信息和基于事实的信息。另外，沟通者也要完整地理解传递来的信息，即既要获取事实，又要分析发送者的价值观、个人态度，这样才能达到有效沟通的目的。

（二）沟通是意义的传递与理解

沟通成功意味着沟通的信息不仅被传递，而且被理解。沟通是意义上的传递与理解。完美的沟通应该是发送者和接收者所感知的信息完全一致。但是由于信息是一种无形的东西，语言、身体动作、表情等都是一种符号。发送者要把传递的信息翻译成符号，接收者则要进行相反的翻译过程。由于每个人的"信息 - 符号存储"系统各不相同，对同一符号常常存在不同的理解，由此导致了不少沟通问题。因此，在沟通过程中，还必须注意所传递的信息能被理解，才能达到沟通的目的。

（三）沟通双方要准确理解信息的含义

良好的沟通通常被错误地理解为沟通双方达成协议，而不是准确理解信息的意义。在现实生活中，不少人认为，有效的沟通就是使别人接受自己的观点。实际上，你可以明确地理解对方所说的意思，但不一定同意对方的看法。沟通双方能否达成一致意见，对方是否接受你的观点，往往并不是沟通有效与否这个因素决定的，它还涉及双方根本利益是否一致、价值观念是否相似等其他关键因素。这样的案例在商业谈判中比较常见。

（四）沟通是一个双向、互动的反馈和理解过程

在生活中每个人每天都在与他人进行各种各样的沟通，但是并不是每个人都是成功的沟通者，也不是每一次沟通都是成功的。这是因为沟通不是一个纯粹单向的活动。有时你虽然告诉了对方你所要表达的信息，但这并不意味着对方已经与你沟通了。经常会出现一方所说的与另一方所理解的并不完全一致的情况。所以，沟通的目的不是在于行为本身，而是在于结果。如果预期结果并未出现，接收者并未对你发出的信息作出反馈，那么沟通也就没有达成。这时，你就要反思沟通的方式方法了。

二、管理沟通的功能

著名管理大师德鲁克指出：沟通是管理的一项基本职能。在管理的基本职能中，计划提出了管理者追求的目标，组织完成了这些目标的机构设置、人员配备与各自的责任，领导提供了激励员工的氛围，控制对实现目标的进程进行精心评估与校正干预，这四项职能的执行都与沟通密切相关。沟通是执行各项管理职能不可缺少的部分，也是组织和其他一切管理者最为重要的职责之一。沟通的作用主要表现在以下五个方面。

（一）收集资料与分享信息

由于外部环境永远处于变化之中，组织为了生存就必须适应这种变化，这就要求组织不断地与外界保持持久的沟通，获得有关的各种信息与情报，从而降低交易成本，实现资源有效配置，提高组织的竞争力。

（二）建立和谐的人际关系

沟通是人们的一种重要的心理需要，它可以解除人们内心的紧张与怨恨，使人感到舒畅。组织内部的沟通，可以使成员在互相沟通中产生共鸣和同情，加深彼此了解，从而友好相处，彼此

和平敬重,建立相互信任的、融洽的工作关系。

（三）调动员工参与管理的积极性

沟通是组织的凝聚剂、催化剂和润滑剂,它可以改善组织内的工作关系,充分调动下属的积极性。沟通可以了解员工的愿望,满足员工的需要;沟通也可以让员工了解组织,调动广大员工参与管理的积极性,增强主人翁责任感,增强企业的凝聚力。

（四）激发员工的创新意识,使决策更加合理

随着管理的民主化趋势日益明显,许多组织展开全方位的沟通活动,让员工进行跨部门的讨论、思考、探索,而这些过程往往潜藏着无限的创意。科学的决策与组织的沟通范围、方式、时间、渠道是密不可分的。

（五）沟通有助于提高决策的质量

任何决策都会涉及干什么、怎么干、何时干等问题,每当遇到这些急需解决的问题时,管理者就需要从企业内部的沟通中获取大量的信息情报,然后进行决策,或建议有关人员作出决策,以迅速解决问题。下属人员也可以主动与上级管理人员沟通,提出自己的建议,供领导者作决策时参考,或通过沟通,取得上级领导的认可,自行决策。企业内部的沟通为各个部门和人员进行决策提供了信息,增强了判断能力。

三、管理沟通的过程

管理沟通的过程是指沟通者为了获取沟通对象的反应和反馈而向对方传递信息的全部过程。在沟通过程中,所有传递于沟通者之间的,只是一些符号,而不是信息本身。良好的沟通常被错误地理解为沟通双方达成一致意见,而不是准确理解信息的意义。也就是说,只有与人进行良好的沟通,才能为他人所理解;只有与人进行良好的沟通,才能得到必要的信息;只有与人进行良好的沟通,才能获得他人的鼎力相助,正所谓"能此者大道坦然,不能此者孤帆片舟"。

（一）沟通过程的定义

沟通过程是指沟通主体对沟通客体进行有目的、有计划、有组织的思想、观念、信息交流,使沟通成为双向互动的过程。

（二）沟通过程的要素

沟通过程一般包括五个要素,即沟通主体、沟通客体、沟通媒介、沟通环境、沟通渠道。

1. 沟通主体　是指有目的地对沟通客体施加影响的个人和团体,诸如政党、行政组织、群团组织、家庭及社会成员等。沟通主体可以选择和决定沟通客体、沟通媒介、沟通环境和沟通渠道,在沟通过程中处于主导地位。

2. 沟通客体　即沟通对象,包括个体沟通对象和团体沟通对象;团体的沟通对象还有正式群体和非正式群体的区分。沟通对象是沟通过程的出发点和落脚点,因而在沟通过程中具有积极的能动作用。

3. 沟通媒介　即沟通主体用以影响、作用于沟通客体的中介,包括沟通内容和沟通方法。它是沟通主体与客体间的联系,能够保证沟通过程的正常开展。

4. 沟通环境　既包括与个体间接联系的社会整体环境(政治制度、经济制度、政治观点、道德风尚、群体结构等),又包括与个体直接联系的区域环境(学习、工作、单位或家庭等),以及对个体直接施加影响的社会情境及小型的人际群落。

5. 沟通渠道　即沟通媒介从沟通主体传达给沟通客体的途径。沟通渠道不仅能使沟通主体的思想观念尽可能全、准、快地传达给沟通客体,而且还能广泛、及时、准确地收集客体的思想动态和反馈的信息,因而沟通渠道是实施沟通过程,提高沟通功效的重要一环。沟通渠道很多,如谈心、座谈等。

（三）沟通过程的解析

当人们需要进行沟通时，沟通的过程就开始了。人与人之间的交流是通过信息的互相传递及了解进行的，因此人际沟通实际上就是互相之间的信息沟通。信息是发送者传递给接收者的经过编码的信号。沟通过程就是信息经发送者发出，经过一定的渠道，到达接收者的全过程，如图 12-1 所示。

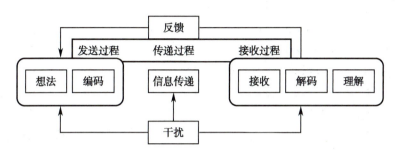

图12-1 沟通过程的解析

1. 编码（encoding） 是指信息发送者，把自己的某种思想或想法转换为发送者与接收者双方都能理解的共同"语言"或"信号"的过程。编码之所以必要，是因为信息只有通过一定的代码或信号，才能从发送者传递给接收者。既然编码的目的在于沟通，发送者就必须选择接收者能够理解的表达形式，这样才能利于接收者准确接收信息。

2. 信息传递渠道（channel） 是指信息从发出到被接收中间所经过的途径。信息传递渠道有许多，如书面文件、计算机、电话、互联网等。选择什么样的信息传递渠道，要考虑沟通的场合、方便程度、沟通双方所处环境等因素。每种信息沟通渠道都有利弊，因此，选择适当的渠道对实施有效的信息沟通极为重要。

3. 信息接收者（receiver） 当信息接收者接收到传递而来的"共同语言"或"信号"，然后按照相应的办法将它们还原为自己的语言即"译码"，这样就可以理解了。当信息接收者需要将他的有关信息传递给原先的信息发送者时，此时他自己变为了信息的发送者。在接收和译码的过程中，由于接收者的教育程度、技术水平以及当时的心理活动，均会导致在接收信息或译码过程中，发生偏差或疏漏，从而使信息接收者产生一定的误解，导致信息失真。

4. 解码（decoding） 是信息接收者将信号转换成有意义的信息的过程。接收者过去的经验、对动作语言的判断力以及与发送者语义上的共同性等，都会对解码产生影响。一般来说，接收者的解码越是与发送者所要表达的意义一致，沟通就越有效。

5. 反馈（feedback） 是信息接收者回馈信息给发送者的过程。反馈的重要性在于它可以检查沟通效果，并迅速将检查结果传递给信息发送者，从而有利于信息发送者及时修正自己发送的信息，以便达到最好的沟通效果。

四、管理沟通的原则

管理沟通作为特殊的沟通性质的管理行为过程，不仅必须遵循一定的沟通原理，以保证管理沟通的顺利进行，而且还应当遵循作为管理性质的沟通行为过程的一些管理原则，以充分保证实现其管理的目标。

（一）准确性原则

当管理沟通所用的语言和传递方式能被接收者理解时，这才是准确的信息，这个沟通才有价值。信息发送者的责任是将信息加以综合，无论是口头沟通还是书面沟通，都要用容易理解的方式表达。这要求发送者具有较高的语言和文字表达能力，并熟悉下级、同事和上级的语言。

（二）完整性原则

在进行管理沟通时，要注意沟通的完整性。根据统一指挥原则，上级主管不能越级直接发布命令进行管理，这样会使中间的管理者处于尴尬境地。在管理中，沟通是手段而不是目的，因此应充分发挥主管人员在信息交流中的中心地位，遵循统一指挥原则。如确实需要越级沟通，应先同下级管理者沟通。

（三）及时性原则

在沟通过程中，无论是上级同下级沟通，还是下级同上级之间沟通，都要注意信息沟通的及时性，这样可以及时发现问题和改善问题。

（四）非正式组织策略性运用原则

管理人员应当学会使用非正式组织来补充对正式组织的信息沟通，才会产生最佳沟通渠道效果。非正式组织传递信息的最初原因，是由于一些信息不适合由正式组织来传递。因此，在正式组织之外，应该鼓励非正式组织传达并接收信息，进行有效沟通，以辅助正式组织做好组织的协调工作，共同为达到组织目标作出努力。

第二节　管理沟通类型

根据不同的划分标准，可以把沟通划分为不同的类型。

一、单向沟通和双向沟通

根据沟通过程中是否存在反馈可以将沟通划分为单向沟通和双向沟通两种。

（一）单向沟通

信息的发送者与接收者的地位保持不变属于单向沟通。在这种沟通中，不存在信息反馈，如演讲、工作报告、指示等。其优点是信息发送者不会受到信息接收者的询问，能保护信息发送者的尊严，信息沟通通常比较有秩序，速度较快；缺点是信息接收者不能进行信息反馈，没有理解的信息只能是强制接受，这样容易降低沟通效果。单向沟通比较适合下列几种情况：问题较简单，但时间较紧；下属易于接受的解决问题的方案；下属没有了解问题的足够信息，在这种情况下，反馈不仅无助于澄清事实反而容易混淆视听；上级缺乏处理负反馈的能力，容易感情用事。

（二）双向沟通

在沟通过程中信息的传递者与接收者经常进行换位沟通。谈判、会议、协商等属于双向沟通。双向沟通的优点是在沟通中存在着信息反馈，发送信息者可以及时知道信息接收者对所传递的信息的态度、理解程度，有助于加强协商和讨论。缺点是双向沟通一般比较费时，速度较慢，易受干扰，信息发送者的心理压力较大。它比较适用于下列几种情况：时间比较充裕，但问题比较棘手；下属对问题的解决方案的接受程度不太乐观；下属能对解决问题提供有价值的信息和建议；上级习惯于双向沟通，并能够有建设性地处理负反馈。

二、言语沟通和非言语沟通

根据信息载体的异同，可将沟通划分为言语沟通和非言语沟通。

（一）言语沟通

言语沟通（verbal communication）是指建立在语言文字基础上的沟通，又可细分为口头沟通和书面沟通两种形式。人们之间最常见的交流方式是交谈，也就是口头沟通。常见的口头沟通包括演说、正式的一对一讨论或小组讨论、非正式的讨论以及传闻或小道消息传播等。书面沟通包括备忘录、信件、组织内发行的期刊、布告栏及其他任何传递书面文字或符号的手段。

（二）非言语沟通

非言语沟通（nonverbal communication）是指通过某些媒介而不是讲话或文字来传递信息。人们往往重视言语沟通，而忽视了非言语沟通的重要意义。事实上，言语有时只是一种烟幕，非言语的信息往往能够非常有力地传达"真正的本质"。扬扬眉毛、有力地耸耸肩膀、突然离去，能够交流许多具有价值的信息。激动人心的会议备忘录（甚至一字不漏的正式文件）使人读起来十分枯燥，因为他们抽去了非言语的线索。美国心理学家艾伯特·梅拉比安（Albert Mehrabian）经过研究认为：在人们沟通中所发送的全部信息中，仅有7%是由言语来表达的，而93%的信息是由非言语来表达的。非言语沟通的内涵十分丰富，为人熟知的领域是身体言语沟通、副言语沟通、物体的操纵等。

三、正式沟通和非正式沟通

根据沟通是否具有正式的组织系统，可将其划分为正式沟通和非正式沟通。

（一）正式沟通

正式沟通是指由组织内明确的规章制度所规定的沟通方式，它和组织结构息息相关。正式沟通是组织内部信息传递的主要方式，其优点表现为：信息量大，沟通效果好，约束力强、严肃可靠、易于保密，并且具有权威性。缺点是因靠组织层级层层传递，沟通速度一般较慢。

行为科学家莱维特（Leavitt）、巴维拉斯（A. Bavelas）等对沟通问题做了专门研究，提出了沟通的五种方式，分别是链型、环型、Y型、轮型（也称星型）和全通道型，如图12-2所示。

1. 链型沟通　这是一个平行网络，其中居于两端的人只能与内侧的一个成员联系，居中的人可分别与两边的人沟通。它相当于一个纵向沟通网络，共五个层级，逐渐传递，信息可自上而下，或自下而上进行传递。特点是信息层层传递、筛选，容易失真；各个信息传递者所接收的信息差异很大，平均满意程度有较大差距。

2. 环型沟通　此形态可以看成是链式形态的一个封闭式控制结构，表示五个人之间依次联络和沟通，其中每个人都可以同时与两侧的人沟通信息。特点是组织的集中化程度和领导人的预测程度比较低，畅通渠道不多，组织中成员的满意度为中等。

3. Y型沟通　这是一个纵向沟通网络，其中只有一个成员位于沟通的中心，成为沟通的媒介。这一网络大体相当于组织领导、秘书班子再到下级管理人员或一般成员之间的纵向关系。Y型沟通的特点是集中化程度高，解决问题速度快；除中心人员外，组织成员的平均满意程度较低；易导致信息曲解或失真，组织中成员的士气一般。

4. 轮型沟通　只有一个成员是各种信息的汇集点与传递中心。大体相当于一个主管领导几个部门的权威控制系统。特点是属于控制网络；此网络集中化程度高，解决问题的速度快，管理人员的预测程度高；但沟通的渠道很少，组织成员的满意程度低，士气低落。

5. 全通道型沟通　是一个开放式的网络系统。其中每个成员都有一定的联系，彼此了解。此网络中组织的集中化程度及管理人员的预测程度均较低；由于沟通渠道很多，组织成员的平均满意程度高且差异小，所以士气高昂，合作气氛浓厚；但是这种网络沟通渠道太多，易造成混乱；费时，从而影响工作效率。此网络适合解决复杂问题、增强组织合作精神、提高士气。

解决简单问题适合用轮型沟通和链型沟通，解决复杂问题适合环型和全通道型沟通，Y型沟通兼有轮型和链型的优缺点，即沟通速度快，但组织成员的满意度低，适合简单的任务，如表12-1。

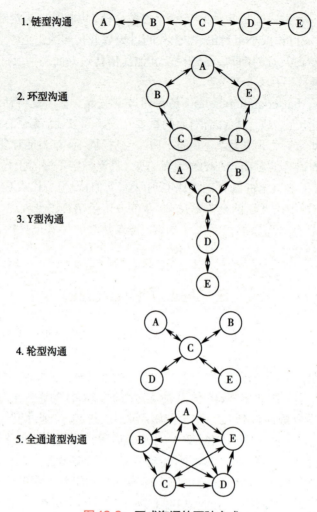

1. 链型沟通

2. 环型沟通

3. Y型沟通

4. 轮型沟通

5. 全通道型沟通

图12-2 正式沟通的五种方式

表12-1 沟通网络的评价

沟通网络形式	解决问题速度	信息精确度	集中化程度	领导预测度	士气	工作变化弹性
链型	较快	较高	中等	中等	低	慢
环型	慢	低	低	低	高	快
Y型	较快	较低	高	高	不一定	较快
轮型	快	高	很高	很高	很低	较慢
全通道型	最慢	最高	很低	很低	最高	最快

（二）非正式沟通

是指在正式沟通渠道以外的信息交流和传达方式。它是正式沟通的补充，一方面能够满足员工的心理需要，同时也能补充正式沟通系统的不足。与正式沟通不同，非正式沟通的对象、内容和时间都是未经正式计划的，因而这些信息遭受歪曲和发生错误的可能性很大，而且无从查证。其优点是传递信息的速度快，形式不拘一格，并能提供一些正式沟通所不能传递的内幕消息。缺点表现在传递的信息容易失真，容易在组织内引起矛盾，而且非正式沟通不容易控制。

非正式沟通大致有四种类型，见图12-3。

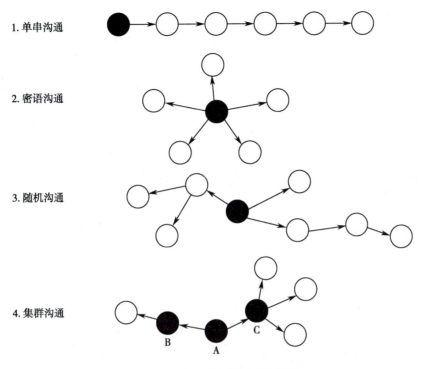

图 12-3　非正式沟通的四种类型

1. 单串沟通（single-chain）　沟通过程是一个人转告另一个人，另一个人也只再转告下一个人，这种情况最为少见，多用于传播与工人工作有关系的小道消息。

2. 密语沟通（go-sip-chain）　是由一个人告知所有其他人某一消息的沟通过程，如同独家新闻。在同一个组织群体中，这种传播网络比较常见。

3. 随机沟通（probability-chain）　沟通过程是信息传播者碰到什么人，就转告什么人，并无一定中心人物或选择性。

4. 集群沟通（cluster-chain）　沟通过程中，有几个中心人物，由他们转告若干人，这种形式具有一定的弹性。

管理者应该清醒地认识到非正式沟通是客观存在的，要正视其存在，正确引导，使其发挥积极的作用，同时也要教育员工对非正式沟通有正确的认识和处理方法。

四、上行沟通、下行沟通和平行沟通

根据沟通中信息流动的方向划分，可以分为上行沟通、下行沟通和平行沟通。

（一）上行沟通

下级向上级进行的信息传递，如各种报告、汇报等。上行沟通是领导者了解实际情况的重要手段，是掌握决策执行情况的重要途径。所以，领导者不仅要鼓励上行沟通，还要注意上行沟通的信息真实性、全面性，防止报喜不报忧的现象。对于一个低层管理者来说，做好上行沟通，既可以争取上级对自己工作的支持，有利于工作取得成绩，又可以让上级了解自己，争取不断发展的条件。需要注意的是，信息的接收者处于支配地位，而信息的发送者却居于被支配的地位，信息发送者往往会因信心不足而影响信息的传递。所以，有意识地锻炼自己的上行沟通能力是每一个低层管理者都应当予以重视的。

（二）下行沟通

上级向下级进行的信息传递，如企业管理者将计划、决策、制度规范等向下级传达。下行沟通是组织中最重要的沟通方式,下行沟通可以使下级明确组织的计划、任务、工作方针、程序和步骤,使职工明确自己的职责和努力方向,从而调动他们的积极性。

（三）平行沟通

正式组织中同级部门之间的信息传递。平行沟通是在分工基础上产生的,是协作的前提。做好平行沟通工作,在规模较大,层次较多的组织中尤为重要,它有利于及时协调各部门之间的工作步调,减少矛盾。

第三节　有效的管理沟通

组织中的信息沟通存在着种种障碍,影响着信息沟通的效果。国外的一项研究显示,约有80%的管理人员认为沟通障碍是造成他们工作困难的主要原因。事实上,信息沟通上的问题往往是其他更深层次问题的表象。本节主要介绍有效信息沟通的基本标准、障碍因素以及解决策略和路径。

一、有效管理沟通的标准

有效沟通对组织的发展至关重要。衡量沟通是否有效的标准有 7 个方面,有学者将其命名为"7C"准则,即:可依赖性、一致性、内容、明确性、持续性与连贯性、渠道和被沟通者的接受能力。

1.可依赖性（credibility）　是指沟通的发送者与接收者之间建立彼此信任的关系。这种气氛应该由沟通者所在的组织创造,这反映了他们是否能真诚地满足被沟通者的愿望和要求。被沟通者应该相信沟通者传递的信息,并相信沟通者在解决他们共同关心的问题上有足够的能力。

2.一致性（context）　即沟通的方式与组织内外环境相一致。沟通计划必须与组织的环境要求相一致,必须建立在对环境充分调查研究的基础上。

3.内容（content）　信息的内容必须对接收者有意义,与接收者原有价值观具有同质性,必须与接收者所处的环境相关。一般来说,人们只接收那些能给他们带来重大回赠的信息,信息的内容决定了公众的态度。

4.明确性（clarity）　沟通时所用的言语或语词应该是双方共同认可的,应避免模棱两可、含糊不清、容易产生歧义的言语。信息必须用简明的语言表述,所用词汇对沟通者与被沟通者来说代表同一含义。复杂的内容要采用列出标题的方法,使其明确与简化。信息需要传递的环节越多,则越应该简单明确。一个组织对公众讲话的口径要保持一致,不能政出多头,口径不一致。

5.持续性与连贯性（continuity and consistency）　通过反馈机制,重复与强化传送的内容。沟通是一个没有终点的过程,要达到渗透的目的,必须对信息进行重复,但又必须在重复中不断补充新的内容,这是一个持续沟通的过程。

6.渠道（channel）　选择能够充分达到沟通目的和提高沟通效率的渠道。沟通者应该利用现实社会生活中已经存在的信息传送渠道,而且这些渠道还应是沟通者日常习惯使用的渠道。要建立新的渠道是很困难的。在信息传播过程中,对不同目标公众传播信息的作用不同,人们的社会地位及其背景不相同,对各种渠道也都有自己的评价和认识,这一点沟通者在选择渠道时应该牢记。

7.被沟通者的接受能力（capability of audience）　沟通必须考虑被沟通者的接受能力。用来沟通的材料对被沟通者能力的要求越小,沟通信息越容易为被沟通者接受时,沟通成功的可能性就越大。被沟通者的接受能力,主要包括他们接受信息的习惯、阅读能力与知识水平。

二、有效管理沟通的障碍

沟通障碍是指由于沟通过程中某些干扰因素的存在，使沟通无法进行或者使沟通的结果违背人的本意。由于沟通是信息由发送者向接收者传递的过程，在此过程中，任何环节出现障碍，都会导致沟通无法有效地进行。

（一）个人因素

沟通的对象是人而不是物，因此，对管理过程中的沟通，人们更多关心的是人际沟通。人际沟通（interpersonal communication）是存在于两人或多人之间的沟通方式。影响人际沟通的因素主要包括下面几个方面。

1. 缺乏准备 组织沟通必须要有准备，做到有备无患，这也是任何场合的沟通都适用的原则。管理者在沟通前要做好充分收集信息的准备，以保证沟通的有效与成功。现实生活中，许多管理人员不做准备就开口作报告，未经思考就下达指示，很容易造成下属的不理解或不明白，甚至使下属产生抵触行为。

2. 自卫性过滤 过滤是指故意操纵信息，使信息显得对接收者更为有利。比如，管理者向上司报告的信息都是他想听到的东西，报喜不报忧，这位管理者就是在过滤信息。上级在传达信息给下级时也常掺入自己主观的解释。过滤的程度与组织结构的层级和组织文化因素有关，在组织等级中，纵向层次越多，过滤的机会也越多。

3. 选择性知觉 选择性知觉是指人们拒绝或片面地接受与他们的期望相一致的信息。在沟通过程中，接收者会根据自己的需要、动机、经验、背景及其个人特点有选择地去看或去听信息。信息解码的时候，接收者还会把自己的兴趣和期望带进信息之中。比如，一名面试主考认为女职员总是把家庭的位置放在事业之上，在女性求职者中予以排斥或者刁难，无论求职者是否真有这样的想法。

4. 情绪干扰 在接收信息时，接收者的情绪会影响到他对信息的理解，不同的情绪感受会使个体对同一信息的解释截然不同。极端的情绪体验，如狂喜或抑郁，都可能阻碍有效的沟通。这种状态常常使我们无法对客观事物作出理性的思考和判断，代之以情绪性的判断。良好的信息沟通需要一种相互信任的氛围，需要双方相互认可，因此，没有情绪干扰才能使信息真实传递。

（二）结构因素

造成沟通障碍的结构因素主要包括地位差别、信息传递链、团体规模和空间约束四个方面。地位的差别容易造成沟通的心理障碍，主要表现在组织的上下级以及平级沟通之间。下级向上级汇报工作和主动沟通时，常常担心说错话，怕担责任，存在紧张、焦虑心理，使沟通不能在宽松顺畅的氛围中进行，从而造成沟通障碍；上级跟下级主动沟通时，有时会居高临下，给下属造成压力；平级沟通时，职务任职时间的长短、职称的高低、资历的深浅以及组织成员的认可度等原因也会造成沟通障碍。

此外，信息通过的等级越多，信息失真的可能性就越大。团体规模越大，沟通也会变得困难。空间约束指的是员工之间的空间距离越大，沟通就越困难。

（三）技术因素

沟通中使用的技术手段不当，也会造成沟通障碍。主要有以下几个方面。

1. 语义曲解 同样的词汇对不同的人来说其含义可能不一样。一般来说，年龄、教育和文化背景是三个最明显的影响沟通的因素，它们影响着一个人的语言风格以及对词汇的界定。在一个组织中，由于员工的工作性质和专业背景不一样，对同样的词汇，不同的人的理解也不一样。如，专业人员比较喜欢用各自的行话和技术用语，管理层倾向于使用官话、套话。为了避免出现沟通障碍，应当避免使用晦涩语言，避免使用专业性很强的术语，以免引起对方的误解。

2．非言语提示 非言语沟通（如眼神、身体姿势等）也是信息传递的一种重要方法，而且非言语沟通几乎总是与口头沟通相伴，如果二者协调一致，则会彼此强化。但当非言语线索与口头信息不一致时，不但会使接收者感到迷茫，而且信息的清晰度也会受到影响。例如，医生当着患者的面向第三方耳语，说悄悄话，会让患者误认为自己得了绝症，从而加重心理负担。

3．媒介选择不当 信息沟通需要一定的媒介，有效沟通的障碍可能由媒介选择与信号选择不当而引起。信息传递的渠道过于狭窄，传递信息的设备过于陈旧都会直接影响信息沟通的效果。比如，网络速度过慢、传真机出现故障等导致信息传递速度慢、频率低，影响沟通效果。

三、有效管理沟通的技巧

管理沟通是指为了实现组织目标而在组织成员之间以及与相关组织之间进行的事实、思想、意见的传递与交流过程。管理沟通不同于人际沟通，它涉及组织内各种类型的沟通，因此，有效管理沟通的实现取决于管理者既要掌握有效人际沟通的一般技巧，又要掌握有效组织沟通的技巧。

（一）有效的人际沟通技巧

有效沟通是很困难的，需要采用正确的技巧和方法。在日常的管理中，管理者除了关注有效沟通的一般技巧外，在组织内进行人际沟通，尤其要关注语言、非语言沟通技巧，慎选沟通渠道以及调整管理沟通风格，提升管理效率，使每一次的沟通都达到预期的目的。

1．注意语言沟通的技巧

（1）注重情感交流：沟通不仅是一种信息的交流，更应是一种感情的传递。管理沟通不能只谈工作，不谈思想，而应敞开心扉，开诚布公，交真心、谈真话、以心换心，这样才能增进相互感情，架起相互信任的桥梁，使沟通成为增强团结的黏合剂。

（2）把握时机：寻找沟通的时机很重要。人一般在心情愉快时比较乐于和他人交流，容易接受外界信息。选择这个时机找其谈心，容易取得良好的沟通效果。而在他人情绪低落、心烦意乱时，硬找人家谈，十有八九会吃"闭门羹"。有经验的思想工作者，大都善于寻找沟通的"突破口"，比如以共同感兴趣的话题、地域或心理上的接近性以及平和的态度与语气等打开谈话的"突破口"，从而使沟通交流顺利进行下去，最终达到增进团结、促进工作的目的。

（3）准确表达含义："言不在多，达意则灵。"交谈的目的是达意，管理者在交谈时要注意语言的简洁，以最少的语言表达最大量的信息。同时还应该形象生动、幽默而含蓄，交谈中不要说尽道破，应该留有余地，用生动的比喻、轻松幽默的语言来化解人际交往时的局促、尴尬气氛。另外还要注意委婉，注意"避讳"。在日常交际中，总会有一些使人们不便、不忍，或者语境不允许直说的东西。这时说话人要故意说些与本意相关或相似的事物，来烘托本来要直说的意思，它能使本来比较困难的交往，变得顺利起来，让听者在比较舒坦的氛围中接受信息。例如，我们通常用"驾鹤西游""上天堂"以及"去西方极乐世界了"等表达先人故去的意思，从而避免尴尬。古代医学之父希波克拉底曾经说，"医生的法宝有三样：语言、药物和手术刀。"医生的语言如同他的手术刀，可以救人，也可能伤人。因此，在医患沟通过程中，一定要针对病人的心理状态和情绪，多使用安慰性、鼓励性、劝说性和积极暗示性的语言，避免使用训斥、指责一类的伤害性语言，这样，会使病人感到亲切温暖，能增强病人的信心、希望和力量。

2．注意非语言沟通的技巧

（1）讲求平等：管理沟通不是简单地下命令、发指示，而要谈想法、讲道理、以理服人，不能以势压人，要注意平等交流。双方在平等基础上沟通，可使同级之间、上下级之间增进了解和理解，形成人与人之间融洽和谐的关系，扫清相互之间的沟通障碍。同志间平等相待，不仅要平等对待与自己意见相同的人，还要平等对待与自己意见相左者，要听得进逆耳之言。尤其是领导干部,更应注意不能独断专行,自以为是,要有礼贤下士的精神,有眼睛向下看的态度,有听真话、求真言的渴望,有放下架子、甘当小学生的意识;还要善于运用灵活的方法启发对方发表意见,从而达到集思广益的目的,为正确决策提供可靠依据。同时,沟通也要注意坚持原则、顾大局、守纪律,杜绝自由主义、私下交易等不健康的东西。

(2)找准切入点:沟通中最重要的环节是"倾听"。倾听时要寻找合适的"切入点",实现无缝沟通。"切入点"就是一种共鸣,是沟通双方共同感兴趣的话题,它是"倾听"的关键,是无缝沟通的重要环节。从刺激到反应之间有一段时间差,利用此段间隙,可以仔细地品味,寻找更多细微的因素,搜索更加合理的"切入点"。

(3)慎重地选取沟通渠道:传达信息有很多不同的渠道,但是使用不同渠道传递信息,会产生不同的结果。如何选取适当的渠道进行沟通,完全取决于管理人员的经验和智慧。一般而言,在选择沟通途径时,主要考虑两个因素。

1)对象:如果要听取对方的意见,也就是要求有回馈时,那么最好用面对面的方式。因为不仅可以从言语上得到答案,更可以从对方的面部表情、反应、肢体语言上,看出些许信息。如果所要传达的对象是某一个人或少数某几个人时,那么可以考虑以私下约谈的方式,当然也可以用便条纸,以"笔谈"的方式来和对方沟通。到底是使用面对面沟通,还是使用"笔谈"的方式,主要依据沟通对象的个性和习惯而定。

2)事情的属性或性质:如果所需沟通的事情是发布一项命令时,可以用全体员工开会的形式传达,或是利用书面的文稿交至每一位员工手中。如果材料涉及个人隐私,需要保密时,可以设立总经理接待日、总经理信箱等渠道减轻沟通者的心理压力。

(4)调整管理沟通风格:在日常工作中,人们习惯于使用某种沟通方式,用这种方式与人交往,会使人感到得心应手且游刃有余,并逐渐发展成为一个人的沟通风格。如果是每个具有不同沟通风格的人在一起工作,而彼此不能协调与适应的话,那么彼此不仅不能有效沟通,还会造成许多无谓的冲突与矛盾,阻碍管理工作的顺利进行。因此,沟通双方首先要尊重和顺应对方的沟通风格,积极寻找与双方利益相关的热点效应。其次,沟通双方必须调整自己的沟通风格,要始终把握调整沟通风格的基本原则:需要改变的不是他人而是你自己。调整管理沟通风格的技巧主要有以下四点。

1)感同身受:站在对方的立场来考虑问题,将心比心,换位思考,同时不断降低习惯性防卫。

2)高瞻远瞩:具有前瞻性和创造性,为了加强沟通有效性,必须不断学习与持续进步。

3)随机应变:根据不同的沟通情形与沟通对象,采取不同的沟通对策。

4)自我超越:对自己的沟通风格及行为有清楚的认知,不断反思、评估、调整并超越。

(二)有效组织沟通的技巧

管理者要实现有效管理沟通,除了要掌握有效人际沟通的一般技巧外,还要掌握有效组织沟通的技巧。

1.组织沟通环境优化 在管理沟通中,要想实现有效沟通,首先必须进行组织沟通的优化与检查,使组织内沟通渠道畅通,组织成员具备相关知识等,具体如下:一是必须具备沟通知识。首先组织成员必须具备沟通概念的操作性知识,在此理论背景下,他们应有能力把这些沟通知识运用到实践中去,理论背景包括沟通的含义、沟通种类、沟通网络、沟通可利用的各种媒介、一些研究成果和最新观念等等。二是营造良好的组织氛围。营造一个支持性的值得信赖的和诚实的组织氛围,是任何改善管理沟通方案的前提条件。管理人员不应压制下属的情绪,而应有耐心处理下级的感觉和情绪。三是制定共同的目标。成员目标一致,能够同心同力为共同的目标而努力,也是许多上下级之间以及不同部门之间消除沟通障碍的有效途径。通过组织成员共同制定行动目标,并定期进行考察,可以有效消除沟通障碍。

2.检查和疏通管理沟通网络 组织要经常检查管理沟通的渠道是否畅通,需要检查的管理沟通渠道包括四类网络：一是属于政策、程序、规则和上下级之间关系的管理网络或共同任务有关的网络。二是解决问题、提出建议等方面的创新活动网络。三是包括表扬、奖赏、提升以及联系企业目标和个人所需事项在内的整合型网络。四是公司出版物、宣传栏等指导性网络。组织要定期对组织的管理沟通网络进行检查，发现问题要及时处理和疏通，以实现管理的有效沟通。

3．在组织中应建立双向沟通机制　传统的组织主要依靠单向沟通，即在组织内从上到下传递信息和命令，下级无法表达自己的感受、意见和建议；而以建议系统或申诉系统为形式的向上沟通渠道，对下级表达想法和建议有很大的帮助，能增进管理沟通的效果。

本章小结

　　沟通的定义是传送者为了特定的目的，通过一定的渠道将信息、思想和情感传递给接收者，并获得其反应和反馈的全部过程。沟通的作用是收集资料与分享信息、建立和谐的人际关系、调动员工参与管理的积极性、激发员工的创新意识、提高决策的质量等。沟通过程一般包括五个要素，即沟通主体、沟通客体、沟通媒介、沟通环境、沟通渠道。在进行管理沟通时，需要遵循准确性、完整性、及时性和非正式组织策略性运用原则等四个方面的基本原则。

　　沟通的各种类型包括正式沟通和非正式沟通、单向沟通和双向沟通、语言沟通和非语言沟通以及上行沟通、下行沟通和平行沟通等多种形式。不同的沟通方式，有着各自的优缺点，需要我们根据实际情况学会正确运用。

　　有效沟通对组织的成功是至关重要的。有效沟通的标准遵循"7C"准则：可依赖性、一致性、内容、明确性、持续性与连贯性、渠道以及被沟通者的接受能力。有效沟通的障碍包括个人因素、结构因素、组织因素三方面。管理者要实现有效管理沟通，除了要掌握有效人际沟通的一般技巧外，还要掌握有效组织沟通的技巧。

（许才明）

思考题

1. 什么是沟通？为什么要进行沟通？
2. 什么是正式沟通和非正式沟通？各自的优缺点是什么？
3. 请列举有效管理沟通的技巧。
4. 请运用本章节的相关知识，与同学们分享自身所经历的一件沟通事件。

控 制 篇

第十三章　控　制

在管理实践中，计划作为管理过程的起点，确定组织目标，并制定实现目标的战略；组织进行任务协调和资源分配，设计适宜的组织结构，确定工作如何做，由谁来做；领导通过有效的沟通和激励，使员工为实现目标而努力；控制则确保实际工作与计划一致，实现预期的目标。控制作为管理过程的最后一个环节，具有非常重要的作用，如果没有良好的控制，计划制订得再周密，组织结构设计得再合理，员工积极性调动得再高，也很难保证所有的行动都与计划完全吻合，也无法保证管理者与员工努力追求的目标都得以实现。控制职能对于管理工作的成败具有十分重要的意义。

第一节　控　制　概　述

一、控制的定义

"控制"一词来源于希腊语"掌舵术"，指领航者通过发号施令将偏离航线的船只拉回到正常的轨道上来。可见，维持达到目标的正确行动路线是控制最核心的含义。

作为管理的基本职能，控制（controlling）是指管理人员为了保证组织目标的实现，对下属工作人员的实际工作进行测量、衡量和评价，并采取相应措施纠正各种偏差的过程。这一概念包含以下几方面的含义：①控制具有很强的目的性，其最根本的目的就是保证组织目标的实现，计划提出了组织所要实现的目标以及实现目标的行动路线，控制与计划密不可分；②控制包括衡量、评价、纠偏等活动，需要根据一定的标准衡量实际工作，纠正偏差，以保证计划的顺利实施；③控制是一个发现问题、分析问题并解决问题的过程。

有效的控制，不仅是对计划执行中的偏差进行纠正，还涉及计划的完善和目标的调整。当组织的外部环境或内部条件发生较大变化的时候，原有的目标或控制标准不再适应新的形势，管理者必须对组织计划和目标进行相应的调整，以使组织更加适应外部环境的变化，满足组织健康发展的实际需要。

二、控制的目的与作用

（一）控制的目的

在现代管理活动中，控制的根本目的是保证组织目标的实现。具体到实际工作中，控制有两个直接目的。

1. 限制偏差的累积以及防止新偏差出现 组织活动过程中充满不确定性，偏差的产生不可避免，实际工作的开展情况很难与计划完全一致。在多数情况下，偏差在一定的范围内波动，可自行调节消除，一旦偏差超出这一范围，若不及时进行干预，这些小的偏差就不断累积和放大，最终会影响计划的实现，甚至给组织带来灾难性的后果。因此，控制的目的之一就是及时识别无法自行调节消除的偏差，有针对性地采取纠正偏差的措施，防止偏差进一步累积，同时及早发现组织中潜在的问题并进行处理，防止新偏差的出现，使得实际工作按照原来的计划顺利进行，确保组织目标的实现。

2. 适应环境的变化 控制所要解决的问题一般有两类。一类是经常产生、可直接迅速地影响组织日常活动的"急性问题"；另一类是长期存在并影响组织素质的"慢性问题"。解决"急性问题"多是为了维持现状，即纠正偏差，这是控制的第一个目的。解决"慢性问题"则是要打破现状，即通过控制，使组织取得管理突破以适应环境变化。在实际工作中，从组织目标与计划的制订到最终实现需要经历一定的时间过程。在这段过程中，组织的外部环境和内部条件可能会发生变化，如宏观政策的调整、新技术的运用、人力资源的流失等，如果变化的程度超出了制定目标和计划时的估计，原有计划的科学性与适用性就会大打折扣。因此，必须通过良好的控制，有效应对环境变化带来的机遇和威胁，适时对组织工作进行调整，使组织在新的平衡点上更好地发展。

控制的目的可以归纳为"纠偏"与"调适"两点，通过"纠偏"，消除存在的偏差，保证组织活动按照计划的要求顺利进行，通过"调适"，对组织目标和计划进行调整，使组织适应环境的变化。无论"纠偏"或"调适"，最终目的都是为了保证组织目标的实现。

（二）控制的作用

控制是管理过程中的一项重要职能，通过有效的控制能够改善工作质量，提高工作效率，确保组织预期目标的实现。控制在管理中的作用主要体现在以下几个方面。

首先，控制是保证组织目标实现的必要职能。通过控制，管理者可以对组织活动的各个环节进行监督和检查，掌握组织运行状况和工作计划的执行情况，及时发现工作中的偏差并采取相应的纠偏措施，确保工作计划的顺利实施及组织目标的实现。

其次，通过纠正偏差的行为，控制与其他管理职能紧密地结合在一起，使管理过程形成一个相对完整的循环系统。通过这个系统周而复始地运转，使组织得到不断的发展。

再次，控制有助于管理人员及时了解组织环境的变化，减少环境的不确定性对组织产生的影响。借助于控制工作，管理人员可以及时获得组织环境的相关信息，对环境变化作出迅速而恰当的反应，使组织正确应对威胁，及时把握机遇。

最后，控制可以为进一步修改完善计划提供依据。在计划实施的过程中，需要根据现实情况进行必要的调整。控制工作可以使管理人员及时了解实际情况的变化，对计划的适宜性作出判断，在此基础上对计划进行修改完善。

三、控制的前提条件

作为管理循环的最后一个环节，控制不能凭空进行，需要一定的前提条件。控制的基本前提条件包括明确完整的计划、完善的控制系统以及畅通的信息沟通网络。

（一）明确完整的计划

控制的前提条件之一是要制订一套明确完整、切实可行的计划。控制需要依据一定的标准对实际工作进展进行评价，判断是否存在偏差以及偏差的大小，进而对出现的偏差进行纠正。因此，在对实际工作进行有效控制前，必须制定相应的控制标准。一般而言，最基本、最常见的控制标准就是计划。明确而完整的计划不仅为实际工作提供了行动路线，同时也为控制奠定了基础。在制订计划方案时，应兼顾计划的实施要求与控制的实际需要。一般而言，制定的计划方案越是明确、全面和完整，后续的控制工作就越容易开展，效果就越好。

（二）完善的控制系统

完善的控制系统包含两方面的内容，一是要有专司控制的组织机构，组织应设置专职控制机构，明确由何机构、部门和岗位负责何种控制工作，这样不仅可以使负责控制工作的部门和人员清楚自己的职责，同时也使组织员工清楚是由谁对自己的工作进行监督、评价和纠偏。二是要有明确的内部权责界定，一旦出现偏差，有利于主管人员迅速查明原因并明确责任，避免组织员工之间扯皮推诿，使偏差在后续工作中不断累积和放大，导致组织遭受更严重的损失。一般而言，组织机构越完整，组织结构及其职责划分越清晰，就越有利于控制工作的顺利开展。

（三）畅通的信息沟通网络

控制本身是一个信息交流反馈的过程，控制者需要不断收集信息，监督实际工作的进展，判断是否出现偏差，发现偏差后，还要通过信息系统反馈纠偏的指令。控制对象在接收到纠偏指令后，就要对行为进行调整，从而构成周而复始的信息沟通过程。良好的信息网络能够把全面、准确、及时的信息传递给管理者，除了能够掌握实际工作进展外，还可以根据先兆信息进行预警，最大限度地降低偏差行为所造成的损失，并且探查偏差产生的原因。一般而言，组织的信息沟通网络设计应考虑到控制工作的实际需要，完善而畅通的信息沟通网络是开展控制工作的基本前提。

四、控制的特点

作为管理的重要职能之一，控制具有以下四个特点。

（一）目的性

如前所述，在实际工作中，控制的直接目的有两个：一是限制偏差的积累以及防止新偏差的出现，保证组织或工作维持原有的状态；二是更好地适应环境的变化，实现管理突破，使组织达到新的状态。无论是维持现状或是寻求管理突破，都是围绕着组织目标进行的，其最终都是为了保证组织目标的顺利实现。控制的意义就在于监督衡量组织各方面的活动，保证组织实际运行状况与计划及组织环境的动态适应，促进组织目标的实现。

（二）整体性

控制的整体性包含三方面的含义：第一，控制存在于组织活动的各个环节，各部门、各层级的工作以及每一阶段的工作进展都是控制的对象。第二，控制不仅仅是管理人员的职责，组织中的全体成员都应参与到控制工作中。同时，管理者作为控制主体对下属工作人员进行控制，组织对管理者自身也需要进行控制，实现对控制者的控制。第三，开展控制工作应具有全局观，将组织活动视为一个有机的整体，各项控制措施相互协调，提升组织的整体绩效。

（三）动态性

控制的标准、方法不是固定不变的，应与组织外部环境与内部条件的变化进行动态适应。在组织发展或工作进展的不同阶段，控制的侧重点也存在差异。控制不是机械的、程序化的工作，应当根据组织目标以及组织内外部实际情况动态地进行调整与完善。

（四）人本性

控制的人本性可以从以下两个方面理解：第一，在控制中，人既是控制的主体，也是控制的客体,所有的控制指令由人发出,所有的纠偏行为由人完成,人的素质与能力对控制效果有非常重要的影响,控制的重点就是对人的控制。第二,控制不仅可以发现组织运行与计划执行过程中的偏差,更重要的是能够通过管理者对下属员工的指导,使员工认识到偏差产生的原因、掌握纠偏的方法并培养纠偏的能力,这样既能够改进目前的工作,又有助于提高员工的工作能力及自我控制能力。

五、控制的类型

根据不同的划分标准,管理控制可以分为不同的类型。

(一)根据控制活动相对于偏差产生的时间划分

根据控制活动相对于偏差产生的时间不同,可以将控制分为前馈控制、现场控制和反馈控制三种类型(图 13-1)。

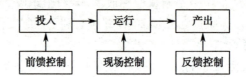

图 13-1　三种类型的控制在管理过程中的分布

1. 前馈控制　前馈控制(feed forward control)又称预先控制,是对未来可能出现的偏差进行预防性控制,是在实际工作开始之前,管理人员运用所能得到的最新信息,包括上一个控制循环所产生的经验教训,对工作中可能产生的偏差进行预测和估计,对各种影响因素进行控制,以避免预期问题的出现。前馈控制是比较理想的控制类型,其中心问题是保证组织各种投入资源的数量及质量,并实现资源的优化组合。例如,组织制定相关规章制度,对生产材料进行质量检验,对新聘用的人员进行岗前培训,这些都属于前馈控制的范畴。

相对于现场控制和反馈控制,前馈控制具有明显的优点:前馈控制在工作开始之前进行,旨在消除问题产生的隐患,可防患于未然;此外,前馈控制针对偏差产生所依赖的条件和影响因素进行控制,并不针对具体的工作人员,不易造成对立面的冲突,易于被员工接受并付诸实施。

尽管前馈控制具有明显的优点,但实施起来往往比较困难。由于前馈控制是以未来为导向的,管理者要开展有效的前馈控制,必须及时、准确地掌握大量信息,对未来进行预测,同时要求管理人员充分认识前馈控制的各种因素对计划实施的影响,从现实情况看,要做到这些具有一定的难度。因此,管理者不能仅依靠前馈控制,还需要其他两种类型的控制进行补充。

2. 现场控制　现场控制(concurrent control),也称同步控制或同期控制,是指在工作进行过程中所实施的控制。通过现场控制可以及时发现并纠正工作中的偏差,避免其在后续环节中不断放大,尽可能地减少偏差所带来的损失。例如,医生每日对住院病人的查房,生产制造过程中对产品的抽查,管理者亲临工作现场进行视察都属于现场控制。现场控制具有监督和指导两项职能。监督是指按照预定的标准检查正在进行的工作,以保证目标的实现。指导是指管理者针对工作中出现的问题,根据自己的知识、经验,指导帮助下属改进工作,或与下属共同商讨纠正偏差的措施,使工作人员能够正确地完成所规定的任务。

现场控制的突出优点是:现场控制对员工有指导作用,通过管理者的言传身教,可以使员工了解自身工作中存在的问题,理解偏差产生的原因并掌握纠偏的方法,有助于提高员工的工作能力和自我控制能力。现场控制的缺点主要体现在以下几个方面:现场控制针对特定员工的具体行为,管理者与员工之间易产生对立情绪,影响控制的效果;现场控制要求管理者亲临现场,由于受到时间、精力的制约,管理者很难事必躬亲,时时到场,因而现场控制的应用范围相对较窄,但随着信息网络技术的快速发展,管理者不必亲临现场也能掌握工作的实际进展情况,在一定程度上拓宽了现场控制的应用范围;最后,现场控制的效果受到管理者的工作能力、指导方式的影响,管理者的自身素质决定了现场控制的有效性。

3. 反馈控制　反馈控制(feedback control)又称事后控制,是指在工作结束或行为发生之后,通过对工作的总结和评价,发现工作中已经发生的偏差,并采取相应的纠偏措施。反馈控制主要是通过对计划执行结果的检查分析来发现偏差,因此反馈控制的注意力主要集中于工作结果。由于反馈控制难以消除已经产生的偏差,其着眼点应在于消除原有偏差的持续作用,矫正今后的工作活动,防止类似偏差的再度发生,即反馈控制的主要目的是"惩前毖后"。

反馈控制的主要优点有以下三个方面。

(1)"亡羊补牢,未为晚矣":虽然反馈控制在很多情况下对已经发生的偏差无能为力,但可为前馈控制奠定基础。对于一些周期性或重复性的工作,通过反馈控制对所产生的偏差进行系统的总结和分析,针对偏差产生的根源制定相应的措施,可以避免未来工作或活动中再产生类似问题,有助于实现组织的良性循环,提高工作效率。

(2)反馈控制可帮助人们更好地把握规律:利用反馈控制对以往的工作进行回顾分析,可以总结事物发展变化的内在规律。通过对规律的把握和利用,不仅可以消除已产生的偏差对后续活动的影响,还可以为进一步改进工作、更好地实现目标创造条件。

(3)反馈控制可以为员工考核提供依据:反馈控制需要对前一阶段的工作情况进行评价分析,评价分析的结果可以使员工了解自己的工作绩效,增强对员工的激励,也可作为考核员工的主要依据,使得对员工的管理更加科学规范。同时将反馈控制评价的结果与目标管理相结合,可以作为员工奖惩和薪酬发放的基本依据。

反馈控制的主要缺点在于时间上的滞后性。由于反馈控制在事后进行,在进行有效的控制之前,工作偏差已经产生,损失已经造成。因此反馈控制只能作为一种事后补救的控制方法。

(二)根据控制源划分

根据控制源的不同,将控制划分为正式组织控制、非正式组织控制与自我控制三种类型。

1. 正式组织控制　正式组织控制是依据组织明文规定的政策、程序并通过正式的组织机构进行的控制。例如,公司通过规章制度规范员工的行为活动,学校按照规定对考试作弊的学生进行纪律处分,工厂管理者对在禁烟工作场所吸烟的人进行罚款,这些都属于正式组织控制。

2. 非正式组织控制　非正式组织控制又称群体控制,是基于非正式组织成员之间不成文的价值观念和行为准则进行的控制。非正式组织控制可能有利于组织目标的实现,也有可能对组织目标的实现产生消极作用,严重的可能危害组织生存,所以,要注意对其进行正确的引导。

3. 自我控制　自我控制是个人有意识地按照某一行为规范进行控制活动。自我控制成本低,效果好,但对个人素质有较高的要求,同时要求上级管理者对员工能够充分授权,并将员工工作成果与个人报酬、晋升等相结合,对员工进行适当的激励。

第二节　控制的过程

一个完整的控制过程包括三个主要步骤:确定控制标准,衡量工作成效,纠正偏差。

一、确定控制标准

在管理学中,控制标准是指衡量工作及其成效的规范。计划作为控制的重要前提之一,为控制提供了最基本的标准,但在实际工作中,由于计划大多比较概括,不能够完全用计划代替控制标准,还需要将计划进一步细化,根据组织的实际情况制定具体的控制标准,为控制提供依据。

(一)控制标准的基本特性

控制标准是衡量工作及其成效的规范,对照控制标准,管理人员可以判断组织运行的绩效,科学有效的标准是控制的基础,离开标准,控制只能流于形式,对组织绩效的衡量与评估毫无意义。一套好的控制标准,应具有下述几方面的特性。

1. 客观性 控制标准必须基于组织的实际情况,根据组织运作的具体特点和要求,将计划和组织目标逐步细化,客观确定每个单位、部门、岗位的控制标准,明确衡量的内容、要求、时间频率等。尽量使控制标准量化,使其具有可测性和可考核性。对于一些无法量化的控制标准,也必须基于组织的实际情况客观确定。

2. 简明性 控制标准不仅是判断有无偏差以及分析偏差大小的主要依据,同时也反映了对员工工作的具体要求。在制定控制标准时,应该对标准的量值、单位、可接受的偏差范围作出明确的说明,控制标准的表述也要通俗易懂。这样不仅有利于控制工作的开展,也便于员工理解和把握,更好地发挥标准的导向作用。

3. 前瞻性 对于控制工作而言,控制者不仅要关注组织运行的现状,更应分析现状所预示的发展趋势,及时掌握偏差出现的先兆信息并进行预警,进行有效的前馈控制。因此,控制标准应具有前瞻性,选择能够敏感反映组织变化趋势的指标进行监测与控制,这样不仅能够及时发现偏差,避免偏差积累为组织带来更大的损失,还可以节约控制成本,取得更好的成本效益。

4. 协调性 控制具有整体性的特点,涉及组织活动的各个方面和全体人员,所制定的控制标准也构成一个完整的体系。在制定控制标准时,要从组织的整体利益出发,不仅应考虑每一项标准是否合理,还应从全局的角度分析各项标准之间是否协调,避免相互冲突。

5. 灵活性 控制标准应该具有足够的灵活性,以适应各种不利的变化,或把握各种新的机会。任何组织所面对的环境都处在变动过程中,只是变动的剧烈程度和频度存在差异而已。即使是高度机械式结构的组织,也需要因时间和条件的变化来调整其控制方式。

(二)确定控制标准的主要步骤

控制标准的制定是一个科学决策的过程,这一过程包括确定控制对象、选择关键控制点、制定控制标准三个基本环节。

1. 确定控制对象 开展控制工作首先要解决的问题是"控制什么"。控制的根本目的是更好地实现组织或活动的目标,那么,影响到目标实现的各种因素都应该成为控制的对象。因此,在确定控制对象的时候,管理者首先应客观、明确地描述组织活动的最终目标,将最终目标逐层分解,进一步提出组织中各层次、各部门人员应取得的工作成果,建立一个相对完整的目标体系。然后根据实现该目标体系的具体要求,确定影响目标实现的各种因素,将它们作为控制的对象。一般情况下,影响组织目标成果实现的主要因素有:环境特点及其发展趋势;组织拥有或可获得的资源的质量、数量及其组合状况;实现目标的各种活动等。

2. 选择关键控制点 由于影响到组织或活动目标实现的因素众多,不同因素的影响方式及影响力大小也存在差异,受到组织人力、物力、财力等客观条件的制约,任何一个组织都不可能也没有必要对所有的因素进行全面的控制。管理者应选择对组织目标的实现和计划的完成具有重要影响的因素,将其作为控制的重点,即关键控制点。关键控制点主要包括:影响整个工作运行过程的重要操作与事项;能在重大损失出现之前显示出差异的事项;若干能反映组织主要绩效水平的时间与空间分布均衡的控制点。

3. 制定控制标准 确定关键控制点后,根据关键控制点本身的属性和将要实现的目标的客观要求,确定控制对象的主要特征及其理想状态,即控制的标准。控制标准的制定必须以实现组织或工作目标为依据,在具体的控制标准制定的过程中,通常采用一些科学的方法将要实现的目标分解为一系列具体可操作的控制标准。

（1）统计性方法：主要是利用统计学的相关方法，对组织自身或相关机构以往的相关数据或试验结果进行统计分析，在此基础上结合要实现的具体目标，提出未来的预期结果。

（2）经验判断方法：和统计性方法不同，经验判断法并不是对以往的数据或试验的结果进行客观的统计处理和分析，而主要是根据管理者的经验和判断来对预期结果进行估计，从而提出一个相对合理的控制标准。

（3）技术测定法：技术测定法是利用统计方法，对工作情况进行客观的技术性的定量分析来确定控制标准。

（三）常用的控制标准

按照标准是否能够直接计量，控制标准分为定量标准和定性标准。在卫生管理领域，常见的定量标准包括以下几种。

1. 实物标准 以实物量为计量单位的标准，如医疗机构数量、卫技人员数量、日门诊人次数、年出院人次数、药品库存量、平均处方用药种数等方面的标准。

2. 财务标准 也称价值标准，以货币量为计量单位的标准，如卫生总费用、人均卫生事业费用、人均住院费用、门诊处方平均费用等方面的标准。

3. 时间标准 以时间为计量单位的标准，如平均住院日、术前等待日等方面的标准。

4. 质量标准 如治愈率、病死率、院内感染率、出入院诊断符合率等方面的标准。

相对于定量标准，定性标准难以用计量单位进行直接的计量，如医院声誉、病人满意度、生命质量等，都没有相应的计量单位进行测量，主要通过主观衡量确定。随着科学水平的进步，可以对定性标准研究制定适宜的测定量表，将定性标准转化为定量标准，为控制工作提供依据。

二、衡量工作成效

衡量工作成效就是将组织运行和工作进展的实际情况与预先设定的标准进行比较，以获得偏差是否产生及其严重程度的相关信息。

（一）确定衡量方式

衡量工作成效的关键是及时准确地判断工作成效，要做到这一点，管理者需要合理地确定衡量的项目、方法、频率与主体。

1. 确定衡量的项目 确定衡量项目是衡量工作成效中最重要的方面，选择适宜的衡量项目不仅能够真实、准确地反映组织的实际运行状况，还可以使员工了解工作的重点，规范员工的日常工作。一般而言，管理者应针对决定实际工作成效的重要特征项目进行衡量。衡量的项目可以是定量的，如员工缺勤率、产品合格率等，也可以是定性的，如组织凝聚力等。

2. 选择衡量的方法 衡量工作成效的过程其实就是收集信息与分析信息的过程，管理者需要掌握可靠、及时、准确的信息来判断组织的工作成效。在实际工作中管理者可以通过亲自观察、分析报表资料、抽样调查、召开会议、口头汇报和书面报告等方法来收集所需信息。

（1）亲自观察：亲自观察能为管理者提供有关实际工作的第一手的、未经他人过滤的、最直接的信息。它覆盖面广，能够涉及组织活动中的所有环节，而且有助于寻查隐情、获得其他来源所疏漏的有用信息，及时地发现并解决问题。其中，走动管理（management by walking around，MBWA）是亲自观察的一种典型形式，管理者深入现场和基层，与员工进行接触与交流，体察下情，交换意见，掌握组织运行状况的第一手资料，为管理工作提供依据。

但是，通过管理者亲自观察收集信息较为耗时，受到时间和精力的限制，管理者无法对所有的活动都进行亲自观察来收集控制信息。其次，亲自观察的结果容易受到个人偏见的影响，不同的管理者认识事物、分析事物的视角与理念存在差异，对同一问题会存在不同的观点。此外，管理者经常深入现场，可能会被组织成员误解而招致他们的不满，影响相互间的信任。

（2）分析报表资料：利用报表和统计资料收集信息、了解工作情况是现代组织常用的方法。借助于计算机和网络技术，管理者可以方便地获得所需的相关数据资料，不仅能够直观反映组织运行的现状及发展趋势，并且能够显示出各项指标之间的相互关系，为管理者决策提供依据。与亲自观察相比，分析报表资料为管理者节省了大量的时间，但由于其只能够显示出量化的工作指标，而忽略了一些重要的非量化指标，提供的信息具有一定的局限性。此外，通过分析报表资料获取信息，信息是否全面、可靠，完全取决于所用报表和统计资料的真实性、准确性及代表性。

（3）抽样调查：抽样调查是按照随机的原则从控制对象的总体中抽取一部分单位进行调查观察，并运用数理统计的原理，以调查所得的指标来推断总体的相应指标达到对总体的认识。抽样调查能够节省调查成本和时间，当控制对象的数量较多时，不失为一种好的获取所需控制信息的方法，但要想获得的信息具有代表性，科学地选择样本是关键。

（4）召开会议：通过召开会议，让各部门的负责人汇报各自的工作进展及遇到的问题，这样既有利于管理者了解各部门的工作情况，也有利于促进部门间的交流和协作，使各部门更好地为实现组织的目标共同奋斗。此方法简单易行，且成本较低，但需要一个好的会议组织者以及民主的气氛。

（5）口头汇报：控制信息可以通过下属的口头汇报，如面对面或电话交谈获得。这种方法较为快捷，不仅能够及时带来反馈信息，并且可以借助报告者的肢体语言、表情、语调等加深管理者对信息的理解。但管理者通过口头报告所获信息是被汇报者过滤了的信息，且这些信息不能存档，不便形成文件以备日后参考。

（6）书面报告：控制所需信息也可以通过书面报告获得，书面报告具有综合、全面、正式的特点，并且容易归档和查找，但书面报告需要较多的时间进行准备，与其他几种方式相比，收集控制信息的速度较为缓慢。

事实上，上述获取信息的方法都具有各自的优势和劣势，管理者在具体衡量工作成效时应综合利用不同的方法，做到具体问题、具体分析，因势灵活运用各种方法。

3. 确定衡量的频率　管理者应根据组织活动的实际情况确定适宜的衡量频率。若衡量频率过高，不仅会增加控制成本，而且会引起组织成员的不满情绪，影响他们的工作态度；衡量频率过低，就无法及时发现组织运行中的偏差并采取纠偏措施，影响组织目标的实现。一般而言，衡量的频率取决于控制活动的性质与要求，例如，对工厂产品质量的衡量可以每日进行，对于科研攻关工作成果的衡量可能每月或更长时间进行一次。

4. 确定衡量的主体　衡量工作成效的主体可以是上级主管或职能部门的人员，也可以是同一层级的其他人员，或是工作者本人。衡量的主体不同，控制的类型就存在差异，会影响到控制的方式和效果。由上级主管或职能部门的人员开展的衡量与控制是非自主的、外在的控制，而由工作者本人进行的自我控制是主动的、内在的控制，目标管理作为一种自我控制的方法，使工作的执行者同时也成为工作成效的衡量者与控制者。

（二）衡量工作成效时应注意的问题

1. 根据工作实际采取适宜的衡量方法　组织中的各项工作具有不同的特点，在衡量工作成效的过程中，不能够简单采取"一刀切"的方法，将一种衡量方法运用到所有工作中，而应结合具体工作的性质与要求，采取适宜的衡量方式。

2. 衡量工作成效时要着眼未来　组织各项工作间存在内在的联系，一个环节出现问题可能会影响到后续很多方面。因此，在衡量工作成效时，不仅仅是简单地将实际工作与标准进行比较，分析目前工作中已经存在的问题，还应分析未来可能会发生的问题，采取有效的前馈控制，避免问题的出现。

3. 衡量工作成效的过程中应注重对控制标准的检验与修正　利用已有的标准衡量工作成效，分析对标准执行情况的测量是否能够获得符合控制需要的信息，可以对标准的适宜性和有效性进行检验与修正。例如，对高校教师发表文章数量的衡量，不足以体现教师的科研能力，如果根据这样的标准进行检查，会使高校教师花费更多的时间撰写文章，而不是真正将精力放在科研上。因此，在衡量工作成效的过程中，要辨别并修正这些不适宜的、无法达到控制目的、容易产生误导作用的标准。

三、纠 正 偏 差

对实际工作成效进行衡量之后，将衡量的结果与标准进行比较，如果存在较大的偏差，则要分析造成偏差的原因并采取矫正措施；如果没有偏差，则首先分析控制标准是否有足够的先进性，在认定标准水平合适的情况下，将之作为成功经验予以分析总结，用于指导未来的工作。管理者在纠偏的过程中，还应该向具体的工作人员及时反馈信息，必要时可给予适当的奖励，激励员工继续努力工作。

（一）分析偏差产生的主要原因

导致偏差产生的因素很多，有些是组织外部的因素，有些是组织内部的因素，有些因素是管理者可以控制改变的，有些是管理者也无能为力的。要纠正偏差，必须透过问题的表面进行深层次地分析，找到导致偏差产生的原因，并针对原因采取相应的措施，这样才能有的放矢，使纠偏措施充分地发挥作用。

一般而言，引起偏差的原因归纳为四大类：一是外部环境的变化使得原来计划所需的外部条件不再能够得到满足；二是组织根据情况的变化调整了经营方针和经营策略；三是原来制订的计划不尽合理；四是因为管理不善或员工自身的错误等导致原来的计划不能很好地实施。

（二）确定纠偏的对象

导致工作出现偏差的原因有多种，可能是计划执行的问题，也可能是计划本身的问题，还可能是外部环境的变化，或组织目标的调整问题，偏差产生的原因不同，纠偏的对象也可能不同。如果偏差是由工作本身导致，则纠偏的主要对象是组织的实际活动，此时控制的主要目的是限制偏差的累积。但如果偏差产生的原因是计划本身存在问题或计划不适应形势的变化，则纠偏的对象就可能是计划本身，这时候纠偏的主要目的就不再是简单地消除偏差累积，而可能是取得管理突破。

（三）采取适当的纠偏措施

确定纠偏对象以后，要针对产生偏差的主要原因，采取相应的纠偏措施。常见的控制措施包括改进技术方法，调整组织机构及权、责、利关系，改进领导方式，调整原有计划或标准等。在纠偏措施的选择与实施的过程中，管理者需要注意下述几个方面的问题。

1. 纠偏方案的双重优化　纠正偏差的工作应符合成本效益原则，纠偏方案要具有双重优化的特点。第一重优化是指纠偏工作要注意权衡利弊得失，即纠偏方案实施所带来的效益应大于不纠正偏差所造成的损失。第二重优化是在第一重优化的基础上，通过对各种可行纠偏方案的比较，选择其中追加投入最少，成本最小，解决偏差效果最好的方案来组织实施。

2. 充分考虑原有计划实施的影响　纠偏行为属于"追踪决策"，它是在原有计划基础之上的非零起点决策。因此在制定纠偏方案时必须考虑原有计划的影响，尽量避免新的计划与原有的计划出现不可调和的矛盾，这不仅涉及实施纠偏方案所需的各种资源的有效提供，还涉及原计划的实施在人们头脑中形成的思维习惯以及对组织环境所造成的影响等。

3. 选择适当的纠偏行动　管理者所采取的纠偏行动可以分为两类，一类是直接纠正行动（immediate corrective action），是指管理者在发现问题后，立即采取行动纠正问题，使组织运行回到正确的轨道上；另一类是彻底纠正行动（basic corrective action），是指管理者在发现偏差后，并不马上采取行动，而是在分析偏差产生原因的基础上，针对偏差产生的根源采取纠偏措施，彻底解决问题。这两类纠偏行动各有利弊，对于时间紧迫的问题，宜采取救火式的直接纠正行动，对于那些反复出现、对组织绩效影响重大、涉及面广泛的问题，应采取彻底纠正行动来解决。在实际工作中，管理者不能只满足于充当"救火员"的角色，那样解决的仅是表面问题，更应注重对组织运行的宏观把握和系统思考，发现并根除问题，实现标本兼治。

4. 注意消除组织成员对纠偏措施的疑虑，努力争取多数人的支持 纠偏方案的实施可能会引起组织结构、活动等方面的调整，进而会影响到组织成员的利益，不同的成员对待纠偏措施的态度也会存在差异。在实施纠偏措施时，员工可能会产生各种各样的疑虑，作为管理者要注意利用各种方法做好宣传工作，打消员工们的顾虑，争取更多人的理解和支持。

第三节　有效控制的原则与方法

要实现有效的控制，必须遵循相应的原则并掌握一定的方法，这样才能够实现控制的目的，保证组织目标的顺利实现。

一、有效控制的原则

（一）适时原则

控制的适时原则要求管理者能够及时纠正组织运行或计划执行过程中所产生的偏差，避免偏差的积累与扩大，减少偏差对组织产生的不利影响。及时纠正偏差，一方面需要健全的组织信息系统，使管理人员能够及时掌握真实、准确的信息，以便监控和衡量组织活动的成效，另一方面，需要管理者具备较强的分析决策能力，根据组织所处的环境、资源拥有情况、计划执行情况等及时提出纠偏方案，尽早采取纠偏措施。

在实际工作中，质量控制图（quality control chart）可以作为控制预警系统，通过对工作或活动过程中的关键质量特性值进行测量、分析，监测过程是否处于控制状态（图13-2）。

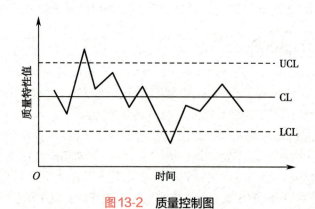

图13-2　质量控制图

控制图中有三条线，分别为中心线（central line，CL）、上控制线（upper control line，UCL）和下控制线（lower control line，LCL），中心线表示质量特征值的标准，上、下控制线之间为偏差允许的范围，当质量特征值超越上控制线或下控制线，则引发预警，提示管理者应采取必要的纠偏措施。

（二）适度原则

控制的适度原则要求管理者能够恰到好处地把握控制的程度、范围及费用。具体包括以下几个方面的内容。

1. 适度的控制程度 适度的控制程度要求管理者避免控制过多或控制不足的问题。一方面，控制过多不仅增加控制的成本，而且会引起组织成员的不满，扼杀员工的工作热情和首创精神，影响员工的工作能力，对组织目标的实现具有消极的影响。另一方面，对组织活动的检查和衡量过少，导致偏差难以发现或者已经非常严重了才被察觉，无法及时采取有效措施，使组织遭受损失并影响组织目标的实现。此外，过少的控制会使员工忽视组织的要求，不按照规定完成组织的工作，影响组织绩效。管理者应针对组织的实际情况和员工的特点开展控制工作，使其既能够满足检查和监督的需要，又能够避免与组织成员发生冲突，保证组织目标的顺利实现。

培养员工的自我控制能力对解决上述问题有一定的帮助。培养员工的自我控制能力，使员工有意识地按照组织要求开展工作，不仅控制成本低，效果好，而且有利于减少控制中的员工不满和冲突的发生。

2. 适度的控制范围 在实际工作中，管理者不可能控制组织中的每一件事情，即使能够这样做，也是得不偿失的。根据管理学中著名的"二八定律"，在任何一组东西中，最重要的只占其中一小部分，约 20%，其余 80% 尽管是多数，却是次要的。组织中包含多项活动，每项活动对组织目标实现的作用存在差异，活动中可能产生的偏差对组织所造成的影响也是不同的。因此，管理者没有必要对组织中的每项活动进行全面、系统的控制，而是应当找出最关键的 20% 进行重点控制。管理者在控制的过程中，应对实际工作情况进行深入分析，选择对组织目标实现和计划完成具有重要影响的工作环节、项目、岗位和人员进行重点控制。

3. 适度的控制费用 适度的控制费用要求管理者花费一定的控制成本获得足够的收益。任何控制系统的建立、控制信息的获取、控制方案的制定与实施都需要花费一定的费用，控制费用随着控制程度、范围的增加而提高，控制收益的变化则比较复杂。实施控制工作要从经济学的角度进行分析，只有控制所带来的效益大于控制成本时才是值得的。

（三）客观原则

客观控制要求控制的标准、方法和过程建立在科学、客观的基础上，尽量脱离主观性。

要客观地控制，应做到以下几点：第一，控制标准的建立必须以实现组织目标为依据，结合组织的实际情况科学制定，要定期对过去制定的标准进行检查，使之符合现实的要求。第二，控制过程中所采用的检查、测量的技术与手段必须能够正确地反映组织绩效，能够准确判断组织中各个环节的工作与计划要求的相符或相背离程度。第三，管理人员对所获得的信息进行客观分析，作出谨慎适当的解释，提出恰当的控制方案。第四，要进行客观控制，必须避免个人偏见的影响。对于难以确定量化标准的项目，管理者的主观评定要尽可能客观公正；在选择纠偏方案时，管理者应严格分析方案的成本效益，而不能根据个人偏好进行选择。

（四）灵活原则

控制应具有灵活性，使控制行为能够适应组织外部环境与内部条件的变化。在组织工作进行或计划执行的过程中，可能会面临环境突然变化的情况，或出现其他一些未预见的、无力抗拒的问题，使得现实情况与组织计划大相径庭。有效的控制在这样的情况下仍然能够发挥作用，维持组织的运行，使组织迅速适应不利的变化，或使组织利用各种新的机会。要实现灵活的控制，就需要管理者制定弹性的计划与衡量标准。

（五）例外原则

要实现有效的控制，应坚持控制的例外原则，即管理人员控制工作的重点应该放在组织的条例、规章和制度中没有规定的"例外"事情上。凡是组织已有明确规定的，可以由职能部门或下属部门照章办事。贯彻这个原则，可以减少组织领导对日常重复性工作的指挥，集中精力管理对组织发展更为关键的大事，同时还可以使下级增强独立工作的能力和负责精神。

二、控制的方法

组织开展控制工作时会采取多种方法,根据控制手段的差异,可以将控制分为科层控制、规范控制与综合控制,这些控制方法的适用范围、具体做法有所不同,下面将分别进行介绍。

(一)科层控制

科层控制(bureaucratic control)是指利用具体的规则、标准、层级权限和其他科层机制来规范组织内部成员行为、达成预期计划和组织目标的控制方式。科层控制主要包括计划控制、行为控制和成果控制三个方面。

1. 计划控制 计划控制旨在提高计划的科学性、合理性,优化控制标准,便于控制工作的开展,包括滚动预算法、量化进度控制等方法。

(1)滚动预算法:预算(budget)是指数字化的计划。预算从金额、数量等方面将组织的决策目标及其资源配置规划进行量化,为管理者提供定量的标准,便于控制工作的开展。滚动预算又称连续预算或永续预算,是指在编制预算时,将预算期与会计年度脱离,根据上一期预算的完成情况,调整和编制下一期的预算,并将预算期连续向后滚动推移保持固定跨度的一种预算编制方法。按照滚动频率的不同,可以分为逐月滚动、逐季滚动、混合滚动等。滚动预算法在预算的编制中增加了调节机制,既保持了预算的连续性,又能够使其与组织实际情况更加适应,更有利于发挥预算的控制作用。

(2)量化进度控制:量化进度控制应用广泛,它把计划用具体的数量化的方法表示出来,为各个关键控制点提供定量的控制标准,根据时间进度开展考核,以此评价实际工作成效,为进一步分析和纠正偏差提供依据。量化进度控制方案清晰明确,为控制提供了可考核的依据,便于在实际工作中操作。值得注意的是,量化进度控制方案的编制应以准确、全面的信息为基础,并且从组织整体视角进行把握,实现局部利益与整体利益统筹协调。

2. 行为控制 行为控制是通过塑造或影响员工行为来达到组织预期目标的控制方式,常见的控制方式有直接监督、目标管理和行政控制。

(1)直接监督:直接监督是行为控制最直接的方式,管理者密切监督与评估员工的工作行为,及时纠正存在的偏差,保证其符合组织的要求。管理者还可以结合自身经验或通过范例对员工进行指导培训,以提高他们的工作能力和工作效率。但直接监督会影响员工的工作积极性,且受到管理者时间、精力及管理幅度的影响,直接监督的人数较为有限。管理者应根据组织实际情况确定适宜的监督频率,并辅以其他行为控制方式开展工作。

(2)目标管理:目标管理(management by objective,MBO)是一种鼓励组织成员积极参加工作目标的制定,在工作中实行自我管理、自我控制,努力达到工作目标的管理方法。管理者根据员工目标的完成情况对其进行考核、评价,并以此作为奖惩的依据。目标管理的有效实施,要求组织中营造积极向上、适度竞争的组织氛围,引导组织成员积极参加目标的制定,并在工作中主动进行自我控制。目标管理具体内容详见本书第六章。

(3)行政控制:行政控制是由规则和标准操作程序组成的综合系统进行的控制。行政控制为员工行为提供了参考依据,标准操作规程(standard operating procedure,SOP)就是行政控制的典型方式,将组织活动或事件的标准操作步骤和要求以统一的格式描述出来,用来指导和规范日常的工作。简单来说,标准操作规程就是对组织活动的细节,尤其是关键控制点进行量化规范,为员工行为提供具体的、数量化的指导。

3. 成果控制 成果控制指根据财务绩效和其他明确规定的指标来衡量成果的一种控制类型,常见的控制方式有财务控制、比率分析等。

(1)财务控制:财务控制是按照一定的程序和方法,确保组织及内部机构和人员全面落实及实现财务预算的过程。财务控制的主要工具是财务报表。通过分析组织财务报表，可以掌握反映组织经营状况的一系列基本指标，了解组织经营实力和业绩，并将它们与其他组织进行比较，从而对组织的内在价值作出基本判断。

（2）比率分析：比率分析（ratio analysis）是将组织财务报表上的若干重要项目的相关数据互相比较，求出比率，据以分析和评估组织的财务状况和经营成果，寻找组织运营的问题所在，为改善组织的运营提供线索。比率分析是财务分析最基本的工具，常用的比率包括流动性比率、杠杆率、活动性比率、利润率。流动性比率测量组织偿还短期债务的能力，包括流动比率、速动比率等。杠杆率主要考察组织对债务杠杆的利用以及是否有能力偿还债务利息，包括资产负债率、已获得利息倍数等。活动性比率评估组织资产的有效利用程度，包括存货周转率、总资产周转率等。利润率考察组织利用自己的资产创造利润的情况，包括销售利润率、资产收益率等。在实际工作中，应注重各类比率在不同组织之间的横向比较以及组织自身不同时期的纵向比较，这样才能对组织的历史、现状进行详细的分析，更加具有实际意义。

（二）规范控制

规范控制（normative control）是指在组织中植入组织价值与信念，使之成为员工行为准则，并以此来规范和控制员工的行为。组织文化就是规范控制的一种形式，每个组织都有一套独一无二的文化体系，与正式规则和标准作业流程不同，文化已经内化，会潜移默化地影响组织成员的个人行为，进而会影响到组织绩效和未来发展。组织文化的相关内容详见本书第八章。

若规范控制能够发挥作用，员工会自发地产生符合组织要求的行为，组织中正式规则等行政控制方法就会减少。当员工对于工作行为的期望、态度、价值与组织一致时，规范控制最为有效。

（三）综合控制

在复杂且不断变化的环境中，组织之间的竞争日益加剧，在客观上要求管理者运用综合的方法对组织运行的全过程进行控制，以达到更好的绩效目标。标杆管理作为具有代表性的控制方法在这里进行介绍。

1. 标杆管理的内涵　标杆管理（benchmarking）又称基准管理，是不断从竞争对手或其他组织中寻找让其获得卓越绩效的最佳实践，以此作为标杆，将本组织的产品、服务或其他业务活动过程的实际状况与之进行比较，分析组织自身与标杆组织之间的差距，在此基础上研究制定并实施优化策略，以获得持续改进的良性循环过程。

2. 标杆管理的步骤　标杆管理一般包括以下几个步骤。

（1）确定标杆管理的项目：实施标杆管理，组织首先要对自身的优势与劣势进行细致分析，确定需要进行标杆管理的项目。一般而言，标杆管理的项目是影响组织绩效的最为关键的因素。对选定的项目要进行量化，明确使用何种指标及方法来进行描述和测量。

（2）选择要比照的标杆对象：收集信息，通过比较与选择，确定标杆对象。通常有四种类型的标杆，即本组织内部的不同部门、直接的竞争对手、同行组织以及全球范围内的领先者。

（3）成立工作小组，制订工作计划：标杆管理工作直接参与人员应能够理解标杆管理的操作思路，掌握标杆管理的相关工具。

（4）收集标杆对象相关资料：制定资料收集清单，通过多种方式，如收集标杆组织内外部资料、访谈、参观考察等，了解和掌握标杆对象的最佳实践。

（5）对标分析，找出差距：对收集的资料进行分类、整理，将组织自身与标杆对象进行比较研究，采取系统分析的方法，明确差距产生的原因，寻找改变绩效现状的突破口。

（6）明确改进方向，制定实施方案：在对标分析的基础上，制定改进方案，确定组织的标杆管理目标及具体的实施步骤。方案中应明确实施的重点和难点，并设计相应的测评体系。

（7）沟通交流，达成共识：就标杆管理目标、具体实施方案与组织员工进行深入讨论与交流，并根据员工的建议进一步修订完善，使员工广泛接受并认同，为方案实施奠定基础。

（8）方案的实施与监督：将方案付诸实施，监督偏差的出现并采取纠偏措施，在实施过程中结合自身实际创建一组最佳的实践方法，以赶上并超过标杆对象。

（9）经验总结与分析：在标杆管理活动结束后，及时进行指标评价与管理评价，对标杆管理的实施效果和标杆管理工作本身进行总结与分析。

（10）重新调校标杆：标杆管理是动态过程，根据组织发展实际和环境变化情况，寻找新的标杆对象。

3. 标杆管理的作用与局限　标杆管理可以使组织正确认识自己的行业地位，通过不断学习和借鉴，完善自身不足，促进产品、服务及业务活动的改进和优化，实现组织绩效的持续改善和竞争力的提升。

但是，标杆管理也有一定的局限。一是若组织在进行标杆管理时过分关注局部的优化，如特定的产品、业务或服务流程，却忽视了组织整体，难以产生协同效应，可能会影响组织的长远发展。二是组织不断学习和模仿标杆对象，缺乏创新，二者不断趋同，组织难以实施差异化战略，将导致利润的下降。三是当组织与标杆对象技术水平存在差距时，推行标杆管理并不能取得预期目标，反而使组织落入"标杆管理陷阱"，即"落后—标杆—再落后—再标杆"的恶性循环。

本章小结

控制是指管理人员为了保证组织目标的实现，对下属工作人员的实际工作进行测量、衡量和评价，并采取相应措施纠正各种偏差的过程。控制的直接目的主要有两个：一是限制偏差的累积以及防止新偏差的出现，保证系统或工作维持原有的状态；二是更好地适应外部环境或内部条件的变化，使系统或工作达到一个新的状态。有效的控制工作要具备三个前提条件：明确完整的计划、完善的控制系统以及畅通的信息沟通网络。控制具有目的性、整体性、动态性、人本性的特点。控制的过程包括确定控制标准、衡量工作成效、纠正偏差几个步骤。为了进行有效的控制，应遵循适时原则、适度原则、客观原则、灵活原则以及例外原则。常用的控制方法包括科层控制、规范控制及综合控制。

（陈　莉）

思考题

1. 什么是控制？在管理中控制具有什么作用？
2. 比较并简述前馈控制、现场控制和反馈控制的优缺点。
3. 简述控制的过程。
4. 控制标准应满足哪些要求？查找一些卫生管理领域常见的控制标准。
5. 简述有效控制的原则。

第十四章　质量管理及控制

在我国从制造业大国向制造业强国转变的关键历史时期，质量强国战略高度契合推动经济高质量发展这一主题。质量是社会生活中最常见的概念之一，质的稳步提升与量的合理增长是"高质量发展"的必备条件。质量管理是组织管理的核心环节，在各个行业都发挥着重要作用，尤其在医疗服务管理领域，更是与人民群众的生命和健康息息相关。质量控制是质量管理的重要组成部分，它既是质量管理的过程也是结果。质量管理目标需要通过实施质量控制，开展质量提升等活动予以实现。在本章中，我们将着重介绍质量、质量管理、质量控制与提升的相关理论与方法，从而让读者对质量管理及控制有更全面的了解与认识。

第一节　质量管理概述

质量是社会生活中最常见的概念之一，质量管理是各类企业永恒的主题。20 世纪七八十年代以来，随着计算机技术、信息和互联网技术的发展，世界范围内管理环境的根本特征为"3C"，即变化（change）、顾客（customer）、竞争（competition）。对质量的高度重视和普遍关注，成为应对3C 环境的必然结果。社会各企业都在努力发展自己的核心竞争力，质量问题不仅关系到广大消费者的权益和组织的生存与发展，同时也是社会经济发展的战略因素。

一、质　　量

（一）质量的含义

质量在社会经济发展中地位日趋重要。质量的重要性不仅体现在质量是产品和服务的核心竞争力，还表现在质量具有重要的社会属性。随着社会、经济与科技的不断发展，质量的含义也不断清晰、充实、完善和深化。

了解质量的含义之前，需认识到不同的人群，站在不同的视角，对质量的认知会有所不同。从顾客视角来看质量，顾客更为关注商品能满足其要求的程度，以及是否有其他更合意的产品选择，而生产者更为关注产品是不是符合生产标准，成本是不是够低。据此，质量衍生出了不同的含义界定。

美国质量管理学家菲利普·克罗斯比（Philip Crosby）提出符合型质量概念，认为质量是"符合要求和规格"。"不符合规格即是缺乏质量，质量问题就是不符合问题。"

美国著名的质量管理专家朱兰（Joseph H. Juran）进而提出适用型质量概念。他把质量比喻成保护人们健康、安全以至社会安宁的"堤坝"，用"生活在堤坝后面"来说明质量对人类社会生活的重要性。他从用户角度出发，把质量定义为产品的"适用性"，即产品在使用时能成功地满足用户需要的程度。他指出："对顾客来说，质量是指适用性而不是符合规格，最终顾客很少知道规格是什么，对质量的评价取决于产品交付时的适用性和使用期的适用性。"它包含两方面含义：一是从产品或服务的使用要求方面表达了质量的内涵；二是基于满足程度将产品的经济特性、服务特性、环境特性和心理特性等纳入质量范畴。

日本质量管理学家田口玄一提出社会型质量概念。他认为："所谓质量，是指产品上市后给社会带来的损失。但是功能本身所产生的损失除外。"他把产品质量与给社会带来的损失联系在一起，认为质量好的产品就是上市后给社会带来损失小的产品。田口玄一的质量定义强调了质量的经济效果和设计的目的性。

此外，《GB/T 19000—2016 质量管理体系——基础和术语》中质量的定义为满意型质量概念。将质量解释为：一组固有特性满足要求的程度。固有特性在形式上表现为技术指标，在本质上反映实体的属性特征。

综上所述，符合型与适用型质量概念主要从顾客视角进行概念界定，社会型质量概念主要从生产者视角进行概念界定，满意型质量概念界定则兼顾了双方视角。因此，我们把质量（quality）定义为某种产品或某项服务完成优劣程度的体现。此定义既明确了产品或服务要求达成的具体技术指标，也体现了达成该指标后产品或服务对顾客固有特性的满足程度。

随着社会的发展，人们对质量的理解也不断发展深化。质量的立足点在于产品的质量，但质量更体现的是一种能力，是产品、体系、过程的固有特性满足顾客和其他相关方的一种能力。这种能力的强弱体现着质量管理水平的高低，由此需要更加注重产品制作和制作体系的全面质量。因此，质量是指产品的所有相关特性及特征，且要符合消费者需求的所有方面，会受用户愿意接受的价格和使用过程所限制。

（二）质量的特性

质量的特性是指产品、过程或体系与要求相关的固有属性。质量概念的核心是"满足要求"。这些"要求"必须转化为有指标的特性，作为评价、检验和考核的依据。由于顾客的需求是多种多样的，所以反映质量的特性也是多种多样的。但一般而言，质量具有依附性、相对性、动态性、可测量性等特性。

1. 质量具有依附性　质量的存在依托于一定的事物。质量是指事物满足"明确的或者是隐含的需要"的固有属性。事物是质量存在的基础，不同时期、不同观点所定义的质量，其所依托事物的内涵也有所不同。古代质量所依托的主要是食物、生产工具。后来质量所依托的事物则发展为产品，到现在发展为"实体"和"一组固有特性"。

2. 质量具有相对性　质量的优劣是相对于顾客（包括组织、相关方）"需要"而言。不同国家、不同地区因自然环境条件、技术发达程度、消费水平和风俗习惯等不同，对同一产品、过程或质量管理体系的固有特性提出的需求也不同，甚至对同一功能提出的需求也不同。不同的需求导致不同的质量要求。因此，"质量"具有相对性。

3. 质量具有动态性　随着技术的发展、生活水平的提高，人们对产品、过程或体系会提出新的质量要求。不同的人以及同一个人在不同的时代对同一事物的质量认识也不同。

4. 质量具有可测量性　可以将顾客对产品或服务的质量要求转化成衡量质量的一系列的标准和规格，通过对这些标准、规格的执行可以达到控制质量的目的。这些标准所反映的产品质量特性称为代用质量特性，从这个意义上说，产品的质量就被这一系列标准规格所反映。

二、质 量 管 理

（一）质量管理的含义

质量管理（quality management）是在一定的技术经济条件下，为保证和提高产品质量所进行的一系列指挥和控制组织的协调的活动。质量管理过程不仅应注重产品和服务质量，还应注重实现质量的手段，力求确保组织、产品或服务的一致性。基于前文对质量的概念界定，在进行质量管理的过程中，管理者需要明确：顾客想要什么？顾客愿意为此付出什么？哪些技术指标决定了质量？换而言之，管理者需明确产品如何才能履行其预期功能。

（二）质量管理的特性

质量管理的发展与工业生产技术和管理科学的发展密切相关。现代关于质量管理的相关特性的认识主要包括社会性、经济性和系统性三方面。

1. 质量管理的社会性　质量管理的好坏不应仅从直接的用户评价角度体现，而是应从整个社会的角度来评价，尤其当某种产品或某项服务关系到生命健康、生产安全、环境污染、生态平衡等问题时，更应如此。

2. 质量管理的经济性　质量管理不能仅从某些技术指标来进行考量，还应考虑制造成本、价格、使用价值和资源消耗等几方面来综合评价。在确定具体质量水平或质量目标时，不能脱离社会的经济与技术条件的限制，要兼顾技术上的先进性与产品/服务使用上的经济合理性，使质量和价格达到合理的平衡。此外，要认识到质量的经济性不仅局限于质量成本，还应关注由质量水平提高或降低带来的商誉无形资产的提高或降低。

3. 质量管理的系统性　质量是一个受到设计、制造、安装、使用、维护等众多因素影响的复杂系统。阿曼德·费根堡姆（Armand Vallin Feigenbaum）认为，质量系统是指具有确定质量标准的产品和为交付使用所必需的管理上和技术上的步骤的网络。产品质量的形成过程不仅与生产过程有关，还与其他许多过程、许多环节和因素相关联。任何机构或组织的质量管理体系本身就是一个相互关联、相互影响的系统。实施管理的同时应全面分析和综合控制系统中的每一因素，以确保质量管理职能的有效性。以医院质量管理为例，医院作为一个现代质量管理整体，医务工作者的管理、药械的管理、医疗流程的管理、相关医疗保障系统的管理等均与医院质量息息相关，因此医院质量管理应该从上述因素切入，设定多维评价的目标，开展多维质量管理。

第二节　质量管理的发展

一、质量管理的发展历程

自手工产品诞生开始，就有了质量管理的实践。但质量管理发展成为一门科学，只有近百年的历史。按照质量管理所依据的手段和方式，可以将质量管理的发展分为三个阶段：质量检验阶段、统计质量控制阶段和全面质量管理阶段。

（一）质量检验阶段

这一阶段从20世纪初持续至30年代末，是质量管理的初级阶段。其主要特点是质量管理以事后检验为主。第二次世界大战之前，人们对质量管理的认识还仅仅是对产品质量的检验，通过严格检验来保证产品在每道工序的传递过程中和最终传到消费者手中都合格。质量检验所使用的手段是各种的检测设备和仪表，方式是严格把关，进行百分之百的检验。由于工厂的产品检验都是通过工人的自检来进行的，也称之为"操作者的管理"。20世纪初，美国出现了以弗雷德里克·温斯洛·泰勒（Frederick Winslow Taylor）为代表的"科学管理运动"。泰勒的科学管理理论要求按照职能不同进行合理分工，并将计划职能与执行职能分开，首次将质量检验作为一种管理职能从生产过程中分离出来，建立了专门的质量检验制度。后来随着科技进步和生产力的发展，在管理分工思想的影响下，企业中逐步产生了专职的质量检验岗位、专职的质量检验员和专门的质量检验部门，进入了检验员检验阶段。这对保证产品质量起了积极的重要作用。在这方面，大量生产条件下的互换性理论和规格公差的概念也为质量检验奠定了理论基础，根据这些理论，管理者规定了产品的技术标准和适宜的加工精度。

质量检验的专业化及其重要性至今仍不可忽视。只是早期的质量检验主要是在产品制造出来后才进行的，即事后把关。这种事后检验把关，无法在大量生产的情况下起到预防、控制作用，由于事后检验信息的弊端凸显出来——反馈不及时所造成的生产损失很大，故又萌发出"预防"的思想，从而导致质量控制理论的诞生。

（二）统计质量控制阶段

这一阶段从20世纪40年代持续至50年代末。其特点是数理统计方法与质量管理相结合，从单纯依靠质量检验事后把关，发展到工序控制，突出了质量的预防性控制与事后检验相结合的管理方式。质量检验阶段存在的"事后检验""全数检验"等不足引起了人们的关注，一些质量管理专家、数学家开始设法运用数理统计的原理来解决质量管理问题。由于在此时期质量管理强调应用统计方法进行科学管理，故称质量管理的第二个发展阶段为统计质量控制（statistical quality control，SQC）阶段。1924年，美国沃特·阿曼德·休哈特（Walter A. Shewhart）将数理统计的原理运用到质量管理中来，提出控制和预防缺陷的概念。他发明了控制图，成为质量管理从单纯事后检验进入统计质量控制阶段的标志，也是形成一门独立学科的开始。1931年，休哈特出版第一本正式质量管理科学专著《工业产品质量的经济控制》。

统计质量控制阶段是质量管理发展史上的一个重要阶段。在质量管理中引入统计数学，是质量管理科学开始走向成熟的一个标志。应该指出，统计质量控制阶段，为严格的科学管理和全面质量管理奠定了基础。

从质量检验阶段发展到统计质量控制阶段，质量管理的理论和实践都发生了一次飞跃，从"事后把关"变为预先控制，并很好地解决了全数检验和破坏性检验的问题。但是统计质量控制也存在着缺陷，它过分强调质量控制的统计方法的作用，忽视了其他方法和组织管理对质量的影响，使人们误认为质量管理就是使用统计方法管理，限制了质量控制和管理的发展。随着大规模系统科学研究的涌现与系统科学的发展，质量管理也走向系统工程的道路。

（三）全面质量管理阶段

这一阶段从20世纪60年代开始持续至今。第二次世界大战之后，随着经济的增长，人们对产品质量的要求从单纯的使用性能发展为对耐用性、美观性、安全性、可靠性及经济性的全面关注。20世纪50年代以来，随着科学技术和工业生产的发展，人们对质量要求越来越高。这就要求人们运用"系统工程"的概念，把质量问题作为一个有机整体加以综合分析研究，实施全员、全过程、全企业的管理。随着市场竞争，尤其国际市场竞争的加剧，质量已成为企业竞争的核心要素，各国企业都十分重视产品责任和质量保证问题，强化质量管理。这促使了全面质量管理（total quality management，TQM）的诞生。

1. 全面质量管理的含义　费根堡姆和朱兰等人在20世纪60年代先后提出了"全面质量管理"的概念。1961年，费根堡姆在《全面质量控制》一书中首次提出全面质量管理的概念。他指出："全面质量管理是为了能够在最经济的水平上，并考虑到充分满足用户需求的条件下，进行市场研究、设计、生产和服务，把企业各部门的研制质量、维持质量和提高质量的活动构成一体的有效体系。"

我们把全面质量管理定义为，一个组织以质量为中心，以全员参与为基础，目的在于通过让顾客满意和本组织所有成员及社会受益而达到长期成功的管理途径。全面质量管理的基本核心是强调以提高人的工作质量来保证和提高产品的质量，达到全面提高企业和社会经济效益的目的。全面质量管理是在统计质量控制基础上进一步发展起来的，是组织管理的中心环节。

2. 全面质量管理的基本内容　全面质量管理过程的全面性，决定了全面质量管理的内容主要包括设计过程、制造过程、辅助过程、使用过程等四个过程（表14-1）。全面质量管理的基本内容贯穿于产品质量产生、形成和实现的全过程。

3. 全面质量管理的基本方法　在推行全面质量管理的方法时，普遍运用PDCA工作循环的方法。PDCA工作循环的建立是质量管理方法的一个重要发展，循环中的四个环节是计划（plan）、执行（do）、检查（check）和处理（action），可缩写成P、D、C、A四个字母，因此又叫作PDCA循环。

全面质量管理的基本方法可以概括成一个过程、四个阶段、八个步骤（图14-1，图14-2）。

表14-1 全面质量管理的主要内容

过程	基本内容
设计过程	包括市场调查、试验研究、产品设计、工艺设计、新品试制与鉴定等
制造过程	保证产品的制造质量，建立一个稳定生产合格品和优质品的生产系统，围绕人、机器、工具、原材料、方法与环境等展开
辅助过程	包括物资采购供应、动力生产、设备维修、工具制造、仓库保管、运输服务等
使用过程	提高服务质量（包括售前服务和售后服务），保证产品的实际使用效果，不断促使企业研究和改进产品质量

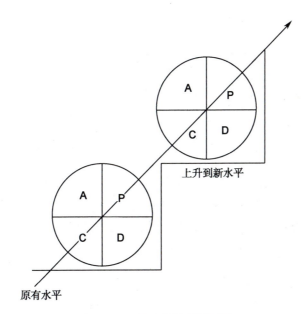

图14-1 PDCA循环关系图

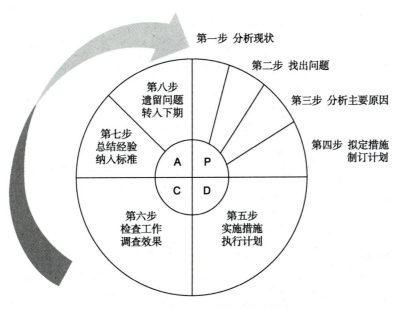

图14-2 PDCA循环阶段步骤关系图

（1）一个过程：一个过程就是指全面质量管理的全过程。包括从确定质量目标与方针，制订计划并通过目标管理方式贯彻下去执行。再通过检查，将情况反映上来，然后经过分析研究发现问题和提出下一步的措施。这个全过程是由四个环节组成的不断循环的环，以不断提高质量，所以称为工作循环。

（2）四个阶段：PDCA 循环表示质量管理中任何工作都要分为四个阶段，即计划、执行、检查、处理。这四个阶段组成一个全面质量管理的"车轮"（图 14-1），相互衔接，不断循环，每一次循环后都进入一个新的质量阶段。每经过一个循环，就要根据检查的结果采取相应的措施；每通过一次 PDCA 循环，就要修订工作标准，改善工作效果。质量管理的车轮不断地向前转动，每转动一圈，产品质量、工作质量就会提高一步。

（3）八个步骤：全面质量管理的八个步骤具体如下。

第一步：分析现状找出问题，即对产品质量的现状进行分析，找出主要质量问题。

第二步：分析影响产品质量的因素。运用因果分析法分析产生质量问题的原因。

第三步：找出影响质量的主要因素。在分析出的原因中找到关键原因。

第四步：针对主要影响因素采取措施。制订解决质量问题要达到的目标和计划，提出解决质量问题的具体措施和方法以及明确责任者。

以上四步是计划阶段的具体工作内容。

第五步：按既定的目标、计划和措施执行。这一步是实施阶段的具体工作内容。

第六步：调查采取措施后的效果。在第五步执行以后，再运用 ABC（activity based classification）分析法对产品质量情况进行分析，并将分析结果与步骤与所发现的质量问题进行对比，以检查在第四步中提出的提高和改进质量的各种措施和方法的效果，同时检查在完成第六步过程中是否还存在其他问题。这一步是检查阶段的具体工作内容。

第七步，巩固成果，进行标准化。对已解决的质量问题提出巩固措施，以防止同一问题在下次循环中再次出现。

第八步：把本循环未能解决的问题作为遗留问题提出来，找出原因，并转入下一个循环中去求得解决，从而与下一循环衔接起来。

PDCA 循环的四个阶段和八个步骤存在着不可分割的连续关系，其关系如图 14-2 所示。

（4）PDCA 循环的特点：PDCA 循环的四个阶段一个也不能少；大环套小环，相互促进；循环周而复始，呈阶梯式或螺旋式上升；PDCA 循环转动不是自发的，而是靠组织推动的，是各方面工作努力的结果；其中 A（action）处理阶段是关键。

4. 全面质量管理的原则 这八项基本原则是在吸收戴明、朱兰等质量大师的质量管理思想和世界上众多优秀企业实施质量管理的成功经验的基础上，参考质量管理的先进标准和优秀质量管理模式总结提炼出来的：以顾客为中心、领导重视、全员参与、过程方法、管理的系统方法、持续改进、基于事实的决策方法、与供方互利的关系。八项质量管理原则既是 2000 版 ISO 9000 族标准的理论基础，又是组织的领导者进行质量管理的基本准则。

5. 全面质量管理的新发展—卓越绩效管理模式 伴随着全面质量管理模式在全球的广泛应用，以 ISO 9000 为主的质量管理也暴露出了一些问题，显示出了一定的标准局限性。ISO 9000 族质量管理标准实施的目的是证实组织能够稳定地提供满足顾客要求和适用的法律法规所要求的产品的能力，不过，这个标准并未涉及满足组织、员工、供方和社会的要求。所以，为了弥补 ISO 9000 的这一缺陷，一种新的管理模式应运而生——卓越绩效管理模式。

卓越绩效管理模式（performance excellence management model）本质是对全面质量管理的标准化、规范化和具体化，是现代管理中获得广泛认同和使用的综合绩效管理的有效模式和方法，起源于 20 世纪 80 年代后期美国，其核心是强化组织的客户满意、意识和创新活动，追求卓越的经营绩效。这种模式，吸收了 TQM 的理念，又考虑到 ISO 9000 族质量管理标准以过程为基础的模式，同时克服了 ISO 9000 族质量管理标准的缺陷。世界各国许多企业和组织纷纷引入实施，像施乐公司、通用公司、微软公司、摩托罗拉公司等世界级企业都是运用卓越绩效模式取得出色经营结果的典范。

我国从 2001 年加入 WTO 以后，开始研究借鉴卓越绩效模式，启动了全国质量管理奖评审，致力于在中国企业普及推广卓越绩效模式的先进理念和方法，为中国企业不断提高竞争力、取得出色的经营绩效提供多方面的服务。2004 年 9 月，我国正式发布了 GB/T 19580—2004《卓越绩效评价准则》国家标准，标志着我国质量管理进入了一个新的阶段。现行最新标准为 2012 年 8 月的 GB/T 19580—2012《卓越绩效评价准则》。目前，我国多数省份及地市将此标准作为质量奖的评审标准，各类组织积极加入卓越绩效模式学习和实践中，有效地提升了企业的管理水平，提高了市场综合实力。

以上质量管理发展的质量检验、统计质量控制、全面质量管理三个阶段不是孤立的，而是互相联系的。前一个阶段是后一个阶段的基础，后一个阶段是前一个阶段的继承和发展。三个阶段的根本区别在于：质量检验阶段是一种防守型的质量管理，依靠事后把关，防止不合格品出厂；统计质量控制阶段是一种预防性的质量管理，通过数理统计的方法使质量管理科学化和数量化，把可能发生的质量问题消灭在生产过程之中；全面质量管理是一种进攻型的质量管理，是运用现代管理思想，采取系统管理方法，全面解决质量问题，同时追求质量的不断改进、不断提高。卓越绩效管理模式在全面质量管理的基础上进一步推进了管理的标准化、规范化和具体化。

二、质量管理面临的挑战

随着时代的发展，科技的日新月异，我国在进入互联网时代的同时，也进入了质量时代，质量提升已成为国家战略。大家已习惯于用 VUCA 来形容企业在互联网时代所面临的新商业环境，其中 V 代表 volatility（易变性），U 代表 uncertainty（不确定性），C 代表 complexity（复杂性），A 代表 ambiguity（模糊性）。在以易变、不确定、复杂、模糊为特征的新时代环境下，质量管理面临着诸多新情况与新问题。譬如，产品的生产技术更为复杂，政府对产品的安全和环保性要求更加严格，产品的使用对生态系统的依赖性逐步增大，大数据时代背景下质量管理的新变化等。

1. 流程改进和流程再造　20 世纪 80 年代以来，管理学界和企业界掀起了流程变革的浪潮。在这个过程中，管理学家首先提出了流程改进（business process improvement，BPI）。BPI 强调过程连续的、渐进的变革和改善。随着 BPI 理论的推广应用，人们发现，它不能从根本上解决企业面临的挑战，企业需要更加彻底的变革。于是，业务流程再造（business process reengineering，BPR）理论于 20 世纪 90 年代被提出。迈克尔·哈默（Michael Hammer）和詹姆斯·钱皮（James Champy）认为：“企业业务流程再造就是对企业的业务流程作根本性的思考和彻底性的再设计，从而使企业在成本、质量、服务和速度等方面获得巨大的改善，并能最大限度地适应以顾客、竞争、变化为特征的现代企业环境。”可见 BPR 不同于 BPI，是指对组织的业务流程进行根本性再思考和彻底性变革，以求在成本、质量、服务和速度等方面获得质的飞跃与改善。面对产品的生产技术更为复杂多变的新环境，流程再造固然存在许多优势，但是在现实情况中，流程再造实施难度相对较大，一些根本性的变革面临许多挑战。所以在当前的质量管理实践中，应对流程改进过程不断进行尝试，努力通过流程改进达成质量变革；当流程改进确实无法实现预期目标时，可尝试流程再造的方式迎接挑战。

2. 可持续发展与生态质量管理　人类的物质生产过程，是一个不断利用自然资源的过程。环境作为质量形成的因素之一，在影响或孕育了产品质量的同时，其自身也不断地变化。随着经济社会的不断发展，人们越来越认识到质量与环境的相关关系应是相互补充、制约或共生的过程,质量发展的同时也不能牺牲生态环境,应该兼顾质量的提升与生态环境的持续发展。由此,生态质量管理的概念被提出,生态质量管理也称绿色质量管理。企业的生态质量管理是指致力于持续提高正产出的质量同时减少负产出,以提高综合质量,努力实现社会、经济、生态协调持续发展的管理活动。它立足于"人 - 自然"系统,改善环境,发展经济,重视产品的生态价值和生态质量,重视生态工艺在产品质量形成过程中的作用。同时,生态质量管理还强调清洁化生产、环境保护以及再利用,倡导"源于自然,终于自然"。最终,形成一个"自然－生产－消费－自然"的过程。

3. 大数据背景下的质量信息管理 在大数据时代下,随着信息技术、移动互联网、云计算、物联网的快速发展,质量管理相关数据呈指数级增长。而大数据时代给质量管理革新带来了新的契机,计算机互联网技术辅助的质量信息管理应运而生。此种质量信息管理包括了企业采用信息技术支持的各种质量保证和管理活动,它是伴随着制造业信息化而形成的一个应用和研究的热点。但与此同时,面对大数据,质量信息管理也迎来了一些新的挑战。

首先,传统模式下,因数据查询困难,以往收集的质量检验数据的利用价值有限。大数据时代,应考虑如何通过实时采集及保存的方式,极大地提升数据的价值,凸显大数据对于质量管理提升的决定作用。大数据时代下的数字化将促成数据的采集与分析及报告的同步完成,数字化的数据的易查询性只是数据利用的第一步,未来如何利用海量的数据进行质量信息管理会越来越成为下一步的应用重点,尤其应解决如何利用大数据所呈现出的真相帮助实现质量提升的问题。

其次,质量管理离不开统计分析。即使在传统的模式下,不论是过程评估,还是质量效果评价等,都需要工程师了解统计学的基本原理,进而在数据整理完成后选择合适的统计分析算法,这对于工程技术人员而言,本身就是一项挑战。而大数据时代的质量信息管理,由于数据生产源头激增,产生的数据来源众多,结构各异,以及系统更新升级加快和应用技术更新换代频繁,使得各大数据源之间都可能存在着冲突或矛盾的现象。因此,在这样的背景下,如何在确保数据质量的同时,合理开展统计分析,是质量信息管理面临的巨大挑战。

最后,传统模式下,质量管理各流程之间的连接并没有真正打通,数据与数据之间关系的研究还没有成为质量管理提升的主流。大数据时代亟须进行质量管理的各要素之间的融合,使质量管理形成一个有机的系统,通过打破信息孤岛,建立起符合未来时代特征的有机的质量信息管理"生态"系统。

第三节　质量控制与提升

一、质 量 控 制

(一)质量控制概述

1. 质量控制的含义 质量控制(quality control, QC)也称品质控制,是指为达到质量要求所采取的作业技术和活动。这里的"作业技术"包括两部分内容,既包括为确保达到质量要求采取的专业技术,又涵盖相应的管理技术,是质量控制的主要手段和方法的总称。"活动"则是人们对这些作业技术的有计划、有组织的系统运用,是一种科学的质量管理方法。前者偏重于方法、工具,后者偏重于活动过程。质量控制贯穿于质量产生、形成和实现的全过程中。一般来说,质量控制中实施"作业技术和活动"的程序如下。

(1)确定控制计划与标准。

(2)实施控制计划与标准,并在实施过程中进行连续的监视、评价和验证。

（3）发现质量问题并找出原因。

（4）采取纠正措施，排除造成质量问题的不良因素，恢复其正常状态。

质量控制的主要功能就是通过一系列作业技术和活动将各种质量变异和波动减少到最低程度；目的在于以预防为主，管因素保结果，确保达到规定要求，实现质量管理目标。

2. 质量控制的步骤　质量控制大致可以分为七个步骤。

（1）选择控制对象。

（2）选择需要监测的质量特性值。

（3）确定规格标准，详细说明质量特性。

（4）选定能准确测量该特性值的监测仪表，或自制测试手段。

（5）进行实际测试并做好数据记录。

（6）分析实际与规格之间存在差异的原因。

（7）采取相应的纠正措施。

当采取相应的纠正措施后，仍然要对纠正的过程进行监测，将过程保持在新的控制水准上。一旦出现新的质量偏差，还需要测量数据，分析原因，进行纠正。因此，这七个步骤形成了一个封闭式流程，称为"反馈环"。在上述七个步骤中，最关键有两点：即质量控制系统的设计与质量控制技术的选用。

3. 质量控制的特征　质量控制具有六大特征，分别如下。

（1）可理解性：所有的质量控制机制和政策，对于产生和运用它们的管理者和员工来说，都必须是容易理解和掌握的。有关质量控制标准的描述应该用简洁的语言来表达。

（2）精确性：质量控制标准应力求精确，避免模棱两可。有效质量控制系统能够提供准确、及时的数据，使管理人员及时了解偏差情况，及时采取措施。质量控制应尽量采用客观的计量方法评定绩效，把定性内容具体化。

（3）及时性：信息是质量控制的基础，如果信息的收集、传递不及时，信息处理时间过长，就会影响管理层的决策，会带来不可弥补的损失。

（4）适宜性：这里的适宜性主要指标准适宜，标准适宜性又包括强度适宜性和经济适宜性。强度适宜性是指，控制标准定得过高或过低，都很难起到激励员工的作用，标准的制定应在可实现的范围之内，切勿过高和过低；经济适宜性是指质量控制还应考虑经济性，即要不要控制、控制到什么程度，都要考虑控制增加的费用问题，只有当控制产生的价值大于所需费用时，质量控制才有意义。

（5）指示性：控制系统不仅能发现问题和偏差，还应该指出偏差的确切原因，以及发生的位置和方向，从而便于纠正偏差。

（6）灵活性：组织的内、外环境都处在不断变化之中，当环境变化时，控制机制必须允许变化，否则控制就会失效。

4. 质量控制的基础工作

（1）建立有效的控制系统：控制系统设计主要包括以下内容：一方面要明确控制的目标、重点和方法，另一方面要建立控制的标准和程序，这是控制最基本的工作。

（2）实施目标管理：目标管理是一种综合的以工作为中心和以人为中心的系统管理方式。其基本特点是以科学的目标体系为中心，实行自我控制，注重成果评价。

（3）发挥员工的作用，让员工参与控制：控制者与被控制者是平等的，在质量控制活动中，应调动员工的积极性，发挥员工的作用，让员工参与，这样控制才能发挥作用。

（4）不断提升企业管理基础工作：建立精简高效的控制机构，配备合适的控制人员；建立明确的控制责任制；建立严密的组织；完善组织内部信息系统，保证信息的上下沟通顺畅和及时反馈；合理分权，做好协调工作，形成高效的控制网络等。

（二）质量控制方法

伴随着质量管理理论与实践的发展，质量控制的方法也在不断发展推进，主要包括传统七法与新七法。

1. 传统七法

（1）统计分析表（check sheets）：统计分析表是利用统计图表进行质量管理数据整理和粗略原因分析的一种工具。在应用时，可根据调查项目和质量特性采用不同格式。常用的检查表有缺陷位置检查表、不合格品分项检查表、频数分布表（应用于绘制直方图）等。

（2）分层（stratification）：分层法就是把所收集的质量管理数据进行合理分类，把性质相同、生产条件相同或某些相关因素相同的情况下收集的数据归在一组，把划分的组称为层。通过数据分层可以将错综复杂的影响质量的因素分析得更清楚。常用的分层依据包括使用设备、工作时间、使用原材料、工艺方法、工作环境等。

（3）帕累托图（Pareto diagram）：帕累托排列图是根据"关键的少数，次要的多数"的原理，将质量管理数据分项目排列作图，以直观的方法来表明质量问题的主次及关键所在的一种方法，是针对各种问题，按原因或状况分类，把数据从大到小排列而做出的累计柱状图。

（4）因果图（cause-and-effect diagram）：因果图也称为鱼骨图（fishbone diagram），是将一个质量问题的特性（结果），与造成该特性的主要原因（主因）归纳整理而成为图形。因其形状颇像树枝和鱼刺，也被称为树枝图或鱼刺图。因果图是把对某项质量特性具有影响的各种主要因素加以归类和分解，并在图上用箭头表示其间关系的一种工具，由于它使用起来简便有效，在质量管理活动中应用广泛。

（5）直方图（histogram）：直方图是将一组测量数据按其在各区间内出现的频率分布绘制成柱状图，用以描述质量分布状态的一种分析方法，所以又称质量分布图法。直方图是整理数据、描写质量特性数据分布状态的常用工具。通过直方图来分析质量状况：一方面可观察直方图的形状判断总体（生产过程）的正常或异常，进而寻找异常的原因，另一方面可与质量标准（公差）比较，判定生产过程中的质量情况。当出现异常情况时，应立即采取措施，预防不合格品的产生。

（6）控制图（control chart）：控制图是对生产过程中产品质量状况进行实时控制的统计工具，是质量控制中最重要的方法。控制图较直方图最大的特点是引入了时间序列，通过观察样本点相关统计值是否在控制限内以判断质量管理过程是否受控，通过观察样本点排列是否随机从而及时发现异常。控制图的主要用途有：分析判断生产过程是否稳定；及时发现生产中异常情况，预防不合格品产生；检查生产设备和工艺装备的精度是否满足生产要求；对产品进行质量评定。

（7）散点图（scatter diagram）：散点图是将一组对应的两种质量特性数据纳入 x-y 坐标图中，以观测两种质量特性是否相关及其相关程度。质量数据之间多属相关关系，一般有三种类型：一是质量特性和影响因素之间的关系，二是质量特性和质量特性之间的关系，三是影响因素和影响因素之间的关系。现实中常通过绘制散点图，计算相关系数等，分析研究两个变量之间是否存在相关关系，以及这种关系密切程度如何，进而对相关程度密切的两个变量，通过对其中一个变量的观察控制，去估计控制另一个变量的数值，以达到保证产品质量的目的。

2. 新七法　　以上七种传统的质量控制方法更侧重于对问题发生之后的改善，重点在于统计分析。在 1979 年，日本教授纳谷嘉信在传统方法的基础上，又推出了新的七种方法，包括关联图法、亲和图（KJ 法）、系统图法、矩阵图法、矩阵数据分析法、过程决策程序图法、箭线图法，新方法较之传统方法，更侧重于在问题发生之前进行预防，重点在于思考分析的过程。新旧七种方法可互为补充，更好地共同服务于质量控制与管理。以下对新七法详细展开介绍。

（1）关联图法（relation diagram）：关联图法指的是把关系复杂的问题及其因素间的因果关系用箭头连接起来的一种图示分析工具，是一种关联分析说明图。通过图示可以找出因素之间的因果关系，便于通观全局、分析以及拟订解决问题的措施和计划。关联图法主要用于理清纷繁复杂，交织在一起的各种因素的因果关系。它的基本特征是能够比较准确地抓住事物的主要矛盾，明确需要解决质量问题的要点和依据。关联图法的主要用途有：制定、展开质量保证和质量管理方针；制订质量管理的推进计划；分析制造过程中不良品的原因，尤其是潜在原因；提出解决市场投诉的措施；有效地推进 QC 小组活动。关联图由圆圈（或方框）和箭头组成，圆圈中可带有文字说明，箭头由原因指向结果，或者由手段指向目的，具体如图 14-3 所示，图为中央集中型关联图，将要分析关注的问题置于关联图的中央，将与此问题相关联的因素逐层排列，在其周边展开。

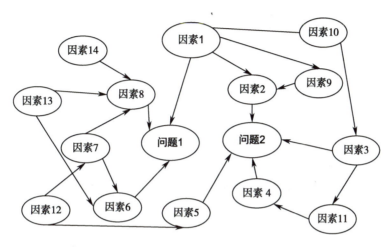

图 14-3 关联图法

（2）亲和图：又称 KJ 法（the KJ method）、A 型图解法，是指从错综复杂的现象中，用一定的方法来整理思路、抓住思想实质、找出解决问题新途径的方法。KJ 法将未知的问题、未曾接触过的领域的问题，按照资料近似程度、内在联系进行分类整理，抓住事物的本质，找出结论性的解决办法。这种方法的用途有：认识新事物（新问题、新办法）；整理归纳思想；从现实出发，采取措施，打破现状；提出新理论，进行根本改造；促进协调，统一思想；贯彻上级方针，使上级的方针变成下属的主动行为。KJ 法对质量管理方针计划的制订、新产品新工艺的开发决策和质量保证都有积极的意义。表格为 KJ 法与传统统计方法的不同点（表 14-2）。

表 14-2 KJ 法与传统统计方法的不同点

传统统计方法	KJ 法
验证假设型	发现问题型
收集数值性的数据资料	侧重于分析综合
侧重于数据资料掌握问题	侧重于用文字掌握问题
使用数理统计理论分析的方法	凭"灵感"归纳问题

（3）系统图（system diagram）：系统图是指系统寻找达到目的的手段的一种方法，它是将要达到的质量目的所需要的对策和需要解决的问题的可能原因逐级深入，并绘制成图，以明确问题的重点、寻找最佳手段或措施的一种方法。系统图常包括对策型系统图和原因型系统图两类，它广泛应用于质量管理中，可用于新产品研制过程中设计质量的展开，质量保证计划的制订；也可对质量活动进行分析，展开目标、方针、事项的实施，明确部门职能、管理职能。这种方法易于统一成员的意见、容易整理，手段一目了然。具体如图 14-4 所示，图示为对策型系统图，以"目的-

手段"形式展开，例如，问题"如何提升质量管理水平"，由此发问"如何达成此目的？有哪些方法"，经分析发现的方法有：使用合适的质量管理方法和工具等，称为一次方法；"如何选择合适的质量管理方法和工具"以此得到二次方法；后续同样把二次方法再转换成目的，进一步展开三次方法，最后绘制成完成对策系统图。

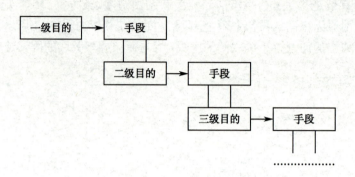

图14-4　系统图法

（4）矩阵图（matrix diagram）：矩阵图法是指从具体问题事项中，找出成对的因素群，分别排列成行和列矩阵图，找出其间行与列的关系或相关程度的大小，探讨问题关键点的一种方法。其多运用二维、三维……多维矩阵表格，可在短时间内获得有关构想和资料，能使因素的关系明确化，掌握整体的构成情形，可用来明确各机能与各单位间的关系，明确质量要求和原料特性间的关系等。矩阵图主要运用于寻找改进老产品的着眼点和研制新产品、开发市场的战略，以及寻找产品质量问题产生的原因、确立质量保证体系的关键环节等质量管理工作。如图所示（图14-5）为最简单的矩阵图法，在图中，A 为某一个组群因素，在其之下的各具体因素为 A_1、A_2、A_3、A_4、……，将它们排列成矩阵的行；B 为另外一个组群因素，在其之下的各具体因素为 B_1、B_2、B_3、B_4、……，将它们排列成矩阵的列；行和列的交点表示 A 和 B 各因素之间的关系，可以不遗漏地找出对应元素之间的交点，清晰明了地显示对应元素的关系。

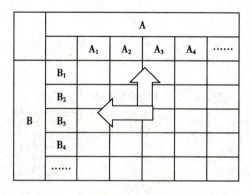

图14-5　矩阵图法

（5）矩阵数据分析法（matrix data analysis method）：矩阵数据分析法是指当矩阵图中各元素之间的关系能够定量表示时，对矩阵图的数据进行整理和分析的一种方法，可以更准确地整理和分析结果。这种方法主要用于影响产品质量的多因素分析、复杂的质量评价。它区别于矩阵图法的是：不是在矩阵图上填符号，而是填数据，形成一个分析数据的矩阵。在新七种工具中，数据矩阵分析法是唯一一种用数据分析问题的方法，其结果仍要以图形表示。矩阵数据分析法的主要方法为主成分分析法，利用此法可从原始数据获得许多有益的情报。以下为此法示例。

下图是 X-Y 矩阵图，其中 abcde 为输入因素，ABCDE 为输出因素，A 因素影响重要度为5，

B 为 6, C 为 4, D 为 7, E 为 2; 请确定 a、b、c、d、e 输入因素的影响顺序(图 14-6)。

输入	输出	A	B	C	D	E
	Rank	5	6	4	7	2
1a		7				
2b			8			
3c		6		3		
4d				4		7
5e					9	

输入因素	影响程度	占比/%
1a	5 × 7=35	16.06
2b	6 × 8=48	22.02
3c	5 × 6+4 × 3=42	19.27
4d	4 × 4+2 × 7=30	13.76
5e	7 × 9=63	28.89
小计	218	100

图 14-6　矩阵数据分析法

(6) 过程决策程序图法(process decision program chart, PDPC): 过程决策程序图法是指在制订计划阶段或进行系统设计时, 事先预测可能发生的障碍或者不理想结果等, 从而设计出一系列对策措施, 以最大的可能引向最终目标, 最后实现理想质量管理结果。该法可用于防止重大事故的发生, 也称之为重大事故预测图法, 主要用于一些突发性的原因可能会导致工作出现障碍和停顿的情况下。PDPC 法在质量控制与管理中可以用来制订目标管理中间的实施计划, 怎样在实施过程中解决各种困难和问题, 也可以制订科研项目的实施计划, 对整个系统的重大事故进行预测等。

图 14-7 为顺向进行式, 也称顺向思维法, 是指设定一个理想的目标, 按照过程顺序考虑实现目标的手段和方法, 目标可以是过程的输出, 也可以是期望的结果, 为了能达到期望的结果, 需要为此设计多种方案, 例如, 在图中, 项目从 A0→A1→A2→A3→…→An→Z, 可能实施 A1 在技术上有难度, 则从 A1 开始, A1→B1→B2→…→Bn→Z, 但如果不是最佳路线, 再寻求 A0→C1→C2→C3→…→Cn→Z, 如果 C3 在实施起来有困难, 则寻求 D 的路线, 以此类推, 总之结果既定不变, 对在实施过程中可能出现的问题预先做好分析判断, 确保能实现期望的结果。

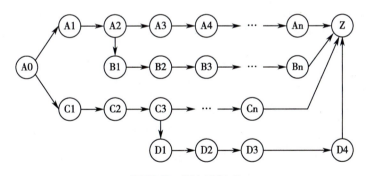

图 14-7　顺向进行式

(7) 箭线图法(arrow diagram): 箭线图法又称矢线图法或双代号网络图法(activity-on-arrow network diagram)是指计划评审法在质量管理中的具体运用, 是使质量管理的计划安排具有时间进度内容的一种方法。它有利于从全局出发、统筹安排、抓住关键线路, 从而集中力量, 按时间提前完成计划, 是网络图在质量管理中的应用。它是一种有效、合理地安排时间、资源与费用的科学方法。具体的箭线图如下图 14-8 所示, 用箭线表示活动, 活动之间用节点(圆形或者矩形等标识, 称作"事件"或"任务")连接, 仅利用"结束 - 开始"关系以及用虚工作线表示活动间逻辑关系, 每个活动必须用唯一的紧前事件和唯一的紧后事件描述; 紧前事件编号要小于紧后事件编号, 每个事件必须有唯一的事件编号。

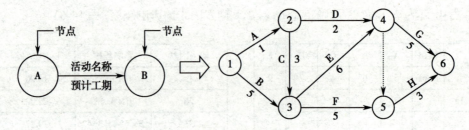

图14-8　箭线图法

二、质量提升

（一）质量提升概述

1.质量提升的概念　质量提升是指为改善产品的特征和特性，以及为提高产品生产和交付过程的有效性和效率所开展的活动。它是质量管理的一部分，通过不断循环地采取纠正和预防措施来增加组织的质量管理水平，最终使得产品质量不断提高；它也有助于组织成功地、结构性地解决问题的过程，具体包括：识别现状、建立目标、寻求方法、评价方法、实施方案、评审结果、纳入文件等环节。

质量提升是促进高质量发展的有效形式和重要手段。质量提升的关键，是全过程、全方位、全员管理，积极引进和导入先进管理方法，加强全面质量管理，不断提升质量管理水平，使产品、服务和工程从设计、原材料把关到生产制造、市场应用等全链条，始终在可控范围之内，形成以质量为主线的良性循环，使质量成为产品、服务和工程的决定性因素。

质量提升的对象主要包括产品质量、服务质量以及与产品服务相关联的工作质量。质量提升的效果在于突破，其最终效果是按照超出原有目标的质量水平开展工作，获得更高产品质量。

2.质量提升的内容　在进行质量管理过程中，除了对产品或服务进行质量控制以外，关键还需要进行质量提升来保证质量的优质性，以便更好地满足人们的需求。因此，在进行质量提升时，首先要通过对产品的特性进行突破或改革来提升客户的满意度，从而达到质量提升的目的；其次是将产品中存在的不足降到最低程度，避免出现顾客投诉和慢性消费的现象，通过及时发现不足而采取有效措施进行改善达到质量提升的目的。

3.质量提升的特点

（1）质量提升不同于质量控制：质量提升与质量控制效果不一样，但两者是紧密相关的，质量控制是质量提升的前提，质量提升是质量控制的发展方向。

（2）质量提升是以项目的方式开展进行：为增强项目的效率、效用和效益，对项目进行一定的质量提升是有必要的，通过"有益的改进"来改善项目质量，以改变项目提供产品或服务的方式来满足顾客对项目的要求。

（3）质量提升是普遍适用的：质量提升适用于制造业和服务业、生产过程和业务过程、运作活动和支持性活动，以及软硬件研发领域。质量提升可以应用在包括政府、教育和医疗等领域在内的几乎所有的产业中。此外，质量提升还可以应用到公司的所有职能领域，如财务、产品开发、市场营销、法律等。

（4）质量提升是有成本的：质量提升并非不需要付出代价，提升期间，必须创建一种基本的架构来动员公司的资源以实现常年的质量提升。

（二）质量提升路径

质量问题是当前社会发展的关键性问题，质量提升行动有力支撑了经济社会发展，因此，需要运用各种方法开展质量提升行动，加强全面质量监管，全面提升质量水平。

1. 传统提升路径　传统的质量提升过程多应用以统计理论为基础的质量分析方法，例如，在加强质量管理的过程中，企业多数会采用图表等数据分析工具，将原先杂乱无章的数据和因素系统化和条理化，以便于分析问题、找出产生质量问题的主要原因，并制定相应的措施来解决问题。传统路径更多注重运用数理统计方法进行质量提升，提倡企业管理者、技术人员乃至一线员工应用科学的质量管理工具去把握事实、分析原因、寻找规律、制定解决措施。此外，企业重视专业技术的科学整合，将质量与基本经济目标结合，注重产品性能或服务质量的持续优化。一般的质量提升从企业的管理体系着手，全方位、系统地对产品生产的各过程进行有效管理，突破传统质量管理范畴，进一步提升产品或服务质量。

2. 新提升路径　随着社会经济的发展，质量提升又有了新的路径。当前要实现高水平的质量提升，各企业需要推行全面质量管理，形成完善的质量约束激励双驱动机制，形成质量推动合力；增强顶层设计思维有利于促进不同质量管理体系的整合，明确企业质量管理活动的优势和改进空间有利于驱动企业创新，从而运用质量管理方法工具来支撑质量管理体系升级；在提升产品或服务的质量过程中，企业可以通过梳理在质量管理体系运行过程中所运用的质量管理方法、工具和产生的问题，加强改进质量管理方法工具在适用领域的运用实践，实现质量提升的高效转变。

此外，除了应用传统数理统计图表等方法来进行质量提升以外，为了质量管理更加标准化、科学、规范，人工智能在未来质量提升过程中可以发挥较大优势，例如：通过计算机视觉识别等方法辨别产品或服务过程中的质量问题，减少人工统计辨识误差；最大化利用传感器等适合工业场景人工智能感知技术，帮助企业挖掘生产过程中各项数据的内在价值，释放技术潜能，提升产品质量。

本章小结

质量是某种产品或某项服务完成优劣程度的体现，既明确了产品或服务要求达成的具体技术指标，也体现了达成该指标后产品或服务对顾客固有特性的满足程度。

质量管理是在一定的技术经济条件下，为保证和提高产品质量所进行的一系列指挥和控制组织的协调的活动。质量管理的发展历程，按照质量管理所依据的手段和方式，可以分为三个阶段：质量检验阶段、统计质量控制阶段和全面质量管理阶段。

质量控制也称品质控制，是指为达到质量要求所采取的作业技术和活动。质量提升是指为改善产品的特征和特性以及为提高生产和交付产品过程的有效性和效率所开展的活动。

（陈　春）

思考题

1. 简述质量管理的发展历程。观察并思考当前企业、消费者、政府对质量管理的看法，并谈谈你对医疗服务质量管理的认识。
2. 简述全面质量管理的特点。
3. 全面质量管理的八项原则是什么？
4. PDCA 循环的特点是什么？

第十五章 管理绩效及其控制

在控制职能实施过程中,管理本身作为一项最重要的资源投入,对于人力、财力、物力、信息等其他资源的统筹整合,发挥了重要作用。管理绩效的水平,直接影响着组织的总体运行和控制效果的实现。卫生组织的管理绩效改善,本质上是一种管理控制功能。在本章中,我们将学习绩效的内涵,管理绩效的概念及其构成;管理绩效评价的要素及常用方法;管理绩效的控制流程、绩效提升策略。作为未来的卫生管理者,需要深入了解管理效率、管理效果的内涵并学会结合卫生管理实践妥善处理其关系。掌握开展卫生绩效评价的理论及方法,熟悉管理绩效控制的流程,了解绩效改进的常用方法及最新进展,是未来从事卫生管理工作所必备的技能与素质。

第一节　管理绩效概述

回顾管理学的发展历程,管理绩效问题与管理学理论具有同样悠久的历史。工业革命之后,"管理"逐渐成为继土地、劳动力、资本之后的第四项生产要素。此时,早期的经济学家亚当·斯密等人注意到,伴随着生产和企业规模的扩大,企业所有者无法亲自监督所有的操作,然而,几乎没有一位领取薪酬的管理者会像照料自己的财产那样积极地管理别人的财产。如何"妥善地管理他人的财产",应是人类管理思想史上第一次提出如何有效地控制管理绩效的问题。管理绩效改善,本质上是一种管理控制功能,主要包括制定和实施确保组织在现有的资源条件下完成其使命和目的的策略。

一、绩效与管理绩效

(一)绩效的内涵

关于"绩效"的含义,一直存在着不同的理解。在《辞源》中,古代汉语关于"绩"的原始字义之一是"功劳",而"效"的原始字义之一是"征验、效果",古代汉语中并没有"绩效"一词,但有与此类似的"效绩"一词,其含义是"成效、功绩"。在《现代汉语词典》中,"绩效"一词被解释为"成绩;成效",而"成绩"主要指"工作或学习的收获","成效"的含义为"功效或效果","绩效"则是二者意义的综合。

在英语语境中,《牛津高阶英汉双解词典》关于绩效(performance)的注解有:"process or manner of performing 执行;履行;工作;作用;实行;进行";"action or achievement(尤指出色的)表现;行为;成就";"ability to move quickly, operate efficiently, etc(良好的)性能,工作情况"。在反映20世纪80年代以来西方(尤其是德语国家)经济伦理学研究成果的《经济伦理学大辞典》(乔治·恩德勒主编)中,把"绩效"界定为"有助于实现社会积极目标的个人和合作的人的行为"。

从管理学的角度来看,绩效是组织期望的结果,是组织为实现其目标而展现在不同层面上的有效输出。绩效具有一定的时间范围,是组织及其成员在一定时期内取得的成果的综合体现,只有针对具体的时间范围,绩效评价、绩效改进等管理活动的开展才有意义。绩效能够综合体现组织目标的完成状况,对组织的战略、计划等实施状况进行控制和评价,是开展绩效管理的主要手段。绩效的内涵体现了从投入向产出转化的系统性质，所关注的是在一定资源条件下组织所取得的期望结果。绩效的内涵包含了有效性与效率性两个方面，有效性是针对目标的取得而言，效率性则是关于以最少的资源消耗来达到目标。

（二）绩效的类型

按照绩效管理的层次划分，可将绩效分为系统绩效、组织绩效、个人绩效等类型。

系统绩效是指宏观管理系统运行的总体效率、效果及其社会影响。例如，世界卫生组织（WHO）在《2000 年世界卫生报告》中提出，卫生系统绩效就是指在给定的卫生资源下，卫生系统三个主要目标——促进健康、增强反应性以及确保卫生筹资公平性的完成情况。

组织绩效是指组织全部作业流程与活动所累积的最终结果。彼得·F·德鲁克（Peter F. Drucker）认为："组织的焦点必须放在组织的绩效上，组织的精神是高绩效标准。"任何组织的管理者都十分关心组织绩效，他们需要了解产生组织高绩效的因素，通过管理控制的手段促使组织不管追求什么样的目标、战略或任务都能获取高水平的绩效。

个人绩效即个人工作所取得的绩效，常常运用于人力资源管理中的绩效考核流程中，与薪酬管理密切联系，体现为组织与个人之间的对等承诺关系。个人进入组织，必须对组织所要求的绩效作出承诺，完成其对组织的承诺之后，组织就会给予相应的薪酬。组织绩效是建立在个人绩效实现的基础上，但个人绩效的实现并不一定保证组织是有绩效的。

（三）绩效的价值标准

以卫生领域为例，若要改善组织绩效，首先需要识别支撑服务提供的关键价值。作为一项公共事业，卫生服务绩效的价值标准主要集中在以下几点。

1. 经济 任何组织进行管理经营活动都要考虑经济性（economic），对于卫生服务组织而言，经济价值标准是要以最低的成本，创造既定数量与质量的卫生服务。在考虑卫生服务成本时，不仅要关注成本总量，还应关注成本的来源。比如对于一个国家或地区的卫生系统绩效来说，卫生总费用是一项重要的衡量指标，不仅应关注其总量与规模，还应对其在政府、社会、个人三方面的支出比例进行比较研究，才能合理判断其是否符合经济价值标准。

2. 效率 效率（efficiency）主要是指卫生服务组织在既定时间内的预算投入究竟产生了什么效果。卫生服务的效率包含两个方面：一是技术效率，是指是否达到了最优的生产要素组合，即在等量资源条件下是否产出更多的符合居民健康需要的卫生服务；二是配置效率，是指组织或系统所能提供的产品或服务能否满足不同偏好，比如政府的公共卫生支出所达到的资源配置结果，能否满足大多数人的最大利益。

3. 效益 效益（effectiveness）也称作效果或效能。相对于效率，效益更加强调结果的有效性。卫生服务的效益主要包括经济效益、社会效益。经济效益主要是指通过卫生服务提供所获得的经济补偿，从而满足卫生服务提供人员及组织的生存与发展需要。社会效益则反映了卫生服务组织的目标、服务提供是否能够代表广大人民的利益，如果卫生服务产出能够满足居民的健康需要，人们认为其社会效益是正值，相反，则认为其社会效益是低下的，甚至是负效益。

4. 公平 健康是人人享有的一项基本权利，公平（equity）是衡量卫生服务绩效的重要标准之一。卫生服务公平性是指根据人各自的卫生需要不同，都有同等机会享受到相对应的基本的预防、医疗、保健、康复的原则和属性。世界卫生组织（WHO）发布的《2000 年世界卫生报告》将卫生系统的公平划分为卫生筹资领域的公平、卫生服务利用领域的公平和健康公平三个方面。提高卫生系统的公平性，将是推进卫生服务绩效整体改善的重要内容。

（四）管理绩效

如前所述，管理本身也是管理过程中一项重要的资源投入。然而，管理资源与其他资源不同，本身并不直接对组织目标有所贡献，而是通过组织其他资源的整合，提高其他资源的利用效率而间接地作贡献。因此，在给定资源不变的情况下，管理资源质量的优劣就决定了组织的绩效。

管理绩效（performance of management）是一个组织内部的管理活动所追求的最终目标的实现程度，或者说，是管理人员通过他人完成任务的情况。它包括计划、决策、指挥与控制、授权与协调等方面的工作，以及管理者为下属制定具有挑战性的工作目标，工作过程中及时跟踪检查、监督与指导，解决成员工作过程中的困难，及时提供工作结果的反馈信息，充分激发下属的工作积极性，协调各种人际关系，化解矛盾与冲突，提高团队的凝聚力与向心力等。

管理绩效和绩效管理（performance management）是两个相互联系又具有区别的概念。管理绩效是绩效的一种重要类型，而绩效管理则是一项管理过程。管理绩效是将管理本身视为管理过程中的一种资源投入，反映一个组织内部管理活动所追求的最终目标的实现程度。公共管理学家沙夫里茨等在《公共行政导论（第五版）》中指出："绩效管理是组织系统整合组织资源达成其目标的行为，绩效管理区别于其他纯粹管理之处在于它强调系统的整合，它包括了全方位控制、监测、评估组织所有方面的绩效。"因此，绩效管理是一个完整的过程，是由收集绩效信息、确定绩效目标、划分考核指标、根据考核结果改进绩效等流程构成的行为体系，是持续提高管理绩效、不断促进有效管理的过程。

从绩效的层次看，管理绩效是个人绩效与组织绩效之间的中介。之所以管理过程中存在1+1并不等于2的现象，也即个人绩效的完成并不意味着组织能够较好地实现其绩效，就是因为管理绩效的水平差异对于组织绩效的完成具有决定性的影响。高水平的管理绩效，能够有效整合组织中每个成员的个人绩效，并且使组织达到超过个人绩效之和的组织绩效。而较低水平的管理绩效，则意味着组织绩效难以完成组织目标的要求，出现1+1<2的结果。

管理绩效是管理有效性的综合结果，体现的是管理者的综合能力和综合条件，我们认为包含两方面的内容：管理效率和管理效果。追求管理效率就是要使资源成本最小化，管理效果则是对管理活动实现预定目标的追求。效率涉及的是活动的方式，而效果涉及的是活动的结果，二者都反映了管理绩效的一个方面。

二、管理效率

管理效率取决于管理成本和管理收益两方面的因素。管理可以给组织带来价值，同时它作为一项资源又具有稀缺性。为了获得管理这一特有的稀缺性资源，组织必然要付出相应的成本，即管理成本。

（一）管理成本的构成

管理成本的概念由美国经济学家罗纳德·科斯（Ronald H. Coase）于20世纪30年代首先提出。组织的管理成本主要由四个方面构成：内部组织成本、委托-代理成本、外部交易成本和管理者时间的机会成本。

1. 内部组织成本　主要由组织构建成本和组织运行成本构成。它是组织管理成本在组织内部的表现，也是组织管理成本的原始内涵。在组织内部存在着不同的部门，利用组织内部的行政力量，可以取代市场机制配置组织内部的资源。

2. 委托-代理成本　组织中存在着大量的委托-代理关系，一个人或更多的人（即委托人）聘用另一人（即代理人）代表他们来处理事务，包括把若干决策权托付给代理人。在这种契约下，由于委托人和代理人之间存在利益偏差，代理人从自身利益出发，做出违反委托人利益的行为，将会给委托人带来利益损失，由此而产生的不必要的费用，称之为委托-代理成本。

3. 外部交易成本　是指交易双方可能用于寻找交易对象、签约及履约等方面的一种资源支出，包括金钱的、时间的和精力上的支出。根据其基本定义，组织外部交易成本主要包括搜寻成本、谈判成本、履约成本等三方面。

4. 管理者时间的机会成本　是指管理者在管理工作上投入时间而产生的成本，也就是指管理者时间资源因为用于管理而不能用于其他方面的最大可能损失。管理者时间的机会成本是对组织使用管理资源代价的一种度量,它反映了组织继续使用管理资源的价值,是考察组织管理绩效不可或缺的一环,也是组织管理活动潜在的管理成本。

(二)管理效率的内涵

现代管理中,效率的基本含义是指投入与产出或成本与收益的对比关系。管理的本质就是追求效率,使资源成本最小化。效率是管理的灵魂,既是管理所追求的最终目的,也是判断管理成败的最终标准。

管理效率(managerial efficiency)即生产过程中全部组织资源对生产率贡献的比例。这个比例越高,管理者就越有效率。管理效率是一个从无效率到有效率的连续统一体。从效率的公式(效率=收益/投入)不难看出,对组织而言,在总的投入水平一定时,收益愈多说明效率愈高,反之亦然。组织收益的增加,以某些投入(如劳动、原料、管理费用等)为前提,相对投入越少,说明生产成本越低,因而利润额就越大。

在组织系统中,管理客体是人、财、物。其中,财、物,作为客观的、由人支配的因素,对其控制主要表现在物资的筹措、供应、使用、保管方面的合理安排,以提高物资、装备的使用效率。而人作为有积极性、主动性和能动性的因素,对其控制主要表现为计划、组织、制度、体制的科学制定,以提高人员的工作效率。

(三)管理成本与管理效率的关系

管理成本是为了提高组织的绩效而付出的成本,管理效率则是由于投入管理成本而相应增加的收入,成本与效率之间存在着天然的密切的联系。管理效率=管理收益/管理成本。在收益一定时,管理成本越高,管理效率就越低;反之,管理成本越低,管理效率越高。

三、管　理　效　果

(一)管理效果的内涵

人们之所以需要管理,是因为管理得好有助于人们更好地实现目标,但有了管理并不等于就能实现管理的功能。管理不一定都是有效的,在实际工作中,有些管理是无效的管理,甚至是有害的管理。因此,实现高水平的管理绩效,不仅要关注管理效率,还要关注管理效果。

管理效果(managerial effectiveness)即管理主体预期目标的实现状况,是指管理者在满足组织目标的过程中对组织资源的使用,体现为管理主体对管理对象的影响程度和作用的大小。管理效果可以用程度来衡量,组织离它的目标越近,它的管理就被认为越有效。管理效果是一个从无效果到有效果的连续统一体,管理活动所产生的正负两方面的结果体现为:管理活动能促进管理对象向预定的组织目标方向发展,则称之为管理效果;反之,管理活动不能促进组织目标实现甚至阻碍组织目标实现,则称之为管理失败。

(二)管理效果的构成

关于管理效果的内容构成,可从经济效果、社会效果等方面加以划分。

经济效果,又称经济效益,是经济活动中投入和产出的关系,即劳动消耗或资金占用与劳动成果相互比较的关系。在经济效益中又分为宏观经济效益和微观经济效益。

在卫生领域中,卫生经济效益是指卫生服务的有用性对满足健康需要的程度与医疗资源消耗之间的对比关系。一定的医疗资源消耗,所提供的卫生服务成果越多,卫生经济效益就越大。卫生服务具有区别于其他一般的产品和服务的特点:比如卫生服务专业技术性强,存在着严重的信息不对称现象;卫生技术劳务收费不是完全遵循市场经济中的等价交换原则;卫生资源投入和健康结果产出之间具有很大的不确定性。因此,卫生经济效益的实现应以用尽可能少的社会卫生资源促进更高水平的人群健康素质为目标。

社会效果，指人们从事某种活动在物质方面和精神方面所取得的预期效果和利益，是政治、经济、思想、文化以及人民生活等方面的一种综合效果，是对社会发展所产生的积极作用和有益影响。社会效果评价包含社会满意程度、社会贡献程度等不同层次的具体内容。

卫生服务的社会效果，一方面体现在通过对人类生命活动的调节，提高生命质量和人民的健康素质，有利于人的全面发展；另一方面通过对劳动力的生产和再生产起到一种保障作用，从而促进社会经济、政治、文化和生态环境的发展。卫生系统反应性是世界卫生组织（WHO）推荐使用的卫生系统绩效评价指标之一，是指卫生服务机构对个体普遍合理期望的认知和适当反应的程度，可用于评价卫生服务的社会效果。

作为公共事业部门之一，卫生部门的经济效果具有其特殊的实现规律。卫生部门提高经济效果的首要任务在于提高人们的医疗卫生服务需要得到满足的程度，评价卫生部门经济效果的标准主要是医疗服务质量和社会经济效益的提高。因此，卫生部门在处理经济效果和社会效果两类管理效果的过程中，应坚持将社会效果放在第一位，将社会效果的实现转化为经济效果的提升。

（三）影响管理效果的主要因素

在实现预期管理效果的过程中，主要的影响因素包括以下几点。

1. 管理手段的选择　实现不同的目标，需要不同的管理手段，每种管理手段都有各自特定的功能、方式和发挥作用的条件。所以，只有根据管理目标的需要选择合适的、最佳的管理手段，才能提高管理效果。

2. 管理资源的投入　实施管理活动需要投入人力、物力。在一般情况下，管理效果是和资源投入成正比的。但是，管理效果增加与追加管理资源的投入量之间的正相关关系有一定限度，超过了这个限度，管理资源投入的增量将产生效应递减甚至全无效应的现象。

3. 管理主体的素质及工作效率　管理主体作为管理系统的支配者，其管理的行为决定了整个系统运行的方向、速度和效果。因此，管理主体的能力直接影响管理效果的高低。

4. 管理对象的素质及其灵敏程度　由于管理效果的许多指标是通过被管理者本身及其行为后果反映出来的，被管理者对管理指令的理解水平和敏感程度、被管理者与管理者的合作态度、被管理者的工作效果均会对管理效果产生影响。

四、管理效率与管理效果的关系

管理效率与管理效果分别反映了管理活动的效率性和有效性，是构成管理绩效的两个重要方面。管理效率与管理效果是相互联系的，如果说效率意味着如何把事情做好，那么效果则意味着要做对的事情。由此可见，效果是解决做什么的问题，它要求我们确定正确的目标、做有助于目标实现的事；效率是解决怎么做的问题，它要求我们选择合适的行动方法和途径，以求比较经济的达成既定的目标。什么事情该做，取决于我们的目标定位和价值取向；怎样才能把事情做好，取决于我们做事的方式方法。因此，管理效率涉及的是活动的方式，而管理效果涉及的是活动的结果。

管理效率与管理效果相比，管理效果是第一位的。有碍于目标实现的事，我们做得越好，损失就越大；而把一件可做可不做的事情做得很好，也无多大价值。因此，有效的管理要求我们首先做对的事，其次才是把事情做好。当然，这并不意味着只要是对的事，就可以不讲究效率、不惜工本。有效的管理要求既讲求管理效果，又讲求管理效率。只注重管理效率而不注重管理效果，是碌碌无为；只注重管理效果而不注重管理效率，则会得不偿失。

在日常生活中，人们之所以不能取得良好的管理绩效，其中一个重要原因就是人们常常只注重某一个方面，而忽视了另一方面。我们以管理效率为横坐标，管理效果为纵坐标，可以绘制管理绩效的四分图，如图 15-1 所示。

图 15-1 中，区域 1 代表管理效率高、管理效果也好的管理活动，是最理想的，在此状态下，组织能够获得最大的成功。

区域 2 代表管理效果好、但管理效率低的管理活动。说明该项管理活动是有必要做的，是一件好事，但没有做好，是不理想的。

区域 3 代表管理效率和管理效果都差的管理活动，是最不理想的。

区域 4 代表管理效率较高、但管理效果较差的管理活动。

图 15-1　管理绩效四分图

上述形态之间随着管理环境的变化，可以发生相互转化，进而需要人们根据管理目标实施不同的管理绩效控制策略。例如，我国在建立与完善基本医疗卫生制度的进程中，不同阶段的管理侧重点存在很大区别。20 世纪 70 年代，我国形成了以"县乡村三级医疗体系、农村合作医疗制度、赤脚医生"为三大法宝的"中国模式"，受到世界卫生组织的高度评价。这一阶段的人群健康水平等管理效果指标出现了显著改善，然而伴随着计划经济体制存在的卫生资源效率低下等问题尚未得到有效解决。改革开放以来出现的"运用经济手段管理卫生事业"理念，一度较好地解决了卫生资源闲置、浪费等现象，极大提升了医务人员的积极性和医疗卫生机构的经营活力。然而，在管理效率提升的同时，卫生服务体系的管理效果没有实现持续改善，并且进一步形成了"看病难、看病贵"等严重的社会问题。因此，新一轮医药卫生体制改革以来，"维护公益性、调动积极性、保障可持续性"管理绩效目标，集中体现了如何处理好管理效率和管理效果的辩证关系。就卫生体系的管理绩效而言，如何因时因地调整绩效控制策略，对于管理绩效水平提升具有重要意义。

第二节　管理绩效的评价

一、管理绩效评价概述

管理绩效评价是管理者运用一定的评价工具对组织（含营利性组织和非营利性组织）整体运营的管理绩效进行概括性的评价。对管理绩效的评价就是一个评估、比较以便形成客观最优控制决策的过程。从战略管理角度来讲，绩效评价应本着系统、战略、权变的眼光，采取客观、公正、科学、全面的评价方法，力图快捷准确地将评价信息反馈给管理层，供实施控制决策之用。

管理绩效评价与控制的内容随着管理实践的演变而发生了一定变化。20 世纪 60—70 年代，人们大多数是从财务的角度来反映管理绩效，比如销售额、利润率、投资回报率等，后来又开始对非财务指标加以重视，如消费者、供应商对组织运行好坏的评价等。到了 20 世纪 80 年代，在对公司绩效评价时，逐渐形成了一套以财务指标为主、非财务指标为辅的公司绩效评价指标体系。

非营利组织的管理绩效也逐渐引起了管理学者的重视，美国学者西奥多·H. 波伊斯特（Theodore H. Poister）总结了非营利组织绩效评估中常用的指标，通常包括产出、效率、生产力、服务质量、效果、成本效益和客户满意度等，有时也将资源和工作量指标作为非营利组织绩效考评指标加以跟踪。

二、管理绩效评价的要素

管理绩效评价是一个完整的评价系统,包含评价主体、评价对象、评价工具(评价指标、评价标准)等必需要素。

(一)评价主体与对象

绩效评价系统中的评价主体包括各类评价活动的利益相关者。按照评价主体的不同,可将绩效评价分为以下几种类型。

1.1° 绩效评价　也称为单源评价,评价主体要么是评价对象的直接主管,要么是评价对象自身,直接主管作为唯一的评价者,在简单或落后的管理绩效评价活动中较为常见。比如卫生服务提供组织(如医院、妇幼保健院等)仅接受卫生行政管理部门对其进行管理绩效评价的情形。

2.90° 绩效评价　评价主体既包括了评价对象的直接主管,也包括与评价对象地位相同的其他组织或个人,即综合评价对象自身、上级主管和平级组织或同事对评价对象作出的判断和结论的过程。

3.180° 绩效评价　指综合参考评价对象自身、上级主管、平级组织或个人以及下属组织或个人的反馈信息,而对评价对象的情况作出判断与结论的过程。增加下属评价维度,能确保绩效评价信息更为准确。比如医院在卫生行政管理部门、其他同级别医院评价的基础上,由科室或员工对其管理绩效进行评价,就属于 180° 绩效评价的例子。

4.360° 绩效评价　是在 180° 评价的基础上增加与评价对象有密切交往的客户这一维度。信息来源的多源性保证了评价的全面性、客观性和准确性。360° 评价是近年来在企业或组织绩效管理中常采用的一种评价类型。

管理绩效的评价对象可以分为组织和个人两部分。对组织的管理绩效评价又可以根据组织性质的不同,分为营利性组织绩效评价、非营利性组织绩效评价两类。此外,组织绩效评价还衍生出部门绩效评价、团队绩效评价等。个人绩效评价主要是指评价对象是管理活动的个体,如管理者的绩效评价、普通员工的绩效评价等。

(二)评价指标及标准

评价指标及评价标准构成了管理绩效评价的工具体系,评价指标及标准的设计关系到管理绩效评价的有效性和科学性,是管理绩效评价系统中的关键要素。

1.指标选择的要领　绩效评价指标是用来衡量组织绩效的标准,因此指标体系本身必须体现对组织管理的综合要求。一般来说,所用的指标必须具备这样一些性质。

(1)客观性:尽可能使用公开、公正的手段获得数据和信息,以如实、准确、完整地反映绩效的好坏、优劣。尽量避免采用非正式渠道获得的二手数据。

(2)可比性:应尽可能使用统一的、量化的统计手段评价绩效,并适当参考同行业的评价指标体系用以确定指标的权重。这样可以比较实际发生效果与预期效果,得到计划执行的偏离度、对个人绩效的对照评价以及检查过程是否符合目标参数等。

(3)时效性:不同指标反映的绩效的时间跨度是有区别的。有目的地使用分别反映长期目标(战略)、短期(年度或更短的时间)目标实现程度的指标,可正确反映绩效水平。

(4)易操作性:设定的指标应是简明的、可测的(过程清晰易推算)。但实际操作中,评价时往往选用了大量的一手资料,繁重的推算任务不方便数据的有效利用,造成信息反馈的时滞。因而在进行绩效评价时,没有必要像审计部门那样进行清算操作,可以有意识地使用一些现成的数据,如财务部门的报表资料。

(5)综合性:多途径、多方面地了解情况,选用信息最全面的部门的数据。对绩效的评价更注重从全方面、多重角度进行考评。

总之，指标作为评价不同组织管理绩效的标准，应具备多种功效。除此之外，如何选择一套确切的评价指标体系还取决于组织的规模、从事的行业、战略与管理哲学。以世界卫生组织的卫生系统绩效评价指标为例，世界卫生组织在《2000 年世界卫生报告》中首次提出了卫生系统绩效评价的分析框架，从卫生系统的三项目标——健康、反应性、筹资公平性出发，分别针对三项系统目标的水平及其在人群中的分布状况，设计了五类测量卫生系统绩效的评价指标，分别是：总体健康状况、人口的健康分布、满足需求（反应性）的总体水平、满足需求（反应性）的分配状况、财政支出的分布情况。

2. 指标分类及衡量标准　绩效评价指标取决于组织目标。绝大多数组织的目标都是多种多样的，并且有些目标是相互冲突的。由于目标具有不同层次的重要性，而其成就又不能简单地加以测量。在"鱼与熊掌不可兼得"的情况下，只有权衡众多目标的价值，搞清各种衡量标准的相互关系并进行取舍，最后将众多指标综合起来，才能对组织的管理形成一个概括性的评价。

因此，有必要先根据不同的标准和用途对指标加以区别。

（1）目标与手段：有些指标代表的是经营活动的结果或目标，它们相当接近于组织的正式目标、使命，如达标率；有些指标则是组织达到目标所必不可少的条件或手段，例如，顾客满意度是医院更好发展（假定其为医院的主要目标）的主要手段和条件。

一般而言，目标性指标在指标体系中权重较大，手段性指标相对权重较小。当两者的地位发生互换时，管理绩效也将呈现不同的结果。比如组织若投入大量资金用于研究开发新产品就会降低资本报酬率。若组织以盈利为主目标，那绩效显然就下降了，但组织若以获取长期发展优势为主目标，那么组织在这三年绩效水平将不降反升。

（2）时间：有些指标考察的是过去，而另一些则反映现在的状况，还有一些是预期未来的。另外，从指标有效性的时间跨度来看，有些是属于短期的，而有些则属于一个较长的时期。它们可能适用于衡量比较稳定的运营活动（即在短期内变化很小的活动），也可能适用于衡量比较不稳定的运营活动（即在短期内无规律或变化较大的活动）。

此外，有些变量是极不稳定的，故采用一般的数字和频率指标来衡量，现实意义就不大，即使该指标的权重大，其数值也只能代表组织短期运营活动的状况。比如，某一时期某传染病的发病率低就是一个不稳定的指标，但若用弹性指标的话，则能在一定程度上体现出防治工作的绩效的变化来。

（3）硬指标与软指标：有些指标可以根据实物和事件的特点来定量确定，另一些标准则通过行为的观察和民意测验来进行衡量。硬指标以绝对权威的数据告诉一个组织绩效有形的方面。例如，组织的财务指标就被经常性地用于评价组织管理的情况。由于硬指标通常都是数量指标，因此需要注意的是：首先，数量指标多适合于组织的年度目标而不是长期目标，也就是说，倘若单方面地一味追求某一硬指标，其结果可能是以牺牲长期利益为代价的；其次，直觉判断常常被有意无意地运用，这也加大了硬指标的偏差程度。

软指标的信息获取较为直接，而且时间间隔短，这对组织快速制定针对性措施相当有利。在功用上，软指标不见得比硬指标逊色，在维护其长期发展利益上，或许更适合于评价组织的经营活动。尤其值得注意的是，随着世界向信息时代、知识经济时代的演进和战略导向的转变，"软"指标正显得越来越重要。

（4）价值判断：各种指标的价值判断可能截然不同，有些呈线性变化趋势，而另一些却呈曲线变化趋势。指标的有效性还得从其自身的变化规律中来寻找，特别当各种指标无法达到整体最优时，就需要根据其有效性进行权衡，必要时，要将指标置于内外环境中进行通盘考虑，以确定其适用程度。简单按属性分，管理绩效评价的指标有以下几种类型，其对应的评价标准如表 15-1 所示。

表15-1　管理绩效评价指标的主要类型

指标类型	衡量标准
实物指标	非货币衡量标准，即用实物的个体单位来表示的指标。在耗用原材料、雇用劳动力、提供服务及生产产品的操作层次中通用，能具体体现组织经营活动的规模
成本指标	货币衡量标准，通用于操作层次
资本指标	同投入组织的资本有关，如投资报酬率、速度比率等
收益指标	将货币值用于衡量收入等
无形指标	比较难以确定者，即不能以货币来衡量的标准

三、绩效评价的方法

关于绩效评价的方法，主要存在以下几种：组织目标法、系统方法、战略伙伴法、环境评价法。

（一）组织目标法

组织目标法就是以组织最终完成其目标的结果来衡量其效果，而不是以实现目标的手段来衡量。在假定组织是认真地争取达到一个或多个目标的前提下，组织目标是非常有意义的。根据目标数目的不同，可将评价方法细分为两种。

1．比较单一目标评价法　从理论发展过程来看，最早的是"利润最大化"的观点。在20世纪20—30年代，组织刚刚进入规模生产阶段，人们认为组织是追求最大利润，且绩效应能反映利润之高低，此假设为多数西方经济学家所接受。就技术观点来说，这相当于假设组织的目标在于尽可能扩大收益与总成本的差距。但是实际上组织不是在任何情况下，均以利润最大化为唯一目标，组织追求的，可能是多元目标的实现。

2．多元目标评价法　曾经有一项研究调查美国企业管理人员的目标，结果发现企业管理人员所列举的组织目标包括组织效率、高生产率、利润最大及组织增长等。因为要同时满足多项目标，组织的绩效评估就像求解一个多变量函数。由于变量（目标）本身存在着不确定性，加上变量的参数（组织设定的目标权重）的不同，造成即使采用同样的指标体系，也不一定能得出相同的结论，使得评价工作变得更加困难。

（二）系统方法

系统方法主要集中考虑那些对生存有影响的因素，即目标和手段。在这种方法中，组织被看成是一个系统。一个组织可以通过下述几方面的能力进行评价：获得输入的能力、处理这些输入的能力、产生输出的能力和维持稳定与平衡的能力。系统方法强调的是那些影响组织长期生存和发展的因素的重要性，而这些因素对于短期行为可能不是特别重要，比如研究和开发费用会削减组织当期的利润，但能增强组织以后的生存能力。系统方法的一个优点在于防止管理层用眼前的成功换取未来的利益；另一个优点是当组织的目标非常模糊或难以度量时，系统方法仍是可行的。

（三）战略伙伴法

这种方法是假定一个有效的组织能够满足利益相关群体的各种要求，并获得他们的支持，从而使组织得以持续生存下去。比如，一个组织如果有很强的资金实力，就不必关心银行家所采取的效果指标。然而如果你领导的组织下季度将有巨额负债到期，银行用来衡量你所在组织的效果指标就值得重视。因此，一个有效的组织应能够成功地识别出关键伙伴，并满足他们对组织所提的要求。

（四）环境评价法

在需要树立良好公众形象的年代，外部环境对组织的评价应成为组织评价的一个方面。但是这种评价方法操作起来较为困难，因为外部环境评价涉及的面广，无法完全掌握情况，于是只能抽取样本和选取某一阶段的经营管理效果来评价。

开展环境评价可以委托专门的咨询组织进行调查，也可以委派专人收集媒体有关的言论，还可以利用社会上的职能部门，如审计部门、会计师事务所等权威性机构来获得所需信息。由于这些外部评价机构具有第三者的超脱地位，其评定方法更趋公正、合理，评定过程更为独立，是组织内部管理绩效评价结果的良好参照。

（五）个人绩效的评价方法

绩效评估（performance appraisal）的概念最早是用于对组织员工的工作绩效的一种评价，以后才逐渐被引入组织绩效中。对员工的绩效评价可为人力资源部门提供规划的依据，并指导晋升、岗位轮换及解聘决策；同时，可以反馈员工自我实现方面的信息，提高他们的满意度，鼓励他们进行自我激励；此外，也是确定和评估培训方案的必要前提。

评价员工绩效的方法有多种，这里列举几种主要方法。

1.书面描述法（written essays）　该方法主要由组织成员写一份记叙性的材料，描述其优缺点、过去的绩效和潜能等，然后提出予以改进和提高的建议。

2.关键事件法（critical incident）　采用该方法时，评估者主要将注意力集中在那些区分有效的和无效的工作绩效的方面，涉及其具体行为。

3.图尺度评价法（graphic rating scale）　这是一种最古老而又最常用的方法。该方法首先列出一系列绩效因素，如工作的数量与质量、协作、出勤率等，然后评估者逐一对表中的每一项给出评分。

4.行为锚定等级评价法（behaviorally anchored rating scale）　这是近年来日益得到重视的一种方法，结合了关键事件法和评分表法的特点，较具体地列出绩效因素并采用打分的方法。

5.多人比较法（multiperson comparation）　此方法是将员工的工作绩效与其他一个或多个人作比较。这是一种相对而非绝对的评价方法。

6.目标管理法（management by objective）　这是对管理人员和专门职业人员进行绩效评估的首选方法。

第三节　管理绩效的控制与提升

一、管理绩效的控制流程

在对管理绩效进行评价后，必须根据评价结果采取一些管理行动，即实施反馈控制。虽然将组织绩效评价的结果反馈到管理决策层中时，损失已经发生了，所做的工作类似亡羊补牢。但是在多种情况下，反馈控制是唯一可用的控制手段。评价后的控制工作可以分为以下几个步骤。

（一）确定实际绩效与标准的偏差

通过比较组织的实际绩效与可以接受的良好标准，管理者可以确定其中的偏差，包括偏差的大小和方向。但由于绩效评价过程及其他因素的影响，评价结果虽然是可信的，却又不是完全准确的。偏差是在所难免的，重要的是该偏差是不是在可以接受的范围之内，如果认为该偏差大小是正常的，则可什么也不做；如果远超过可以忍受的范围，就需采取行动缩小实际与标准的差距。

（二）绩效偏差的原因诊断

常见的绩效偏差产生原因，大概可以从以下几个方面进行诊断。

1. 外部环境剧烈变化 组织存在于社会环境的大系统中，时刻都在与外部环境进行交流。外部环境是组织存在的出发点和归宿，是管理绩效好坏的最终裁决者。尽管组织能在一定范围和程度内对外部环境施加一定影响，使之朝着有利于自身的方向发展，但本质上外部环境是独立于组织的客观存在，组织只能被动地接受它。当今的组织环境变化尤为迅速，经济全球化、人口老龄化、信息智能化等社会发展趋势，为包括卫生组织在内的各类组织的绩效管理带来了全新的机遇和挑战。

2. 内部组织功能障碍 组织的内部可能出现各式各样的功能障碍，最常见的有以下几点：①组织成员对职责缺乏了解，相互关系不清，因此引起关系摩擦、玩弄权术以及效率低下等现象；②领导授权不当，花过多精力处理不重要的问题，忽视对全局的把握；③过分授权，在下放权力时不能保持均衡，产生各自为政的现象；④使用参谋机构不当，最高管理层使自己陷入参谋专家的包围中，忽视对实际情况的了解。

3. 组织理念落后 组织的文化观念落后也可能导致绩效偏差的出现。

（1）忽视组织文化：如果说制度与规范是组织的硬约束，那么组织文化就是组织的软约束。行之有效的组织文化被视为当今社会中大多数组织的重要组成部分。共同的信念和价值观能够保证组织成员精诚合作，同时也能为组织的各项活动指明方向。组织文化必须与经营目标及环境相适应，不然将拖累整个组织，影响其绩效的提高。组织文化是长期建设的结果，不能仅凭高级管理者个人的事业心、使命感和良心来执行，必须形成制度和礼仪，并深深植根于每个成员的心中。

（2）狭隘的竞争观念：传统的竞争观念认为对手都是敌人，假设竞争是一场"零和博弈"：双方的亏损额与盈利额总和为零，我盈利的就是你亏损的，为了保持我的盈利，我就必须击败对方，竞争就成为必然的选择。这是一种狭隘的观念。事实上，现实生活中的竞争并非都是"零和博弈"。以前的竞争对手，现在可能成为合作伙伴来共同开发新技术或者开发新市场，以赢得更多的利润。因此，管理者需要超越狭隘的竞争观念。

（三）制定绩效纠偏策略

在产生绩效偏差的原因诊断基础上，可选择以下两种途径制定和实施绩效纠偏策略。

1. 改进实际绩效 如果偏差存在，管理人员就需要采取纠正行动来改进绩效。纠正行动也分为两种：一种是治标式的纠正，一种是治本式的纠正。

治标式的纠正只对发生偏差的现象作出纠正。好处是组织管理中的偏差被很快纠正，但是不能持久。相对而言，治本式的纠正注重对偏差进行分析，找出问题的症结所在，进行标本兼治的彻底整治行动。虽然治本式的纠正比治标式的纠正多费周折，但是由于能够永久性地纠正偏差，可以起到一劳永逸的效果。

2. 修订目标 另一种情况下，值得注意的不是工作绩效，而是标准，偏差的产生可能主要是由于事前定的标准过高或过低。标准过高时，组织成员会失去有效完成目标任务的动力；目标过低时，难以把人的潜能激发出来。

修订标准，可能会引起许多麻烦。如果某个员工或某个部门的实际工作与目标之间的差距非常大时，对偏差的抱怨自然会转到标准上来。比如，销售人员常常将没有完成月度销售额归于不现实的定额标准，不论是普通雇员还是组织管理者，当他们没有完成目标时，首先想到的是责备目标本身。故有时即使传来要求降低标准的呼声，标准也未必是不可达到的，该坚持时仍要坚持。

这里需要指出的是：反馈控制是基于过去数据来修正未来计划的，但"前车之鉴"毕竟是有其历史局限性的。这就需要在进行控制管理时，要面向未来，而不能过分依赖会计和统计数据。许多部门管理人员常用的一个方法就是利用最新获得的信息进行仔细和反复的预测，把预测同未来的目标做比较，并促成计划的修订。

二、大数据背景下管理绩效的提升策略

作为控制职能实施过程中最具全局意义的关键控制对象,管理绩效水平的高低,直接影响着控制效果的实现程度,对于控制职能的作用发挥具有重要影响。管理学研究的大量精力被投入寻找提升绩效的方法上。所有这些方法都有一个共同的前提,那就是"创新精神"。创新精神是对旧的管理体制的一种挑战,是对落后的组织理念的一种排斥,是管理者的必备素质。进入21世纪以来,以大数据分析技术、人工智能技术、区块链技术等为代表的新兴信息技术蓬勃发展,对经济增长、社会发展和公共治理的方方面面都产生了深刻的影响。在大数据(big data)背景下,组织管理绩效在价值观、思维方式和组织模式等方面也将发生深刻转变,需要从以下几方面探索其提升策略。

(一)建立数据驱动的管理绩效目标

传统的管理绩效提升,其主要目标是为了对已完成的管理活动进行问责和激励,而大数据分析技术使管理绩效的预测能力实质性增强,不仅可以面向过去进行回溯、针对当下进行诊断,而且可以面向未来进行预测,体现持续改进绩效的价值取向。因此,需要建立数据驱动的管理绩效目标,运用大数据的海量信息资源和数据分析技术将使绩效计划、绩效管理、绩效评价、绩效反馈、绩效提升等各环节发生根本性变化。

(二)实现组织管理体系的数字化转型

基于开放平台的大数据技术,会促使管理绩效的信息来源更加综合、多元,通过共享、透明、互动的数据管理方法和流程,可以减少组织内部信息的不对称和流通成本,使管理绩效数据进一步开放、互通。组织管理体系对于大数据分析技术的应用很大程度上取决于组织整体的数字化转型进程。大数据分析技术在绩效管理中的应用可以倒逼其他管理模块的数字化转型,实现管理绩效信息在组织管理中的汇聚和共享。

(三)提升管理绩效的数据分析能力

传统的组织管理绩效主要采取简单线性计算方法进行评价,比如通过加权平均等统计方法进行指标合成。大数据时代,绩效形成机制的非线性、不确定性和复杂性可以得到刻画,可以通过复杂建模方法使绩效分析数据模型更接近于真实状况。组织领导者及绩效管理人员对于大数据分析意识和能力的缺乏,是制约大数据时代管理绩效提升的主要短板。在互联网环境下,提升组织领导者的数字领导力、绩效管理人员的胜任力,是持续推进组织管理绩效提升的关键所在。

(四)推动管理绩效信息的数据开放和公众参与

大数据分析技术解决了传统的管理绩效改进中"信息孤岛"现象,绩效信息的丰富性和实时性可以使其利用价值进一步凸显,增加组织内部以及与社会之间的有序交流,为实施更加有效的绩效问责和社会监督创造了更好的条件。当前组织的管理绩效仍然是以组织内部、组织之间的垂直数据流转为主,缺乏跨部门和跨系统的横向数据共享。组织对于所收集的大数据缺乏进一步挖掘、分析和利用,一定程度上限制了大数据的潜在开发价值。未来应加强管理绩效大数据的共享使用,使之服务于组织管理绩效改进,并使民众、客户等利益相关者更方便地获取这些数据并用于公共治理目的。

本章小结

绩效是管理过程中实施控制职能的重要对象之一。从字面上理解,"绩效"包含"成绩"和"成效"两方面的含义。管理绩效是一个组织内部的管理活动所追求的最终目标的实现程度,由管理效率和管理效果两方面构成。

　　管理效率取决于管理成本和管理收益两方面的因素。组织的管理成本包括：内部组织成本、委托 - 代理成本、外部交易成本和管理者时间的机会成本。管理效果即管理主体预期目标的实现状况，反映的是管理实践中所取得的结果符合组织目标的程度。管理效果的内容构成包括经济效果和社会效果等方面。管理效率与管理效果是相互联系的，管理效率涉及管理活动的方式，而管理效果涉及的是管理活动的结果。管理效率高、管理效果好的活动是最理想的。

　　管理绩效评价是管理者运用一定的评价工具对组织（含营利性组织和非营利性组织）整体运营的管理绩效进行概括性的评价。根据评价主体不同，管理绩效评价可分为 1°绩效评价、90°绩效评价、180°绩效评价、360°绩效评价等类型。管理绩效评价指标的选择应坚持客观性、可比性、时效性、易操作性、综合性等原则。绩效评价的方法主要包括：组织目标法、系统法、战略伙伴法、环境评价法以及个人绩效的评价方法。

　　对管理绩效进行评价后，需要运用反馈控制方法开展管理绩效的控制，主要流程包括：确定实际绩效与标准的偏差、绩效偏差的原因诊断、制定纠偏策略等。造成绩效偏差的原因可能存在于外部环境、内部制度、组织理念等方面。大数据时代的组织管理绩效在价值观、思维方式和组织模式等方面也将发生深刻转变，需要系统探索管理绩效的提升策略。

（陈　羲　冯占春）

思考题

1. 管理绩效和绩效管理有什么区别？
2. 结合《"健康中国 2030"规划纲要》所提出的战略目标，分别指出其所确定的评价指标属于何种指标类型？
3. 公益性缺失仍然是当前公立医院绩效偏差的重要表现之一，试分析造成这一绩效偏差的原因。

拓 展 篇

第十六章 战 略 管 理

随着医疗市场的不断开放，医院发展方式的改变、运行模型的优化、资源配置方式的转变都要求医院明确自身使命，制定发展战略，从而在竞争激烈的环境中实现高质量发展。本章围绕战略管理介绍了以下几部分内容：战略管理概念及特征与分类、战略管理的过程及其基本理论；内外部环境的分析与评估、战略发展方向和战略目标确定、战略方案制定、战略方案的评价与决策；战略实施与控制；战略评价与调整。

第一节　战略管理概述

一、战略管理的概念

（一）战略的概念

战略（strategy）一词最早来源于军事领域。在英语语境中，"strategy"一词源于希腊语"strategos"，意为军事将领、地方行政长官，后来演变成军事术语，指军事将领指挥军队作战的谋略。春秋时期孙武的《孙子兵法》被认为是中国最早对战略进行全局谋划的著作，把战略运用到了军事战争中。《中国大百科全书》（军事卷）对于战略的解释是：指导战争全局的方略。在现代，"战略"一词逐渐被人们广泛运用于军事以外的其他领域。

1962年，美国企业史学家阿尔弗雷德·钱德勒（Alfred Dupont Chandler Jr.）认为："战略是确定企业的长期目标、选择行动途径和为实现这些目标进行资源配置。"此后，很多学者在企业管理领域对战略给予了更多的延伸。美国战略学家伊戈尔·安索夫（H. Igor Ansoff）认为："企业战略是贯穿于经营与产品和市场之间的一条共同经营主线。"加拿大麦吉尔大学的亨利·明茨伯格（Henry Mintzberg）教授认为："战略是一系列或整套的决策和行动方式"，并提出了企业战略的5P概念，即计划（plan）、计谋（ploy）、模式（pattern）、定位（position）和观念（perspective），进一步丰富了企业战略的内涵。

综合各家之说，本章把战略定义为：战略是为了组织的生存与发展，通过分析内外部环境，继而利用内部优势，把握外部机会，对关系到组织全局的、长远的、重大的问题进行的决定性的谋划。

（二）战略管理的定义

战略管理（strategic management）是管理学领域中出现较晚的学科，最早出现于企业管理中。1976年，伊戈尔·安索夫在《从战略规划到战略管理》一书中首次提出了"战略管理"一词。他认为，战略管理是将企业的日常业务决策同长期计划决策相结合而形成的一系列经营管理业务。费雷德·大卫（Fred R. David）教授在《战略管理思想》一书中将战略管理定义为：一门着重制定、实施和评估管理决策与行动的具有综合功能的艺术和科学，这样的管理决策和行动可以保证在一个相对稳定的时间内达到一个机构所制定的目标。1982年，美国学者斯坦纳（Peter O. Steiner）在《企业政策与战略》一书中则认为：企业战略管理是确定企业使命、根据企业外部环境和内部经营要素确定企业目标、保证目标的正确落实并使企业使命最终得以实现的一个动态过程。

在斯坦纳对企业战略管理定义的基础上，本章将战略管理定义为：组织确定其战略愿景或使命，根据组织外部环境和内部资源设定组织的战略目标，为保证目标的落实和实现进行谋划，依靠组织内部行动将这种谋划和决策付诸实施，以及在实施过程中进行控制，并在实施结束后对结果进行战略评估的一个动态管理过程。这里有两点要加以说明：第一，战略管理不仅涉及战略的选择和制定，而且也包含着将制定出的战略付诸实施，因此是一个全过程的管理；第二，战略管理不是静态的、一次性的管理，而是一种循环往复的动态管理过程，它需要根据外部环境的变化和组织内部条件的改变，以及战略执行结果的信息反馈等而重复进行新一轮的战略管理过程，所以是不间断的管理。

二、战略管理的特征与分类

（一）战略管理的特征

1. 系统性 战略管理的过程是一个系统性的动态过程，需要组织在分析内外环境的基础上提出发展方向、确立目标并制定和实施相应的战略。战略管理的系统性尤其体现在战略实施的过程中，它需要组织内各个部门之间协调一致、相互关联，以至达到协同的效果。

2. 全局性 战略是根据组织未来总体发展的需要而制定的。它所涉及的是组织总体的活动，所追求的是组织的总体绩效。这种管理虽然也包括组织的局部活动，但是，这些局部活动将作为总体活动的有机组成部分在战略管理中呈现。

3. 方向性 组织发展方向及战略目标的制定是战略管理的首要任务。战略管理的一系列过程都以组织发展方向和战略目标为导向，从制定和实施战略到最后的战略评估，都是为了使组织运行在正确的轨道上。

4. 宏观性 战略管理的宏观性关乎两个方面：一是战略管理中的战略目标是组织在未来较长时期内，针对组织如何生存和发展等重大问题进行的统筹规划；二是在制定战略之前，要从宏观上对组织所处的整个大环境进行分析。比如，卫生工作方针就是国家为了卫生事业的发展，结合国情针对当时及未来制定的卫生发展战略。

（二）战略管理的分类

战略管理类型划分的目的是要明晰组织实现目标的途径或方向大致有几类。学术界对战略管理的分类比较复杂，没有统一的标准，也没有统一的分类方式。综合来看一般有以下几种分类标准和类型：从战略实施主体的角度可分为公司级、经营级及职能级战略管理；从实施战略的时间长短可分为短期、中期及长期战略管理；从企业战略功能的角度可分为稳定型、发展型及收缩型战略管理。另外，美国经济学家杰克·特劳特从竞争的角度把战略管理分为防御型、进攻型、侧翼型及游击型战略；亨利·明茨伯格与詹姆斯·沃特斯把战略管理分为规划型、创业型、意识形态型等。

本节主要介绍以战略管理涉及的内容为标准进行的分类。

1.市场战略 市场战略（market strategy）是组织在复杂的市场环境中，为达到一定的目标，对市场上可能或已经发生的情况与问题所作的全局性策划。如美国某连锁企业一直是采用进攻性市场战略管理的范例之一。该连锁企业于 1995 年在佛蒙特州的本宁顿开店后，迅速就在全美 50 个州都有了自己的商店。在本宁顿的商店是一家位于市中心的小店而不是位于郊区的大型商店，这是对当地很多小商店店主的让步，他们曾极力反对连锁企业向佛蒙特州扩张，但是，它却以自己独特的经营模式，根据当地市场划分情况，积极调整战略融入了当地的市场。

2.产品战略 产品战略（product strategy）是组织对其所生产与经营的产品进行的全局性谋划。它与市场战略密切相关。产品战略要求组织依靠物美价廉、适销对路、具有竞争实力的产品，去赢得顾客和市场需求，以获取最大的经济效益或社会效益。卫生服务机构以提供满足人们健康需求的卫生服务产品为目标，比如，社区卫生服务中心面向社区人群提供的卫生服务产品必须是基本医疗服务和基本公共卫生服务，以满足更多的人可以"在家门口享受质优价廉的基本医疗卫生服务"这一需求。

3.质量战略 质量战略（quality strategy）是组织为获得市场竞争力围绕提高产品质量而进行的一系列战略谋划。如汽车行业的竞争日益激烈，丰田公司深信商品的性能、质量是赢得客户的保证，所以丰田公司坚持采用全面质量管理法（TQM），强调质量是生产出来而非检验出来的，在每道工序进行时注意质量的监测与控制，保证及时发现质量问题并第一时间进行控制，从而保证产品的最终质量。

三、战略管理的过程

战略管理是一个连续而又循环的过程（图 16-1），由几个相互关联的具有一定逻辑顺序的阶段组成，主要包括三个阶段：战略制定、战略实施与控制、战略评价与调整。

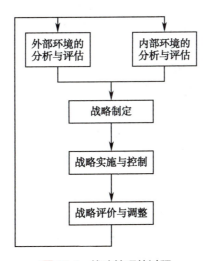

图 16-1 战略管理的过程

四、战略管理的理论与发展

（一）战略管理理论的演变

1.20 世纪 60、70 年代的战略管理理论 1938 年，巴纳德在其《经理的职能》一书中首次提出了战略管理的构想，开启了战略管理的先河，而后，1962 年，钱德勒在《战略与结构：工业企业史的考证》一书中首次分析了环境、战略与组织结构三者之间的关系，拉开了战略管理研究的序幕。随后产生了经典战略管理理论学派设计学派、计划学派。

2. 20世纪80年代的战略管理理论 20世纪80年代初，以迈克尔·波特为代表的竞争战略理论占上风，被称为定位学派。波特提出的理论前提是企业战略的目标是获取高额利润，企业是否能够获取高额利润取决于行业吸引力、行业潜在利润空间，还有企业在该行业中所占的地位。他提出了行业竞争分析的五力模型和价值链分析方法，提出企业在行业中的地位决定了其在该行业中的营利能力。

3. 20世纪90年代早期的战略管理理论 以哈拉德和哈默1990年在《哈佛商业评论》上发表的《企业的核心能力》为代表，形成了核心能力学派。该学派认为"核心能力"指的是累积性学识，特别是关于怎样协调各种生产技能和整合各种技术的学识，其他企业很难去模仿，它具有外辐射，会促进其他能力的发挥以及新的能力的产生。该流派认为，并不是所有的资源、知识和能力都能使竞争优势持续，只有当资源、知识和能力具备稀缺、异质、不可模仿和难以替代等特点时，才成为战略资源，并形成核心竞争优势。

4. 20世纪90年代后期以来的战略管理理论 1996年，美国学者穆尔出版了《竞争的衰亡》，提出了生态系统理论。他将"商业生态系统"定义为以组织和个人的相互作用为根基的联合体，包括供应商、主要生产者、竞争者和其他风险承担者。他从整个生态学角度分析商业活动，认为商业活动中的"共同进化"是比竞争与合作更为重要的概念，打破了传统战略管理理论研究的局限，架构了基于共同进化模式的企业战略全新设计思路。

1998年，美国学者家里洛夫提出了企业网络和企业管理网络以及其在企业战略中的作用，即企业的竞争优势来自战略网络，战略网络是一种平等、独立的合作协调关系。

与西方战略管理的发展相比，中国战略管理的起步要稍晚一些，主要经历3个阶段：在萌芽和产生阶段（1978—1991年），主要是探讨中国企业的体制改革和管理问题，介绍西方企业战略管理的概念、理论和方法；在发育和确立阶段（1992—2001年），主要是系统和反思性地介绍西方企业战略管理的理论和发展情况，并开始探讨中国企业自身的战略管理问题，国家支持的企业战略管理项目开始兴起；在成长和国际化阶段（2002年至今），新的中国战略管理学术交流平台不断涌现，国际性交流平台也开始在中国兴起和壮大，众多高校相继建立战略研究机构。

（二）战略管理理论的发展趋势

1. 战略管理理论的动态化趋势 在信息技术不断发展的今天，企业作为一个战略主体，其学习功能会逐步提升，在战略管理中更侧重于对动态经济环境的研究，并将其运用于企业的组织构架、人力资源管理、企业制度优化、经营管理流程创新等环节，战略管理更加倡导动态变革，倡导企业之间的竞合关系，这也是在全新竞争环境下所形成的新型战略部署模式，为战略管理理论的发展拓展了新方向。

2. 战略管理理论基础进一步拓宽 明茨伯格则提出，战略管理"适用于任何学科"。随着市场环境的不断变化，其中的不确定因素不断增加，在经济学以及博弈论基础上，未来战略管理理论的研究将以此为基础不断拓展研究领域。同时，公共关系学、社会心理学、经济伦理学、生态科学等正在与战略管理理论研究相融合。在战略理论研究中，突变性和非线性发展特点将更为显著，因此在战略理论的规划和实践中，其复杂性会更加明显，也会更受研究者重视。

3. 研究方法将实现多元整合 战略管理理论在研究方法上日趋多元化，而且不同方法相互整合，使导向更加清晰。经济实体在外部环境的变化中会遇到更多挑战，这就使战略管理理论研究不再拘泥于管理的本身，而是和周边学科建立起密切联系，借鉴其他学科的研究方法，从而形成具有战略管理特色的方法理论体系。通过对不同环境下战略方案的实施，优化博弈环境，从而实现方法上的突破，运用新型分析工具实现与周边学科的整合，从而建立起多元化的方法研究体系。

第二节 战 略 制 定

战略制定是战略规划的形成过程，是组织基础管理的一个组成部分，也是一个动态的活动过程。一般涉及内外部环境的分析与评估、战略发展方向和战略目标确定、战略方案的制定、评价与决策等几个环节。

一、内外部环境的分析与评估

制定战略之前，必须对组织环境以及影响因素进行分析，从而获得必要的信息以了解现状并预测未来。战略分析的结果很大程度上决定了组织管理者的战略制定和最终的战略选择。

（一）外部环境分析

日益变化且复杂的外部环境，给组织带来机遇的同时也会带来挑战。组织只有准确把握外部环境，随时掌控并分析环境的变化才能制定与环境相适应的战略。外部环境分析包括宏观环境分析和行业与竞争分析。

1. 宏观环境分析　宏观环境包括四个方面，简称 PEST，即 political（政治），economical（经济），social（社会）和 technological（科技）。这些因素一般不受组织所控制。下面对这四个方面进行具体论述。

（1）政治法律环境：包括一个国家或地区的政治制度、体制、方针政策、法律法规等方面，是影响组织战略的重要宏观环境因素。政治环境引导战略制定的方向，法律环境则规定战略活动的行为准则。政治与法律相互联系，共同对组织制定战略产生影响。

（2）经济环境：是指国民经济发展的总概况、国际和国内经济形势及发展趋势，包括收入因素、消费支出、产业结构、经济增长率、货币供应量、银行利率、政府支出等因素。当前经济全球化带来了国家间的相互依赖，组织在对本国经济分析的同时更要注重对国际经济进行分析。

（3）社会文化环境：是指在一种社会形态下已经形成的价值观念、宗教信仰、风俗习惯、道德规范等的总和，与一个社会的态度和价值取向有关。任何组织都处于一定的社会文化环境中，组织战略必然受到所在社会文化环境的影响和制约。因此，组织应了解和分析社会文化环境，针对不同的文化环境制定不同的战略。

（4）科技环境：是指目前社会科技总水平及变化趋势，技术变迁和技术突破以及科技与政治、经济、社会环境之间的相互作用等。科技不仅是全球化的驱动力也是组织的竞争优势所在。科技具有变化快、变化大、影响面大等特点，因此迅速全面地分析科技环境对制定战略非常重要。

2. 行业与竞争分析　行业与竞争分析属于外部环境中的微观环境分析。相较于宏观环境分析，行业与竞争分析对战略活动更具有影响，因为行业与竞争两个因素是影响组织经营活动最直接的外部因素，是组织赖以生存和发展的空间。可以帮助分析者从战略的角度考虑行业与竞争的情况，分析、确定该行业是否能成为组织可以进入的领域以及制定战略的方向，分析当前的竞争力对战略的影响。这种分析是一个动态连续的过程，包括四个环节的活动：扫描、监测、预测和评估。

（二）内部环境分析

组织战略的制定不仅要对外部环境进行分析，以做到知彼，还要对组织内部环境加以控制和估计，做到知己。内部环境分析，即对组织的能力和内部的资源进行分析，使制定的战略能够做到趋利避害，最大限度发挥组织的优势。

1. 组织资源分析　组织的资源是指组织所拥有或控制的有效要素的总和，是目前一切活动的经济基础,包括有形资源和无形资源。有形资源是指能看得见摸得着的量化资产,包括财务资源、组织资源、实物资源和人力资源。无形资源是指那些植根于组织历史、长期积累下来的看不见摸不着的资产,包括技术资源和声誉(知名度、组织形象、产品认同度等)、组织文化等,具有不易被模仿和获得的特点,是一种更高级更有效的核心竞争力来源,所以更具有潜力和优势。

2. 组织能力分析 组织能力是指整合组织资源,以使价值不断增加的技能,如技术创新能力、管理能力、营销能力、研发能力等。分析组织能力对于开发组织的竞争优势十分关键,而组织能力通常是对资源进行开发利用而获得的,所以说资源是能力的基础,能力是综合利用资源的表现,分析组织能力要以分析组织资源为基础。

二、战略发展方向和战略目标确定

(一)战略发展方向

1. 战略愿景 在战略制定的早期阶段,组织的决策层需要思考这样一个问题:未来的某个时期该组织将处在什么状态?这将推动组织的决策和管理层认真地研究和分析组织目前的状况,对组织在今后是否需要变革以及将怎样变革有一个更加清醒的认识。所以,战略管理的第一步就是建立战略愿景。

战略愿景(strategy vision)是组织对未来定位的设想,是组织前进的方向,是组织未来的目标及存在的意义。它回答的是"组织未来的发展是什么样子"这一根本性的问题。如美国某电脑公司的愿景是让每人拥有一台计算机,中国某通信公司的愿景是成为卓越品质的创造者。

战略愿景是组织有效进行战略领导的前提条件。有了一个清晰的战略愿景,组织的管理者就有了一个真正能指导组织决策的灯塔,一个前进的航线,也有了制定组织战略的基础和依据。

2. 战略核心价值观 组织的发展使命,说明了组织最基本的价值观和信念。以医院为例,按照"十四五"期间卫生事业发展的总体规划及 A 医院发展的指导思想,某医院在未来 10 年的发展中,将坚持以人为本、全面、协调、可持续的科学发展观,以患者为中心,将高质、守法、诚信、创新的经营理念体现在医院管理中,把握机遇、迎接挑战,不断提高医疗服务水平,为人民健康服务。

核心价值观的意义在于:成为组织行为规范的内在约束、制定组织制度与实现战略的思想保证、企业活力的内在源泉。

3. 战略社会责任 组织是社会系统中不可分割的一部分,在确定组织战略时,必须充分、全面地考虑到与组织有利害关系的各方面的要求和期望,如图 16-2 所示。

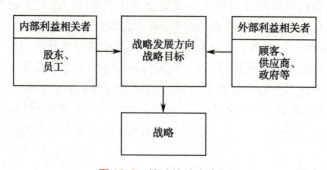

图 16-2　战略的社会责任

(二)战略目标确定

战略目标是组织在一定时期内,依照战略愿景,通过估测战略期内的活动开展所要达到的结果,对战略愿景进行的进一步阐明和界定,也是组织展开战略经营所要达到的水平的具体规定。

目标可以是定性的，也可以是定量的。如一个医院的利润增长率属于定量的战略目标，而医院医护人员素质的提高属于定性战略目标。

战略目标是一个体系，由总目标、分目标和若干子目标组成。这些目标分别对应第一节所述的不同层次的战略。上一层次的目标指导下一层次的目标制定，下一层次的目标为上一层次目标的实现提供支持和保障。如图 16-3 所示。

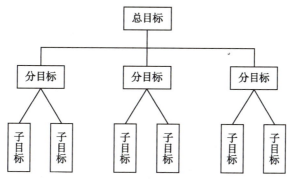

图 16-3 战略目标构成

1. 设定战略目标的原则

（1）关键性原则：这一原则要求组织确定的战略目标必须凸显有关组织成败的重要问题，即有关组织全局的问题，不可把次要的目标作为组织的战略目标，以免滥用组织资源而因小失大。

（2）可行性原则：确定的战略目标必须保证能够如期实现。因此，在制定战略目标时，必须全面分析组织内外各种资源条件，既不要脱离实际把目标定得过高，也不能把战略目标定得过低。

（3）激励性原则：制定组织的战略目标既要具有可行性又要考虑到它的激励性。所谓激励性，就是要求制定的目标要经过一定的努力才能实现。只有那些可行而先进的战略目标才具有激励和挑战作用，才能挖掘出执行者的巨大潜能。

（4）稳定性原则：组织的战略目标一经制定和落实就必须保持相对稳定，不可朝令夕改而引起组织战略的不断变更。

（5）权变性原则：战略管理要保持相对稳定性，但是不代表一成不变。因为外部环境是在不断变化的，在制定战略目标时有必要针对可能的变化因素制定相应的应对措施，甚至是对战略目标进行适当的调整。

2. 设定战略目标的步骤 确定战略目标的基本步骤有四个，依次为调查研究、拟定目标、评价论证和确定目标。下面逐一论述每个步骤。

（1）调查研究：为制定合适的战略目标，组织必须对外部环境和内部条件进行调查和分析。调查研究时，要把全面性和重点性相结合，要关注每个可能影响组织未来发展的因素，同时要对重点要素进行更为充分的调查。战略目标的调查研究与其他类型调查研究不同，其侧重点是对组织外部环境的调查和对未来变化的研究预测。所以调查研究应不断进行，以便在外部环境发生变化时，及时对战略目标进行调整。

（2）拟定目标：调查研究之后，便可拟定战略目标了。拟定战略目标通常需要经历两个环节：拟定目标方向和拟定目标水平。依据对外部环境和内部资源的综合考虑确定目标方向。通过对现有能力与手段等各种条件的全面衡量，对沿着战略方向展开的活动所要达到的水平作初步的规定，这便形成了可供决策选择的目标方案。在拟定目标的过程中，管理层要注意充分发挥参谋智囊人员的作用，并且要根据实际需要与可能尽可能多地提出一些目标方案，以便对比选优。

（3）评价论证：战略目标拟定后，要组织多方面的专家和有关人员对提出的目标方案就以下几个方面进行评价和论证。

1) 评价和论证目标方向是否正确。着重研究拟定的战略目标是否符合组织文化，是否符合整体利益，是否符合外部环境以及未来发展的需要。

2) 评价和论证战略目标的可行性。按照目标的要求，分析组织内部的实际能力，找出目标与现状的差距，如果组织的能力足以消除这个差距而实现目标，那么这个目标就是可行的。

3) 评价和论证所拟定目标的完善程度。着重考察目标是否明确、目标的内容是否协调一致和有无改善的余地等三个方面。

如果在评价论证时，已经提出了多个目标方案，那么这种评价论证就要在比较中进行，通过对比和权衡利弊找出各个目标方案的优劣差异。拟定目标的评价论证过程，也是目标方案的完善过程。如果通过评价论证发现拟定的目标完全不正确或无法实现，那就要重新拟定目标，然后再进行评价论证。

（4）确定目标：在确定目标时，要注意综合以下三个方面以权衡各个目标方案：目标方向的正确程度、能够实现的程度、期望效益的大小。对于所选定的目标，三个方面的期望值都应该尽可能大。

从调查研究、拟定目标、评价论证到最终确定目标，这四个步骤是相互关联、密不可分的。后面的工作依赖于前面的工作，因此在进行后一步工作时，如果发现前一步工作的不足或遇到新情况，需要重新进行前一步或前几步的工作。

三、战略方案制定

在进行一系列的战略分析之后，组织对内外环境以及影响因素应该有了充分的把握和认识，并获得了足够的信息，那么接下来的任务便是制定可供选择的战略方案。

（一）战略方案制定的影响因素

组织的管理者除了分析环境因素的影响外，在真正制定战略时，还应该注重下面几类因素的作用。

1. 组织过去的战略　对多数组织来说，过去的战略是战略选择过程的起点，新设想的战略方案多数受到组织过去战略的限制。

2. 管理者的风险偏好　组织及其管理者对风险的态度影响着战略选择的决策。某些组织管理者不愿承担风险，而另一些管理者却渴望承担风险。承担风险者往往采用进攻性战略，在他们被迫对环境变化作出反应以前就已经作出反应。回避风险者通常采用防御性战略，只能对环境变化作出被动的反应，他们严重地依赖于过去的战略。而承担风险者能遵照环境的变化着眼于更广泛的选择。

3. 对外界环境的依赖程度　组织存在于环境中，而环境受到政府、市场、客户等整个社会的影响。组织对这些环境力量的依赖程度也影响着战略制定与选择，依赖程度越高的组织选择战略的灵活性就越小。

4. 组织文化　组织文化影响着组织的行为方式和组织成员的价值观。战略选择一般要适应组织文化，组织文化会影响战略的制定。一个开放的组织文化，会为组织制定战略提供一个更为宽松自由的环境。

5. 竞争行为　在制定战略时，管理层会考虑竞争对手对其采取战略类型的反应。比如对于进攻性战略，可能会引起竞争对手的强烈反应。

6. 时间因素　制定战略时，需考虑实施战略的时间，选择恰当的时机有利于战略的执行。

（二）战略方案制定的层次

从组织的架构来看，战略管理可分为三个层次。

1.组织战略 是指关乎整个组织的战略,是组织总体的、全局的、最高层次的战略。组织战略涉及整个组织,如一把雨伞,覆盖组织所有的业务,也是组织最高管理层指导和控制组织一切行为的最高行为纲领。组织战略所涉及的问题是:组织如何从全局出发确定要从事的业务领域和发展方向?采取什么样的行动和策略来实现组织的整体战略?

2.业务战略 指的是组织各个业务领域的战略,是战略结构的第二个层次。它充分体现管理层为取得某一特定业务领域中经营的成功而制定的行动方案和经营策略。对于一个单业务的组织来说,组织战略和业务战略只有一个,因为这种组织只有一种业务。对业务多元化的组织来说,区分组织战略和业务战略更有现实意义。业务战略所涉及的问题是:组织的业务管理层针对某一项业务应该采取什么样的行动和策略?业务战略的核心问题是:如何建立强而有力的长期竞争地位?

3.职能战略 指的是各个业务中每个具体职能的战略,是战略结构的第三个层次。其首要作用是支持组织战略和业务战略,是职能管理者为实现这两个战略目标而制定的。执行得力的职能战略能够为组织带来更具竞争价值的能力和资源优势。职能战略通常包括:市场营销战略、生产战略、研发战略和人力资源战略等。职能战略所涉及的问题是:如何制定一个直接处理职能领域内问题的战略,来管理某项业务中某项主要的活动或过程,如研究与开发、财务、人力资源等等。

特别需要注意的是,组织战略、业务战略和职能战略构成了一个组织总体战略的三个层次,它们之间相互作用,紧密联系,共同构成组织的战略体系。三个层次的制定和实施过程是各级管理者充分协商、密切配合的结果。如图16-4所示,战略的三个层次如一个金字塔,上一层次的战略为低一层次战略的制定提供指导,而低一层次的战略为上一层次的战略目标实现提供支持和保障。

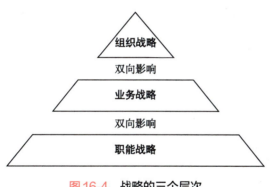

图16-4 战略的三个层次

战略的三个层次(即组织战略、业务战略和职能战略),一般是自上而下地得到制定,即先制定高层次的战略,再制定低层次的战略,由高层次的战略指导低层次战略的制定。每个层次制定战略的人员不同,战略制定的内容也不同,如表16-1所示。

表16-1 战略的三个层次

战略层次	主要责任人	制定战略时的关注点
组织战略	高层管理者	确定组织地位、组织发展方向
业务战略	业务部门管理者	设计具体行动方案、协调职能部门行动
职能战略	职能部门管理者	制定支持业务的战略、完成职能业绩

（三）战略方案制定的方式

1. 卓越管理家方式　有些管理者充当首要战略家的角色，是战略制定的首席"工程师"，对形势的评价、战略选择以及战略的细节等方面产生巨大的影响。

2. 委任他人方式　组织的决策层将战略制定的部分任务或者全部任务委任"他人"。然后，管理者跟踪战略制定的进度，在恰当的时候提供指导。这种战略方式可以吸引更多人员的广泛参与，同时，它还使管理者在选择来自组织底层的战略观点时保持部分灵活性。

3. 合作方式　管理者在制定战略时获得同级及下属的帮助和支持，最后得到的战略是参与者的联合工作结果。合作方式最适合下列情形：战略问题涉及多个传统的职能领域和部门，必须从不同背景、技能和观点的人身上充分挖掘出战略观点和解决问题的技巧，战略制定时应让尽可能多的人员参与。很多战略问题影响太深远或情况太复杂，以至于这些问题所在领域的管理者个人难以胜任，而且这些战略问题常常还会跨越几个职能领域和部门，因此必须要求组织中不同部分的管理者进行充分合作，最后再决定周全的战略行动。

4. 支持方式　在这种方式下，管理者通过参与式的头脑风暴法或利用"集体智慧"的方式来制定战略。这种战略制定的方式是鼓励组织中的个人和团队通过自己的努力制定、支持并宣传及实施组织战略。这种方式适合那些大型的多元化经营的组织，因为在这种组织中，组织的高层管理者不可能对各个业务部门制定出来的战略部分亲自进行协调。

（四）战略方案的形成

战略方案是组织自身战略目标、业务战略、经营战略以及思路、举措组成的集合。以医院为例，医院一般会权衡自身内外部环境及战略目标，形成多个各有优劣的备选战略方案。医院战略方案的制定不是单一的决策，而是一系列目标明确、举措细化的决策，其与内外环境的分析和战略实施紧密相连。医院战略方案包括医院功能结构与业务转变的战略方案，医院学科建设与人才培养的战略方案，医院医学教育与科研发展的战略方案，医院医疗设备与设施的发展战略方案，医院文化建设的战略方案等。

四、战略方案的评价与决策

组织在制定战略时会准备多个方案以供选择，在诸多方案中选择哪一套方案较为合适，需要组织进行战略方案评价，这是战略管理的重要环节。

（一）战略方案的评价

1. 战略方案评价的过程　评价的目的在于确定各个方案的有效性和可行性，分析各个方案对组织未来发展可能产生的影响。包括以下几个过程。

（1）分析战略方案与组织的外部环境是否相适应。

（2）分析战略方案对组织的能力和现有资源要求如何，组织的现有资源能否满足各战略方案的要求。

（3）分析战略方案的有效性和可行性如何，能否达到组织的目标。

（4）预计战略实施过程中将会遇到的困难和阻力以及克服困难的可能性。

（5）比较各个方案之间的优缺点、风险和效果。

2. 战略方案评价的方法　组织战略方案的评价指标通常包括定量指标和定性指标。

定量指标涉及产品生产、市场销售、经营成果等方面，主要指标有销售量、市场占有率、销售收入、实现利润和人均利润率等。定量指标的评价标准一般有三种类型：以历史数据为基础拟定的标准；以同行的平均水平、先进水平或竞争对手所达到的水平作为标准；按照一定的准则以大家所公认的标准作为评价标准。

定性指标有：评价战略与环境的适应性、战略执行中的风险性、战略执行中的时间性、战略与资源的配套性、战略内部的一致性。

一般来说,战略方案评价可以分为适应性战略评价方法以及可行性与可接受性评价方法。

(1)适应性战略方案评价方法:适应性战略评价方法主要是对战略逻辑、环境适应性和案例进行研究。

1)战略逻辑研究是评价竞争战略方案对公司现有业务、组织机构、各项管理工作的影响。

2)环境适应性研究是研究公司内、外部环境对竞争战略的影响。

3)案例研究是通过对过去案例的研究分析目前的竞争战略是否可行。

(2)可行性与可接受性战略方案评价方法:可行性与可接受性评价方法分析主要包括投资收益分析、风险分析、利益相关者分析和资源配置分析等。

1)投资收益分析是通过对组织获利、成本/效益、所有者利益等方面的分析,对特定的战略可能产生的收益进行评价。

2)风险分析用以评估财务风险,分析竞争战略可能引起的各种变化对组织的影响。

3)利益相关者分析是帮助客户分析战略重要相关利益者对于战略的影响。

4)资源配置分析反映各种可能的竞争战略对资源的要求。

(二)战略方案的决策

战略方案的决策是组织一项重大的战略决策,是战略决策者通过对若干可供选择的战略方案进行比较和优选,从中选择出一种最满意的战略方案的过程。

1. 战略方案决策的影响因素

(1)战略决策者的影响

1)战略决策者对外部环境的态度:由于外部环境中的关键要素会对组织各战略方案的相对吸引力产生较大的影响,所以组织战略决策者在进行最终战略方案的确定时,不得不考虑来自组织外部环境中各利益集团的压力,考虑他们对组织的期望和态度。

2)战略决策者对待风险的态度:战略是对组织的一种长远规划,未来未知的不确定决定了任何战略在实施之后都存在潜在的风险,决策者对风险的态度会影响方案的决策。

3)战略决策者的价值观:组织的决策者对发展战略都有自己观点,并左右方案的决策,如果违背了其价值观,将持反对态度。

(2)过去战略的影响:对于部分组织,新的战略通常是在过去战略的基础之上形成的,如医院根据过去的战略,有计划地投入了人、财、物等各种资源,那么新的战略制定中依然希望这些资源能够继续发挥作用,即过去的战略通常情况下是新战略的起点。

(3)组织文化的影响:战略方案与组织文化是否能够很好地相互匹配,对于该战略方案的成功实施关系重大。战略方案得到组织价值观、信仰等文化因素支持时,决策者往往可以迅速而容易地实施变革。组织文化也是重要的资源,也是组织的竞争优势,是战略方案的重要组成部分。

(4)利益相关者的影响:组织是一个由多个利益主体组合起来的联合体,其战略的决策必然要考虑到组织内外利益相关者的利益,如政府、顾客、股东、高层管理者、中层管理者、职员等。这些利益相关者都会利用自己资源来影响战略方案的最后决策,最后确定的战略方案是利益相关者博弈的结果。

2. 战略方案决策的方法 SWOT 分析是最常用的综合分析方法,它可以对外部环境的威胁、机会进行分析辨别,同时估量组织内部的优势与劣势,有助于选择有效的组织战略,以下以医院为例展示 SWOT 分析。

SWOT 分析全面分析医院的外部环境威胁(threats)与机会(opportunities),内部环境的优势(strengths)和劣势(weaknesses),并通过内、外环境的综合性分析与评价,帮助医院制定优势-机会战略(SO 战略)劣势-机会战略(WO 战略)优势威胁战略(ST 战略)和劣势-威胁战略(WT 战略),各因素构成了 SWOT 矩阵。

（1）优势 - 机会战略（SO 战略）：它是一种发挥医院内部优势而利用医院外部机会的战略。医院管理者都通过找出医院资源的最佳组合来获得竞争优势，迅速提高医院医疗服务的辐射能力。

（2）劣势 - 机会战略（WO 战略）：它的目标是利用外部机会来弥补内部劣势。在某些领域内存在劣势的医院，可以从外界环境获取所需的技术、人才或设备等，以便利用外部环境机会。

（3）优势 - 威胁战略（ST 战略）：它利用本医院的优势回避或减轻外部威胁的影响。医院也可采用多样化发展的战略，对医院的资源进行优化重组，获得竞争优势，克服外部环境带来的威胁。

（4）劣势 - 威胁战略（WT 战略）：它是医院通过补短或者弃短来应对威胁。面临外部威胁和具有众多内部劣势的医院，可以通过消除浪费而获得新的优势，从而摆脱困境。

构建 SWOT 矩阵的 8 个步骤如图 16-5 所示。

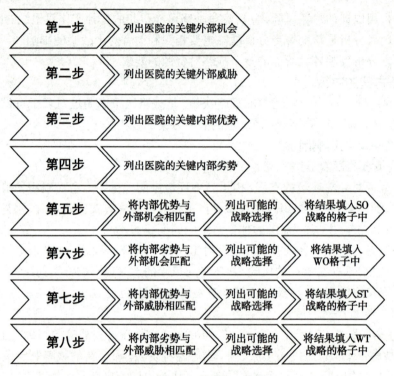

图16-5　SWOT 矩阵的 8 个步骤

第三节　战略实施与控制

组织一旦选择了一个战略，重点就转移到了如何把战略转化成实际行动。成功的战略制定有赖于经营的远见、敏锐的行业和竞争分析以及优势资源的匹配和使用等，而成功的战略实施则主要依靠战略分解、战略的支持以及战略的执行、战略的控制等方面。

一、战略分解

战略分解是指将战略分解为几个实施阶段，每个战略实施阶段都有各自的目标、政策措施、部门策略以及相应的方针等。进行战略分解时，要制定出分阶段目标的时间表，对各分阶段目标进行统筹规划、系统安排，并注意各个阶段之间的衔接。对于远期阶段，目标、方针可以概括一些;而近期阶段的目标、方针则应尽可能地详细一些。需要特别注意的是,在战略实施的第一阶段,因为新战略与旧战略之间面临衔接问题,因此第一阶段的目标方针也应该更加具体化和更具可操作性。

二、战 略 支 持

国际上的通用做法是采用战略支持系统(strategy support system,SSS)方法。战略支持系统是指由支持战略目标实现的若干分项系统组成的集合,主要可分为:职能支持系统和阶段支持系统。战略支持系统通过资源的综合调配,为战略目标的实现提供基础和保障。

(一)职能支持系统

职能支持系统是由组织各职能单位的管理重点构成的系统集合,主要包括人力资源系统、财务系统、生产系统、营销系统等。为确保战略目标的实现,针对上述系统要有不同的侧重点。如生产系统,侧重点是产品工艺、新产品研发、生产设备、生产产量、产品质量、生产成本等;针对财务系统,侧重点是资金结构、融资能力、盈利能力、偿债能力、预算指标等;针对人力系统,侧重点是组织管理、责权界定、激励机制、人才结构、员工培训等;针对营销系统,侧重在目标市场、品牌宣传价格体系、服务保障、竞争策略等。

(二)阶段支持系统

阶段支持系统是由各战略阶段的管理重点构成的系统集合。随着竞争的加剧,组织管理的不可控因素越来越多,为了提高战略调控能力,确保战略目标的顺利实现,组织战略可以划分成若干个战略阶段来进行。各战略阶段设定的目标、任务不同,战略管理的重点也会不同。通常,组织战略可划分为培育期、整合期和拓展期。培育期战略管理重点主要包括健全管理体制、吸纳专业人才、建立营销网络、品牌塑造等;整合期战略管理重点主要包括优化人才结构、技术创新、市场维护、品牌知名度提升、企业形象塑造等;拓展期战略管理重点主要包括优化产品结构、品牌延伸、多元化经营、管理创新、资本运营等。

三、战 略 执 行

战略执行过程是将战略付诸实际行动的过程。只有真正把所制定的战略分解、落实下去,转化为组织的实际行动,才能最终实现组织的目标。组织执行战略多采用"5步法"战略执行体系,它是一套简单而细致的指导组织构建战略执行体系的流程,具体步骤是确立经营目标、制订计划预算、落实业绩责任、控制执行过程、贯彻绩效回报。通过对"5步法"的学习和练习,管理者可以建立属于本组织的战略执行体系,并通过年复一年的流程循环不断提高管理技能,为可持续发展打下扎实的基础。

四、战 略 控 制

为使整个战略目标得以实现,组织需要建立控制系统来监控绩效和评估偏差,调整及改进战略,做到有计划、有步骤、有组织、有领导、有监督,及时发现问题。组织战略控制(control of organization strategies)就是根据信息反馈将组织战略执行的实际成效与预定组织战略目标进行比较,以检测两者的偏离程度,进而采取有效的措施进行纠正,在保证组织战略行动有效性的同时,实现战略目标。组织战略控制过程有四项基本要素:一是确定评价标准;二是衡量工作绩效;三是反馈;四是采取纠正措施。

第四节　战略评价与调整

一、战 略 评 价

战略评价（strategic assessment）是整个战略管理过程中的一个重要组成部分。不进行战略评价，管理者将无法获知战略在组织各个层面被实施的实际效果以及遇到的具体问题。战略评价是一个系统、动态的活动过程，其中锁定评估内容、选择评估方法是关键环节。

（一）评价内容

1. 方向性问题　一个战略方案中不应该出现方向不一致的目标和政策。美国战略学家理查德·鲁梅尔特提出了三种情况，帮助确定组织的内部问题是否由战略方向不一致所引起的。

（1）尽管更换了人员，管理问题仍然持续不断，并且这一问题是因事发生而不是因人发生的，那么就可能是因为战略的方向不一致所造成的。

（2）如果组织中某一部门或单位的成功意味着另一个部门或单位的失败，那么战略方向很可能就是不一致的。

（3）如果政策性的问题不断地被上交给最高领导层来解决，那么很可能也是因为战略的方向不一致。

2. 组织文化的匹配性问题　组织文化是组织成员普遍认同的价值观念和行为准则的总和。自 20 世纪 70 年代末，美、日一些学者在对许多组织经营中的成功与失败案例进行比较分析后，形成了一种共识：组织文化与组织战略之间的匹配性影响着组织的经营业绩、成长与发展水平。与实施战略所需要的价值观、习惯和行为准则相一致的文化，有助于激发人们以一种支持战略的方式进行工作。例如，将节俭这一价值观广泛植根于组织成员中的文化，会非常有利于成功地实施和执行追求低成本的战略，而以支持创造性、支持变化和挑战现状为主旨的文化，对于实施和执行追求产品革新的战略非常有利。

当一个组织的文化无法与取得战略成功的需要相匹配时，就应尽快地改变这种文化。否则这种文化的地位越是牢固，实施新的或不同的战略就越是困难。

3. 保障性问题

（1）政策保障：保障战略实施的政策可以引导组织的行动沿着有利的方向进行，从而促进战略的实施。当政策不支持战略时，它们就成为战略领导者促进行为变化的障碍。在组织改变其战略时，组织的领导者应当检查当前的政策，修正或放弃那些与战略不匹配的政策并制定出新的保障性政策。

（2）资金、人员保障：战略实施者应深入参与预算过程，认真、仔细检查战略执行关键组织、单位的计划和预算提案，防止因资金过少阻碍战略的执行或者因资金过多而造成浪费。

4. 环境问题　对于组织的领导者，首先要评估环境对战略实施的影响程度，预测环境变化的趋势及其可能对组织战略产生的影响；其次，组织的领导者在对环境因素进行一定的分析之后，要对各种环境因素所产生的影响作出反应。

5. 灵活性问题　战略灵活性来源于以下三项能力的结合。

（1）战略敏感度：指洞察力的敏锐度、认知与注意力的强度。这要求组织尽早洞察早期趋势，实时解读不断演变的战略情境。

（2）领导力统一：指管理层能够作出快速决策的能力。一旦弄清战略情境并把握住机会，统一的领导力能使管理层快速作出决定。

（3）资源流动性：指基于组织运营与资源配置流程、人员管理方法及合作机制和激励方案，组织内部能够快速地重新配置业务体系并调配资源。

（二）评价方法

1. 波士顿矩阵（BCG） 波士顿矩阵是由美国某咨询集团在20世纪70年代初开发的。BCG是一个二乘二的矩阵（图16-6），由横轴、纵轴再加上两轴各自的分界组成，其中横轴是市场相对占有率，纵轴是市场预期增长率。

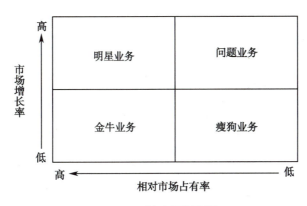

图16-6 波士顿矩阵图

（1）金牛业务是指拥有高市场占有率及低预期增长的业务。它们被认为是稳定的、所属市场已经成熟的、所有组织都想拥有的龙头业务。因为投资这类业务并不会大量增加收入，所以组织都只会对这些业务维持最基本的开支。

（2）瘦狗业务是指拥有低市场占有率及低预期增长的业务。这类业务通常只能维持收支平衡。虽然这些业务可能实际上协助其他业务，但这类业务未能为组织带来可观的收入，所以对组织来说是没有用处的。因此，这类业务应该被售出。

（3）问题业务是指面向高增长的市场但市场占有率低的业务。由于业务面向高增长的市场，故需要组织大量的投资。但因为市场占有率低，这类业务未能为组织带来可观的收入，结果出现大笔现金净支出。这类业务有潜质为组织带来可观的收入——在增加市场占有率后，这些业务将会变成属于"明星"区域的业务，并在市场成熟后转为"金牛"区域的业务。但如业务经营多年都未能成为市场领导者，则会变成属于"瘦狗"区域的业务。因此，对这些业务投放资源前，必须先对它们进行仔细分析，以确定业务是否值得投资。

（4）明星业务是指面向高增长的市场且市场占有率高的业务。这些业务均被期望成为组织未来的龙头业务——即在"金牛"区域的业务。虽然这些业务需要投放更多的金钱以维持市场领导者地位，但若能达到此目的，这些投资都是值得的——若能维持市场领导者地位，当市场转趋成熟时，"明星"区域的业务就会变为"金牛"区的业务。否则，"明星"区的业务就会逐渐移向"瘦狗"区域。

2. 麦肯锡矩阵（GE） GE矩阵法，又称麦肯锡矩阵、九盒矩阵法或行业吸引力矩阵，是美国某电气公司于20世纪70年代开发的投资组合分析方法，对组织进行业务选择和定位具有重要的价值和意义。在根据组织在市场上的实力和所在市场的吸引力对这些组织进行评估时，可以使用GE矩阵。

如图16-7所示，绘制GE矩阵，需要找出外部（行业吸引力）和内部（组织竞争力）因素，然后对各因素加权，得出衡量内部因素和外部因素的标准。绘制步骤如下。

（1）定义各因素：选出影响组织竞争力和行业吸引力的重要因素，分别称之为内部因素和外部因素。

（2）估测内部因素和外部因素的影响：对于外部因素，可以采取五级评分标准（1＝毫无吸引力,2 = 没有吸引力,3 = 中性影响,4 = 有吸引力,5 = 极有吸引力)进行评定。然后使用 5 级标准（1 = 极度竞争劣势,2 = 竞争劣势,3 = 同竞争对手持平,4 = 竞争优势,5 = 极度竞争优势）对内部因素进行类似的评定。

（3）将该战略标在 GE 矩阵上:矩阵坐标纵轴为行业吸引力,横轴为业务实力。每条轴上用两条线将数轴划为三部分,这样坐标就成为网格图。两坐标轴刻度可以为高中低或 1 至 5。

（4）对矩阵进行诠释:通过对战略在矩阵上的位置进行分析,就可以选择相应的战略举措竞争力和吸引力均高的产业应优先分配资源,处于中位的产业采取维持规模、谨慎发展策略,处于低位的产业采取转移撤退战略,通常归结为"高位优先发展,中位谨慎发展,低位捞它一把"。

行业吸引力	高	尽量扩大投资,谋求主导地位	市场细分以追求主导地位	专门化,采取并购策略
	中	选择细分市场大力投资	选择细分市场专门化	专门化,谋求小块市场份额
	低	维持低位	减少投资	集中于竞争对手盈利业务,或放弃
		高	中	低
		组织竞争力		

图 16-7 麦肯锡矩阵

3. 竞争态势矩阵（CPM） 竞争态势矩阵（competitive profile matrix,CPM）用于确认组织的主要竞争对手、战略地位及其优势与弱势。CPM 矩阵中包括外部和内部因素,评分则表示为优势和弱势。竞争态势矩阵的分析步骤如下。

（1）确定行业竞争的关键因素。

（2）根据每个因素在该行业的成功经营中的重要程度,确定每个因素的权重,权重和为 1。

（3）筛选出关键竞争对手,按每个因素对组织进行评分,分析各自的优势所在与优势大小。

（4）将各评价值与相应的权重相乘,得出各竞争者的因素加权评分值。

（5）加总得到组织的总加权分,在总体上判断组织的竞争力。

4. 战略与绩效分析（PIMS） 战略与绩效分析,也叫 PIMS 数据库分析方法,是数据库技术在竞争分析中的运用,也是一种竞争对手分析方法。PIMS 研究最早于 1960 年在美国某电气公司内部开展,主要目的是找出市场占有率的高低对一个组织的业绩影响。经过多年的研究,PIMS 项目发现下述的 7 个战略要素对组织的成败有较大的影响:投资强度、劳动生产率、市场竞争地位、市场增长率、产品或服务的质量、革新或差异化、成本因素。

二、战 略 调 整

（一）战略调整的基本原则

1. 动态适应原则 环境的快速变化使组织必须保持灵活、应变能力,组织战略在保持稳定性的同时,又要保持高度的适应性。这就要求在进行战略调整时要遵循动态适应原则。

2. 局部调整原则 组织可以根据具体的需要对战略进行局部的调整。由于战略本身要求具有较强的稳定性,同时,各种环境因素对组织的影响往往是从各个方面开始的,因此,组织可以先对其职能战略进行调整,当需要调整的内容增加并达到一定程度时,再对业务战略和总体战略进行调整。

3. 有效控制原则 组织与环境实际上是相互影响、相互制约的关系。当组织预测到环境的变化时，就要积极寻求变革，这将使组织在环境的变化中处于主导地位，并保证组织战略调整的成功。

（二）战略调整的依据

1. 组织的核心竞争能力 改变或调整组织的战略方向时，需要分析组织已经形成的核心能力及其利用情况。

2. 领导者的行为倾向 战略调整和其他类型的决策一样，主要依据之一是组织领导者的行为特征，甚至可以认为战略调整是组织领导者行为选择的结果。

3. 组织文化 战略调整要以组织文化为依据。组织文化是组织员工普遍认同的价值观念和行为准则的总和，组织文化的导向功能、激励功能以及协调功能影响着组织战略调整方向的选择，也影响着组织员工，特别是组织领导者的行为选择。

（三）战略调整的方法

1. 建立环境变化预警系统，提高战略调整的前瞻性。组织对环境变化作出正确反应的前提是及时、正确地感知环境的变化，这要求组织要建立起战略预警系统。战略预警系统是指监控组织外部环境的变化，并分析不确定性因素，准确、及时评价阶段性战略完成情况以及完成效率的系统。

2. 增强环境变化的感知力，提高组织战略适应能力。组织与外界环境进行着能量、物质、信息的交换，外界环境中的微小变化都可能会对组织产生影响。提高组织对环境变化的感知力不仅需要组织时刻监控外围环境、注重组织战略对环境的适应性，还要组织对内部各要素和外部各种资源进行有效集成，使组织整体适应环境变化的能力得到提高。

3. 建立柔性组织结构，适应组织战略调整。组织结构的功能在于分工和协调，它是保证战略实施的必要一环。组织为应对外部环境的变化，往往需要调整内部结构。战略柔性是组织内部结构在一定范围内的可调整性、可变革性。所以组织战略要能适应外部的环境变化，就要使组织结构由刚性变为柔性。

4. 运用平衡计分卡，构建战略管理系统。平衡计分卡是从财务、客户、内部业务流程、学习和创新四个方面来考察组织战略绩效的系统，利用它可以对关键过程进行有效控制，对资源进行优化配置，使考评和战略有效衔接起来，解决传统管理体系中组织长期战略与短期行为脱节的问题。要运用平衡计分卡来构建战略管理系统，首先在全盘考虑组织现有资源和外部因素的基础上，制定组织的远景规划与战略目标，然后把战略目标转化为关键成功因素和关键业绩指标，根据这些指标来制定战略行动方案；接着根据战略行动方案和各部门工作的重要性分配资源，并尽量使部门间的资源产生协同效应；最后在外部环境发生变化时，对战略进行反馈和调整，并调整其考核指标体系。

通过以上各个环节的实施，确保组织的战略目标、战略行为、战略资源和战略管理成为一个联系紧密的整体，使组织的战略调整获得成功。

本章小结

战略管理是对组织发展方向的确定及围绕总目标对活动的总体规划，是一个持续不断的动态管理过程。包括内、外部环境的分析与评估、战略发展方向与战略目标确定、制定战略方案、实施战略和评价战略等环节。战略方案制定的影响因素：组织过去的战略、管理者的风险偏好、对外界环境的依赖程度、组织文化、竞争行为、时间因素。战略自上而下分为三个层次，组织总体战略、业务战略和职能战略。每个战略所涉及的问题不同，制定战略的管理者也不同。战略方案决策的影响因素：战略决策者的影响、过去战略的影响、组织文化的影响、利益相关者的影响。战略评价时，首先要确定评估的内容，然后采取适宜的评估方法。评估方法可以采用波士顿矩阵、麦肯锡矩阵、竞争能力矩阵、战略与绩效分析等。战略调整的原则有动态适应、局部调整及有效控制原则；调整的依据为企业的核心竞争能力、企业家的行为倾向及组织文化。

（吕本艳）

思考题

1. 简述影响战略制定的因素。
2. 简要概括战略评价的内容。
3. 战略调整遵循的原则有哪些？
4. 在新的政策环境中，医院如何对战略进行修正或调整？

第十七章　学习型组织

彼得·圣吉在 20 世纪 90 年代撰写的《第五项修炼——学习型组织的艺术与实务》，被《哈佛商业评论》称为过去 75 年最具影响力的管理理论。彼得·圣吉提出以自我超越、改善心智模式、共同愿景、团队学习和系统思考五个核心技能创建学习型组织，认为组织从经验中学习、吸收新思想并付诸行动的内在能力是获得并保持竞争优势的关键。2015 年 5 月 23 日，习近平在致国际教育信息化大会的贺信中指出，建设"人人皆学、处处能学、时时可学"的学习型社会，培养大批创新人才，是人类共同面临的重大课题。中国古语"学而时习之""吾日三省吾身"代表了个人反省学习、不断超越自我的状态，学习型组织不仅针对个体，还涉及一切组织、企业和国家。

第一节　学习型组织的概述

一、学习型组织的兴起

传统的管理模式是建立在亚当·斯密（Adam Smith）所提倡的分工理论之上，以泰勒的科学管理为基础的分层组织结构，它沿用了一百多年。这种按职能分工、条块分割、"金字塔"型的分层组织结构（即等级权力控制型的组织结构），在工业经济前期对提升生产率曾起过巨大的推动作用。传统的组织是有边界的，包括垂直边界和水平边界。垂直边界主要表现为由传统的垂直式组织结构建立的内部等级制度，组织设置为层级机构，各层级都界定了不同的地位、责任及权力的上下限，其中设置的各个职位都有明确定义，位高则权重，位低则权轻。而水平边界则主要表现为组织内不同的职能部门依据自身的进度表行事，与其他部门发生矛盾和冲突，往往不顾组织的整体目标而片面夸大自己的目标，从自身专业或部门的立场来评价组织的政策，因此各项政策的制定或计划的编制通常是有利害关系的各方协商的结果，而不是根据组织全盘需要作出的反应。

但 20 世纪 80 年代以后，随着信息爆炸式的增长和经营节奏的加快，企业面临着前所未有的竞争环境变化。传统的组织模式和管理理念已越来越不适应企业发展的需要，许多曾名噪一时的大公司由于不能及时适应当时的社会环境变革，纷纷退出历史舞台。无论是国家与国家之间的竞争，还是企业与企业之间的竞争，科学知识和信息技术都是竞争的核心要素，而科技创新需要有巨大的学习能力作支撑，也可以说，一个组织要想生存，其学习的进度必须超过或最起码要等于环境变化的进度。因此，组织如何适应新的知识经济环境，增强自身的竞争能力，延长组织生命，成为管理界关注的焦点。彼得·圣吉正是在这样的背景下提出了学习型组织管理理论。

管理学家斯蒂芬·P. 罗宾斯在他的《组织行为学》第七版中论述了学习型组织。他认为 20 世纪 80 年代以来的企业管理理论热潮可以分为三个阶段：20 世纪 80 年代，企业热衷于全面质量管理理论的应用；20 世纪 90 年代，企业开始热衷于企业流程（组织）再造；20 世纪 90 年代中期，积极推广学习型组织管理理论。其实，学习型组织管理理论的提出时间早于企业流程（组织）再造理论，但是，它的应用却要晚一些。学习型组织管理理论的推广是因为全面质量管理理论和企业流程（组织）再造理论在实践中屡遭失败。与它们相反的是，学习型组织管理理论使当今很多著名企业重新焕发出巨大的生命活力。

彼得·圣吉在《第五项修炼——学习型组织的艺术与实务》中指出，现代企业所欠缺的就是系统思考的能力。它是一种整体动态的搭配能力，因为缺乏它而使得许多组织无法有效学习。之所以会如此，正是因为现代组织分工、负责的方式将组织活动切割细分，而使人们的行动在时空上相距较远。当不需要为自己的行动结果负责时，人们就不会去修正其行为，也就无法进行有效学习。

彼得·圣吉等人针对建立学习型组织过程中遇到的问题，又出版了由大量案例和实验资料所构成的《第五项修炼Ⅱ：野外工作纪录》和《变革之舞——学习型组织持续发展面临的挑战》，具体阐述了应用"五项修炼"的策略技巧和工具，详细阐明了学习与提高素质的关系。

二、"学习"的内涵及类型

有人预言，人类现有的知识到21世纪末将只占当时知识总量的5%，其余95%的知识现在还未创造出来。人类发展至今，大脑愈来愈发达，一个人脑细胞总量已超过150亿，人脑的巨大容量为每个人吸收、消化、储存数以亿计的信息知识量开辟了广阔的前景，因此，要提高自主的学习能力，关键是要不断学习，终身学习。就像庄子所说的那样："吾生而有涯，而学也无涯。"

什么是学习？孔子在两千多年前就提出"学而时习之，不亦乐乎"，可见"学"跟"习"是严格区分的。而很多组织往往重视"学"而不重视"习"，培训完了考试合格就发个合格证，关于学到的知识是不是能够产生实际的作用，没有追踪。正确的学习观是：不但要"学"，还要"习"。

据专家们分析，农业经济时代只要7～14岁接受教育，就足以应付往后40年工作生涯之所需；工业经济时代，求学时间延伸为5～22岁；而在信息技术高速发展的知识经济时代，科技急速发展，因此每个人在一辈子的工作生涯中，必须随时接受最新的教育，持续不断提升学习能力。知识经济时代的人类必须把12年制的学校义务教育延长为"80年制"的终身学习。

学习力是由三个要素组成的。这三个要素分别是学习的动力、学习的毅力和学习的能力。学习的动力体现了学习的目标；学习的毅力反映了学习者的意志；学习的能力则来源于学习者掌握的知识及其在实践中的应用。一个人、一个组织是否有很强的学习力，完全取决于这个人、这个组织是否有明确的奋斗目标、坚强的意志和丰富的理论知识以及大量的实践经验。学习力是其三个要素的交集，只有同时具备了三要素，才能具备真正的学习力。

迈克尔·波拉尼将知识分为隐性知识和显性知识。通常以书面文字、图表和数学公式加以表述的知识，称为显性知识。在行动中所蕴含的未被表述的知识，称为隐性知识。野中郁次郎提出了显性知识和隐性知识相互转换的四种类型和知识螺旋，以实现隐性知识的传递：①组织学习从个人间共享隐性知识开始，隐性知识在团队内共享后经整理被转化为显性知识（外化）；②团队成员共同将各种显性知识系统地整理为新的知识或概念（合并）；③组织内各成员通过学习组织的新知识和新概念，并将其转化为自身的隐性知识，完成了知识在组织内的扩散（内化）；④拥有不同隐性知识的组织成员互相影响（社会化），即完成了一次知识螺旋运动。此后，下一轮的知识螺旋运动开始。

个体学习是组织学习的必要不充分条件，如果一个组织要紧随变化的环境而发展和变革，组织学习是一种必要的学习类型。在组织学习中，信息、态度和行为通过组织成员的个体学习和集体学习而蔓延到整个组织，然后由组织的程序、惯例或产品的变化进行广泛传播。就学习的组织层面，要想使学习成为组织生活的一个基本特征，关键是要在战略层次上明确学习的概念，并且组织的行为、程序和机制都要集中于一个具体的学习层次。

经济学对组织学习的定义是"组织学习是一种行为上的改进，这种改进可以产生抽象或具体的积极结果"。管理与创新学对组织学习的定义是"组织相对竞争优势的保持和对企业创新能力的促进"。组织理论对组织学习的定义是"组织在特定的行为和文化下，建立完善组织的知识和常规,通过不断应用相关工具与技能来加强组织适应性与竞争力的方式"。

学习型组织里所说的学习不仅仅是得到更多的信息,更是组织生存能力的成长,学习型组织强调的学习是可以转化为创造力的学习。就像一粒种子,源源不断地从周围环境吸收营养,突破自身的局限,逐渐长大。所以,学习型组织的学习是组织及其成员获取、加工、整理、创新和利用知识,来指导和改善自身的行为和思想,从而增强适应环境和影响环境的能力。

三、学习型组织的概念

所谓学习型组织(learning organization),是指通过培养弥漫于整个组织的学习气氛、充分发挥员工的创造性思维能力而建立起来的一种有机的、高度柔性的、扁平的、符合人性的、能持续发展的组织。这种组织具有持续学习的能力,能创造高于个人绩效总和的综合绩效。简而言之,学习型组织就是一种能够不断学习和不断自我创造未来的组织。学习型组织管理理论就是通过学习和激励,让人在工作过程中通过自我超越的创造过程,来实现生命的价值。

个人是学习型组织的基本个体,组织要学习,首先需要组织中的每个人进行学习,组织学习只能通过个人的行动来完成,但个人学习并不是组织学习的充分条件。个人学习只有上升到组织的层面、在组织中传播知识并为其他组织成员分享,才能叫作组织学习。知识经济时代的团体必须建成"学习型组织",才能适应终身学习的需要。

美国学者沃特金斯和马席克提出了创建学习型组织有六个行为准则:创造不断学习的机会、促进探讨和对话、鼓励共同合作和团队学习、建立学习及学习共享系统、促使成员迈向共同愿景以及使组织与环境相结合(图17-1)。

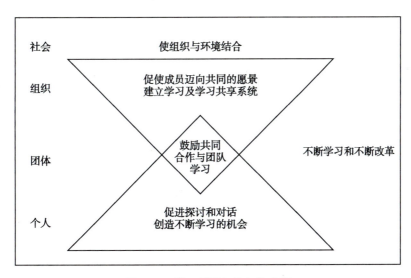

图17-1 学习型组织的行为准则

由图可以看出,首先,学习型组织的学习是在所有层次上学习。在组织中,学习向更复杂的共享性的水平推进。学习型组织往往会从一个人的言行开始连锁反应,别人对此作出反应,然后另外一个人对这一反应作出反应。随后集团成员开始使用各自不同的方法对事物赋予意义。最终,他们通过和其他成员的交流,逐步取得一致。人们的知识通过这一经历而急速变化。在组织层次上的学习,恰似原子核的连锁反应那样,通过复杂的相互作用迅速发生。概括起来有5个要素:拥有终身学习的理论和机制;建有多元反馈和开放的学习系统;形成学习共享与互动的组织氛围;具有实现共同愿景的不断增长的学习力;工作学习化使成员活出生命意义,学习工作化使组织不断创新发展。

另外，几乎所有的学习型组织都追求着某种变革，不少组织只有通过改变形成某种新的东西，才能克服面临的问题。具备了完全新的能力，就使组织处于能竞争的状态。学习可以是针对当前的竞争，采取具体化战略的学习，也可以是把焦点放在组织内部的重新组合上的学习。把现有的战略具体化，会是有效的学习，但单是这样的学习是远远不够的。只有不断尝试新的方法、根据目标不断调整组织内部结构，才能给组织带来新的能力。

四、学习型组织的特征

学习型组织并没有固定的模式，不同的组织管理者可以根据各自的目的建立不同模式的学习型组织，因此不同学习型组织的特征也不尽相同。虽然不同学习型组织存在一定的特异性，但学习型组织具有一些共性的基本特征。

（一）持续性的学习

这是学习型组织的本质特征。彼得·圣吉说："未来唯一持久的优势，是有能力比你的竞争对手学习得更快"。这里的学习并不是指必须进行某种特定形式的培训，而是指善于利用一切机会、一切资源来进行学习。而学习的持续性要从以下三个方面来理解。

1.强调"终身学习" 即组织中的成员均应养成终身学习的习惯，学习型组织中的每个成员的学习不是为了晋升或者应付某种需要，而是一种组织氛围，促使其成员在工作中不断学习。而且，不要把学习与工作分割开，应树立"学习工作化，工作学习化，学习生活化"理念，信奉"只有起点，没有终点"的终身学习理念。

2.强调"全员学习" 即组织的决策层、管理层、员工都要不断地学习，不断充实自我，尤其是管理决策层，更需要通过学习改善管理技巧。

3.强调"合作学习" 即不但重视个人学习和个人智力的开发，更强调组织成员的合作学习和群体智力（组织智力）的开发。

（二）组织结构扁平化

和传统的金字塔式的组织结构不同，学习型组织的组织结构是扁平的，在上面的决策层和下面的操作层之间，相隔的层次极少。学习型组织是从等级权力控制型转化到激发员工内心创造力的组织。不仅如此，它还是一种权力下移的扁平化组织结构，即尽量将决策权向组织结构的下层移动，让最基层员工充分享有自主权，使其能对它们产生的结果负责。只有通过这样的精简组织层次和权力下放，才能真正保证上下级的有效沟通，下层能直接准确体会到上层的决策思想，上层也能快速了解到下层的真实情况，避免了信息和决策在传递过程中的失真和延迟。

在组织结构变化的同时，领导者的角色也应该发生相应的变化。在学习型组织中，领导者的身份是多重的，他们既是设计师，又是服务者。作为设计师，领导者的工作是对组织要素进行整合，不仅要设计组织的结构和组织政策、策略，更重要的是设计组织发展的基本理念，为组织的发展指引方向；首要任务是利用自己的经验与判断，帮助分析界定组织的真实情况，协助组织成员对真实情况进行正确、深刻地把握，提高他们对组织系统的了解能力，促进组织成员个人的学习。这在很大程度上体现着这个"设计师"的水平与价值，体现着领导者的智慧与眼光。作为服务者，主要体现在领导者要拥有实现组织目标的使命感，为了组织的共同目标能够和普通的员工一样自觉地服务，甚至能够为了组织的利益而为员工服务。

（三）能动性学习

在学习型组织中，组织成员拥有一个共同的愿景，即组织的愿景。所谓愿景是所向往的前景，是人们永远为之奋斗希望达到的图景，它是一种意愿的表达。愿景概括了未来目标、使命及核心价值，是哲学中最核心的内容，是最终希望实现的图景。

组织的愿景来源于员工个人的愿景而又高于个人的愿景。它被组织成员所共同认可，是组织中所有员工的共同理想。因此，这个共同愿景能把组织内不同个性的成员凝聚在一起，使他们朝着组织共同的目标前进。

为了实现组织共同愿景，在学习型组织中，从领导者到员工，每个成员都要最大限度地发挥其主观能动性。领导者要发挥号召力与激励艺术，其任务是激发起每个层级员工的能动性与创造性；而每个员工也都应当尽己所能，发挥自己的主观能动性。这就需要组织营造一种相互信任、互相支持的氛围，鼓励组织成员能够开诚布公地发表自己的意见，交流看法。同时，作为学习型组织，应当努力为成员创造一种鼓励冒险精神的环境，以此激发成员不断创造与超越。

（四）创造性的学习

传统组织大都是封闭的，而学习型组织则不同，它充分体现了学习的广泛性。作为一个高度开放的组织，学习型组织使成员不仅在组织内部可以得到思想的交流与自身的发展，而且它能够建立一种与外界交流和联系的渠道，可以广泛地传播和共享当前最先进的思想、理念以及最优秀的实践经验等信息。这是一种学习渠道的创造性。

学习型组织的活力在于它的创新性。允许和鼓励组织成员进行探索性的学习，让他们充分利用各种学习机会，分享信息，交流学习心得。在学习中让每个成员感到乐趣，同时也激发出他们的创造力，这样在任何形势下，面对任何新的问题的时候，每个成员都能够用一种创造性的新鲜的思考方式来思考和解决面临的困难和挑战。

传统组织内开展的学习活动是比较单一的，基本上就是利用书本、报刊等工具，形式也很简单，通常是开展讲习班或培训班之类。而学习型组织无论从内容还是从形式上，都大胆进行突破，将学习向多元化转变。不仅由组织定期举办各类学习活动，让成员学习理论和实践的知识，交流思想、经验和心得，把传统的学习的概念无限地扩展和延伸。除了提供正式的学习机会外，学习型组织还鼓励成员在工作规则允许下利用非正式机会学习，从错误中学习，从失败中学习。强调不断学习的重要性，推动在组织内部和外部的周期性的脱产学习。这是学习方式的创造性。

在学习工具上，也一改过去使用的书本报刊，而是综合采用电脑、电视、网络、多媒体等各种先进的学习方式，极大地提高了学习的效果和效率，能确保快速地了解最新的知识和信息动态。这是学习工具的创造性。传统型组织与学习型组织的差异显著（表17-1）。

表17-1 传统型组织与学习型组织的比较

项目	传统型组织	学习型组织
基本环境	稳定 可预测 区域性、本土性 僵固的文化 只有竞争	快速变迁 不可预测 全球性 弹性的文化 竞争、合作、共同创造
经营方式	依循过去的经验判断 程序导向	依当下发生的情况判断 市场导向
经营优势	标准化、低成本 注重效率	适应顾客的独特需求 注重创造力
员工必备条件	遵循惯例 服从命令 避免风险 持续一贯 遵守程序 避免冲突	积极应对例外 解决问题、改善措施 不规避风险 富有创造力 与他人合作 从冲突中学习

资料来源：TOBIN DANIEL R. Re-educating the corporation: foundations for the learning organization[M]. Essex JunctionVT：Omneo，1993.

五、学习型组织的作用

（一）提高组织竞争力

当今社会，一切都在变化，唯一不变的就是"变化"本身。所以，面对不断变化的外部环境和内部条件，组织要取得长期生存和发展，就需要不断地学习。任何一个组织为了达到永恒的卓越，必须不断地学习、不断地进取。只有这样，才能不断提高员工的工作智慧，才能不断开发员工的内在潜能，才能不断提高员工满意度，从而提高组织整体运作能力，提高组织的竞争力。

（二）感悟生命的意义

在学习型组织中，工作智慧和内在潜能的不断开发使人们能不断突破自己的能力上限，拓展自己的能力，追求真心向往的结果，这意味着人们在工作中能获得越来越大的胜任感和工作满足感。更重要的是，学习型组织通过组织学习和个人学习，能使组织变成杰出的组织，从而提高员工对组织的满意度。这是一种真正的学习，通过学习，人们重新创造自我；通过学习，人们能够做从未做过的事情，重新认识个人与社会的关系，产生更多的创造未来的能量，从而能从工作中品评出生命的意义。

（三）扩展组织未来能量

学习是为了创新，是为了创造组织的未来。如果一个组织整天学习而不能把这学习转化为创造能量，这就不是真正的学习型组织，这是形而上学的组织。创建学习型组织，就是要追求有效性学习，它能产生创造力，即生产力。要注意学习的方式方法，注重调动大家学习的积极性，避免无效学习，尤其是破坏性学习。而且，学习型组织特别强调学习效果，对个人来说创造自我，对组织来说扩展创造未来的组织能量。培养和提高学习能力，旨在增强组织适应外部环境变化能力的基础上，强化员工和组织的变革意识，促进员工与机构在组织变革过程中超越自我、突破极限及共同成长。在学习型组织中，人们不仅要重新认识这个世界，进行适应性学习，而且还要认识人们跟世界的关系，进行创造性学习，不断创新、进步，从而达到扩展创造组织未来能量的目的。

第二节　学习型组织的关键技能

彼得·圣吉从系统动力学的角度，认为学习型组织是一个不断创新、进步的组织，在这种组织中，组织成员不断突破自己的能力上限，创造真心向往的结果，培养全新、前瞻而开阔的思考方式，全力实现共同的抱负，以及一起不断地学习。他指出，学习型组织的建立与发展需具备五项关键技能，这五项关键技能被称为学习型组织的五项修炼，包括自我超越、改善心智模式、建立共同愿景、团队学习和系统思考。本节将对这五项修炼作为学习型组织核心技能逐一进行阐述。

一、自 我 超 越

自我超越（personal mastery）是学习型组织的精神基础。自我超越的修炼是对学习型组织每个成员的要求，要求他们学习如何认清、加深自己心中的个人愿景，并且通过观察现实，超越自我而努力实现它。当组织中的每个人都具有自我超越的意识和能力的时候，这个组织也就具有了向前不断发展的精神保证。

根据马斯洛理论，人的需求由较低层次到较高层次依次分成生理需求、安全需求、社交需求、尊重需求和自我实现需求五类。人们总是在力图满足某种需求，人的需要是从外部得来的满足逐渐向内在得到的满足转化。一旦一种需求得到满足，就会有另一种需求取而代之。这本身就是一种不断的自我超越。

按照彼得·圣吉的定义，在学习型组织里，领导者是学习的设计师，因此，在进行"自我超越"修炼的过程中，应当首先从组织的领导者开始。进行自我超越的修炼的人，他们敢于正视自我，善于自我反省，自我否定，摒弃自身存在的那些错误的、落后的思想和行为，在痛苦的思考与否定中蜕变，不断地超越自身，提升自己各方面的能力，最终把自身修炼成为一个崭新的个体。他们对待生活和工作的态度是全身心地投入，他们的乐趣就在于不断地超越自我，在于不断地实现他们内心深处的每个愿景。

在这项修炼的过程中，一个要解决的主要问题是如何处理个人愿景和组织的整体愿景的统一关系。目前的实际情况是，在许多组织里，当问及组织成员的个人愿景是什么的时候，他们的回答通常是一些完全私人的、微小的甚至是负面的想法。这样的愿景和组织真正需要达到的愿景相差甚远。如果在这些微小的、片面的甚至负面的愿景的前提下，自我超越是难以达到理想的境界的。

但是，组织整体的愿景并非意味着要完全放弃个人的愿景，自我超越的修炼，是要以弄清楚个人内心真心向往的事情为前提和出发点，充分考虑到整个组织和个人的发展与成长，为心灵深处最高的愿景的实现而努力。而且，学习型组织是一个"以人为本"的组织，组织学习能力的提高，取决于每个成员的学习意愿和能力的提升。只有组织中的每个人都有了学习与拓展的机会，有了实现自我的空间，整个组织才能发展和成长。

二、改善心智模式

改善心智模式（mental models）是五项修炼中最实际、最具体也最艰难的修炼项目。改变意味着否定和抛弃原有的观念或秉性，改变既有的认知和动作方式，建立全新的模式。其中最关键的是组织中决策者的心智模式的改善程度。因为他们的认知和行为方式直接影响到组织的发展方向。

这里所讲的心智模式，从根本上来看，是一种根深蒂固于内心的观念、态度和思维模式，平常并不易被我们自己觉察和感知。在实际工作和生活中，心智模式其实广泛地影响了人们对事物的判断和决策。《列子·说符》中有一个"疑邻盗斧"的故事，说有一个人遗失了一把斧头，他怀疑是邻居孩子偷的，便暗中观察他的行动，怎么看都觉得他的一举一动像是偷他斧头的人。当后来他在自己的家中找到了遗失的斧头，再碰到邻居的孩子时，便怎么看也不觉得邻居的孩子像是会偷他斧头的人了。

对于这些问题判断的基础就是深藏在我们内心的一种模式，即心智模式，它是我们根据自身或他人过去的经验积累下来所形成的自身的"信条"。这些信条，不仅可以正面决定我们对事物的认识程度，也可以负面影响我们的行动方式。例如，我们如果在管理中感到无法准确把握市场的动向，或是感到对于推动一项变革困难重重，那么往往可能是我们的固有的一些观念在作祟，也就是说和我们心中潜藏的并且强大的心智模式相抵触了。所以许多人呼吁，要想发展和改革，首先就要转换观念。也就是彼得·圣吉提出的改善心智模式。

这项修炼是学习型组织的思维基础，是统领和指导人们行动的中枢。只有认识高度统一了，每个成员在思想和心理上与组织产生了共鸣，组织才能发展。学习型组织要求每个成员在外界给自己施加压力之前，首先主动地挑战自己的观念，通过反思和探询，检视自身的想法与行为是否客观，是否需要改进，听取别人的建议，以开阔的眼界和心灵去容纳和接受别人的新鲜的想法，不断改变固有的思维模式。

三、建立共同愿景

建立共同愿景（building shared vision）是学习型组织的动力基础。共同愿景的建立有3个要素：目标、使命感和价值观。一个组织要想有强大的凝聚力，仅有一个共同的目标是不够的，要想实现目标，还要有共同的价值观和使命感作为强大的支撑。价值观是一个体系的灵魂。看一个组织成功与否，就要看这个组织能否构筑起科学的、先进的价值体系。有一个明确的价值体系才能使全体员工向一个方向前进。

共同愿景的建立包括3个层次：组织愿景、团体愿景和个人愿景。这3个层次缺一不可，只有层层实现，才能真正支撑起组织的共同愿景。共同愿景必须从组织中的个人愿景出发，必定要得到组织众多成员的认同和共鸣。个人愿景是组织共同愿景的基础。彼得•圣吉认为，"个人愿景是个人心中或脑海中所持有的意象或景象，而共同愿景也是组织中人们所共同持有的意象或景象，它创造出众人是一体的感觉，并遍布到组织全面的活动，使各种不同的活动融会起来"。

共同愿景是从个人愿景汇聚而成的。因为每个具体的个人愿景都是从个人或家庭的立场出发的，它必然带有"先天"的不完善性和狭隘性。但是由于共同愿景是在个人愿景的基础上得到的，每个成员都能够感到这个愿景是符合自己的价值观和理想，感觉好像是从自己内心产生的一样，所以他们会义无反顾地、全心全意地致力于实现共同愿景。

但是在鼓励建立和汇集个人愿景时，组织必须注意不要侵犯到个人的自由。不论某个愿景如何完美、高尚，也不能将这种愿景强加于人。具有共同愿景意识的领导者，应当营造适宜于建立个人愿景的氛围，将个人的愿景转变为鼓励组织的愿景，并且要随形势和环境的变化而变化。

建立共同愿景的五个步骤是：①告知：管理者应当很清楚地提出自己组织的愿景是什么，管理者的愿景发展应当告知整个组织和全体成员；②测试：管理者对愿景的想法是否与组织成员的个人愿景相一致？管理者在"推销"自己的愿景时必须了解成员对此的反应；③推销：管理者应当真正把握经过修正后的共同愿景，在向下贯彻时必须说服组织和全体成员接受共同愿景；④咨询：管理者在整合组织的共同愿景时，希望组织成员能够提供一些创造性建议；⑤共同创造：管理者和组织成员经由合作一起建立并实施共同愿景。

四、团 队 学 习

中国有句俗话，"众人拾柴火焰高，众人划桨开大船。"说的就是团队和集体的力量是巨大的。在建立学习型组织的时候，如果能将单独个体的学习整合为团队的学习，那么组织成员就能够互相启发、互相促进，共同提高，从而达到管理学上的 $1+1>2$ 的效应。

团队学习（team learning）是学习型组织的方法基础。团队内的成员各自发挥自己的优势，资源共享，经验交流，在团队共同学习的氛围里，不仅每个人得到了提升，整个团队乃至整个学习型组织最终也会不断进步。团体学习之所以非常重要，是因为在现代组织中，学习的基本单位是团体而不是个人。有不少实例显示，团体拥有整体搭配的行动能力。当团体真正在学习的时候，不仅团体整体产生出色的成果，团体中的每个成员成长的速度也比其他非团体类型的学习方式更快。所以也有人说，团体是学习的最佳单位。

团体学习的关键在于"深度汇谈"。深度汇谈（dialogue）是一个团体的所有成员以开放的心胸推出心中的假设，将各自的思想火花汇聚成更大的智慧之流，进而一起思考，最终得到远胜于个人的深刻见解。深度汇谈的修炼也包括找出有碍学习的互动模式。例如思维中的"自我防卫"的模式，人们对于自身的想法总是不自觉地采取一种保护防卫的态度，若未察觉，在团体的互动交流中，就会妨碍组织学习。如果能以有创造性的方式察觉它，并使其浮现，学习的速度便能大增。而深度汇谈则能达到这样的效果，要加入的每个人都超越自己个人的见解，上到一个更高的台阶，从维护自己的想法变成自己思维的观察者。深度汇谈目的是要超过任何个人的见解，获得各自无法达到的见解。深度汇谈是在无拘无束的探索中自由交流自己心中的想法，交流经验教训，反思、探询、相互支持与启发，从而得到超过各自的认识。

五、系 统 思 考

系统思考（system thinking）是学习型组织的灵魂，也是五项技能的基石。彼得·圣吉称系统思考是整合其他各项技能成一体的理论和实务，是各项技能的基石。"少了系统思考就无法探究各项技能之间如何互动。系统思考强化其他每一项技能，并不断地提醒我们，融合整体能得到大于各部分加总的效力"。

所谓系统思考是指要系统地、动态地、本质地思考问题。这不仅是对管理初学者的一个基本要求，也是每一个追求成功的管理者所必需的技能。一个人或一个组织的成败，都与能否进行系统思考有关。它要求做工作就要以动态的眼光注视、分析周围变化的情况，从大局出发，从整体工作出发思考问题、解决问题。系统思考要求组织成员从系统的角度思考问题，而不是片面的和零碎的。要通过不懈修炼，最终使组织成员形成整体意识、全局观念和动态平衡的思想。

下面从两个非常重要的理念来看系统思考的重要性。第一个叫"蝴蝶效应"。1979 年洛伦斯教授在华盛顿所作报告中说，他在研究中发现，巴西的一只蝴蝶翅膀挥动一下，会在美国的得克萨斯州形成飓风，这一理论被称为"蝴蝶效应"。"蝴蝶效应"是指在一个动力系统中，初始条件下微小的变化能带动整个系统的长期的巨大的连锁反应。另一个叫"青蛙现象"。"青蛙现象"是19 世纪末康奈尔大学几个教授做的一个实验，先把一只青蛙扔进沸腾的油锅里，它非常敏捷，马上跳了出来。然后教授们把这只青蛙放进一只装有温水的铁锅里，下面点着小火。它感到暖洋洋很舒服，水温逐渐升高，它仍悠然自在。等到它觉得烫了，体内能量已耗尽，肌肉已硬了，跳不出来了，就这样被煮死了。青蛙现象告诉我们，一些突变事件，往往容易引起人们警觉，而易置人于死地的却是在自我感觉良好的情况下，对实际情况的逐渐恶化没有清醒的察觉，没能及时作出反应。当感到危机临头了，再想挽救已经来不及了。

由此可见，系统思考对于组织全局的影响是深远而具有决定性的。同时，系统思考的修炼也贯穿学习型组织整个的修炼过程，在进行其他几项修炼的时候，都要求带着系统思考的态度。以系统思考为核心与心智模式、共同愿景、团体学习和自我超越相互融会贯通，成为浑然一体的"修炼"艺术和技能。

五项技能是一个有机的整体，其中个人的自我超越是整个学习型组织的基础，它为学习型组织提供了最宝贵的人力资源。团队学习的许多工作最后都依赖于个人的努力，比如改善心智模式、建立共同愿景、系统思考等等。团队学习是一种组织内部的学习，它不仅在规模上超越了个人学习，而且在内容上完全不同于个体学习。团队学习既是团队的活动内容，同时又是改善心智模式、建立共同愿景的载体和手段。改善心智模式和建立共同愿景，从时间上看前者针对业已形成的"组织记忆"，是组织从记忆中学习的体现；后者则是对未来生动的描述，它对组织的成长起到牵动作用。系统思考是学习型组织的灵魂，它提供了一个健全的大脑，一种完善的思维方式，个人学习、团队学习、改善心智、建立愿景，都因为有了系统思考的存在而连成一体，共同达到组织目标。

第三节　学习型组织的创建

尽管目前国际上都争先推广学习型组织，但学习型组织的创建并非易事。很多曾经显赫一时的超级大企业在市场竞争中销声匿迹，不断有新的企业崛起。对于社会来说，这样的适者生存也许是一件好事，然而对于部分组织及其员工而言是痛苦的灾难。由此可见，建立学习型组织是有方法可言的。大部分的组织学习能力不佳由来已久，例如组织设计和管理方式、定义工作的方式、员工被教育与互动的方式等等。往往他们愈是努力尝试解决问题，却因努力的方向不对，导致结果反而愈糟，这些就是学习的障碍。因此，在弄清如何创建学习型组织之前，首先应该明白学习可能存在的挑战，彼得·圣吉称这些挑战为组织学习的"障碍"。

一、组织学习面临的挑战

彼得·圣吉说："当我们看世界的眼光改变了，世界也跟着改变。"要改变长期形成的看世界的固有眼光和思维模式，这并非一件轻轻松松就能做到的事情，我们必须在深度汇谈中坦诚地亮出自己的思想，通过新的学习方法，拓展改变思维的新渠道，提升自己克服学习障碍的能力，在学习的过程中悟出新的道理，我们才能自觉地改变自己的眼光和心智。在学习型组织中存在着几种典型的障碍或挑战，彼得·圣吉分别用七个典型的案例来进行说明。

（一）局限思考、固守本职

美国底特律有一家汽车公司，他们想了解为什么日本人能够做到用较低的成本而得到高水平的精密度和可靠性。就拆卸了一辆日本汽车。经过研究发现，日本车在引擎部分3个结合处所使用的螺栓都是相同的，而美国车其他装配都和日本车相同。只是引擎部分同样的3个结合处的地方，美国车使用了3个不同的螺栓。这样一来，就使得美国车的组装慢并且成本高。

为什么会出现这样的情况呢？原来，在日本，一位设计师负责整个引擎甚至更广范围的设计，这样他就可以通盘考虑，在一个相对宽广的范围内为自己的设计负责。而在美国则不然，在底特律，就同时有3组工程师在开展设计，每一组只对自己设计的那部分零件负责。这样一来，每一组都只专注于自己那部分，而忽略了整体的考虑，就很难从全局达到好的效果了。

这个案例说明，在组织分工逐渐细化的时候，容易在一个组织内部产生"条块分割"的局面，人们过分关注自身的那部分责任，忽视了彼此之间的职责互动和交流，缺乏通盘考虑的意识，这正是存在于学习型组织的一个挑战。而且现在以功能为导向的组织设计，将组织依功能进行切割分工，更加深了这种学习障碍。

（二）归因于外、推卸责任

当出现问题的时候，人们的第一反应往往是把责任归于外界的因素，这种情况在组织中也存在。以一个企业为例，当产品的销量出现问题的时候，营销部门就会责怪生产部门："我们的产品之所以销量上不去，是因为我们的产品质量无法和别人竞争。"受到责怪的生产部门又会去找设计部门，说是设计部门的设计有问题。而设计部门当然也不愿意承担责任，他们反过来指责营销部门，认为是营销部门所做的市场调查失之偏颇，从而干扰了本部门的设计，如果当初让自己尽情发挥去设计，就不会招致这次失败。

归因于外，其实是由于思维局限导致的。过分专注于自身的业务，而没想到自身的行为会超出自己"内部"职责范围而在"外部"产生影响，当这些源自自身的影响反过来被自己所感知的时候，人们往往以为这是完全由外部带来的全新的影响，所以就把责任归于外部。

然而内和外的概念是相对的。用系统的眼光看待问题，所有的事物都存在于一个大的系统之中，彼此都会产生影响。当系统扩大的时候，原来看似是外部的因素，也许就会变成内部，原来认为是外部的责任，也许其实就是自身的责任。所以，当我们归因于外时，已将"系统"切割，而永远无法认清那些存在于"内"和"外"互动关系中的许多问题及其解决之道。

（三）缺乏整体思考的主动积极性

为了减少经营成本，一家大型保险公司宣布将扩大自由法务人员的阵容，使公司能够不用再庭外和解或是向外聘请律师，而有能力承办更多的案件。然而通过系统思考之后发现，在估计了在法院可能胜诉的案件比例和可能败诉的案件比例大小，每个月的直接成本和间接成本等多方面因素之后，得出一个出人意料的结论。此项举措并不能减少总的成本，相反，从当时的现状来预测，该公司是无法打赢所有的案件来抵消所增加的诉讼成本的。

在管理者看来，主动积极是在问题刚出现且转变为危机之前的化解之道。采取主动积极的行动常能解决问题，但是在处理复杂问题时，往往会适得其反。这个案例告诉我们，即使是立意新颖、构思巧妙的构想，也离不开整体的思考和缜密的分析。在真正进行前瞻性的积极行动前，除了正面的想法之外，还必须以整体思考的方法与工具深思熟虑、细密量化。如果缺乏从整体看待问题的积极性和主动性，那么就很难真正看到事情的本质，很难作出最正确的决策。

（四）专注于个别小事

两个小孩在操场上打了起来，老师问他们为什么打架，小强说："我打他是因为他拿我的球。"小杰说："我拿他的球是因为他不让我玩他的飞机。"小强说："他不可以再玩我的飞机，因为他已经弄坏了螺旋桨。"

这只是两个小孩的稚嫩言语，然而在我们大人的世界里，也往往把注意力集中在一件又一件的具体的事件上，习惯于用一件事情来解释另一件事情，即所谓的"事件"解释。这样的解释也许在某个范围内是真实合理的。但是这样往往会让人们忽视每个事件背后真正的根本原因。许多事情从表面上来看是与另外一件事情有关，但是当今真正对我们的组织和社会生活产生影响的，并不是那些看似棘手的突发事件，那些事件只是一种表现形式，在事件的背后，往往是由一些缓慢的、渐进的、不易被觉察到的过程控制的。专注于具体的小事，就容易让人放弃长远的眼光和准确的洞察力，就无法真正去解决问题。

这个案例告诉我们，如果只专注于眼前的短期的事件，没有从全盘思考原因，那么学习型组织的创造性学习就难以真正维持和实现，因为我们只能在事件发生之前的短暂时间内作出预测，仍然难以创造和超越。面对问题，只能被动解决，而不能做到主动控制局面。

（五）生于忧患、死于安乐

20世纪60年代初，美国汽车在北美市场占据着绝对的优势，当时的日本车在美国市场的占有率低于4%，各个美国汽车生产厂家显然没有把日本当作威胁。到了20世纪60年代后期，日本车在美国市场的占有率接近10%，这一变化仍然没有引起美国公司的注意。在接下来的20年里，日本汽车的美国市场占有率逐渐增加，到了1989年，已经接近30%，此时，才引起了美国汽车公司的重视，他们才开始考虑如何消除来自日本的威胁。而此时想要轻松应对已经如此强大的对手已非易事了。

量变最终会引起质变。任何看似突然或者巨大的变故，都必然会有着前期缓慢的变化积累，我们最终看到的只是积累到一定程度的爆发。人们对于缓慢而来的致命威胁往往不能够敏感地感知到。而等到爆发的时候，往往是已经难以应付的时候了。这个案例告诉我们，人们习惯关注较快变化的事物，而对于缓慢的、较难觉察变化的事物往往不大注意。因此，就告诫我们要放慢感知变化的步调，并且要特别注意那些细微的不易被发现的变化。这个问题如果不能够解决，也必将成为建立学习型组织的一大障碍。

（六）从经验学习的错觉

当一个行业的人力过剩的时候，由于供过于求，许多年轻的人才会离开这个行业，随着他们的逐渐离去，过了几年，又必然会造成供不应求的局面，许多人才又会被吸引到这个行业里来，然后又会造成人才过剩，如此循环。因此，训练人才最佳的时机是在人力市场达到饱和的时候，当训练完成的时候，正是人才市场供不应求的时候。而循环的周期如超过一年或两年，就难以看出其反复出现的现象，也难以从中学习。

虽然我们都认为，最好的学习是来自直接的经验。我们习惯于在开展一个行动之后，看看所产生的后果，然后从这个结果中去学习，去决定新的尝试。但从经验学习，有其时空的局限性。有的行为产生的后果不直接发生在自己所在的部门，而是在其他的地方。有的行为产生的后果，要在相当长的时间后才能够显现出来。这些都决定了我们往往不能在第一时间直接对我们的行为进行有效评估。因此，从直接的经验学习也就很难实现。

组织也同样面临如此的困境。有些重大的决定一旦作出，在短时间内是无法判断决定的正确性的。比如任命一位新的管理者、研发一个新的项目，这些对于组织的影响是无法短期看到的。如果想从中得到直接的经验指导以后的工作，也是不现实的。

（七）管理团队的困惑

在一个团队里，通常会出现这样的情况，一方面为了争权夺利，另一方面每个人又想让别人看来是为了团队的目标而努力的，想要维持一种虚伪的团结与和谐的局面。为此，在做决策的时候，大家都十分谨慎，害怕受到攻击，一些保守的人甚至不会说出自己的意见。对于提出来的意见，大家更倾向于采取折中的态度来决定，而那些不同的意见更多会被压制，团队成员无法真正去探讨隐藏在分歧背后的原因。往往最后定下来的意见是大家勉强接受的或少数人强加给整个团队的，没有真正凝聚着团队的智慧与创造。

哈佛大学长期研究团体管理学习行为的学者阿吉瑞斯指出，团队的力量解决一些常规的问题是没有问题的。当遇到复杂棘手的问题需要解决的时候，团队就会显示出它的弱点。大家都害怕通过对于真相的质疑而表现出自己在某方面的无知，这就是人们通常所说的"熟练的无能"。长此以往，在组织内部，对于探究潜在威胁的好奇心将会逐渐减少消逝，于是组织中就会出现很多擅于避免真正学习的人。

将以上这七种挑战归结如表17-2，可以看出每一种挑战都存在各自的特点，然而各自之间又存在着紧密的联系。现实的组织中可能往往存在着不止一种困难，被多种困难共同制约。

表17-2 学习型组织面临的挑战

挑战种类	症结
局限思考、固守本职	当组织中的成员只专注于自身职务，便无法对所有职务互动产生的结果有责任感。现代组织依功能进行分工，会加深这种学习障碍
归因于外、推卸责任	它是局限思考的副产品，因专注于自身而不能考虑自身对外部的影响。"内"与"外"是相对的，当系统扩大时"外"就是"内"了。当系统被切割，就见不到"内""外"的互动
缺乏整体思考的主动积极性	主动积极的意涵是不应一再拖延，必须行动，并在问题扩大成为危机前加以解决。在采取前瞻性的积极行动时，还应以整体思考的方法与工具去深思熟虑
专注于个别小事	个别事件分散了我们的注意力，使我们无法以较长远的眼光去观察事件背后的变化形态，更难了解产生这种变化形态的原因。这种"学习障碍"是人类行动过程的痼疾，如果人们的思考为其左右，创造性学习就难以持续
生于忧患、死于安乐	对组织和社会生存构成主要的威胁，并非突发事件，而是由缓慢、渐进、无法察觉的过程所形成。必须放慢我们认知变化的步调，特别注意那些细微的、不太寻常的变化
从经验学习的错觉	更强有力的学习出自直觉的经验。但从经验中学习有其时空限制，一旦我们的行动后果超越时空的范畴，就难以再从经验学习了。层级结构的日渐加深扩大，就成为各部门之间无法跨越的鸿沟
管理团队的困惑	管理团队是由一群有智慧、经验和专业技能的人所组成的，理论上讲他们应能将组织跨功能的复杂问题理出个头绪来。但由于压力却出现了故障。目前团体组织学习不彰的原因即在于"熟练的无能"

此外，学习型组织作为一种现代管理理论，传播到国内不过十几年，大部分组织管理者并不十分了解这种管理理论，广大员工更是十分陌生，因此在对"学习型组织"的认识上，不可避免地存在一些认识的偏差。

一是仅从字面上理解，认为学习型组织就是提倡大家一块学习的组织。至于学什么、怎么学则不考虑，机械听从于组织的安排，甚至有少数员工把学习型组织等同于其他的组织文化学习。

二是片面地认为"学习型组织"就是强调组织要注意员工的学习，因而担心学习与工作产生矛盾，甚至怕这种学习影响到正常的工作。

三是认为学习型组织作为一种管理理论，肯定有一个固定的框架和模式，而对于自己是否适应这种框架和模式心存疑虑。

其实，学习型组织的英文是 learning organization，直译是"学习中的组织"，或"学习实践中的组织"，或"获取（知识和能力）过程中的组织"。从这个意思看来，学习型组织更是强调其精神取向和行动能力，而并没有特别的"型"或"式"的含义。而我国将其翻译成"学习型"容易让人误以为学习会有具体的框架和模式，需要拘泥于某种形式的套路，这其实与该理论的初衷是相违背的。但是，由于这种译法在我国早已作为习惯用语广为认知，因此这种译法恐怕要一直沿用下去。

二、创建学习型组织的策略

应该说"学习型组织"是强调学习，但这里的学习不是简单意义上的个体学习，而是更强调组织学习，将组织整体作为学习主体，通过更先进的知识和更深入的了解来改善组织行为的过程。学习的最后落脚点在于组织整体行为的改善。

因此，创建学习型组织，已经不是一般地强调个体学习和组织学习，而是强调能够不断主动学习、持续创造、真正与时俱进，与信息社会发展相适应的创造性学习。创建学习型组织也不是一般地强调学习的必要性、重要性，建立一般的学习制度，而是要形成一套保持全体员工不断学习、终身学习的学习机制，促使从管理者到员工不断更新知识、更新观念，形成反思、反馈、共享、互动的有活力、有效益的学习。创建学习型组织当然也不是一般地倡导某种学习方法、制定某种学习纪律，而是倡导培养与知识经济发展相适应，与系统论、控制论、信息论和先进管理理论相匹配的一整套学习技术和方法，不断提高创新力、领导力、执行力的一种变革或学习。要实现这样的学习，需要做到以下几点。

（一）营造具有创造性环境的氛围

要想建立有效的学习型组织，首先要构筑"共同愿景"，这是一个必需的前提保证。一个组织有了大家一致认同的共同愿景，就代表这个组织有了共同的奋斗目标，组织成员有了高度一致的价值观和使命感。这个组织才能称其为有着号召力和凝聚力的组织，只有这样的组织，才有可能建成为真正的学习型组织。

但对于一个组织来讲，形成一个共同愿景是不够的。在实现这个共同愿景的过程中，还需要细分为多个层次的小目标。首先要有个人的目标，这个目标在奋斗方向上应该是和组织的共同愿景一致的。这个个人的目标直接影响到每个成员的创造性和积极性，它的实现是共同愿景最终实现的基本保证。因此，作为组织的管理者，应该特别注意保护和引导个人目标的方向。在个人目标之上、共同愿景之下，还应当以各个团队为基础，形成多渠道、多层次的团队目标。团队是学习的最佳单元，以各个团队为中介，形成群体创新、共同学习的浓厚氛围。

一个真正适合学习型组织的环境氛围应当是这样的：通过团队的学习，系统地思考，统一组织成员的目标，明确组织的共同愿景，大家互相鼓励、互相促进、互相提高。在这样一个环境中，学习型组织的形式和内容才能真正被贯彻和落实。

（二）善于通过自我批评反思自己

学习型组织认为，如果想做好自我超越和改善心智模式这两项修炼，前提就是要勇敢地把镜子照向自己，挑战自己的思维和行动，用开放的心灵去容纳别人的想法，去反思自己。要知道，世界上最伟大的人物也存在缺陷和不完美的地方。人的思想和心智在任何时候都不能达到最好，只有不断超越，力求更好。

（三）把创造性学习列入议事日程

创造性学习不是组织哪一部分人员的任务，而是一个团体学习、全员学习的过程。学习的计划要列入组织的整体工作计划中，并且要根据不同职务的成员，制订出详细的有针对性的学习计划。

对于组织中的绝大多数的成员而言，要制订一个群众性的、基础的培训计划，鼓励他们学习业务、提高技能，同时鼓励他们利用非正式的学习机会锻炼自己。在这个过程中，要想达到理想的学习效果，就要进一步把激励机制和监督机制结合起来。建立起"培训—考核—激励"的模式，来调动成员的学习热情，也利于达到较好的学习效果。针对组织中的专业技术人员和管理人员，要设计一条继续教育的学习路线。鼓励他们随时充电，更新知识和技术。同样的，组织也要建立配套的激励和监督机制，发挥最优的效果。

在将不同的学习策略制定好了之后，就要考虑如何安排合适的学习内容。因为学习的内容是否最适宜、是否最实用，直接影响学习型组织的学习效果。因此，我们必须思考，在新形势下，什么样的学习内容才能够培养出高水平的人才。

（四）培养员工创新精神和实践能力

学习型组织不是为了让成员学会一两项技能，而是一项可持续发展的工程，目的是要组织中的每个员工都学会一种不断超越、不断创新的本领。因此，在学习中要处处体现学习的灵活性、趣味性和多元性。

首先要创造出一个学习环境，在特定环境的熏陶和促进下，成员的兴趣和热情才能被激发出来。同时，在实践中要善于发现和探索持续有效激发创造力的手段和途径。除了学习内容的不断更新之外，学习形式也要不断创新。打破原来传统的课堂授课，拓展教与学的广阔空间，建立多元性、立体性、综合性的学习形式。学习型组织应该建立起学科课程、活动课程、隐性课程三位一体的课程创新体系。所谓的学科课程包括各类专业技术课程和理论课程，活动课程包括各类操作课程，隐性课程包括组织文化的传授、延伸教育等。

（五）发展互联网，丰富创建方式

互联网时代为学习型组织创建提供了新平台。随着信息化进程的加速，移动互联网、云计算、大数据、物联网、区块链技术等的整体升级，为学习型组织创建创新资源整合方式、学习方式、互动方式提供了新契机、新机遇、新方式。在"互联网＋"时代，学习型组织创建也要充分运用互联网信息技术，实现创新发展。

通过搭建微信公众平台、完善相关单位的信息上报制度等，促进信息交流与成果展示，以整合各类学习型组织的学习资源、信息资源等各类相关资源，发挥信息发布、资源共享、咨询服务、交流互动等作用，使参与创建单位能共享资源、交流经验、展示成果，实现共同成长。

通过开辟网络空间，吸引各类参与创建的组织或相关负责人在网上进行实名注册，在虚拟空间中把各类创建单位聚集在一起，进行实时的沟通与交流，分享创建经验、创建资源和各单位的创建动态。为各单位开展创建提供相互借鉴、相互支持的平台与空间。

（六）形成开放机制，扩大社会参与

建设学习型组织创建是一项社会系统工程，需要社会各界的积极参与和通过政府的引导和鼓励，可以调动社会各方面力量的积极性，通过促进合理定位、发挥优势、共同参与，为学习型组织创建提供新资源和新平台。

要充分发挥主流新闻媒体的作用，利用报纸、杂志、宽带、有线电视、移动通信等各类媒体，以公益广告、专题节目、宣传专栏等形式，广泛宣传学习型组织创建的重要意义和理论内涵，创建实践中新思路、新举措和新成果，营造良好的创建氛围，使创建理念深入人心。

通过这类组织的建立，把相关创建单位吸纳为会员单位，成为在创建中共享资源、相互支持、共同合作、共同发展的合作伙伴，共同促进学习型组织建设的理论探讨和实践创新。通过这

一平台的建设,可以使相关单位共同参与创建目标规划,共享各类学习资源,交流创建中的先进理念、创建成果和成熟经验,提高学习型组织建设的整体水平和实力。

学习型组织创建中还可以充分挖掘民间潜力,发挥民间力量在学习型组织创建中的资源优势与人才优势,推进各类读书会、研究会、公益组织等各类民间组织发挥作用,共同推进学习型组织的创建,形成"政府搭台、社会多元参与、各类组织自主创建"的学习型组织创建新格局。

本章小结

学习型组织是由彼得·圣吉在工业和企业管理的背景下建立的理论,然而通过近20年世界各国的管理实践发现,其基础理论在各行业之间具有互通性和泛适性,因此,对于亟待改革且亟须引入新的管理思路的卫生事业,学习这样一个新兴的管理理论,同样是有借鉴意义和使用价值的。

学习型组织理论旨在倡导通过修炼自我超越、改善心智模式、建立共同愿景、团队学习和系统思考五项技能,使组织克服长期存在的种种弊端,改善组织内外部环境,在组织内部建立起积极、团结、创新的氛围,从而提高组织内部的运作效率,实现组织功能的最大化和最优化。

(熊巨洋)

思考题

1. 学习型组织的特征是什么?
2. 学习型组织有哪些作用?
3. 在卫生事业领域建立学习型组织的意义是什么?
4. 如何在卫生事业领域建立学习型组织?
5. 学习型组织与卫生事业的发展的关系是什么?

第十八章 组 织 再 造

在本章中，我们将学习和了解组织再造的概念、组织再造理论的产生及发展、组织再造的基本内容、组织再造的原则、组织再造的过程、组织再造的阻力因素和组织再造的应用策略。对组织再造获得基本的认识，有助于提高组织再造在不同交叉学科的融合应用。组织再造的出发点是面向顾客、满足顾客的需求，站在顾客的立场上分析、思考，有效地为顾客提供满意的服务。组织再造作为一种重要的管理学理论和实践方法，在医疗卫生领域方面发挥着重要作用。

第一节　组织再造概述

一、组织再造的概念

20世纪90年代初，著名管理学家迈克尔·哈默（Michael Hammer）与詹姆斯·钱皮（James Champy）提出业务流程再造理论。业务流程是指一组共同为顾客创造价值的相互关联的任务或活动。业务流程一般具有以下五个特点：①目标性：每个流程都有明确的目标或任务。②整体性：一个流程至少由两个活动组成，活动之间具有结构和关系，共同构成一个整体。③层次性：组成流程的活动本身也可以是一个流程。④逻辑性：组成流程的活动之间具有相互联系和作用的方式，构成了活动的逻辑关系。⑤动态性：组成流程的活动按照一定的时序关系展开。

流程再造的本质是改变组织原有的运行模式，充分利用信息技术手段和现代管理理念，建立符合信息时代要求的组织模式。流程再造具有以下特征：①流程再造需要从根本上重新思考已经形成的基本信念；②流程再造是一次彻底的变革；③组织可以通过流程再造取得显著的进步；④流程再造主要是指重新设计业务流程。流程再造追求的目标不是逐渐提高，而是绩效的巨大飞跃，通过流程的彻底革命，最大限度地满足顾客的需求，充分利用组织内部资源，使组织发生质的变化。

根据流程再造的相关内容，本章将组织再造这样定义：组织再造是指组织从顾客需求出发，以服务流程为对象，对组织流程进行根本性的再思考，对组织流程的各项构成要素进行彻底的重新设计和重新整合，从而使组织的各个流程最大限度地满足顾客的需求，给组织的绩效带来巨大改善。

二、组织再造理论的产生及发展

（一）组织再造理论的产生

组织再造理论是1993年开始出现的关于组织经营管理方式的一种新的理论和方法，它以一种再生的思想重新审视组织，并对传统管理学中分工理论提出了质疑，被称为管理学发展史上的一次革命。

1. 经典组织形态面临的运营问题

（1）僵化的科层制：过细的分工造成了组织机构臃肿、业务流程被"肢解"，组织的运营缺乏整体意识,在快速变动的市场环境中往往处于被动。

(2)组织内员工缺乏顾客导向理念:由于组织普遍采用的是职能型组织结构,员工工作的"风向标"是领导的满意度,而不是顾客的满意度。

(3)组织内部缺乏信息共享平台:在经典组织理论构建的组织中,部门间隔和层级间隔容易造成信息沟通的障碍或失真,导致资源闲置浪费、重复劳动等现象。

2."3C"理论与组织再造 20世纪六七十年代以来,信息技术革命使组织的经营环境和运作方式发生了很大的变化,而西方国家经济的长期低增长又使得市场竞争日益激烈,组织面临着严峻挑战。有些管理专家用"3C"理论阐述了这种全新的挑战。

(1)顾客(customer):买卖双方关系中的主导权转到了顾客一方。商品的丰富性使顾客对商品有了更大的选择余地,使卖方市场变为买方市场,形成所谓的顾客主权。随着生活水平的不断提高,顾客对各种产品和服务也有了更高的要求。

(2)竞争(competition):技术进步使竞争的方式和手段不断发展,发生了根本性的变化。经济全球化使得竞争范围空前扩大、竞争手段越来越多、竞争规则频频被改写。

(3)变化(change):市场需求日趋多变,这种变化已经成为持续不断的事情。变化的内容丰富多彩,变化的速度不断加快。随着新技术的不断出现,随着经济的全球化和竞争对手的增多,产品的寿命周期和服务的寿命周期大大缩短。

面对这些挑战,组织只有在更高水平上进行一场根本性的改革与创新,才能在低速增长时代增强自身的竞争力。

在这种背景下,1990年迈克尔•哈默发表了《再造:不是自动化,而是重新开始》(Reengineering Work:Don't Automate,Obliterate)的文章,几乎同时,托马斯•H.达文波特等人合写的文章《新工业工程:信息技术和企业流程再设计》(The New Industrial Engineering:Information Technology and Business Process Redesign)发表,由此揭开了组织再造的序幕。1993年,伴随着哈默与钱皮合著的《再造公司:企业革命的宣言》(Reengineering The Corporation:A Manifesto For Revolution)一书的出版,在世界范围内掀起了一场激烈的组织再造革命。

3.技术创新与组织再造 "科学技术是第一生产力",生产力是推动组织再造的最根本、最活跃的因素,它决定生产关系。因此要认识到,正是技术创新,特别是信息技术领域的创新,促成了组织再造,技术创新成为组织重整业务流程的强大动因和前提(图18-1)。

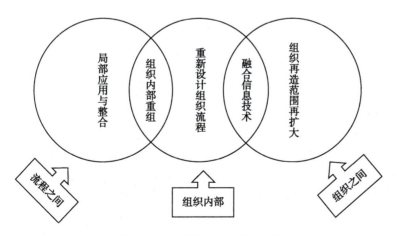

图18-1 信息化组织再造示意图

(1)技术创新所带来的信息技术的进步成为组织再造的重要前提:大多数人认为,组织再造的前提是信息技术的飞速发展,这是因为信息系统是组织的神经系统。现代组织的运营越来越依赖于信息技术的发展,如在医院信息化发展的过程中,信息的处理能力直接决定着医院的运行效率和成本,建设信息化的医疗服务体系,可以为患者提供更优质的医疗服务。同时,信息技术的发展进步,给人们带来了时空观念的根本性变化,也为组织再造创造了一个前提条件。

(2)技术创新有力地促进了组织再造,成为组织再造的动力源泉:技术创新不但诱发了组织再造,使组织适应不断变化的内外环境,也成为组织再造的强大动因。面对激烈的竞争和迅速扩展的市场,组织为了获得并保持竞争优势,必须不断推出新产品和提高产品质量,技术创新无疑成为了提高组织竞争力的有效手段和核心竞争力。

(3)技术创新周期的缩短加速了组织再造:在快速变化的环境中,组织要生存与发展,就必须改造原有的业务流程和组织结构,创造新的组织结构,以提高组织的整体效率,使组织能对不断变化的环境作出快速、灵活的反应。例如,原制造业要生产出一种新产品,一般需要两年左右,而今只需三周时间就能面市;许多计算机软件产品生命周期仅为一年时间。可以说,技术创新周期的不断缩短,促进了组织再造,成为组织再造的动力之一。

(二)组织再造理论的发展

1. 组织再造理论与其他管理理论的融合发展

(1)与战略管理理论融合:组织再造的战略设计应遵循新的发展循环,由组织流程管理提升为组织战略流程管理,形成"组织内部—组织社会关系—组织外部环境—战略"体系,极大提升流程在组织中的高度和影响力,实现组织的战略目标。

(2)与目标设置理论融合:组织再造要有清晰的目标,设置目标会产生激励作用,带动组织内部成员的行为朝着一定的方向努力,并把自身的行为结果与既定的目标相对照,及时进行调整和修正,从而实现组织目标。

(3)与知识基础理论融合:在知识理论背景下的组织竞争优势,是将储存于个人的知识经整合,逐渐形成不同层级的组织能力,愈高层级的组织能力愈难达成、愈是需要大量的沟通和大范围的知识整合而成。组织是拥有知识、创造和应用知识的实体,组织的知识水平是组织开展业务流程再造的重要支撑,扩大组织的知识范围,有利于提高组织的整体竞争力。

2. 组织再造理论的应用

公立医院的组织结构是医院正常运行的重要载体,随着社会经济的不断发展,公立医院的内部组织结构不能满足时代发展的需要,导致医院运行效率低下,组织缺乏活力,面对当前的发展状况,公立医院进行组织再造迫在眉睫。从市场经济来看,患者就是医院的顾客,以患者为中心,以满足患者需要为目标,对组织流程进行重新设计和整合,可以优化医院业务流程,从而提高患者的就医满意度。利用现代信息技术,构建智能化医疗体系,强化医院内部与外部组织的有效沟通和协作,推动城市医联体、县域医共体、跨区域的专科联盟、远程医疗的协作网等医疗体系建设,可以促进卫生健康事业的高质量发展。通过组织再造解决自身发展战略与管理模式的问题,以此可以促进组织的可持续发展。

3. 组织再造理论的发展前景

组织再造是社会经济和科学技术不断发展的结果,具有广阔的发展前景,主要表现为以下方面:①组织再造集成化发展。集成是指为实现某特定目标,汇集有关事物(或要素),经优化并通过接口形成一个有机的整体(或系统)。集成化则是指集成这一方法的应用和实施过程或用以说明某一事物具有集成的特征。组织再造的集成化发展通过跨组织、跨部门、跨流程整合,将多项工作流程工作整合,提高组织运行管理效率,改善组织管理中过程过多、繁杂、组织效率低下等问题。②与供应链融合进行跨组织流程再造。打破组织边界,整合组织间流程,打造超高效的供应链系统。③流程管理成为新的风向标。流程管理是一个比业务流程再造外延更大的概念,它不仅包含了业务流程再造的全部内容,还对业务流程再造理论进行了丰富和发展。此外,也有学者认为组织再造有向模块化、虚拟整合、联盟化、管理流程与业务流程一体化发展的趋势。

4. 组织再造理论对现代卫生组织发展的建议

①根据顾客的需求来确定服务的有机构成。卫生组织在设立服务内容、引进服务设备和人才之前,需要明确服务对象、最主要服务对象需要

的服务流程,之后再设计服务内容、确定服务项目。②根据顾客消费过程确定服务体系。从单独的医生管理转移到医生、护士、公共卫生人员等多学科参与的团队管理。③利用核心能力进行多样化服务。卫生服务组织要以健康为主导,以身心健康和环境统一为目标,构建现代化、人性化的医疗卫生服务体系。

三、组织再造的基本内容

(一)基本问题的重新思考

在组织再造过程中,管理人员,尤其是高级管理人员,需要对组织流程进行根本性思考,对传统组织模式中所遵循的分工思想、等级制度以及官僚体制进行重新审视,找出组织流程的瓶颈,打破原有的思维定式,进行创新性思考,提出解决自身发展问题的方法,例如,"我们为什么要这样做?""我们为什么要做现在的事情?"等。

(二)明确组织再造的幅度、广度和深度

组织再造的流程创新主要涉及幅度、广度和深度三个方面。第一,组织再造的幅度指再造的激烈程度。不同组织的流程再造变动幅度不同,有些需要采取渐进方式,进行局部的改进和优化,有些则需要进行重新设计、全面改革式的重组。第二,组织再造的广度是指组织再造的范围。可以是一个科室内部的流程再造,也可以是整个医院的组织再造。第三,组织再造的深度是再造成功的保障,其中,浅层仅涉及技术与步骤的改变,深层则是对组织结构和组织文化的改变与适应。

(三)组织结构的变革

传统的组织结构形如金字塔,这是组织不断分层的产物。然而,组织再造不是对原有组织体系进行调整与补充的一次改良运动,而是通过工作程序的整合,创造出全新的工作思路与方法。当前信息技术迅猛发展,现代信息技术是组织再造的物质基础,组织要善于借助现代化信息技术来寻找流程再造的突破口,对组织从整体上进行重新设计,开辟组织崭新的发展路径,促进组织结构不断向扁平化和柔性化方向发展。信息技术的真正价值在于它为组织再造提供了必要的工具和手段,使得人们有能力打破传统的管理规则,创造出新的工作方式,从而给组织带来活力。

(四)强化组织内部管理

组织再造的目的,并不是要取得微小的改善和点滴的提高,而是要取得组织的突飞猛进。组织再造要起到根治组织顽疾的一剂"猛药"的效果,从而促进组织"跨越式"的进步。组织再造要以"强化管理、尊重人"为理念,在组织内部广泛建立的群众基础,推动组织再造的顺利开展。在卫生服务组织业务流程再造的过程中,要以流程为导向,加强团队建设,最大限度地满足顾客的需求,提高卫生组织为顾客服务的反应性,充分利用卫生服务组织内部的资源,保证资源的最优化使用,使卫生服务组织在变革后拥有"质"的转变。

(五)重新设计组织的业务流程

组织业务流程的设计决定着组织的运行效率以及组织服务的目标。在传统的组织中,依托于分工理论的组织结构模式在促进组织发展的同时,也给组织的发展带来了一系列障碍,诸如分工过细过窄、员工技能单一、任务交叉重叠、组织机构庞大、组织效率低下、管理费用增多等。从组织全局出发,重新设计组织的业务流程,分析业务流程的价值链,去掉无价值的活动,建立科学的组织结构,增强组织响应力、降低整个流程的成本,切实提高组织整体的运行效率,保证组织在激烈的市场竞争中获得发展机遇。

(六)组织流程的监测和评估

业务流程再造之后,组织需要对整个流程进行监督和评估,根据组织的实际情况,进行持续性的改进。这是因为组织在流程再造之后,必须经过一定时间的调整与改进,才能达到组织内部的和谐统一。新的组织流程进入实施之后,需要发挥流程再造项目组人员的作用,对再造流程进

行监测。监测是流程再造的重要内容，包括两个方面的重点监测：一是对行动的监测，二是对成果的监测。同时，全面评估再造流程在组织内的运行流畅性和是否高效，及时发现问题、分析问题、解决问题，实现组织的整体一致性。

第二节 组织再造的原则及过程

一、组织再造的原则

为了保证组织体系能满足目前业务运作的需要，确保组织目标及流程快速实现，同时各部门协调一致、大幅度提升组织效率，所以需要在组织再造时遵循以下原则。

（一）有效领导原则

组织再造需要强有力的领导，有效的领导是组织再造成功的关键。领导者要清晰地认识客观现实，包括有利机会和约束条件，这就要求领导者不仅需要有坚定的信念，还需要在组织面临困境时能够挺身而出，勇于承担责任。

（二）分工与协作原则

组织再造不仅需要对组织内部进行细致分工，还需要各部门之间密切协作。现代组织结构以合理分工作为有效手段，达到组织内部互相协作的目的。同时，分析员工综合素质与组织需要的差异，对组织内部人员进行合理的配置，从而提高组织的整体运行水平。

（三）流程高效原则

组织流程的高效运行需要科学的组织架构支撑，在进行组织再造时，要以流程高效为基础，提高组织业务流程的整体运行效率。组织流程是组织再造的核心领域，组织流程再造的关键技术就是重整业务流程。流程再造的根本设想就是以首尾相接的完整过程取代以往的各部门分割、难于管理的过程。因此，在组织流程再设计时，应瞄准组织的发展目标，充分优化业务流程，才能确保组织流程的高效运行。

（四）平衡原则

组织再造过程中要实现组织部门与岗位之间的职能、权力设计基本对等，避免出现组织部门职能过多或过少、权力过大或过小的问题。要充分尊重员工的人格，推动组织与员工共同成长，共同发展。

（五）重视信息技术

组织再造要利用现代信息技术实现组织系统信息的高时效性。高效的信息系统保证信息的及时采集、加工、传递，实现信息的合理、及时共享，提高组织流程的运行效率和对外部变化的响应速度。

二、组织再造的过程

根据组织的实际情况，组织再造的过程可以分为预备阶段、自检阶段、设计阶段和实施阶段（图18-2）。在具体实施的过程中，可以按以下阶段进行。

（一）预备阶段——组建团队，锁定目标

1. 建立组织 组织在准备进行组织流程再造前，需要为流程再造配置人员和相应的组织，参加人员必须掌握组织真实信息和相关技术，拥有良好的个人声誉和和谐的人际关系。

2. 设定标杆 通过对现存及潜在竞争对手的全面分析，把优于自身并具有可追赶性的成长性行业领军组织作为标杆。

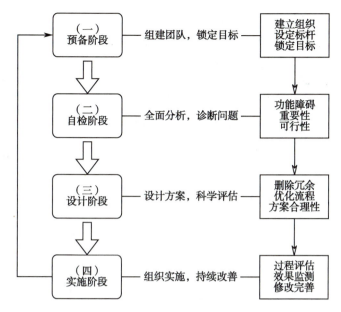

图18-2 组织再造的过程示意图

3.锁定目标 在充分认识组织现状的基础上,提出组织再造的使命和目标。这些目标可以是成本降低的目标,或者是对质量和顾客满意度的目标,这些目标必须以可衡量的定性和定量的方式表达出来,这些目标代表了组织竞争力的实质性飞跃。使命和目标时刻提醒员工哪些流程需要改造,使组织再造具有更强的可操作性。

(二)自检阶段——全面分析,诊断问题

根据组织现行的运行模式,绘制细致、明了的组织流程图。一般来说,原来的组织流程是与过去的社会需求、技术条件相适应的,并有一定的组织结构、作业规范作为其保证。当社会需求、技术条件发生的变化使现有组织流程难以适应时,运行效率或组织结构的效能就会降低。因此,必须从以下几方面分析现行组织流程的问题。

1.功能障碍 随着技术的发展,技术上具有不可分性的团队工作,个人可完成的工作额度就会发生变化,这就会使原来的组织流程或者支离破碎增加管理成本,或者组织内部协调性差造成权、责、利脱节,并会造成组织结构设计的不合理,形成组织发展的瓶颈。

2.重要性 不同的业务流程环节对组织的影响是不同的。随着市场的发展,顾客对产品、服务需求的变化,组织流程中的关键环节以及各环节的重要性也在变化,要对组织全流程和组织结构逐项进行考察、分析、评价。

3.可行性 根据服务、技术变化的特点及组织的现实情况,分清问题的轻重缓急,找出组织再造的切入点。为了对上述问题的认识更具有针对性,还必须深入现场,具体观测、分析现存组织流程的功能、制约因素以及表现的关键问题。

(三)设计阶段——设计方案,科学评估

为了设计更加科学、合理的组织流程,必须群策群力、集思广益、鼓励创新。在设计新的流程改进方案时,可以考虑进行以下工作:把原有组织中冗余的活动删除;利用信息技术将有用的活动尽可能加以简化或自助化;优化人力资源结构;在对全流程的每一项工作进行再设计之后,还要再把它们组合起来,从整体上加以审查,看它们之间哪些可以集成,以保证它的顺畅性;最后再检查改动后流程是否衔接,从流程总体上还有什么应该安排和改动的地方。对于同一个组织提出的多个流程改进方案,还要从成本、效益、技术条件和风险程度等方面进行评估,选取可行性强的方案。

（四）实施阶段——组织实施，持续改善

实施组织再造方案，必然会触及原有的利益格局。因此，必须精心组织，谨慎推进。既要态度坚定、克服阻力，又要积极宣传、形成共识，以保证组织再造的顺利进行。在实施中，一种比较理想的做法是进行局部试点，对实施方案和新流程进行试验性验证，通过数据反馈和方案修正，随时对流程进行诊断，查找问题，不间断地对新流程的适应性进行改善。组织再造方案的实施并不意味着组织再造的终结，这是一个循环往复、逐级递进的过程。在信息化时代，组织再造将不断面临新的挑战，这就需要对组织再造方案不断地进行改进，以适应新时代发展的需要。

第三节　组织再造的阻力因素及应用策略

一、组织再造的阻力因素

（一）个体阻力

组织是由一个个具体的、有思想的个体所组成，组织存在、发展乃至再造与这些人的利益息息相关。因此在组织再造过程中，所遇到的阻力首先是来自个体成员的阻力。

个体的阻力主要来自：①一线员工的阻力。一线员工会对组织内部结构调整产生错误理解和不安心态，影响自身的工作积极性和主动性。②各层级管理者的阻力。组织再造必然带来权力和利益的再分配，会触及组织各层级管理者的切身利益，那些利益受到损失的管理者会极力反对实施。③高层管理者决策失误的阻力。高层管理者错误地选择了再造的流程，或者选择的时机不当，引起实施的阻力。

（二）技术阻力

现代组织的活动越来越依赖于信息，信息的处理能力直接决定着组织的运行效率和成本。信息技术的飞速发展，带来了时空观念的根本性变化，为组织的业务流程再造和组织结构再造提供了前提条件，但同时也成为组织再造的一个障碍。组织再造可能涉及专业群体的专业技术知识，变革通常会要求部分专业群体学习和掌握新知识和技术，谁能够率先使用新知识和技术来处理组织的信息，谁能克服新知识和技术给组织发展造成的障碍，谁就能够在未来的竞争中处于领先位置。

（三）组织阻力

组织阻碍流程再造的主要原因：一是结构惯性。作为一种沿袭既往组织行为模式的组织惯性，在一种相对稳定的环境中，组织惯性或许有助于取得成功，因为这种惯性有助于强化管理控制系统，保持组织内部的一致性，有效地控制协调组织成员的行为。但是，一旦组织面临变革，组织惯性将会迅速转变成变革的障碍，容易导致组织对环境变化反应迟钝或失当。二是群体惯性。群体都存在一定的行为规范，它对于保持群体成员的一致性和相互合作具有积极作用，但这种群体行为规范却压制了创新，使得多数人更愿意服从现有的规范和标准。三是本位主义。许多组织是按照职能制组织起来的，这种组织形式虽然有助于工作效率的提高，但也存在明显的缺点，即职能部门往往不是着眼于整体，而是从本部门出发思考问题。

（四）文化阻力

伴随着组织的成长，人们的行为方式往往会受制于组织群体的共同期望，这种期望产生于组织长期发展所形成的群体非正式规范、价值观念和信念体系之中，并形成组织所特有的组织文化。组织文化在组织的发展中起到导向、维系和约束作用，具有很强的维持现有模式的作用。如果在组织再造的过程中没有重新塑造自己的组织文化，没有将再造的思想植根于新的组织精神中去，就会在再造的过程中遭到极大阻挠，不能将其贯彻到底。

二、组织再造的应用策略

组织再造给予我们最重要的启示是勇于变革。组织再造的实施，其中有不少技术性的问题，但是最根本的关键在于一种再造观念的树立。只有不断克服和消除这些阻力，才能确保组织再造的顺利进行。要应对组织再造中的阻力，可采取以下措施和策略。

（一）塑造创新型的组织文化

组织再造应有组织文化作支撑，使组织始终保持一种变革的热情，形成一种不断变革、勇于挑战的创新型组织文化。组织文化对组织再造的影响和作用已被大多数人所认可，组织结构、业务流程和等级制度等，都需要有相应的文化作为支撑，才能发挥作用。创新型组织文化可以有效地克服组织结构惯性，避免组织僵化。事实上，很多改革的失败的原因并不是构想本身，而是在贯彻中缺乏决心和毅力。所以，组织再造要建立一种以创新为基础的组织文化，只有不断地创新，才能超越自我，才能在激烈的竞争中获胜。

（二）建立高效的组织领导团队

任何组织再造的成功，莫不归因于一个强有力的领导团队对组织再造的坚决推广和执行，因此，必须建立起一支在职位、信息、技术、声望和人际关系等方面拥有强大优势的领导团队，并使他们共同致力于不同的组织再造活动，确保组织再造能够因拥有足够的权力和威望而得以顺利展开。在组织再造的过程中，建立一支强有力的领导团队，还便于组织内部优势互补、相互支持与合作，以达成共同的组织目标。

（三）树立积极的组织价值观

组织价值观是一种以组织为主体的价值取向，是指组织对其内外环境的总体评价和总体看法。组织价值观的主要作用在于能够引导组织内部的绝大多数人达到一种共识，它决定着组织的行为方式。组织价值观是构成组织文化的核心内容，深刻决定了一个组织的组织架构、利益分配机制、组织氛围、规章制度、人才体系和对外策略。任何组织活动都会对外界产生影响，而社会又会将影响结果反馈给组织本身。比如，医院的组织文化在医院发展过程中指明了医院发展的目标和前进方向，医院的组织文化对员工进行正确的引导，在组织内部形成积极的核心价值观，增加员工归属感，最终实现员工的价值观与医院核心价值观的融合与发展。

（四）推进学习型组织建设

学习型组织是通过组织成员和整个组织的持续学习而建立的，持续学习是组织持续发展的精神基础，它贯穿于组织再造的整个过程。随着科学技术的迅猛发展，一个以知识和信息为基础的、竞争与合作并存的全球化市场经济正在形成，建立学习型组织成为组织生存发展的内在要求。在组织中推行终身学习的观念，通过建立学习型组织等方法，逐步改变人们的思维模式，一方面可以减少对组织再造的曲解和误导，另一方面也可使得组织内的员工跟上信息时代组织发展的步伐，为组织再造创造出适宜的环境和条件。

本章小结

迈克尔·哈默（Michael Hammer）和詹姆斯·钱皮（James Champy）最早提出了组织再造理论，这种理论后来被越来越多的管理者和实践者所接受，很多组织都对其组织结构和业务流程进行了再造。组织再造是指组织从顾客需求出发，以服务流程为对象，对组织流程进行根本性的再思考，对组织流程的各项构成要素进行彻底的重新设计和重新整合，从而使组织的各个流程最大限度地满足顾客的需求，给组织的绩效带来巨大改善。结合我国国情，实施组织再造应该分为四个阶段：第一阶段，预备阶段。组建团队，锁定目标。第二阶段，自检阶段。全面分析，诊断问题。

第三阶段：设计阶段。设计方案，科学评估。第四阶段：实施阶段。组织实施，持续改善。组织再造在实施中有很多需要克服的阻力，大致可分为个体阻力、技术阻力、组织阻力和文化阻力四大类。要应对组织再造中的阻力，可采取塑造创新型的组织文化、建立高效的组织领导团队、树立积极的组织价值观、推进学习型组织建设等应用策略。

（张媛媛）

思考题

1. 什么是组织再造？
2. 组织再造的原则是什么？
3. 组织再造的步骤是什么？
4. 简述组织再造的阻力因素。
5. 结合本章对组织再造的学习，谈谈组织再造对现代公立医院发展的重要性。

第十九章　危机管理

在本章中，我们将学习和了解危机与危机管理的概念、危机与危机管理的特征、危机管理的原则及模型、危机事件管理的过程、形象管理概念、危机中形象管理的基本程序、重塑组织形象的策略、媒体的概念、危机管理中媒体的作用及管理措施，获得对危机管理的初步认识。危机管理是指为预防、避免或降低危机的威胁和可能造成的损失，根据内外环境的变化和危机发生、发展、变化的规律，针对危机管理各个阶段的特点，从而有组织、有计划地学习、制定和实施一系列管理措施和应对策略；学习和掌握危机管理的基本知识对我们应对工作和学习中出现的危机具有重要意义。

第一节　危机管理概述

"危机"一词，最早源于三国名士吕安《与嵇茂齐书》中"常恐风波潜骇，危机密发"。说明在1 700多年前，人们就有了危机意识。随着社会的进步，危机并没有消亡的趋势，而是时刻隐藏在社会的某个角落伺机而动。在经济全球化和信息网络化的今天，危机有日益加剧和频发的趋势，而且许多危机一旦爆发，其负面影响很大。因此，加强对危机管理的研究具有重大的社会现实意义。

一、危机的内涵

（一）危机的概念

危机（crisis）一词源于希腊语 Krinein，其原意是指游离于生死之间的状态，现指人类生命财产、国家政权、社会秩序等遭受直接威胁的非正常状态。

关于危机的定义，国内外学者有许多不同的看法。

赫尔曼（Charles F.Hermann）：危机是威胁到决策集团有限目标的一种形势，在这种形势下，决策集团作出反应的时间非常有限，且形势常常向令决策集团惊奇的方向发展。

罗森塔尔（Rosenthal）和皮内伯格（Pijnenburg）（1991）：危机是对一个社会系统的基本价值和行为架构产生严重威胁，并且在时间性和不确定性很强的情况下必须对其作出关键性决策的事件。

巴顿（Barton，1993）：危机是一个会引起潜在负面影响的具有不确定性的事件，这种事件及其后果可能对组织及其员工、产品、资产和声誉造成巨大的伤害。

综合学者对危机的认识，本教材对危机定义为：危机是由内外部矛盾长期累积引起的一种对组织目标达成、长远发展甚至现时生存具有严重威胁性的突发情境或事件，其发展方向具有不确定性，需要组织在有限时间内作出关键决策。由于矛盾的激化，组织的发展可能向坏的方面转折，也可能向好的方面转折，因此危机并不意味着坏事来临而是意味着未卜的前途。

危机与风险是有所区别的，风险（risk）是遭受损失的可能性，它侧重于某些偶然事件导致的损失；风险是事物的不确定性，即人们对事物的未来状态不能确切地知道或掌握。在组织运行中,如果我们对风险防范管理不善,那么当造成的危害达到一定程度时,风险就有可能演化成危机。由此可见,危机是现实的、眼前的,风险则是一种对现实的虚拟,具有可能性、不确定性,是属于未来的;风险是导致危机发生的前提,对风险进行有效评估和管理,可以防范危机的发生,加强风险管理是实施危机管理的最佳方法。

(二)危机的基本特征

危机的基本特征有以下几个方面。

1.突发性(sudden) 危机的爆发往往是极其突然的,超出了组织的预料,危机在爆发前往往被人们认为是不可能发生的,或者不能够确切知道在什么时间、什么地点会发生怎样的危机,它完全是一种突发性的巨大意外事件。

2.复杂性(complexity) 危机是组织系统内外矛盾积累到一定程度的产物,是一个量变到质变的过程。因当代社会分工的不断细化,使得现在的危机现象大多是互为条件、共存共生的相互交织的现象。

3.威胁性(threatening) 由于危机的出现,组织的正常运行和相对的平衡状态被打破,对组织基本目标的实现形成障碍,严重危机的爆发甚至会直接威胁到组织的生存。此外,危机造成的损失既可能是有形的,也可能是无形的。例如,2018年的"长生生物假疫苗事件"导致长生生物公司不仅被罚款91亿元人民币,也导致了长生生物公司在辉煌中没落的结局。

4.不确定性(uncertainty) 危机是由于组织内外部矛盾长期积累得不到及时解决而产生的,由于组织内外部环境时刻发生着变化,加上人类的有限理性以及信息的不对称,危机发生具有很大的不确定性。组织很难判断危机是否会发生,何时发生,也很难预测危机发生的概率及其破坏性。

5.紧迫性(urgency) 危机的爆发往往超出了组织的预料,组织面临巨大的决策压力和时间紧迫感,决策者只能在有限的时间内作出决策,反应稍慢可能导致局面的失控和危机处理的失败。而且危机的发展也非常迅速,随着危机的不断加深,危机造成的损失也会越来越大。决策者对危机的反应越是快速,其作出的危机的反应决策越是准确,组织遭受的损失就会越小。所以危机中时间非常紧迫,对时间的把握程度很大程度上决定了危机事件管理的有效性。例如,2021年河南郑州"7·20"特大暴雨灾害后,由于防疫工作及时,采取的措施全面,所以才避免了"大灾之后必有大疫"的局面。

6.双重性(duality) 危机发生时,危险与机会共存,一次危机若没能被及时妥善地处理,将造成更大损失,若得到及时妥当处理,可以转"危"为"机"。正如老子云:"祸兮,福之所倚,福兮,祸之所伏",如果组织加强危机管理,决策者正确面对危机,危机往往可以促进组织制度的革新和环境的变革。还是以新冠疫情为例,新冠疫情对中国社会的经济、政治、文化以及外交等方面造成的影响是不可低估的。但由于我国政府和人民能够积极应对,新冠疫情的防控工作取得了重大胜利,这不仅加快了公共卫生建设的步伐,而且也增强了人们的健康意识、法治意识和文明意识。

7.传播性(communicability) 危机是会经历由少数人传播到多数人并产生恐慌的过程,而且这一传播是多途径、多渠道、迅速和广泛的。由于人们对危机事件信息的敏感性和趋利避害心理,不同的传播会给社会带来完全不同的心理和行为的影响,合适的传播有助于危机应对,而不合适的传播则会加剧危机的蔓延。

(三)危机的分类

在现实生活中,危机爆发的形式各异,影响的范围和程度各有不同,这从客观上决定了危机具有多种类型。不同的学者从不同的角度划分了危机的类型,因此也就得到了不同的危机分类方法。目前,比较有代表性的危机分类方法为以下几种(表19-1)。

表19-1 危机分类表

起因	可预知程度	可避免性	影响范围	复杂程度	发生顺序	来源	发生具体领域
人为	可预测	可能避免	全球性	单一型	原发性	内生型	政治
非人为	难以预测	无法避免	地区性	复合型	继发性	输入型	经济
			局部性				公共卫生
							自然灾害

（四）危机的生命周期（the lifecycle of crisis）

管理学者斯蒂文·芬克（Steve Fink）于1986年在《危机管理：对付突发事件的计划》一书中首次提出危机生命周期理论，认为危机事件与任何一个生命一样，也有一个孕育、发生、发展、高潮和回落的周期性变化过程，可划分为不同阶段，每个阶段具有不同的生命特征。一般分四个阶段：危机酝酿期、危机爆发期、危机扩散期和危机处理期。

在斯蒂文·芬克危机生命周期的基础上，米特罗夫（Mitroff）于1996年提出危机四阶段说，即潜伏期、发生期、蔓延期和衰退期；还有危机三阶段说，即把危机分成危机前（precrisis）、危机中（crisis）和危机后（postcrisis）这三个阶段，每一阶段又可分为不同的子阶段。

以下对斯蒂文·芬克（Fink）提出的危机生命周期理论进行阐述。

1. 危机酝酿期 一般来说危机都是从渐变、量变，最后才形成质变，而量变是危机的成型与爆发，并且危机是由多个因素动态发展的结果，因此潜藏危机因素的发展与扩散的时期是危机管理的重要阶段。

2. 危机爆发期 突破危机的预警防线，危机便进入爆发期，并会威胁到组织的生存和发展，如果不能立即处理，危机将进一步加剧，其杀伤范围与强度会变得更大，引发的后果会更严重。

3. 危机扩散期 由于当今社会分工不断细化，组织间的关系日益密切，当一个组织爆发危机后，会对其他领域产生连带影响，有时会冲击其他领域，从而造成不同程度的危机。

4. 危机处理期 该阶段是进入生命周期后的关键阶段。后续发展完全取决于危机管理决策者的专业能力。通过建立危机预警机制，将其消灭于萌芽之中，是最佳的危机处理途径。

不论危机四阶段说，还是三阶段说，都是危机生命周期的一般状态，并不是所有危机的必经阶段，当组织将危机消灭在酝酿期时，危机将永远无法真正诞生。在了解了危机生命周期的基础上，我们可以掌握组织危机发展的阶段特征，从而全面预防和控制危机。

二、危机管理的概念、特点及原则

"危机管理"（crisis management）这一概念是美国学者于20世纪60年代提出的。其作为决策学的一个重要分支，首先应用于外交和国际政治领域，后逐渐扩展到自然灾害、公共安全、经济危机等领域。

（一）危机管理概念

斯蒂文·芬克（Steve Fink）认为危机管理是组织有计划地消除处于前程转折点上危机的风险和不确定性，使组织可以更好地掌握自己前途的艺术。他的观点侧重于对危机的处理。

伊恩·米特诺夫（Ian Mitroff）定义的危机管理是：协助组织克服不可预料事件的心理障碍，以便让管理者在面对最坏的状况时能做好最好的准备。他的观点主要侧重在危机预防期的准备工作。

著名学者罗伯特·希斯（Robert Heath）则用了四个词定义危机管理，称之为4R模式：缩减、预备、反应和恢复。虽然概括精炼，但不是很全面。

结合学者对危机管理的认识，本教材对危机管理定义为：为预防、避免或降低危机的威胁和可能造成的损失，根据内外环境的变化和危机发生、发展、变化的规律，针对危机管理各个阶段的特点，从而有组织、有计划地学习、制定和实施一系列管理措施和应对策略。危机管理奉行"危机不仅意味着威胁、危险，更意味着机遇"的积极行为准则，也就是说危机管理的实质和最高准则是转"危"为"机"。危机管理的目的是要在危机未发生时预防危机的发生，而在危机真的发生时，采取措施减少危机所造成的损害，并尽早从危机中恢复过来。

（二）危机管理特点

作为管理的特殊形态，危机管理主要有预防性、应急性及不确定性三大特点。

1. 预防性（preventability） 危机虽然客观存在，但在其生命周期的酝酿阶段，危机仅仅以一些征兆显现，并没有真实发生，此时组织应及时、全面、准确地识别危机的诱导因素，建立相应的预警机制，一定程度上可以避免危机的爆发或减轻危机的破坏力。由此可见，预防是危机管理的首要环节，对危机管理效果的影响最大。

2. 应急性（emergency） 在危机爆发时，一方面，危机对组织的损害每分每秒都在增加，而且会迅速扩散，组织必须尽快作出反应，及时采取措施，控制事态发展，设法将危机的负面影响限制在最小范围；另一方面，在紧急状态中进行危机管理，要克服由于时间紧急和形势危险而造成的心理压力，在短暂的时间内迅速作出正确的决策，紧张而有秩序地实施各种危机处理措施。

3. 不确定性（uncertainty） 由于危机本身具有的不确定性，使危机管理不可避免地也具有不确定性，对危机的管理必须根据危机所处的阶段和特点进行及时的调整。另外，当今危机事件所面临的情境日益复杂，不确定的因素越来越多，从而使得防控中的变数越发增多。

（三）危机管理原则

为了保证危机管理的科学性和有效性，危机管理应遵循以下八条基本原则。

1. 预防为主的原则 防患于未然是危机管理的最基本要求，危机管理的重点应放在危机发生前的预防，因为此时的危机破坏力及预防的成本远远低于危机爆发时、扩散时的破坏力及管理的成本。为此，建立一套行之有效的危机预警系统是非常必要的。

2. 制度化原则 由于危机发生的时间、持续的时间、实际规模及威胁程度都难以全面准确预测，而且一旦危机爆发，其就会在短时间内给组织产生恶劣影响，并会迅速蔓延。因此，组织内部应该建立制度化的危机管理的业务流程和组织机构，当组织正常运转时，危机管理的业务流程及组织机构将危机的预防与组织的日常工作结合起来。但是危机爆发时，会及时处理危机，在分工基础上充分发挥合力作用，使非常时期的组织快速摆脱危机，回到正常轨道。

3. 及时性原则 对于危机的解决，速度是关键。危机降临前，凭借灵敏的危机嗅觉，及时发现和处理危机征兆；危机发生后，以最快的速度启动科学的危机应对方案，尽最大可能控制事态的恶化，在最短的时间里，挽回或重塑组织的良好形象。

4. 信息应用原则 危机管理的核心是危机决策，而信息是危机决策系统构成的必要条件，科学的危机决策过程实质上就是一个信息输入、处理到输出的过程。因此，在危机管理中，一定要建立高度灵敏、准确的信息监测系统，保证组织获取及时、全面、准确的信息。此外，要保证组织内外信息流通的顺畅，避免产生不信任和混乱。

5. 人本原则 在整个危机过程中，人、财、物都有可能遭到损害，但是，人是组织生存和发展的第一生产要素，组织其他生产要素的运行和价值的体现都离不开人的活动，因此在危机管理中，要始终坚持以人为本的原理。同时，在危机处理过程中，应将公众利益置于首位，坚持以组织的长远发展为出发点。

6. 全员参与原则 由于危机诱因的多面性，要求危机预警机制应建立在各部门及各岗位之间的协作性的基础上，一旦危机爆发，不仅要求危机管理部门人员参与，还要求组织中的高层管理者、中层管理者、基层管理者及全体员工的共同参与；另外，因危机的复杂性及扩散性特点，还要求危机管理主体加强与有关专家、相关组织及普通民众之间的合作。

7. 发展性原则　危机管理大师诺曼·奥古斯丁（Norman Augustine）指出："每一次危机本身既包含导致失败的根源，也孕育着成功的种子。"危机是"危"与"机"的并存，基于危机的双重性的特点，在危机管理中，组织在规避和降低危机所带来的破坏性，保持和重塑组织形象的同时，应更多地思考如何将危机转化为机会，如何在危机处理中，找到组织重新发展的机遇。发现、培育进而收获潜在的成功机会，就是危机处理的精髓。

8. 创新性原则　危机处理既要充分借鉴成功的处理经验，也要根据危机的实际情况，尤其要借助新技术、新信息和新思维，进行大胆创新。

第二节　危机管理模型

基于危机的生命周期和管理的特点，学者们提出了不同的模型，其中奥古斯丁的六阶段模型、罗伯特·希斯 4R 危机管理模型和罗森塔尔等人提出的 PPRR 危机管理模型比较具有代表性，下面我们将这三个模型作简单介绍。

一、奥古斯丁的六阶段模型

（一）六阶段模型的含义

诺曼·R. 奥古斯丁（Norman R.Augustine）将危机管理划分为六个不同阶段（图 19-1），结合不同阶段特征，实施不同的策略，以达到危机管理的目标。他认为，危机本身具有双重性，既包含成功因素，也包含失败因素。因此，危机管理的核心在于找出成功的因素，并尽可能创造使成功因素占据优势的局面。

图 19-1　奥古斯丁的六阶段模型

（二）六阶段模型的步骤和内容

第一阶段：危机的规避，即危机的预防。这是能够以最低成本规避危机发生，却也最容易被忽视的阶段，该阶段应当受到重视，通过常态化、制度化的方法有效避免危机的发生，以达到事半功倍的效果。防患于未然是最好的危机管理措施。

第二阶段：危机管理的准备。一旦危机预防工作不奏效，则要为危机来临后可能引发的不良后果做些准备工作，具体包括建立危机处理中心，制订应急计划，事先选好危机处理小组的成员，提供完备的、充足的通信设施等。以高效控制危机发展态势，甚至规避危机大规模爆发。

第三阶段：危机的确认。这个阶段的危机管理通常是最富有挑战性的。此时，危机已经发生，需尽快全面准确地确认危机，这是有效控制和解决危机的前提。即在对危机应对作出准备的基础上，通过信息搜集和经验分析来判断危机是否已经发生，危机的根源在哪里，所波及的规模和影响有多大。准确无误的危机确认会为危机的顺利解决奠定扎实的基础。

第四阶段：危机的控制。此阶段的危机管理需要根据不同情况确定工作的优先次序，将危机的损失控制在最小范围内。在危机控制阶段，应依据前期制订的危机管理计划有条不紊地开展工作，同时在控制过程中，决策是核心，信息的及时、准确、全面的收集及信息恰当适时的传递是关键。

第五阶段：危机的解决。在这个阶段，速度是关键。在确认和作出判断后，以最迅速的执行力来解决危机，要根据危机发生的原因，实施针对性强的危机解决措施，成功地使组织渡过危机。

第六阶段：危机的总结。危机管理的最后一个阶段就是总结经验教训。如果组织在危机管理的前五个阶段处理得完美无缺的话，第六阶段就可以提供一个至少能弥补部分损失和纠正错误的机会。

这种危机管理的方式是一种主动的、积极的危机管理，能够根据计划有组织地管理，进行动态的管理。与其他同类理论相比，该法则更侧重危机的阶段性，更有利于危机细节的管理，并且认为管理危机应具有阶段性，避免阶段是决胜的关键阶段，误判是导致管理失败的最常见原因。

二、4R 危机管理模型

（一）4R 模型的含义

美国危机管理专家罗伯特·希斯（Robrt Heath）在《危机管理》一书中率先提出危机管理 4R 模式，他根据危机形成和发展的生命周期构建了 4R 危机管理模型，即缩减（reduction）、预备（readiness）、反应（response）和恢复（recovery）。

（二）4R 模型的步骤与内容

4R 模型将系统管理和分阶段实施相结合，是一个动态的系统循环过程。其中，缩减、预备、反应、恢复四个阶段环环相扣，形成一个合力来应对危机，而且在危机事件管理中，每一步骤都包括诸多具体内容（图 19-2）。

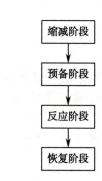

缩减阶段是 4R 危机模型最核心的环节，是在危机事件发生前的风险评估阶段。旨在危机来临前，对即将发生的危机事件作出风险确认，将环境、结构、人员、系统等进行有效整合，并贯穿管理活动的整个过程，从而极大地减少危机的成本与损失，将风险控制在最小范围内。

图 19-2　希斯的危机管理 4R 模型图

预备阶段是在危机事件发生时的预防阶段。主要是指对危机事件进行的防范工作，包括预警、培训、演习三个方面，通过组成危机团队，制定针对危机的预案机制，及时了解危机产生的动态与征兆，并对应急人员进行培训与演习，掌握应对危机的技巧与方法，从而提升组织对于危机应对的准备能力。

反应阶段是在危机事件发生的应对阶段。主要是指应对危机所作出的反应策略，包括确认、隔离、处理与总结危机。在处理危机时，运用沟通管理、媒体管理、政府形象管理等方法可以有效进行危机处置，减小或消除危机带来的损害。

恢复阶段是在危机事件发生的善后阶段。主要是指针对危机所带来的损害进行合理及时的修复，制订恢复计划，包括估算损失并进行修复与经济投入，总结应急管理中的经验教训，加强心理修复和建设等，尽快减轻和消除危机带来的不良影响，摆脱危机阴影，制定更合理的危机预防方案。

三、PPRR 危机管理模型

（一）PPRR 模型的含义

美国危机管理专家史蒂文·芬克（Steven Fink）认为：危机管理要对所有可能引发危机的要素进行监测、分析、消除和预防，并及时、科学地采取处置措施。他提出的 PPRR 模型是由危机前预防（prevention）、危机前准备（preparation）、危机爆发期反应（response）和危机结束期恢复（recovery）四个阶段组成的危机管理模式。后来,美国联邦紧急事务管理署(Federal Emergency Management Agency, FEMA)对其加以修正,修正后的模型包括缓和(mitigation)、准备(preparation)、反应 (response)、恢复(recovery)四个阶段,所以又称"MPRR"模式(图19-3)。

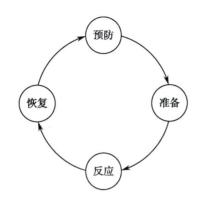

图 19-3　史蒂文·芬克的 PPRR 模型图

(二) PPRR 模型的步骤与内容

1. 预防(prevention)　预防是危机管理的第一道防线,是指在危机酝酿阶段所进行的一切有效预警工作,目的是防患于未然,具体包括危机检测、危机防控等功能,重点从"危机构成要素、发生原因和主要过程"三个环节入手。

2. 准备(preparation)　危机管理的事前准备包括战略准备和战术准备,而战术准备处于核心位置,对此,危机准备的重点是制订各种应急计划,准备好相应的应急方案,建立危机预警机制。

3. 反应(response)　一旦危机爆发,组织如果不及时加以应对,那么负面影响将会通过蝴蝶效应、多米诺骨牌效应等迅速蔓延,因此及时反应是危机管理中最重要的组成部分。当危机真正发生的时候,组织首先要通过各种途径掌握准确、及时、全面的信息,作出科学的危机决策,第一时间遏制危机;其次要注意隔离危机,避免其蔓延,要将危机限定在一定范围之内;另外要加强媒体管理,防止谣言流传,保证信息准确顺畅输出,发挥媒体在危机管理中的积极作用。

4. 恢复(recovery)　危机过后,组织如何使一个受破坏的系统恢复正常,如何预防类似危机事件的再次发生,及如何在危机中寻找新的发展契机等,这一切都是危机结束期的恢复阶段,危机管理者所要面对的主要问题。危机恢复和重建工作的效果,直接关系到危机管理的最终成败,因此,进入危机恢复阶段后,组织要立足实际,对掌控的资源进行最佳配置,主动采取具有实际效果的措施,解决危机遗留问题,给危机管理画上完美的句号。

在危机管理的 PPRR 模型中,无论从危机管理的成本,还是从危机的破坏性程度来看,危机的预防与准备阶段都远远低于危机的反应与恢复阶段。预防和准备阶段是危机管理的基础和前提,具有主动性,旨在将危机控制在较低水平甚至避免危机的发生,而反应和恢复阶段是危机发生后的行为,具有被动性,旨在减少危机造成的损失,因此,危机的预防和准备阶段更为重要。然而,对于无从预知(foresight)的意外,只能依赖平常的危机处理机制,做好危机的应对和恢复工作。

我国学者赵定涛、李蓓在众多危机管理理论研究基础上,综合各模型的优缺点,提出了企业危机管理五力模型。该模型的内层表明企业危机管理包括 3 个过程:预防(prevention)、处理(action)和评估(evaluation);外围表明企业危机管理需要企业战略(enterprise strategy)、危机管理小组(crisis management team)、信息沟通(information communication)、资源保障(resource guarantee)、组织文化(organizational culture)这 5 种力量共同作用,共同构成企业危机管理的动力机制。该模型也适用于其他类型组织。

第三节　危机事件管理

危机是现代社会的重要属性，也是影响社会秩序、大众生活的突发事件。为充分适应新的时代环境，做好危机管理，组织需要制定合理、有效的应急方案，构建科学、动态的危机管理、应急决策机制。在妥善处理突发事件和群体性事件的基础上，针对危机事件的多发性、多样性、破坏性及不确定性等特点，我们唯一能做的就是根据危机事件发展的不同阶段，探寻危机事件的运行规律，提高危机事件的管理水平。危机管理是指有关部门应对危机状态或者情况的一种特殊的、专门形式的管理，是政府和其他社会公共管理机构通过测试，事前控制，事中决策，应急响应和事后恢复等有效的措施来限制和控制危机的发展，以达到降低危机发生的概率、保护公众的安全和维护国家的安全和社会的稳定的目的。

一、危机事件预警管理

危机事件预警阶段是指从危机事件的第一个征兆出现到危机事件开始造成可感知的损失的这段时间。危机事件预警阶段是一个特殊的时期，因为这个时期有两个非常明显的特点，一是人们很难在这个时期有较高的警惕性，二是如果能认识这个阶段的重要性并采取有效的措施，收益是非常明显的。因此对危机事件预警阶段的管理具有独特的要求，也具有重大的意义。

（一）危机事件预警阶段的反应在危机事件管理中的意义

1. 有可能阻止危机事件的发生　在危机事件预警阶段，如果事物还处于即将质变的状态，采取有效的措施就有可能阻止危机事件的发生，进而避免危机事件所带来的直接损失和长期影响，对组织来说，意义非常显著。

2. 可以降低危害程度　在危机事件预警阶段，如果质变已经发生，可以采取有效的反应措施延迟危机事件的爆发、降低危机事件爆发的强度，为危机事件响应和恢复管理节约资源和争取宝贵的时间，以减少危机事件造成的损失，降低响应和恢复管理的难度。

（二）危机事件预警管理的措施

1. 尽早发现危机事件威胁　提高危机意识、提高危机认识和开发危机识别的辅助手段可以使组织尽早发现危机事件威胁。

（1）提高危机事件意识：包括防范危机事件的意识和应对危机事件的意识，前者是防患于未然，后者是未雨绸缪。组织进行危机事件管理时，应该树立一种危机事件理念，营造一个危机事件氛围，将危机事件防范日常化。首先，对员工进行危机事件管理教育，如进行案例分析或强化性宣传教育等，强化性宣传教育有正面强化和负面强化两种形式，但负面强化一般比正面强化更有效。其次，开展危机事件管理培训，让组织成员积累一定的危机事件管理方面的知识，培养危机事件应对的心理素质，提升危机事件处理方面的能力。最后，还要对危机事件意识强的人给予激励，这样做一方面会使强危机事件意识的组织成员保持自身强项或进一步加强他们的危机事件意识，另一方面也能为其他成员塑造榜样，从而提高整个组织的危机事件意识。

（2）提高危机事件认识：在培养危机事件意识的基础上，组织成员还应主动地了解和认识危机事件产生的机制、危机事件生命周期各阶段特点及应对措施等。提高危机事件认识的途径主要有三种：一是科学研究，通过实验或统计调查、归纳总结等手段研究危机事件产生的机制和危机事件发生的表现；二是学习，通过学习他人的间接经验或研究成果，提高对危机事件的认识；三是直接经验，总结自己在危机事件中的直接经验，提高对危机事件的认识。

（3）开发危机事件识别的辅助手段：危机事件预警阶段具有难以感知性的特点，需要开发一些辅助手段以弥补人体感官的不足,使人们能够发现那些人体感官无法识别的危机事件信号。危机事件识别辅助手段主要有:视觉型危机事件识别辅助手段(如警示灯等)、听觉型危机事件识别辅助手段(如危机事件警报等)、嗅觉型危机事件识别辅助手段(如在煤气中添加一些具臭味的气体,煤气一旦泄漏,人们能很快发现),另外还有触觉型或振动觉型危机事件识别辅助手段。

2.采取行动 在危机事件突然发生的情况下,保持沉着冷静是科学决策和有效行为的前提。在保持镇定的前提下,组织应根据危机事件的发展情况,准确、及时且灵活地采取行动。

(1)阻止危机事件爆发:当人们发现危机事件威胁已经出现时,首先要判断危机事件是否可以阻止。如果可以阻止,就要立即采取行动,不可贻误阻止危机事件爆发的最佳时机,如及时扑灭刚刚燃烧的火苗;如果认为危机事件被阻止的可能性较小,就要为延迟危机事件爆发或降低危机事件爆发的强度争取宝贵时间。

(2)延迟危机事件爆发:危机事件爆发如果无法阻止或阻止失败,还可以延迟危机事件爆发的时间,为做好危机事件响应的准备争取时间,从而降低危机事件所带来的损失。延缓危机事件爆发对减少危机事件损失程度的贡献一方面取决于延缓时间的长短,另一方面取决于组织在这段时间内采取了何种行动以及行动的效率如何。

(3)采取降低损失的预防措施:当危机事件不可避免地一定要爆发时,在危机事件爆发之前,组织应积极主动采取一些措施,降低危机事件爆发的强度,以减少危机事件爆发所造成的损失。首先要了解危机事件会对哪些方面造成损失,危机事件冲击对人、财、物造成损害的严重程度如何。其次要了解哪些措施对减少人、财、物的损失是有效的,这些措施降低危机事件损害的程度如何。

二、危机事件响应管理

有些危机事件通过事先的预防能够加以消除,而有的危机事件在目前科技水平及人的认知范畴内无法预料,如埃博拉出血热疫情的暴发等。有的危机事件虽可以预防但仍不可避免地爆发,这时就要引入危机事件管理的第二个阶段,即危机事件爆发后的响应管理。危机事件响应管理的目的就是减少危机事件造成的直接损失,并为危机事件恢复创造条件。为了达到危机事件响应管理的目的,我们要明确危机事件响应管理的任务和措施。

(一)危机事件响应管理的任务

1.避免或减少人员伤亡 避免或减少人员伤亡在危机事件响应中具有重要地位。一般危机事件处理人员的主要任务是将伤员从危机事件中转移出来,而其余大部分工作只能由医务人员完成,因此,医务人员在避免或减少人员伤亡中具有重要作用。

2.阻止或减少人、财、物的继续损害 此时的危机事件响应措施是按一定的先后次序将人、财、物从危机中转移出来和降低危机事件爆发的强度。根据危机事件管理的优先原则,危机事件中人的转移是最先应该考虑的问题,而物体的转移可能使转移物体的人陷入危机之中,在对转移人员造成生命威胁的情况下,物体的转移一般不鼓励进行,除非贵重物品或者物体如果不及时转移可能导致严重后果,值得转移人员去冒生命危险。此外,要及时分析危机事件爆发的原因,在可控范围内制定减少交互作用、直接损失和长期影响的预防措施来降低危机事件爆发的强度,从而减少人、财、物的继续损失。

3.阻止或延缓危机事件的蔓延 一是减少或耗尽危机事件爆发产生的巨大能量,以降低或消除危机事件的蔓延能力,例如,传染病暴发时,对传染源进行隔离控制,可降低或消除传染病的蔓延能力。二是减少或清除能量的承接物,使危机事件爆发产生的能量部分或全部向无害的方向释放,以降低或终止危机事件蔓延所造成的损害,例如,传染病暴发时,人们隔离在家减少外出或者戴上防护用品,切断传播途径,使危机事件蔓延所造成的损失下降。现实中常常综合使用这两条途径。

4. 阻止或延缓危机事件的连锁反应　危机事件的连锁反应是指危机事件的爆发导致了其他危机事件的爆发，也被称为危机事件的涟漪效应。危机事件的连锁反应往往是由于危机事件爆发、危机事件蔓延或危机事件响应人员处理不当所引发。危机事件爆发对危机事件现场的事物造成损害，当损害达到一定程度时，受损的事物就会发生质变，从而引起新的危机事件的发生，例如，水灾不断冲击道路和桥梁，就可能引起坍塌。其次，危机事件蔓延会使那些离危机事件较远的事物遭受损害，这种损害积累到一定程度，使受蔓延的事物发生质变，从而引起新的危机事件爆发，例如，企业的市场危机事件使企业产品销售不畅或产品价格过低，导致企业的收入和现金流降低，从而引发企业的财务危机事件。危机事件爆发后，如果危机事件响应人员处理不当，也会引起新的危机事件，如形象危机、与媒体之间的危机、与利益相关者之间的危机等。

（二）危机事件响应措施

1. 迅速建立危机事件响应小组　危机事件爆发时，或预测到危机事件即将爆发时，组织应迅速建立危机事件响应小组，使危机事件响应有统一的指挥中心，指挥中心可以全面、协调地展开危机事件响应的各项行动，从而在危机事件响应行动中掌握主动权。

2. 获取信息　获取信息是危机事件响应能有效进行的前提。如果危机事件响应中获得的信息不充分，就不可能做有效的危机事件响应决策和进行有效的危机事件响应行动，引发危机事件响应资源和时间的浪费。危机事件响应过程中，危机事件响应人员一方面要获取信息，另一方面要利用信息进行决策和危机事件响应行动。获取信息包括两个过程：一是收集信息，二是进行信息的传递。

3. 危机事件评估　危机事件响应开始时，首先对危机事件进行评估，然后根据危机事件继续造成损失的严重程度、导致危机事件蔓延的可能性、导致连锁反应的可能性、需要救治的人员、危机事件响应的有效程度等标准对危机事件各方面进行评估，依据危机事件评估的结果对危机事件进行有重点的应对。危机事件评估是一个动态的过程，仅用一次评估结果不能指导危机事件整个过程的响应行动。

4. 隔离危机事件　在隔离危机事件时，组织要了解危机事件不能有效隔离的各种原因，再有针对性地采取相应措施。危机事件不能有效隔离的原因有：危机事件处理不当、危机事件处理不力和无法控制的客观因素。危机事件处理不当是指由于危机事件响应人员采取了不恰当的响应行动，使本来不应受到危机事件影响的领域也受到了影响。危机事件处理不力是指在处理危机事件的过程中采用了一些并非成效最佳的方式，从而导致危机事件蔓延和危机事件的连锁反应。无法控制的客观因素是指危机事件中，由于危机事件的能量很大，或者是危机事件响应的资源无法及时获得，导致危机事件不能被有效隔离。

5. 后勤保障管理　危机事件响应中，后勤保障工作亦非常重要，可以说危机事件响应的成功与否与后勤保障工作是否到位有密切联系。危机事件响应需要资源，而针对如何保证紧缺资源及时有效的供给，并对资源进行合理分配，是危机事件响应能够有效展开的关键。后勤保障工作需要执行的三项任务是：获取和储备危机事件响应所需的资源，合理配置资源，最终将资源提供给危机事件响应人员。

三、危机事件恢复管理

危机事件尘埃落定后，并不意味着危机事件已终结，而是进入危机事件消除之后的形象恢复、提升及教训吸取、经验总结的恢复管理阶段。

（一）危机事件恢复的目的

1. 维持组织的连续性　危机事件爆发后，对组织的运行及存在会造成不同程度的损害，轻则影响组织正常工作的开展,重则威胁到组织的存亡。对此,危机事件恢复的主要目的是维持组织的连续性。组织的连续性包括三个层次:一是结构的连续性,组织结构是实现组织战略目标而采取的一种分工协作体系,危机事件过后,随着组织发展战略的调整,组织结构也在不断完善。结构的完善是对前期组织体系的扬弃,而非对原有组织体系的完全抛弃;二是功能的连续性,功能即完成某项工作的能力,为实现战略目标,组织必须具备各种功能,而在危机事件的磨炼中,组织的能力在原有能力的基础上不断加强、充实和完善;三是组织存在的连续性,危机事件爆发后,组织的生存有可能受到威胁并遭到一定的破坏,因此需要危机事件的修复管理,不仅可以重建或巩固组织生存和发展的基础,而且可以延长组织的生命周期。

2.使组织获得新的发展 组织在经受危机事件的同时,危机事件也会给组织带来一些新的机会,这些机会表现为:一是组织革新的机会,伴随着危机事件的爆发和处理,组织环境必然会发生一定变化,因此在危机事件恢复阶段,要进行组织变革,寻找新的发展机遇;二是组织内部的团结机会,危机事件的攻克需要组织内部的团结,需要发挥组织内部合力的作用,危机事件过后,更需要的是组织凝聚力的保持和延续,在变革中开拓进取;三是组织内部自我反省的机会,危机事件的爆发是由诸多因素导致的,危机事件过后,组织应该及时吸取教训,总结经验,消除诱因,避免类似情况的再次发生;四是展示组织形象的机会,在危机事件中组织形象必然受到破坏,而危机事件恢复阶段,组织可以通过系列举措恢复和重建组织形象,推动组织发展。

(二)危机事件恢复管理的具体步骤

1.建立危机事件恢复小组 危机事件恢复小组有别于危机事件响应小组。

第一,危机事件恢复小组的目的是使组织从危机事件的影响中恢复过来,而响应小组的目的只是控制危机事件,减少损失。

第二,危机事件恢复小组的主要职能是恢复管理的决策、监控和协调,而危机事件响应小组则不但要决策,还要快速展开行动。

第三,危机事件响应小组一般是由专业的危机事件响应人员组成,很少使用非专业人员,这些专业的危机事件响应人员可以来自组织内部,也可以来自组织外部(如医护人员、救助人员)。而危机事件恢复小组成员则大多来自组织内部。

第四,在危机事件快速响应时,由于情况紧急,其决策是由快速响应小组的成员来执行,而危机事件恢复小组的决策则大都由组织的全体成员共同执行,当组织内部的人力资源不够时,也可以雇用外部组织成员参与该组织的恢复工作。

2.获取信息 危机事件恢复小组要进行危机事件恢复决策,必须获得有关危机事件的信息,了解危机事件的破坏性质和严重程度。信息可以来自危机事件的受影响者,如危机事件的受害者、危机事件响应人员、帮助组织进行危机事件响应的其他组织成员和受到危机事件影响的利益相关者。他们可以为危机事件恢复小组提供一些详细的、容易评估的信息,而那些难以作出评估的信息,则需要专业人员进行评估,为危机事件恢复小组提供专业的决策依据。

信息搜集过程中,危机事件恢复小组一方面通过对受危机事件影响者的调查了解危机事件的第一手信息,另一方面通过专门的人员进入危机事件现场对危机事件的损失进行评估和现场调查搜集信息。综合两方面的结果,危机事件恢复小组对危机事件损失进行分门别类的归纳和整理,形成对危机事件损失的全面认识。

3.确定危机事件恢复对象和危机事件恢复对象的重要性排序

(1)确定需要恢复的所有潜在对象:危机事件造成的损害不仅仅是那些显而易见的损害,危机事件恢复小组需要对危机事件进行全面的评估,以了解需要进行恢复的所有潜在对象。确定所有的潜在对象需要全面地了解信息和进行集体讨论。全面了解信息已经在信息搜集中谈过,而集体讨论人员包括组织各个部门的代表、部分危机事件反应人员、评估专家、利益相关者的代表和危机事件恢复小组成员。这样的人员组合具有广泛的代表性,几乎能够囊括所有的危机事件受影响者和与信息收集有关的人员。

（2）确定危机事件恢复对象，决定危机事件恢复对象的重要性排序：潜在的危机事件恢复对象是非常广泛的，确定危机事件恢复的潜在对象可以使危机事件恢复工作被考虑得更为全面。但实际能够进行恢复的对象是有限的，因为用于危机事件恢复的资源和时间是有限的；同时，危机事件恢复的目的也限定了组织需要进行恢复的对象，有时候由于各种原因对于一些被损害对象不予恢复。在确定危机事件恢复对象重要性排序的时候，最好不要采取集体讨论的方式，因为集体讨论可能产生利益权衡，而无法作出基于对资源和危机事件恢复目标考虑后的最优选择，一旦出现争论不休的局面，既无法产生结果，又浪费时间。此时的决策应由危机事件恢复小组成员、危机事件管理专家、危机事件高层管理者组成的专家小组进行决策。他们对企业的资源和危机事件恢复的目标较为了解，并能对危机事件恢复作出权威性的决策。

专家小组的决策基础是所有潜在的危机事件恢复对象。专家小组根据危机事件恢复的目的及组织拥有的和可获得的资源，决定潜在危机事件恢复对象中哪些可以列为实际需要恢复的对象，并决定出危机事件恢复对象的重要性排序。需要指出的是，重要性排序不是危机事件恢复的先后排序，因为危机事件恢复中，许多危机事件恢复对象是同时进行恢复的，只是针对重要的危机事件恢复对象，需要给予更多的时间、资源和人力资源支持。

4. 制订危机事件恢复计划　危机事件恢复计划的常规项目是所有计划书中都有的内容，危机事件恢复小组只要根据一定的格式制作和填写即可。常规项目包括：封面、联系方式、危机事件恢复目标、计划书阅读者和相关政策。其实，计划书的阅读者是规定了哪些人有权阅读计划书，并要求阅读后要在计划书上签字。危机事件恢复计划的具体内容主要是指导危机事件恢复具体工作的开展，规定如何对各个危机事件恢复对象采取行动。

5. 恢复计划的执行　在危机事件恢复计划指导下，组织开始了全面的危机事件恢复行动，然而危机事件恢复计划在执行中要充分考量其他各个因素的变化，从而适当调整计划。除此之外，在危机事件恢复的执行中，组织要做到修补和建设两手抓，一方面弥合危机事件带来的损害和伤痕，另一方面利用危机事件带来的转型机会，对组织的运作机制、形象系统和价值系统进行优化和完善。

（三）危机事件恢复策略

1. 发动成员的力量　根据危机事件管理全员参与原则，在危机事件恢复管理中也要动员一切可动员的力量，致力于危机事件恢复工作。一方面，在组织内部，要促使不同部门、不同岗位的全部成员积极主动地参与到危机事件恢复决策中来，集中建言献策，提高决策的科学性和民主性；另一方面，在组织外部，要充分利用相关问题专家、利益相关组织及社会群众力量为危机事件恢复决策提供信息来源。

2. 及时沟通　沟通是在一个明确目标指导下的信息传递与接收的行为过程。为了实现危机事件恢复的目的，危机事件恢复小组在工作中要做到信息沟通的顺畅，保证人与人之间、人与群体之间思想与情感的顺利传递和反馈，从而使组织上下及组织内外保持认识的统一性，最终保证行为的一致性。

3. 防止追究责任式的危机事件恢复　危机事件恢复的目的是维持组织的连续性，使组织获得新的发展，是危机事件过后，为组织变革及组织体系的建设做好人员的重新配置。由此可见，责任追究并不是危机事件恢复的目的，而是达到惩前毖后的具体举措之一。

4. 有效的形象管理　组织形象即被组织内外人员所认同的组织总体的印象。在组织运行过程中，良好的形象是一个动力：组织正常运转时，推动着组织发展；组织处于危机事件中时，可以取得公众信任并激励组织内外共同克服危机事件。而当危机事件过后，进入恢复期，同样要进行有效的形象管理，如加强与媒体的沟通，尽量反映组织真实态度和行为，保证组织形象前后一致，通过一定途径让员工了解恢复工作、相关专家的参与等过程，最终来维护组织"适当"的形象。

四、危机事件管理评价

一般在危机事件恢复基本结束之后，就可以开始危机事件管理评价工作。危机事件管理评价的目的是提高组织预防和处理危机事件的能力，危机事件管理评价应本着总结和提高的态度，坚持一定的原则，对相应内容进行客观评价，最后将危机事件管理评价的结果应用于危机事件管理实践。在评价中，需将危机事件管理评价与责任调查区别开来，责任调查是为了寻找危机事件中的责任人，并对他们的责任进行追究。将危机事件管理评价与责任调查混为一谈可能使危机事件中的责任人通过各种途径来自保，同时也会使信息提供者产生被欺骗的感觉。

（一）危机事件管理评价的原则

1. 保证危机事件评价信息的准确性　危机事件管理评价要以客观准确为前提，而要获得客观、准确的信息必须采用背靠背的信息收集方式，即信息收集者和信息的提供者互不知晓。这种信息收集方式可以使信息提供者减轻心理压力，说出内心真实的想法；同时，信息提供者不会提供对自己不利的信息，有时甚至还有可能歪曲事实，提供虚假信息。面对此种信息收集方式的利弊，危机事件管理评价者一定要科学地筛选真实的信息。

2. 保证危机事件评价信息的全面性　良好的评价以全面丰富的信息为基础。为了保证信息的全面性、完整性，为后期更好地进行信息筛选、处理和加工打好基础，组织在进行信息收集时，要注意广泛性，应该在所有的与危机事件有关的人员中，针对其不同特点收集信息，注重危机事件管理有关记录的利用，并进行实地的调查以获得信息。

3. 保证危机事件管理评价的客观性　为了保证评价的客观性，危机事件管理评价小组成员应由组织内外相关人员构成。组织内成员主要由一些危机事件响应人员和危机事件恢复人员构成，因为他们对危机事件管理情况有深刻了解，能够结合实际评价，但基于利益的考虑，他们有可能会趋利避害；组织外成员主要是一些与危机事件无关的非本组织的专家，因为作为无利益关系的局外人，他们不会受组织既定的观念影响，容易客观地看待问题、客观地评价危机事件管理，但也需注意有时候局外专家提的意见和建议可能偏离现实。对此，应加强组织内外的相互协作，取长补短。

（二）危机事件管理评价的内容

危机事件管理评价涉及危机事件管理过程的每个环节，包括危机事件预警管理、危机事件响应管理和危机事件恢复管理三个方面，各方面需要评价的内容如下所示。

1. 危机事件预警管理　危机事件产生的原因，如何避免；能否快速识别出危机事件，如何加强；措施是否合理有效，如何改进；否达到了预警管理的目的，如何总结经验教训等。

2. 危机事件响应管理　响应是否迅速，如何改进；是否出现不应有的危机事件蔓延或连锁反应，如何避免；是否出现不应有的损失，如何避免；危机事件中资源配置是否合理，如何优化；后勤保障是否得力，如何改进；危机事件响应重要性排序是否合理；信息沟通是否顺畅有效；是否进行人员管理等。

3. 危机事件恢复管理　信息收集是否全面、沟通是否顺畅，如何改进；危机事件恢复小组成员组成是否合理，如何改进其运作；危机事件恢复的目的是否制定合理；危机事件恢复对象是否全面、其重要性排序是否科学；对于人的恢复是否有效、如何改进等。

（三）危机事件管理评价结果的应用

将危机事件管理评价的结果应用于组织的危机事件管理实践，能丰富组织危机事件管理的知识储备，加强组织的危机事件意识，提高组织的危机事件管理能力、危机事件预防能力及危机事件响应和恢复能力。危机事件管理评价结果的应用主要表现在以下几方面。

1. 用评价结果教育和培训组织的全体成员，使他们提高危机事件意识，提高其危机事件预防和危机事件处理的技能和知识。

2. 将评价结果作为组织知识的一部分，为组织和全体成员所共享。

3. 改进危机事件响应和恢复计划，使计划对危机事件响应和恢复有更强的指导作用。

4. 对组织结构、组织文化、运行机制、人员配置、管理方法等进行改革，使组织具有更强的危机事件预防和危机事件处理能力。

5. 对危机事件预警系统进行更新和调整，加强危机事件预警能力。

6. 改进组织的资源储备和后勤保障工作，使危机事件处理可以得到更好的资源供应。

7. 改进危机事件管理的组织结构设置，增强组织信息收集能力。

8. 根据评价结果改进危机事件预防和控制措施。

9. 改进组织的形象和媒体管理工作。

第四节　危机中形象管理与媒体管理

危机发生后，组织形象会受到不同程度的损害，管理者在危机反应和恢复中要注意组织形象的恢复和重建，加强形象管理和媒体管理。

一、危机中的形象管理

（一）形象管理概述

形象本指一个人的面貌、性格等总体特征。人要树立自己的良好形象，在与别人交往的过程中要把这种良好的形象印入别人脑海，以尽量得到别人的认可和赞同。同样，一个组织也是如此，组织形象作为一个社会组织的感性面貌，是组织自身不可分割的组成部分，又是组织精神理念的外在表现，是组织精神理念各种感性显现的有机整合体。

形象管理（image management）是组织的公关人员通过信息的有效传播和关系的协调，积极引导社会舆论，使组织令公众认可并接受组织的经营理念、方针政策和各种感性行为，从而在公众面前树立良好的组织形象，提高组织的知名度和美誉度，以获得公众好评的过程。形象管理在正常时期和危机时期侧重点不同，一般在组织正常运作情况下，形象管理被界定为组织内部文化的认同和沟通，组织外部一切社会关系的协调和处理，而在危机爆发后，形象管理重在维护组织的形象，以减少组织的利益损失。

（二）形象管理的基本程序

形象管理的基本程序是：确认问题，解决问题，重新审视结果。

1. 确认问题　危机管理中首先要明确组织面临的最直接问题，避免使焦点由具体问题转移到组织本身上来。

2. 解决问题　一旦情况得到了确认，就要提出解决方案。大多数方案都倾向于重新评估形势以消除问题、抑制问题、解决问题。组织管理者要分清这些解决方案与哪些风险减除方案相类似，作出适当选择并执行方案。

3. 重新审视结果　组织管理者要努力抓住使危机朝积极方向转变的机会。通过使用SWOT管理分析工具，组织管理者可以辨别哪些危机带来明显的威胁，并确认哪些劣势可能暴露出来，从而确定哪些劣势和威胁可以转化为机会甚至是优势。

4. 强调积极因素和解决方案　管理者应强调情景的积极因素以及组织的危机解决方案，将人们的注意力引导到积极方面上来，明确组织有没有损失或损失了什么，正在做什么，已经做了什么，以及该如何做才能消除或减轻危机或危机的长期影响。

5．通知利益相关者 那些依靠组织生存、生活的人们（包括组织成员在内）和以某种方式与组织有利益联系的组织，是危机事件的利益相关者，将及时准确的信息通知给他们可以抵消其不信任、投机或恐慌心理。信息发布应当清楚，并尽可能地诚实，直截了当，必要时与利益相关者团体的人员进行单独沟通，以使他们感到自己对组织的重要性。危机中，组织中的高级成员应与利益相关者团体的大多数重要成员保持联系。

（三）危机管理中重塑组织形象的策略

1．培养组织公关理念，强化形象管理意识 塑造组织形象是组织公关的目的。公关意识作为一种深层次的思想，引导着一切公共关系行为，这种公关意识主要体现在塑造和维护组织形象的自觉性上，组织的工作人员在面对外部公众的过程中要谨言慎行，以良好的个人形象反映良好的组织形象，在与媒体打交道的过程中，要树立公共传播主体的意识，为整体的组织公关活动提供必要的支持。只有具备了这种公关意识，才能真正地做好组织的公关工作，以达到塑造组织形象的目的。

2．及时公开信息，畅通沟通渠道 组织危机关系到公众的利益安全，所以组织应主动公开信息。首先，要做到时间第一，争取舆论主动权。要争取最快、最新信息的发布，对公共危机有目的地选择信息源和信息传播渠道，有效地控制新闻传播的导向性。其次，要言行一致，确立信息沟通的可信度和权威性。组织危机应对小组必须掌握指导性原则，发挥媒体的信息传输和舆论导向功能，稳定民众心理。最后，要明确危机新闻发言人及规范的信息发表渠道。危机形势的发展进程是个动态的、变化的过程，管理主体不可能掌握和控制所有的事态发展信息。因此，组织要就危机事件设置新闻发言人，不断向社会公众和新闻媒体说明公共危机发展的状况，唤起社会对危机管理行为的支持。

3．维护组织整体形象，重点处理危机焦点 任何公共危机事件都有一个牵动全局的主要矛盾，而主要矛盾的焦点就是事件的关键点。因此，在组织形象管理中，管理者在整体维护的基础上，应把主要工作放在抓关键问题上，从而掌控整个事件的主动权。其中，管理者要全面地认识事件的各种现象，潜心分析和认识各种现象之间和现象背后的因果联系，并在把握各种复杂关系的基础上，通过过滤、比较和筛选，认准制约整个事件的根本矛盾，从而找到控制整个危机事件的总闸门，有效地解决危机，维护组织形象。

二、危机中的媒体管理

媒体是组织与外界进行沟通的重要媒介。媒体对组织的危机管理的最终成效具有重要影响，它既能够成为帮助组织进行危机管理的有力武器，也可以成为妨碍组织进行危机管理的定时炸弹。正确对待媒体，充分利用媒体，发挥媒体的积极作用，规避其消极面，是危机管理中一项重要的工作。

（一）媒体与媒体管理

媒体（media）即传播信息的媒介，通俗地说就是宣传的平台。媒体是由信号、声音、文字、图像等不同的表现形式构成的，媒体的内容应该根据国家相关规定，按照市场的需求不断更新，确保其完整性、准确性和有效性。

媒体管理主要是指在面对突发事件或危机时，组织研究如何有效地对媒体资源进行计划、组织、协调和适当控制，以发挥媒体对危机管理的最大效用，从而促进危机事件解决的过程。

当今的媒体主要分为两大类：一类是传统媒体，另一类是新媒体。传统媒体以大众传播方式进行信息的传递，主要包括报刊、广播及电视三种，通常传统媒体又被称作"平面媒体"。新媒体是在新技术支撑下出现的媒体形态，主要包括数字杂志、数字报纸、数字广播、手机短信、移动电视、网络、数字电视、数字电影、触摸媒体等。

西方有这样一种说法："今后的时代,控制世界的国家将不是靠军事,而是靠信息能力。"而信息能力的提升又离不开各大媒体的发展。今后很长时期,各个国家、地区、组织及个人都将在传统媒体和新媒体的作用下寻求发展,然而伴随着市场化的运作,传统媒体与新媒体之间、媒体与媒体之间的竞争将日趋激烈。

在西方的危机管理研究中,媒体管理被认为是危机管理的一个核心部分,并以"危机传播"概念展开研究。著名学者罗伯特·希斯认为:"媒体管理是进行危机管理的基本要素。成功的媒体管理可以弱化公众及媒体对危机管理中暴露的失误的消极印象,从而排除压力集团的困扰,抑制消费下滑,防止股价下跌。"

我国亦有学者认为:"出于对媒介公关重要性的考虑,我国组织应将媒介公关与沟通纳入危机管理计划的内容中,并提前准备相关媒介及其联系人、联系方式的清单。把媒介排除在危机管理之外,不善于利用媒介解决危机事件,是徒劳和不明智的。"

(二) 媒体在危机管理中的作用

在危机管理中,各种媒体必然会不同程度介入,媒体监督作用不容忽视,而媒体在危机管理中的作用又具有双重性,即积极作用和消极作用。

1. 媒体在危机管理中的积极作用

(1) 帮助危机管理者传递信息:危机发生时,组织在危机管理中要考虑媒体具有为其免费传递信息的可能性。危机中,如果媒体传递的信息是危机管理者所希望传递的信息,那么,对于危机管理者来说,信息传递就是免费的。充分利用好媒体将自己愿意传递的,同时是媒体感兴趣的信息传递出去,这样既节约成本,又达到了自己的目的。危机管理中通过媒体传递信息可以减少信息的失真,从而避免谣言的产生或终止谣言的传播。媒体信息的易得性有时会在危机管理中发挥重要的作用。当危机造成了组织内部沟通的中断或不顺畅时,媒体还可能成为组织与其成员沟通的重要途径。

(2) 协助危机管理者进行危机预防、反应和恢复:媒体通过回放过去的危机情景或者报道世界其他地方的危机事件,使人们对本地区或本组织的危机保持警惕性,从而达到协助危机管理者做好危机预防工作的效果。媒体还可以通过报道处理危机的经验和教训,教育大众如何进行危机预防,并使人们认识到危机预防的必要性。

危机管理者有时需要在媒体的帮助下对危机作出反应。如果危机的潜在受害者是公众,就需要通过媒体向公众说明如何对危机作出反应,以避免或减少危机可能带来的伤害。比如,在新冠疫情防治过程中,我国公众在媒体的科普宣传下,自觉配合疫情防控,完成疫苗接种和核酸筛查,在应对公共卫生危机事件中发挥了积极作用。

(3) 提高组织的形象:如果媒体报道的内容反映了危机处理的积极因素和解决方案,可以提高组织的形象,使利益相关者或公众感到组织的危机预防和处理能力很强,增强他们对组织的信心,同时提高组织在他们心目中的形象。反之,组织采取隐瞒、欺骗、逃避责任等不负责的态度,会使利益相关者失望,损坏组织的形象。

(4) 为危机管理者提供外脑:一场危机发生时,媒体除了报道危机事件外,还会请一些专家或学者对危机事件发表评论,就危机的产生原因、产生过程、目前的状态和危机管理过程中的失误、成功之处发表专家或学者个人的看法,并对进一步处理危机提出建议。媒体还可能就危机事件采访社会公众和利益相关者,公众和利益相关者会从各自的角度表达对危机事件的看法,并提出个人的建议。媒体的这种行为实际上为危机管理提供了免费的专家咨询,还提供了了解社会公众和利益相关者对危机所持心态的信息途径,从而帮助组织采取相应的措施。

(5) 为危机管理者提供社会支持:媒体通过激发人们的同情心和使人们意识到危机的潜在威胁,可以帮助危机管理者取得社会支持。媒体通过对危机的报道,将危机受害者所受到的伤害和痛苦向公众展示出来,博得众人的同情,使受害者获得帮助。另外,危机的影响可能会波及其他的公众,这些潜在的受害者通过媒体的报道意识到其所受到的威胁,进而支持危机管理工作。

2.媒体对危机管理的消极作用

(1)媒体可能成为危机的制造者:媒体的信息是广泛传播的,从某种程度上说,媒体左右着公众对组织的印象。媒体在信息发布上的垄断优势使媒体可能成为危机的制造者,并使组织面临危机。媒体能影响公众对组织的产品或服务的偏好,组织资源供给的减少和对产品或服务偏好的降低就可能导致组织的危机。当然如果媒体的信息传播使组织的利益受到了非法的侵害,组织可以通过法律途径维护自己的合法权益,这样媒体与组织之间就发生了危机,也就是说,媒体制造危机的同时也使自己卷入了一场危机。

(2)媒体可能是危机的促进者:媒体在信息传播方面的优势使媒体能将信息向大众传播,这样媒体就具有将信息放大的作用。媒体对信息的放大作用会促进危机的爆发,危机管理者可能无法控制事态。媒体还可以促进危机的深化,危机发生后,媒体得到对组织不利信息的可能性增大,媒体对组织不利信息进行报道的可能性就会增加,媒体对已经陷入危机的组织进行不利的报道,无疑会促进危机的深化。

(3)媒体可能是危机管理的妨碍者:如果危机管理者为危机的预防或反应付出了巨大的努力,但由于与媒体沟通的障碍,媒体对危机管理工作还横加指责,或进行了失实的报道,这种对危机管理者的负面激励效应会影响到危机管理者的积极性,妨碍危机管理工作的展开。

(三)危机中的媒体管理措施

危机管理中,新闻媒体的作用越来越大。有时危机的恶化在很大程度上来自媒体的推波助澜,所以做好与媒体的沟通显得尤为重要。

1.要从战略的高度进行媒体管理　当今社会的信息传递主要是通过媒体来进行的,媒体对组织的了解是在媒体与组织的各个部门或组织成员接触的过程中实现的,媒体管理需要各部门的协调配合才能有效地进行。因此,组织应从战略的高度重视媒体管理,即以组织战略目标为指导,制定媒体管理目标,在目标导向下,制订、执行和监控具体媒体管理计划。

2.组织内建立媒体管理的职能机构　媒体是组织向外传递信息的重要途径,组织内应有一个或几个部门负责与媒体的沟通。媒体管理机构主要发挥对内筛选信息、对外进行沟通以及内外协调三大职能。

3.与媒体保持经常性密切联系　如果组织与媒体平时信息交流密切,那么当组织发生危机时,组织与媒体沟通就会顺畅,媒体报道危机就会比较客观,甚至媒体会与组织一起攻克危机,维护组织形象。而组织要与媒体建立良好的关系,首先,要主动地与媒体联系,为媒体提供新闻素材,满足媒体的需求;同时,通过媒体向公众传递对组织有利的,也是组织希望向公众传递的信息;其次,要坦诚相待,建立组织与媒体之间的信任关系。

4.危机中控制媒体活动范围　媒体有可能成为危机管理的妨碍者,这就需要控制媒体的活动范围。如果对媒体的活动范围不加以限制,媒体就可能获得组织不愿向外界传递的信息,这些信息的公开会导致危机的扩大或危机难以控制,使危机管理工作更加被动。危机管理者可以通过确定媒体能够进入和不能进入的领域来控制媒体活动的范围。但同时,危机管理者不可能仅仅通过控制媒体活动的范围就成功地达到控制媒体报道内容的目的,因为媒体如果得不到想要的信息,还是会想方设法冲破危机管理者的限制范围。因此危机管理者还要提供媒体想要的信息,满足媒体的需求,以实现控制媒体活动范围和信息内容的目的。

与媒体保持联络的方式有现场访谈、随机或秘密的采访、当面采访、新闻发布会和媒体会议等,对这些不同联络方式,危机管理者要有意识地加以控制。

5.注重媒体管理者和新闻发言人的挑选与培训　为保证对外言论的一致性,组织最好指定媒体管理者和新闻发言人。其人选的确定要考虑以下几个方面:对媒体的运作有较好的了解;有较强的应变能力和自我控制能力;口齿清楚、语言发音准确,最好是懂得多种语言(包括方言和外语); 有丰富的工作经验。

媒体管理者和新闻发言人人选确定后, 要对其进行相关的培训, 要让他们了解组织的情况, 还要对他们的媒体管理技能进行培训。

6. 媒体管理中要使用一些技巧 在媒体管理中, 往往要使用一些技巧, 主要有: 在接受媒体采访时, 要在 10~30s 的时间内简短明了地阐明重要的立场; 接受采访时, 要表现得坦率和诚实, 要谈论具体的"事实"而非想当然的看法; 对问题保持冷静, 以个人而不是以代言人的身份发言, 避免情绪化; 不要说"无可奉告"来维护组织的形象; 不要主观臆测; 不要传递不真实的信息; 不要责怪他人或其他组织; 不要和媒体发生冲突等。

7. 重视网络媒体 网络媒体是近些年迅速发展的一种媒体, 它已经成为人们社会生活的组成部分, 它作为一种新的沟通方式, 在人们信息沟通中的作用越来越大, 组织要充分重视网络媒体在危机管理中的作用。网络媒体有其独特的特点: 一是网络媒体传递的信息更加深入、细微; 二是网络媒体受到的法规约束比传统媒体要少; 三是网络媒体信息直接在网上发布, 传播的速度更快; 四是网络媒体信息传播的范围更广。网络媒体的这些特点说明组织的微小信息可能被放大, 并迅速地向世界各地传递, 这就使危机管理面临新的挑战。

本章小结

危机是由内外部矛盾长期累积引起的一种对组织目标达成、长远发展甚至现时生存具有严重威胁性的, 其发展方向具有不确定性, 需要组织在有限时间内作出关键决策的突发情境或事件。危机具有突发性、复杂性、威胁性、不确定性、紧迫性、双重性及传播性的特点。危机事件与任何一个生命一样, 也有一个孕育、发生、发展、高潮和回落的周期性变化过程, 可划分为不同阶段, 每个阶段具有不同生命特征。

危机管理是指为预防、避免或降低危机的威胁和可能造成的损失, 根据内外环境的变化和危机发生、发展、变化的规律, 针对危机管理各个阶段的特点, 组织所采取的长期性规划、可行的管理措施与应对策略。危机管理主要有不确定性、应急性和预防性三大特点。作为管理特殊形态的危机管理, 一般要遵循七项基本原则, 即制度化原则、预防第一原则、及时性原则、信息应用原则、优先原则、全员参与原则及全面性原则。危机管理模型包括奥古斯丁的六阶段模型、罗伯特·希斯4R危机管理模型和罗森塔尔等人构建的PPRR危机管理模型。

危机事件管理包括危机事件预警管理、危机事件响应管理、危机事件恢复管理、危机事件管理评价。组织在进行危机管理的过程中要注意加强形象管理和媒体管理。

(韩雪梅)

思考题

1. 危机的基本特征有哪些?
2. 危机管理的原则是什么?
3. 简述危机管理六阶段模型和4R模型的步骤和内容。
4. 在危机事件预警管理阶段, 如何作出有效反应?
5. 简述危机事件恢复管理的内容。
6. 简述媒体在危机管理中的作用。

第二十章　创 新 管 理

在本章中,我们将学习和了解创新、创新管理的定义、创新管理的意义、创新管理的内容、互联网时代的创新管理和负责任创新,以获得对创新管理的初步认识。随着移动网络、大数据、物联网、区块链等技术和方法的广泛应用、人力资源素质的提高以及市场环境质的改变,组织内、外部环境动态性特征越来越明显,管理环境、对象、职责发生着巨大的变化。组织过去曾经赖以成功的技术手段、管理模式和管理方式也必然要进行相应改革,创新已成为21世纪管理的主旋律。成功的创新能够带来较高的回报,能够使人们的生活变得更加美好。但是创新活动也面临巨大的风险和不确定性,同时创新也有可能会导致负面的外部效应,所以需要对创新进行有效的管理,提高创新成功的可能性,最大限度降低其不良影响,使其更好地服务人类。

第一节　创新管理概述

要做好创新管理工作,首先必须正确理解与把握创新的概念、特征和类型等内容,这是有效进行创新管理的前提和关键。

一、创新的定义与特征

(一)创新的定义

创新的概念是美籍奥地利人、哈佛大学教授约瑟夫·熊彼特1912年在其著作《经济发展理论》中首次使用的,他认为创新是指"企业家对于生产要素的重新组合",创新是建立一种新的生产函数,实现生产要素和生产手段的"新组合"。

熊彼特将创新概括为以下五种形式:①引入新的产品,即消费者还不熟悉的产品或者已有产品的新特性;②采用新的生产方法;③开辟新的市场;④开拓并利用新的原材料或半成品作为供给来源;⑤采用新的组织方法。从熊彼特的创新理论可以看出,他的研究虽然是从技术变革(技术进步)对资本主义社会经济发展的影响出发的,但他所界定的创新概念已大大超出了技术创新的范畴,将制度创新和管理创新都纳入其中。自从熊彼特提出"创新"概念以来,人们对创新赋予了各种各样的定义。早期的定义大多数从"技术"的角度对创新进行界定,强调创新是从技术着手,对产品或工艺进行改进或变革,从而创造出新的价值。后来的学者们逐渐意识到,创新不仅局限在技术层面,"任何改变现存物质财富,创造潜力的方式都可以称作创新,创新是创造一种资源"。著名的管理大师德鲁克认为,创新是"使人力和物质资源拥有新的更大的物质生产能力的活动"。

有许多与创新相似的概念,如发明创造、创造力和变革等。发明创造与创新相比,强调创造出与已有产品原型或已有方法完全不同或有很大改进的新产品或新方法,是一种科技行为,而创新强调利用发明创造的原理产出需要的产品或服务,是一种经济行为。创造力主要用来描述员工个人的活动,而创新更多用来描述组织对新方法和新技术的引入和实施。创造力在经济活动中是输入,而创新是成功的输出。创新和变革的相同之处在于动因都是适应组织内外环境变化的需求。创新强调的变化指创造性变化，突出全新的和独特性的改变；变革强调的变化，是为了适应内外环境变化需求所做的改变，并不一定突出是全新的和独特性的改变。

从以上分析看出，创新的特征始终是给经济主体发展的过程、要素、结构、形式等方面带来新变化，并且带来了新的绩效。所以，创新（innovation）是指形成创造性思想并将其转换为有用的产品、服务或作业方法等的过程。广义上来说，一切创造新的商业价值或社会价值的活动都可以被称为创新。

（二）创新的特征

1.风险性 首先，创新的全过程需要大量的投入，这种投入能否获得价值补偿，受到来自技术、市场、制度、社会和政治等不确定因素的影响。其次，竞争过程的信息不对称，创新者并不知道其他人正在从事哪些创新活动，可能出现竞争对手抢占先机，使创新者花费巨资进行的创新最终被证明是毫无价值的情况。最后，创新作为一个决策过程，无法预见未来的环境变化情况，不可避免地带有风险性。

2.高收益性 在经济活动中，高收益往往与高风险并存。尽管创新活动的成功率较低，但成功后可以获得的收益却很丰厚，这促使各类组织不断地进行创新。正是由于创新具有高回报率，同时又具有高风险性，世界上许多国家才相继建立了风险投资公司，向创新者提供风险性贷款，以便促进创新。

3.创造性 创造性是指创新所进行的活动与其他活动相比，具有质的突破性提高。创新既然是新技术、新组合、新模式应用于组织活动的一个过程，它就必须具有创造性。首先表现在新产品、新服务、新工艺上；其次表现在组织结构、制度安排、管理方式等方面的创新上。创新具有创造性，就是指敢于打破常规，在把握规律的同时能紧紧抓住时代进步的趋势，勇于探索新道路。

4.综合性 创新是一项综合性的活动，往往涉及发展战略、市场调查、预测、决策、研发、设计、生产流程、管理、市场开拓、营销策划等一系列过程。只有各个环节、各项活动能够有序展开，有机衔接，才能取得创新的成果。

5.适用性 创新是为了进步与发展，只有那些真正促使组织进步与发展的创新，才能称得上是具有实际意义的创新。不同的组织，由于其基础条件、历史背景、所处环境、经营战略不同，需要解决的问题和达到目的也不同。因此，不同组织所采用的创新方式也会有所区别，创新要满足本组织的适用性需求。

6.动态性 创新能力的形成和提高需要组织、制度、管理、信息、资金等诸多支撑条件。随着创新活动的进行，组织结构和文化、制度安排和信息网络都要不断地进行动态调整，进而促进创新效率的提高。同时，这种动态调整又产生反馈作用，直接影响到创新活动的进行方式。

二、创新的分类

（一）按创新的程度分类

按创新的程度分类，可将创新分为突破性创新和渐进性创新。

1.突破性创新 突破性创新是指在技术、市场、模式等方面都有重大突破的创新。如万维网的发展带来了计算机产业的革命、基因工程（生物技术）的发展带来了疾病治疗的革命等都属于突破性创新。突破性创新需要全新的理念、大量的资金投入和相当长的周期才能够实现，而且失败的风险也比较高。突破性创新可以推动整个产业，甚至是整个社会向前跨越式发展。

2.渐进性创新 渐进性创新是指通过进行局部性改进所引起的渐进的、连续的创新。渐进性创新每次改变能够给组织带来的收益并不大，但其累积效果却可以超过原始创新。与突破性创新相比，渐进性创新所需要的投入较少，创新周期短、风险也小。但是渐进性创新只能维持现有产品，一旦竞争对手实现突破性创新，那么就可能完全丧失主动地位。

（二）按照创新内容分类

按照创新内容分类，可分为产品创新、流程创新、服务创新和商业模式创新。

1. 产品创新 产品创新是指对产品的原理、结构、用途、性能、原材料等方面进行的创新。广义的产品包括服务，所以产品创新也包括服务创新，创新也是服务业赖以生存和发展的关键。但产品创新存在着高风险，当产品首次推进市场，如果市场不接受，或者需求不足，就可能导致创新失败。另一方面，如果跟随者模仿，并且致力于对产品进行改进和完善，跟随者可能反而可以获得后发优势。

2. 流程创新 流程创新是指技术活动或生产活动中的操作程序、方式方法和规则体系的创新，以期获得成本、质量、周期、响应速度等方面的优势。流程创新的目的是提高产品或服务质量、降低生产成本、提高生产效率等。与产品创新的高风险相比，流程创新的风险相对较小，相应地，流程创新带来的收益也会比产品创新少。而且流程创新和产品创新往往很难完全分离，多数情况下，两者是交替出现的。

3. 服务创新 服务创新是组织为了提高服务质量、提升服务效率、创造新的商业、社会价值而对服务系统进行的创造性活动。现代经济发展的一个显著特征就是服务业迅猛发展，发达国家的服务业产值占 GDP 比重已经达到了 60%～80%。尤其是伴随知识经济时代的到来，知识密集型服务业发展迅速，主要集中在金融、信息、商务服务、教育和医疗五类服务行业中。同时服务创新不仅仅是服务业的专利，服务化已经成为世界制造业发展的主要趋势，在工业产品附加值构成中，制造环节产生的价值占比越来越低，与之相连的服务产生的价值占比越来越高。

4. 商业（服务）模式创新 商业（服务）模式创新是指变革行业内价值创造的方式，从而为组织开拓新的市场，为顾客提供更多的价值。大众熟悉的网购零售平台相对于实体店来说，就是典型的商业模式创新。近几年互联网医院的兴起与迅速发展，在疾病诊疗、优势医疗资源共享、健康管理、处方药网售等方面改变了以往卫生服务的提供模式。这种创新模式也是最容易模仿的，必须要考虑如何设置进入壁垒来防止出现太多的模仿者。

（三）其他创新分类

1. 社会创新 自 1986 年管理学大师德鲁克提出"社会创新"（social innovation）的概念以来，社会创新日益受到关注和重视。社会创新的概念提出源自备受关注的商业创新使整个社会的财富持续增加，全体人类的福祉也随之增长，然而一直困扰人类的贫困、疾病、环境危机等问题并没有随着财富增加而相应减少或减轻，在某些区域甚至有加剧趋势。需要针对某个社会问题提出新颖的解决办法，能够比现有方法更加有效、效率更高、更可持续或更加公正，同时所创造的价值为整个社会带来利益。这种不以商业盈利为主要目的，而是通过创新的方式和手段来解决社会问题、改善社会公共福利的创新称为社会创新。

广义的社会创新包括政府社会创新、企业社会创新和公民社会创新。政府社会创新是指由政府公共政策和施政措施主导和引领的社会创新。中国政府高度重视社会创新，政策创新层出不穷。企业社会创新是指由企业运用生产、营销、人力、财务和研发等运营资源，通过创新模式，协助解决问题的创新。公民社会创新是指由公益组织和热心公益的公民个人在社会公共领域从事和实践社会创新活动。

2. 朴素创新 朴素创新的理念源于 20 世纪 50 年代的"适用技术"运动。在这种理念的指导下，学者们批评发达国家将技术直接转移到发展中国家并且大规模生产的行为，认为这会阻碍经济的可持续发展，应该依据客观需求与地区经济与环境条件下开发适合的产品。

普拉哈拉德在 *The Fortune at the Bottom of Pyramid* 一文中根据消费者年消费额的不同，将全球的消费市场化为一个金字塔结构，金字塔底端的 40 多亿消费者，收入水平不足以支撑消费发达市场上的产品，朴素式创新解决的正是这部分消费者的需求。同时朴素式创新生产的是兼具质量、功能与价格优势的产品。朴素式创新寻求减少不必要成本和不必要的产品设计，是对产品和开发重新设计的过程，不仅仅是对发达市场上产品进行简单的改造。总之，朴素式创新的核心是简化，是降低产品创新过程中输入成本与输出成本的过程，需要整合生产、质量、分销、服务、功能和适合性等产品创新基本要素。

三、创新管理的内涵及意义

（一）创新管理的内涵

创新管理（innovation management）是以创新活动为管理对象，通过计划、组织、领导、控制等管理职能，确保整个组织创新活动得以实现的过程。

经常与创新管理混淆的一个概念是管理创新，管理创新是创新活动的一种，是指为了更有效地运用资源以实现目标而进行的创新活动或过程，是组织中其他各类创新的基础。管理创新包括管理观念创新、管理手段创新和管理技巧创新。管理手段创新又包括组织创新、制度创新和管理方法创新。所以从本质上讲，管理创新是发生在管理领域的创新活动。

可以从以下几个方面理解创新管理：创新管理的对象是创新活动的全过程，通过对创新整个过程的管理，促使创新活动顺利实施；创新管理的目的在于对组织的创新活动与行为进行有效管理，确保创新活动在正确轨道进行；创新管理可以通过创新战略制定、创新组织、创新领导和激励以及创新的评价和控制来实现。

（二）创新管理的意义

1. 有助于降低创新风险，提高创新成功可能性 尽管成功的创新能带来高额回报，但创新也面临着巨大的不确定性和风险。很多创新思想不一定能最终转变成新产品，一些行业的创新成功率很低。以新药开发为例，在 3 000 个初始的创新思想中，往往仅有 1 个能够在商业上获得成功。而且新药从开始研制到上市耗资巨大，往往要经过 12 年甚至更长的时间。创新的过程充满了风险和不确定性，涉及来自组织内外的众多因素，如技术因素、市场因素、社会因素和政策因素等，创新的结果通常是成功与失败共存。有效的创新管理能够使创新获得成功的可能性更大。

2. 有助于控制创新可能导致的负面效应，让创新更好服务人类 创新对社会发展的影响具有两面性。一方面，创新是人类社会发展的内在要素，每一次重大的创新都伴随着科学技术的重大突破。近代以来，人们通过积极推进能源、材料、信息、生命、空间和海洋等领域的技术创新，从而促使社会形态由农业社会向工业社会以及由工业社会向信息社会的转型。高铁、飞机的出现使人们的出行更加快捷，智能手机的出现改变了人们的思维和生活方式，疾病治疗技术和新药物的出现大大提高了人们的健康水平。总之，创新使大量新型产品和服务延伸到全球每一个角落，全方位地惠及更多大众。另一方面，创新也会导致负面的外部效应。例如，工业生产技术可能导致污染，农业和渔业技术可能导致生态环境恶化，药品可能导致抗药性，基因技术可能会带来伦理道德问题，智能手机的过度使用导致颈椎病、视觉疲劳等问题。通过对创新进行有效管理，能最大限度降低其不良影响，从而使其更好地服务人类。

3. 有助于组织跨越创新阻碍，充分挖掘创新资源，提高组织竞争力 组织的发展越来越依赖于创新，但是组织发展中存在诸多创新障碍。从组织层面来说，首先的障碍是缺乏来自高层的支持。在创新过程中，如果没有一定的资源作保障，缺乏对创新的投入和支持，创新活动就很难开展。其次是僵化的组织结构与官僚主义。层次过多、办事刻板、缺乏活力、部门本位主义、官僚主义盛行的组织结构，会使组织创新能力的发挥受到制约，阻碍创新。从个体层面来说，创新障碍表现在感性障碍、情感障碍、文化和环境障碍和知识障碍四个方面。感性障碍表现在人的所观所感通常会产生偏差，从而影响觉察问题本身和解决问题所需的信息，束缚头脑的想象力，造成创新思维能力的下降。情感障碍体现在从众心理和过分追求秩序感，这与创新思维需要的新颖不同，会阻碍创新。文化和环境障碍表现在文化禁忌和独断的环境，文化禁忌越多，思维越受限制,环境越独断,自我指导和发现能力就越弱,很难培养创新思维。有效的创新管理,有助于挖掘组织的知识、技术、管理等无形资产,着眼于在整个组织乃至外部知识资源的充分利用,能够克服以上障碍因素,提高组织的竞争优势。

4.有助于转变发展方式、调整经济结构　转变发展方式、调整经济结构是目前中国经济发展的核心要务,实现此目标关键在于发挥科技在经济发展中的支撑和引领作用。建设创新型组织,有利于提高组织的竞争力,以组织创新发展推动产业技术进步。有效的创新管理让优势组织率先实现创新发展,带头克服发展瓶颈,带动战略性新型发展产业,实现产业结构优化升级,最终实现整个国民经济发展的创新驱动和结构调整。

5.有助于实现中华民族的振兴　当前国际竞争十分激烈,创新已经成为民族振兴、国家富强的最为关键的因素。中华民族自古以来就是一个富有创新精神的民族,四大发明给中国乃至世界人民带来了福祉。近代以来,由于遭到了帝国主义列强的侵略和蹂躏,我国的经济发展水平和社会进步的步伐与发达国家形成了差距。但是改革开放以后,中国依靠不断创新,形成了独具特色的"中国发展模式",在政治、经济、科技、国防等领域取得了长足的进步,中国空间站的建设、高铁的飞速发展、5G 技术等都是中国科技领域不断创新的有力证明。"中国梦"的提出,更大地激发了整个中华民族的创新意识。有效的创新管理,能提高我国各领域的创新能力和水平,最终实现中华民族伟大复兴的中国梦。

第二节　创新的有效管理

为了实现创新的有效管理,克服创新障碍,实现目标,需要从创新战略、创新过程、创新组织、创新资源、创新文化和制度等方面进行精心的设计与协同。

一、创新战略管理

创新需要组织的战略引导。中国企业自主创新不足与组织自身战略管理能力的薄弱有很大的关联。组织的自主创新,就需要突破组织的传统发展模式,实现从基于引进与简单制造的经营方式的转型,向整合国外新兴、突破性科学技术和各类资源,创造更高附加值、更环保的产品或服务的方向迈进。

(一)组织战略与创新战略的匹配

组织战略是组织为了实现其目标而制订的长期行动计划。组织实施创新战略时,必须考虑什么是可能做到的和什么是值得做的。创新战略服从于组织整体战略,需要与组织整体战略保持一致,是整体战略的关键组成部分。创新战略同时对组织整体战略有能动作用。创新战略包含在组织实现其整体战略目标的过程中,包括在获取、开发和利用创新资源与能力方面作出的战略选择与行动。组织需要制定与其长期目标相匹配的创新战略,使其能自觉地通过创新实现市场价值和社会价值。

(二)创新战略制定的方法和工具

创新战略的制定方法和工具整合了战略管理与创新管理相关的实用分析方法和工具。常用的方法和工具有:PEST 分析、波特五力分析、SWOT 分析、能力地图、风险评估矩阵、创新地图等。

(三)创新战略的选择

影响组织创新战略选择的因素有很多,可以分为内部因素和外部因素。内部因素包括组织的技术能力、组织能力、现有商业(服务)模式是否成功、资金、高层管理者的愿景;外部因素包括外部网络的能力、产业结构、竞争态势、技术更新的速度等。组织应结合内部因素和外部因素,确定适合的创新战略。

二、创新过程管理

创新过程是最复杂的组织过程,当前对创新过程的认识还处于逐步深化的阶段。创新过程的每一个环节都是在组织行为主体原有的价值观念和行为习惯的基础上,在外部创新环境的影响和约束下进行的。既需要不断迸发的"灵感",又需要有组织的系统管理,而且整个过程中充满了风险与不确定性。要达到创新的目的,就要求组织中各级管理者的积极参与和全体员工的深刻领会。一项好的创新成果的实际应用,需要具体部门根据实际情况进行具体化,也需要全体员工在运用过程中进一步完善。

一项创新从提出到取得效果,一般要经历五个阶段:创新目标的确定阶段、新创意产生阶段、创意筛选阶段、创意实施与修正和评价总结阶段。创新过程的一般程序见图20-1。

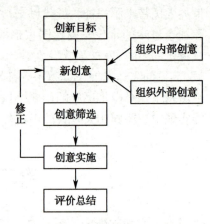

图 20-1　创新过程的一般程序

(一)创新目标的确定

创新的首要环节就是创新目标的确定,创新目标必须与组织目标保持一致,否则创新活动就是盲目的。如果创新活动缺乏明确目标的指引,将会导致管理者盲目求新,为创新而创新,注重个人目标而忽视组织目标,甚至背离组织目标。

(二)新创意的产生

新创意的产生阶段是创新过程的关键环节,能否产生新观念、新思想、新方法等是关系到能否产生创新成果的根本所在。在以"网络化、信息化、知识化"为特征的全球网络时代,组织需要突破传统封闭式的创新模式,进行开放式创新。

有价值的创意可以从组织外部和内部同时获得,其商业化路径可以在组织内部进行,也可从组织外部进行,组织需要把外部创意和外部市场化渠道的作用上升到与封闭式创新模式下内部创意及内部市场化渠道具有同样重要的作用。我国某些公司在研发、资本合作以及市场合作方面,都通过开放式创新获得了竞争优势。

(三)创意的筛选

当来自组织内、外部的创意产生后,还需根据组织的现实状况、资源条件、外部环境状况对创意进行科学的评估和筛选,对其价值、与创新目标一致性以及可行性进行评估,选择最有价值的创意。此环节参与创意评估和筛选的人员十分重要,需具有丰富的管理经验、好的创造性潜能以及敏锐的分析判断能力,避免给组织带来经营风险。

(四)实施与修正

创意的实施与修正是创新过程中极为重要的一个环节,好的创意如果没有具体、适合的操作方法,这一创意最终可能无法成为具有价值、带来战略优势的创新成果,只有通过系统化的管理,才能使观念性的设想变成现实性的成果。当然,还要注意实施的艺术性,否则创新的成效同样会被大大削弱。

(五)评价总结

在新创意实施一段时间之后,创新的领域开始出现新的模式,并日趋稳定,创新效果日益明显。此时,有必要对其创新效果进行论证,并科学总结这一创新成果。创新的评估对于政府部门和组织管理者动态掌握组织自主创新的进展和成果,发现组织创新过程中存在的问题及原因,以便采取有针对性措施,优化组织创新资源的结构和调整创新产出目标与方向,进一步提高组织自主创新效率具有重要的意义。

三、创新组织管理

创新的效率与其组织形式显著相关。在组织创新管理过程中,主要的组织形式可以分为三类:常见的创新组织形式、二元性创新组织形式和外部协同的创新组织形式。

（一）常见的创新组织形式

1. 线性组织形式　由于产品创新活动具有高风险性,这促使组织在产品创新过程中必须始终遵循循序渐进的开发思想。线性组织是早期常见的创新组织形式。线性组织形式一般分为三大阶段:概念开发、实体开发、市场开发。每个阶段又分成不同的环节,不同环节存在着前后相连的逻辑联系,共同组成产品创新活动系统。线性模式具有专业分工明确、过程简单明了的优点。但是随着市场需求变化越来越快,这种线性组织形式的弊端也越发明显,过长的开发周期难以适应产品开发的新需求。

2. 并行和交叉组织形式　并行和交叉组织形式可以打通创新过程中不同环节的前后逻辑关联,各环节可以并行作业,不同的专业人员组成一个多专业开发组协同工作,先进的信息技术还有助于实现异地设计。并行和交叉组织模式的另一个优势体现在,通过信息的多向流动,使不同专业的人员可以密切合作,有助于产生新的思想和概念。这种组织模式对不同环节的沟通和合作要求也大大提高,需要有高度的协作精神,需要一个强有力的管理与协作组织,有一定的管理难度。

3. 小组制组织形式　小组制组织形式的主要特点是涉及创新的主要人员在一个小组内,能更进一步地加强工作沟通和主要人员的责任感,提高创新速度。小组制组织模式需要素质好的项目经理推动设想实现最终价值。这种组织方式可以加快创新速度,能够应付迅速变化的市场,但需要项目经理有足够的权限,小组成员有较强的团队精神。但是在这种组织模式下,难以获得新的专业知识,可能会导致创新后劲不足。

4. 矩阵组织形式　矩阵组织形式一方面可以解决项目进度问题,另一方面可以充分利用专业组的业务优势,可以是一个兼顾知识更新与项目进展速度的完美组织。优秀的创新组织的组织结构应该根据组织自身特点进行及时的动态调整。比如,当创新速度是竞争的关键时,可以考虑将单一的矩阵组织形式转为以小组制组织形式为主,实行强矩阵管理。总之,组织究竟采取哪种创新组织形式应该视组织自身需要及时变革,以形成柔性的创新组织。

（二）二元性创新组织形式

组织二元性的概念最早是由 Duncan 于 1976 年提出的,组织二元性的研究范式已逐渐成为近年来管理研究的新热点。Tushman 和 O'Reilly 在分析结构惰性和文化惰性的基础上,针对已在位大企业如何把握突破性创新,提出了二元性组织（ambidextrous organization）的创新组织形式。二元性组织形式指在面临突破性创新时,组织可以通过二元的组织结构来摆脱困境:一方面继续在组织中运用渐进性创新来稳定发展;另一方面,成立相对独立的突破性技术研发小机构。

该模式强调在组织结构和文化上保持突破性创新和渐进性创新的隔离,使突破性创新组织独立于主流组织,并形成新的文化价值取向。为了避免二元性组织间的冲突与摩擦,一般由受人尊敬的元老级人物负责技术研发小机构,同时与原有组织分离。

（三）外部协同的创新组织形式

随着全球化、网络化和信息化的发展,技术也越来越复杂,不同学科、技术领域之间的交叉融合趋势日益明显,组织的创新活动范围打破了组织边界。比如,合作创新将使组织获得互补性的科学知识和技术,形成技术组合优势和协同效应。拥有丰富技术资源的组织相互合作,共担研究开发成本和创新风险。战略联盟、创新网络（相当于虚拟组织）是组织间合作创新的两种组织形式。1993 年美国经济学家詹姆斯·F. 穆尔从企业生态观视角提出了"商业生态系统"的概念,认为企业应当把自身看成商业生态系统有机体的一部分,企业在必要时应当与相关的网络成员共同制定未来的战略。在商业生态系统的基础上,学者们进一步提出创新生态系统的概念。创新生态系统是一个以组织为主体,大学、科研机构、政府、金融等中介服务机构为系统要素载体的复杂网络结构,通过组织间的网络协作,深入整合人力、技术、信息、资本等创新要素,实现创新因子有效汇聚,为网络中各个主体带来价值创造,实现各个主体的可持续发展。

四、创新资源管理

创新资源包括信息、资金、人才、品牌、知识等一系列有形与无形的资源。创新就是创造性地实现资源的重新整合,组织要不断丰富和扩大创新资源,特别是信息资源和知识资源。对内要充分调动员工参与创新的积极性,逐步实现自主创新的全员参与。在开放式创新体系下,组织获取外部知识的能力变得越来越重要。组织创新资源多元化整合的过程,也应该是组织创新网络建立的过程,创新资源和创新网络相辅相成,共同推动组织创新。

(一)创新的资金管理

创新是需要经费投入的活动。根据国家统计局发布的数据,2021年全社会研究与试验发展(R&D)经费投入保持较快增长。据初步测算,2021年我国R&D经费投入达27 864亿元,按不变价计算,R&D经费增长9.4%。2021年我国R&D经费与GDP之比达到2.44%,已接近经济合作与发展组织(OECD)国家疫情前2.47%的平均水平。

但是在开放式创新体系下,创新过程并不是一个线性过程,而是一个复杂、多部门和多主体密切协作的综合系统。开放式创新体系将吸纳更多的创新要素,不能仅仅靠研发投入来衡量一个组织的创新水平,需要衡量组织的全面创新投入。

成功的创新活动需要组织多个部门所有成员加强沟通和联系,共同为用户解决问题。所以组织内部的创新投入还应包括非研发投入。如新产品的生产性准备投入、新产品试销费和员工的学习费用等。为了避免重复创新或者弥补组织技术方面的不足,组织可以通过购买外部技术或技术并购的方式,可以称之为外部知识投入,具体包括用户参与创新费用、供应商参与费用、种子资金、知识产权的支付经费、技术并购经费等。组织的研发投入、非研发投入和外部知识投入三部分构成组织的全面创新投入,能够更加完整体现组织的创新投入情况。通过对全视角的创新投入进行管理,能够保证创新人才的积极性,保证创新活动的顺利展开。

(二)创新信息与知识管理

1. 创新的信息源 按照麻省理工学院希普尔等人的研究,不同行业和创新种类,创新源有着极其显著的差异,可以分为内部来源和外部来源。内部来源包括组织内部研发部门、营销、生产等其他部门,激发每个员工的创新积极性,开展全员创新模式。外部来源包括商业来源(顾客、供应商、竞争对手、咨询公司等),教育与研究机构(学校、科研机构等),一般信息源(学术会议、期刊、展览会等),以及政府计划的作用等。如用户、领先用户(如某些公司1/3创意来自用户)、政府政策推动(政府鼓励自主创新的政策带来很多本土创新需求等)、人口结构的变化(如人口老龄化、生育政策调整带来的新需求)、跨界新用途(如某公司受兽医和好莱坞化妆师启发发明了低成本抗感染手术膜)。

随着国际经济一体化的发展,任何组织都无法完全从内部得到所需要的所有技术,在"合作之上进行竞争"已成为组织发展的主旋律。在一些技术密集型行业,如制药、电子等,为获得全球竞争优势,跨国公司都争相在国外新建研究所。各跨国公司根据自己的历史、现实条件及发展战略,形成了各具特色的研究开发网络,并以此来获取全球性的创新源。

2. 创新中的信息与知识管理机制 知识管理是组织在知识经济时代构造新的管理机制的指导思想和理念,是组织赢得竞争优势的重要手段和工具。组织要进行有效的知识管理,关键在于建立起一个适合的知识管理体系。许多著名的公司已经建立了自己的知识管理体系,利用"知识资源"来获得竞争优势,巩固其行业领袖地位。

知识管理体系总体上分为知识管理理念和知识管理的软硬件两大部分。其中,知识管理理念分为组织制度和组织文化两个方面。组织制度包括确立组织的知识资产和制定员工激励机制,从而加强管理者对知识管理的重视并鼓励员工积极共享和学习知识。组织文化包括组织共享文化、团队文化和学习文化,帮助员工破除传统独占观念,加强协作和学习。知识管理的硬件对应的是知识管理平台,它是一个支撑组织知识收集、加工、存储、传递和利用的平台,通过因特网、内联网、外联网和知识门户等技术工具将知识和应用有机整合。知识管理软件对应的是知识管理系统,它是一个建立在管理信息系统基础之上的实现知识的获取、存储、共享和应用的综合系统,通过文件管理系统、群件技术、搜索引擎、专家系统和知识库等技术工具,使组织的显性知识和隐性知识得到相互转化。

建立完善的知识管理体系的关键包括以下几点:一是制定知识管理战略,建立知识创新激励机制,塑造知识共享的组织文化氛围;二是设置知识主管专门负责组织知识管理工作,开发知识创新能力;三是与组织业务流程相结合,调整组织知识结构;四是建立组织知识管理系统,管理知识生产、交换、整合和内化;五是对知识管理体系制定评价方法和原则,以期改进。

(三)创新的人力资源管理

提升组织创新能力,人力资源是最重要的资源。

1. 创新人力资源类型　从创新型企业家、创新型人才、创新团队三个层面分析创新人力资源。

(1)创新型企业家:熊彼特认为,企业家不同于资本家,企业家的本质是创新,是有胆识,敢于承担风险,又有实干才能的企业家。企业家精神本质上是企业家在追求自身效用最大化的过程中体现出来的追求成功的强烈欲望,勇于承担风险,开拓创新的行为偏好,以及诚信、敬业的道德品质。创新的主动力来源于企业家精神。

(2)创新型人才:创新型人才指具有创新思维和意识、创新精神、创新能力,能够取得创新成果的人才。一个组织中,应该具有各种创新型人才,要有创新的领导者、创新的支持者和各种创新的专业人才。创新的领导者了解创新的未来价值,不断提出新的创新需求,善于把不同类型的人协调组织起来完成创新工作。创新的支持者是指具有创新精神的内部企业家,更善于推进创造性,适合于传播和推广新思想、新产品和服务,他们是有经验的项目领导人,或是进行过开创性工作的人。创新的专业人才是具有创造性、善于产生新思想的创新人员,喜爱创造性工作,需要加以培养并用特殊方法来管理。

(3)创新型团队:创新型团队是组织为了达到创新目标而设立的,受组织高层管理者支持的,由高素质创新型人才所组成的工作群体。创新型团队的成员由创新思维活跃、个性和才能互补、工作目标高度统一、愿意为创新目标实现而努力工作的人才组成。根据工作需要,创新型团队还可能是由来自不同的工作领域的团队成员组成的跨功能型创新团队。创新型团队通过内部成员的高效协作,产生强烈的创新积极性和凝聚力,对所在团队表现出高度的认同感和忠诚度。与个人独立创新相比,团队创新行为具有高效性和协同性等独特优势。

2. 创新人力资源的激励　在竞争日益激烈的今天,有效的激励成为留住创新人力资源的法宝,要综合考虑他们的性格特征及反映其特征的需求,需要注意以下几点。

(1)搭建施展才华的平台:这个平台由开发项目、资金设备、团队配合、交流论坛等组成。重要的是要让他们通过适度的公平竞争成为开发项目的主持人,相应地也获得其他资源的支配权。此外,还应吸收平台来参与企业发展目标的确定、战略规划的研制、新产品开发的计划研究等重大活动,让平台成员活跃的思维、平台生成的鲜活创意能得到企业的关注。

(2)挑战性适当的工作:组织应有科学、健康的发展愿景,设立重要、前沿性的项目,由创新型人才组建队伍参与研究计划的安排,并对项目的完成质量承担相应的责任。组织的目标不能太低，否则创新型人才会为此情绪低迷；组织的目标也不能太高，否则会使创新型人才产生严重焦虑感。一个组织的负责人必须具有高度爱心和很高的情商，从而不断洞察组织内部创新型人才的内在需求，科学合理地设置与创新型人才潜力110%～130%相当的工作目标。

（3）营造有自由度、包容性强的文化氛围：给予创新型人才一定程度的自由选择权，允许创新型人才自由选择创新领域。大量的事实证明，在新的想法未完全成熟和未被证明有效之前，保持它的神秘性，不让批评者过早了解，能够激发创新。例如，某公司的"不必询问、不必告知"原则，即允许技术人员可以把15%的时间花在他自己选择的项目上。另外，还可以专门为创新型人才量体裁衣，设计有别于普通员工的弹性工作制度，使他们的工作不拘泥于时间和地点。

（4）构建通畅有效的沟通渠道：打破创新型人才与管理层之间的等级障碍，构建平等、通畅、多方式的沟通渠道。例如，经常举行高管与创新型人才共同参加的午餐会、无主题讨论会、户外活动等。畅通而有效的沟通，有利于信息在组织内部充分流动和共享，增加彼此对共同目标的认识、对相互能力的信任和理解，有助于提高创新管理的工作效率。更为重要的是，一个信息资源共享的环境会使人才感到被器重，感到被信任。

（5）给予更多的理解和宽容：创新型人才在创新活动中表现出的一些优秀性格特征，在其他场合可能被认为是缺陷。一个很执着的人在生活中可能被认为固执；竞争意识很强的人会被认为"好出风头"；自信心强的人有时也会被认为傲慢。对待有个性的创新型人才，需要组织管理者能够包容其个性，能耐心听取他们的意见，组织的工作将因此受益。

（6）提供有竞争力的薪酬，打造利益共同体：创新型人才作为组织中最有价值的人力资源，不仅要获得劳动收入，还要分享组织价值创造的成果，要获得人力资本的资本收入。设计薪酬体系时，可突破现有的薪酬机制，制定科学合理的绩效考核与评估机制。可对创新型人才实行年薪制，薪酬与绩效挂钩，提供具有竞争力的薪酬水平。对创新型企业家，报酬形式包括工资、奖金、股权和股票期权等。除货币化激励机制外，可采用树立榜样、带薪休假、资助参加会议等形式多样的精神激励机制，充分调动创新型人才的积极性。一般而言，创新型人才的薪酬水平应略高于同类组织成员的平均水平。

（7）建立声誉激励机制：创新型人才不仅渴望更多的物质利益，还期望得到在行业内的声誉和价值，达到自我实现的目的，强烈的成就欲以及因事业成功而得到的良好的职业声誉、社会荣誉及地位是激励创新型人才尤其是创新型企业家努力工作的重要因素，这种声誉激励机制不仅有助于创新型人才物质利益的实现，还满足了创新型人才在精神上的需求。

五、创新文化设计

创新文化对创新的有效展开具有重要作用。当代创新文化应以企业家精神为核心，追求超前、开拓、变革和卓越的文化。创新文化决定着组织创新的价值导向，创新的规模、水平、重点及方式往往由其价值导向决定。创新文化在保持统一性、协调性的基础上，适当增加个性、宽容失败的内涵，是组织实现不断创新的基础。

（一）创新型文化的特征

一个组织能够成为创新型组织，组织文化扮演着重要的角色。富有创新力的组织，通常具有某种共同的文化，如鼓励试验，赞赏失败，不论成功还是失败都给予奖励等等，充满创新精神的组织文化通常具有如下特征。

（1）接受模棱两可。过于强调目的性和专一性会限制人的创造性。

（2）容忍不切实际。组织不抑制员工对"如果……就……"这样的问题作出不切实际的甚至是愚蠢的回答，往往能带来问题的创造性解决。

（3）外部控制少。组织将规则、条例、政策这类的控制减少到最低限度。

（4）接受风险。组织鼓励员工大胆试验，不用担心可能失败的后果。错误被看作是可供学习的机会。

（5）容忍冲突。组织鼓励不同的意见，个人或单位之间的意志和认同并不意味着能实现很高的经营绩效。

（6）注重结果甚于手段。提出明确的目标以后，个人被鼓励积极探索实现目标的各种可行途径。

（7）强调开放系统。组织时刻监控环境的变化并随时作出快速的反应。

在以上具有创新型特征的文化中，最主要的是在价值层面鼓励冒险和宽容失败。鼓励基于理性的冒险行为，就能够不断地把组织的产品、服务、管理模式和内部结构打破和重构，以适应新的客户需求和内外部环境。同时由于创新是一个高风险行为，创新的执行者往往面临巨大的压力，往往迫于这种压力，许多员工不愿意开始创新行为，无形中扼杀了创新的可能性。当组织的文化容忍创新失败，当组织认为失败是合理时，甚至会奖励失败，可以大大激发员工的创新精神，形成组织独特的核心竞争力。没有尝试，就没有新的作为，而要进行创新，就有犯错误的可能，就有可能面临失败。习近平总书记在 2016 年省部级主要领导干部贯彻党的十八届五中全会精神专题研讨班上讲话时讲到"三个区分开来"，给改革创新者吃了一颗"定心丸"，令他们敢于在工作中探索和尝试。只有营造出宽容失败的氛围，允许在创新中出现失败，才能够激励组织中连续创新行为的产生。

（二）创新型文化的建设

充满创新性的组织文化一般由高层管理者倡导和培育，进而渗透到整个组织。管理者应该努力把组织建设成为具有良好的民主气氛的集体，在组织中允许每个人毫无顾虑地提出自己的新思想，使组织成员之间产生新思想的碰撞，产生不同观念的交叉渗透，从而带来突破和创新。也可利用组织文化对员工行为的约束作用，让组织文化理念引导人的思维。管理者应明确组织的核心价值理念，使得员工无论在什么环境中进行创新，都有一定的原则可以遵循，避免不必要的偏差。

第三节　创新管理的新发展

创新是民族进步的灵魂，是一个国家兴旺发达的不竭源泉，也是中华民族最深沉的民族禀赋。随着知识经济时代的到来，创新的作用越来越大，需要把握创新管理的新趋势，才能更好地开展创新活动。

一、互联网时代的创新管理

创新管理活动总是随着管理实践的变化而发展的，创新管理实践总是在一定背景中进行的。互联网的广泛应用和发展是当前时代的主要特征。网络信息技术的快速发展和广泛应用，为互联网时代的创新管理带来了影响。

（一）互联网思维

互联网思维是将传统的工业的直线思维向互联网圆形思维的范式转移，是在互联网、大数据、云计算等技术不断发展的背景下，重新审视市场、用户、产品、服务、价值链乃至整个社会经济发展的思考方式和思想方法。

1．用户思维　互联网时代要求组织产品、服务及商业（服务）模式的设计都应以用户为导向，需要深度挖掘用户的需求，组织要站在用户的角度考虑产品和服务创新、定价、品牌建设等问题，从而获取组织创新的竞争优势。

2．大数据思维　互联网时代使得组织有能力积累超大规模的客户市场、供应商、产学研合作伙伴、竞争对手等海量数据信息。对海量数据的分析与挖掘，有利于组织准确把握用户偏好以及精准定位市场分布，实现组织的产品和服务供给与消费需求精确匹配；有利于分类管理组织的合作伙伴与知识资源信息，实现资源有效配置；有利于优化管理运行信息，提升竞争优势。

3．跨界思维　跨界思维是指借助互联网拓宽的产业边界、拓展自身产品与服务的商业价值，获取价值回报与竞争优势。如某些公司利用互联网与电商的平台优势，将微信支付、支付宝与百姓的生活联结起来，赢得更广泛的用户基础与客户黏性，从而实现基于互联网的产业跨界。

4．简约思维　简约思维模式强调产品研发、设计、生产、服务环节的极简思路，最大程度方便客户使用，避免因互联网技术的复杂性导致客户体验与使用满意度的降低，从而增强竞争优势。

5．极致思维　互联网时代以及金融资本的持续投入催生了企业商业模式的残酷竞争，唯有充分挖掘客户需求，使客户获得公司产品与服务的极致体验，才能真正留住客户，确保客户黏性。

6．迭代思维　在互联网的辅助下，能够进一步降低产品与服务创新过程中的信息不对称，提升创新过程的效率，进而缩短创新的生命周期。同时，互联网条件下，组织的高度竞争以及对客户需求的持续挖掘进一步加速了顾客对新产品、新服务的多样化与个性化要求。这使得组织在产品研发、生产与服务环节不能固守单一模式，应当关注新产品与服务对旧产品和服务的持续迭代，从而在快速迭代的过程中持续、动态地满足客户需求。

7．平台思维　平台思维面向组织战略、商业模式与组织形态层面，强调利用互联网构建自身的商业生态系统，并通过与商业生态系统内各利益攸关主体的竞争与合作搭建互动平台，从而获取平台优势。譬如，阿里巴巴为中小企业搭建电子商务与网上创业的平台，在对大规模中小企业与个体网店创业者收取一定佣金的基础上，完善服务、构建安全与制度规范、创造竞争与合作文化，最终依赖中小企业电子商务生态圈的集体繁荣获取在电子商务领域的平台优势。

8．社会化思维　互联网强调人与人之间的互联，信息传递、关系链构建、口碑建立等均依赖互联。互联背后可以产生网络的外部性，即每增加一个顾客就会给整个网络产生正向的价值反馈，从而在整个社会层面产生溢出效应。组织要有效利用互联网的社会化效应开展创新，譬如互联网众包、众筹等模式创新。

9．流量思维　流量思维主要面向业务运营，如特定的销售与服务环节。企业应高度关注客户流量，流量既是价值回报，又是商业模式成功与否的关键。譬如某科技公司，最初推广免费杀毒的模式引来了投资者与行业人员的反对，但公司依赖免费杀毒获取了海量客户基础与高度认同的品牌效应，转而通过搜索等核心业务模块获得了海量客户流量的高收益回报。

（二）互联网与传统领域的创新结合

2015年，国家明确提出制订"互联网＋"行动计划，推动移动互联网、云计算、大数据、物联网等与各行业结合，促进电子商务、工业互联网和互联网金融健康发展，引导互联网企业开拓国际市场。

在国家战略的引导下，工业、民生、交通、金融、政府政务、教育、医疗、农业等领域推进互联网条件下的技术、服务、模式创新，从而通过互联网平台，利用信息通信技术，把互联网和各行各业结合起来，出现了许多新领域和新生态。出现了知识密集型服务业，其中的医疗服务业是公共服务领域的知识密集型服务业。2018年以后，我国在线医疗进入快速发展期，只有围绕着用户需求、用户行为以及未来发展趋势分析，才能进一步推动医疗信息化进程，均衡医疗资源供给。

二、负责任创新

创新在推动社会进步的同时，也产生了许多的负面效应，技术变革的不确定性和复杂性促使了人们对技术安全的思考，尤其是生物技术的进步带来的创新伦理问题。例如：转基因技术对于人类与生物的转基因道德与安全问题，信息技术带来的信息安全和隐私保护，药物带来的严重不良反应问题等，这些由创新带来的社会进步与社会危害的双重性问题，促使研究与实践开始关注创新的责任议题。

（一）负责任创新的基本内涵

2003年德国学者海斯托姆首次提出了"负责任创新"（responsible innovation）的概念，学术界对于负责任创新的研究引起了政策部门的关注，"负责任创新"已逐步成为多数欧美国家关于全球性发展的新理念。2011年欧盟委员会发布《地平线2020》报告，"负责任创新"这一理念首次被列为欧盟发展战略的重要内容，成为欧盟远景规划之一，并在《从全球层面应对科研政策的伦理和监管挑战》报告中指出，负责任创新的基本要素包括社会利益、道德伦理可接受程度及风险管理等。负责任创新的核心内涵是在研究和创新伊始让利益相关者参与进来，创新人员和社会行动者共同履行相关责任，通过创新中各个环节的交互，使得创新成果可持续发展，符合社会需求和道德价值，在伦理层面更为社会所接受。

"负责任创新"是人类对于创新观念的一次颠覆，该理念强调创新驱动科技进步进而促进世界发展，倡导各创新主体发挥对科技发展方向的引导控制作用，使科技创新以更加恰当的方式发挥正向作用，要求从最开始的研发环节就将伦理引入考评机制，将伦理的作用由事后评价转为上游参与，在考虑多方参与者利益追求的前提下，保障科技创新的整个流程实现"负责任"。

目前学术界对"负责任创新"的概念及内涵并没有达成共识。荷兰学者范·霍温对"负责任创新"的定义是"在科研创新的过程中，使全部利益相关者都能了解自身行动所带来的后果及产生的影响，对涉及伦理价值及社会需求的结果进行有效评估，以作为科技研究与创新过程中的功能性需求"，霍温认为社会价值是创新评估的重要标准。勒内·冯·尚伯格将"负责任创新"定义为"一个具有互动性且透明的过程，社会行动者及科技创新等各方参与者在此过程中从多方面进行互相参考、对照与呼应，将创新过程及创新产出的发展可持续性、伦理可接受程度及社会满意度进行全面充分考虑，使得科技创新产物能够在满足以上要求的前提下融入社会生活中"。尚伯格强调"负责任创新"不仅需要工程师、学者、科学家，还需要公众、企业和政府等各方利益相关者都参与，且其结果应是伦理道德允许并能够发挥积极影响的。霍温及尚伯格在定义创新时，将社会价值及伦理道德纳入评价标准，两者都超越了传统在管理学、经济学范围内对于创新的理解，更能体现科研创新的"责任"属性，另外，二者都强调所有利益相关者的参与，旨在构建和谐公平的创新与社会关系，以此来避免创新带来的负面影响及潜在风险。此外，英国学者欧文认为，"负责任创新"是通过对当前社会中科研创新活动的集体管理以达到对未来的关注。

本章以浙江大学陈劲教授给出的定义作为负责任创新的定义：负责任创新是对面向创意到商业化正向过程的传统研究范式的重新审视，是在认可创新行为主体认知不足的前提下，在预测特定创新活动可能的负向结果的范围内，通过更多成员参与和响应性制度的建立，将创新引至社会满意与道理伦理可接受的结果，以实现最大限度的公共价值输出。

（二）负责任创新的特征

作为新兴概念，负责任的创新的基本特征包括：①显著关注社会生态与伦理价值的需求与挑战；②将更大规模的利益相关者参与作为一种承诺，并实施共同学习与决策机制；③针对创新本身预测潜在问题，评估价值选择及审视潜在价值、假设基础、信仰与规范；④提出并构建创新理念实施的共同参与的适应性机制。

（三）负责任创新的框架

学者B. C. Stahl提出了负责任的创新的三度空间框架，认为负责任的创新包含创新主体、创新活动和创新规范三个方面，是创新的一种"元责任"。

Jack Stilgoe等学者从负责任的创新的基本构成要素与内涵出发，提出了负责任创新的四维度框架,包含对于创新活动的预测性维度、创新主体对于自身知识与能力的自省性维度、反映创新主体构成多样性的包容性维度以及创新过程与治理的响应性维度。

我国的学者梅亮和陈劲认为已有的有关负责任创新的讨论均来自欧美发达国家的情境。但是发展中国家有自己独特的国情,因考虑到国家、省份、直辖市、机构的异质性,负责任创新的理论框架应当将情境因素囊括进来。由此在整合负责任创新三度空间和四维度模型的基础上,进一步提出了情境在其中的作用,提出了负责任创新的理论框架。

(四)负责任创新的评价

负责任创新引发了研究与实践对于创新危害、道德伦理以及社会普适价值实现的反思。针对传统范式仅关注技术先进性与经济效益提升的现状,负责任创新将创新活动及其评价准则开始向社会层面更一般的评价体系延伸。负责任创新的评价准则见图20-2。

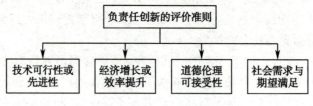

图20-2 负责任创新的评价准则

欧盟的负责任创新研究对此做了大量的讨论,要求研究与创新必须满足两个基本准则:道德伦理层面的可接受性和社会需求与社会期望的实现。

本章小结

创新是指形成创造性思想并将其转换为有用的产品、服务或作业方法的过程,即富有创新力的组织能够不断地将创造性思想转变为某种有用的结果。创新具有风险性、高收益性、创造性、综合性、适用性、动态性。按照不同的标准,创新可以划分成不同类型:从创新的程度划分,可分为突破性创新和渐进性创新;从创新的内容划分,可分为产品创新、服务创新、流程创新和商业(服务)模式创新。其他创新分类:社会创新、朴素创新。创新的有效管理可以通过创新战略管理、创新过程管理、创新组织管理、创新资源管理、创新文化管理等方面展开。互联网时代的创新管理要求具备互联网思维。负责任的创新是对面向创意到商业化正向过程的传统研究范式的重新审视,是在认可创新行为主体认知不足的前提下,在预测特定创新活动可能的负向结果的范围内,通过更多成员参与和响应性制度的建立,将创新引至社会满意与道理伦理可接受的结果,以实现最大限度的公共价值输出。

(韩彩欣)

思考题

1. 目前中国大力提倡自主创新,对于组织管理者来说,需要营造什么样的组织文化来激发创新?
2. 如何通过有效的创新管理降低创新的风险和负面外部效应?
3. 互联网思维包括哪些思维?
4. 如何激励创新型人才?
5. 负责任的创新的内涵是什么?如何评价负责任的创新?

推荐阅读

[1] 李海峰,张莹. 管理学:原理与实务 [M]. 北京:人民邮电出版社,2010.

[2] 吴价宝. 管理学原理 [M]. 北京:高等教育出版社,2011.

[3] 丹尼尔·A.雷恩,阿瑟·G.贝德安. 管理思想史 [M]. 6 版. 北京:中国人民大学出版社,2012.

[4] 刘磊,曾红武,孙跻珂. 管理学基础 [M]. 3 版. 北京:电子工业出版社,2021.

[5] 田虹,杨絮飞. 管理学 [M]. 厦门:厦门大学出版社,2012.

[6] 顾剑. 管理伦理学 [M]. 3 版. 上海:同济大学出版社,2018.

[7] 冯占春,吕军. 管理学基础 [M]. 2 版. 北京:人民卫生出版社,2013.

[8] 《管理学》编写组. 管理学 [M]. 北京:高等教育出版社,2019.

[9] 周三多. 管理学 [M]. 5 版. 北京:高等教育出版社,2018.

[10] 彼得·德鲁克. 21 世纪的管理挑战 [M]. 朱雁斌,译. 北京:机械工业出版社,2019.

[11] 施祖留,奚洁人. 组织文化案例 [M]. 北京:人民出版社,2010.

[12] 张德. 组织行为学 [M]. 4 版. 北京:高等教育出版社,2011.

[13] 周三多,陈传明,刘子馨,等. 管理学:原理与方法 [M]. 7 版. 上海:复旦大学出版社,2018.

[14] 斯蒂芬·P.罗宾斯,蒂莫西·A.贾奇. 组织行为学 [M]. 14 版. 孙健敏,李原,黄小勇,译. 北京:中国人民大学出版社,2012.

[15] 潘建林. 团队建设与管理实务 [M]. 北京:机械工业出版社,2018.

[16] 姚裕群,赵修文,刘军. 团队建设与团队管理 [M]. 5 版. 北京:首都经济贸易大学出版社,2020.

[17] 詹姆斯·奥罗克. 管理沟通:以案例分析为视角 [M]. 康青,译. 北京:中国人民大学出版社,2018.

[18] 杜慕群,朱仁宏. 管理沟通 [M]. 3 版. 北京:清华大学出版社,2018.

[19] 伍蓉,王国豫. 医学伦理学 [M]. 上海:复旦大学出版社,2021.

[20] 冯云霞,朱春玲,沈远平. 管理沟通 [M]. 北京:中国人民大学出版社,2020.

[21] 戴尔·卡耐基. 卡耐基沟通的艺术与处世智慧 [M]. 宋璐璐,编译. 北京:新华出版社,2018.

[22] 彼得·霍华德,罗纳尔德·格莱希,米沙·塞特. 管理控制 [M]. 13 版. 上海:上海财经大学出版社,2018.

[23] 杜栋. 管理控制:基础、理论与应用 [M]. 北京:清华大学出版社,2019.

[24] 于卫东. 现代企业管理 [M]. 3 版. 北京:机械工业出版社,2018.

[25] 马义中,汪建均. 质量管理学 [M]. 2 版. 北京:机械工业出版社,2019.

[26] 邱昭良. 学习型组织新实践:持续创新的策略与方法 [M]. 北京:机械工业出版社,2010.

[27] 彼得·圣吉. 第五项修炼:学习型组织的艺术与实践 [M]. 张成林,译. 北京:中信出版社,2021.

[28] 水藏玺. 不懂组织再造,怎么做管理 [M]. 北京:中国纺织出版社,2021.

[29] 曹裕,陈劲. 创新思维与创新管理 [M]. 北京:清华大学出版社,2017.

[30] 邢以群. 医疗健康产业创新实践案例集:第 1 辑 [M]. 杭州:浙江大学出版社,2020.

中英文名词对照索引